权威·前沿·原创

皮书系列为
"十二五""十三五"国家重点图书出版规划项目

皮书系列

2018年

智库成果出版与传播平台

社会科学文献出版社
SOCIAL SCIENCES ACADEMIC PRESS (CHINA)

社长致辞

蓦然回首,皮书的专业化历程已经走过了二十年。20年来从一个出版社的学术产品名称到媒体热词再到智库成果研创及传播平台,皮书以专业化为主线,进行了系列化、市场化、品牌化、数字化、国际化、平台化的运作,实现了跨越式的发展。特别是在党的十八大以后,以习近平总书记为核心的党中央高度重视新型智库建设,皮书也迎来了长足的发展,总品种达到600余种,经过专业评审机制、淘汰机制遴选,目前,每年稳定出版近400个品种。"皮书"已经成为中国新型智库建设的抓手,成为国际国内社会各界快速、便捷地了解真实中国的最佳窗口。

20年孜孜以求,"皮书"始终将自己的研究视野与经济社会发展中的前沿热点问题紧密相连。600个研究领域,3万多位分布于800余个研究机构的专家学者参与了研创写作。皮书数据库中共收录了15万篇专业报告,50余万张数据图表,合计30亿字,每年报告下载量近80万次。皮书为中国学术与社会发展实践的结合提供了一个激荡智力、传播思想的入口,皮书作者们用学术的话语、客观翔实的数据谱写出了中国故事壮丽的篇章。

20年跬步千里,"皮书"始终将自己的发展与时代赋予的使命与责任紧紧相连。每年百余场新闻发布会,10万余次中外媒体报道,中、英、俄、日、韩等12个语种共同出版。皮书所具有的凝聚力正在形成一种无形的力量,吸引着社会各界关注中国的发展,参与中国的发展,它是我们向世界传递中国声音、总结中国经验、争取中国国际话语权最主要的平台。

皮书这一系列成就的取得,得益于中国改革开放的伟大时代,离不开来自中国社会科学院、新闻出版广电总局、全国哲学社会科学规划办公室等主管部门的大力支持和帮助,也离不开皮书研创者和出版者的共同努力。他们与皮书的故事创造了皮书的历史,他们对皮书的拳拳之心将继续谱写皮书的未来!

现在,"皮书"品牌已经进入了快速成长的青壮年时期。全方位进行规范化管理,树立中国的学术出版标准;不断提升皮书的内容质量和影响力,搭建起中国智库产品和智库建设的交流服务平台和国际传播平台;发布各类皮书指数,并使之成为中国指数,让中国智库的声音响彻世界舞台,为人类的发展做出中国的贡献——这是皮书未来发展的图景。作为"皮书"这个概念的提出者,"皮书"从一般图书到系列图书和品牌图书,最终成为智库研究和社会科学应用对策研究的知识服务和成果推广平台这整个过程的操盘者,我相信,这也是每一位皮书人执着追求的目标。

"当代中国正经历着我国历史上最为广泛而深刻的社会变革,也正在进行着人类历史上最为宏大而独特的实践创新。这种前无古人的伟大实践,必将给理论创造、学术繁荣提供强大动力和广阔空间。"

在这个需要思想而且一定能够产生思想的时代,皮书的研创出版一定能创造出新的更大的辉煌!

社会科学文献出版社社长
中国社会学会秘书长

2017年11月

社会科学文献出版社简介

社会科学文献出版社(以下简称"社科文献出版社")成立于1985年,是直属于中国社会科学院的人文社会科学学术出版机构。成立至今,社科文献出版社始终依托中国社会科学院和国内外人文社会科学界丰厚的学术出版和专家学者资源,坚持"创社科经典,出传世文献"的出版理念、"权威、前沿、原创"的产品定位以及学术成果和智库成果出版的专业化、数字化、国际化、市场化的经营道路。

社科文献出版社是中国新闻出版业转型与文化体制改革的先行者。积极探索文化体制改革的先进方向和现代企业经营决策机制,社科文献出版社先后荣获"全国文化体制改革工作先进单位"、中国出版政府奖·先进出版单位奖,中国社会科学院先进集体、全国科普工作先进集体等荣誉称号。多人次荣获"第十届韬奋出版奖""全国新闻出版行业领军人才""数字出版先进人物""北京市新闻出版广电行业领军人才"等称号。

社科文献出版社是中国人文社会科学学术出版的大社名社,也是以皮书为代表的智库成果出版的专业强社。年出版图书2000余种,其中皮书400余种,出版新书字数5.5亿字,承印与发行中国社科院院属期刊72种,先后创立了皮书系列、列国志、中国史话、社科文献学术译库、社科文献学术文库、甲骨文书系等一大批既有学术影响又有市场价值的品牌,确立了在社会学、近代史、苏东问题研究等专业学科及领域出版的领先地位。图书多次荣获中国出版政府奖、"三个一百"原创图书出版工程、"五个'一'工程奖"、"大众喜爱的50种图书"等奖项,在中央国家机关"强素质·做表率"读书活动中,入选图书品种数位居各大出版社之首。

社科文献出版社是中国学术出版规范与标准的倡议者与制定者,代表全国50多家出版社发起实施学术著作出版规范的倡议,承担学术著作规范国家标准的起草工作,率先编撰完成《皮书手册》对皮书品牌进行规范化管理,并在此基础上推出中国版芝加哥手册——《社科文献出版社学术出版手册》。

社科文献出版社是中国数字出版的引领者,拥有皮书数据库、列国志数据库、"一带一路"数据库、减贫数据库、集刊数据库等4大产品线11个数据库产品,机构用户达1300余家,海外用户百余家,荣获"数字出版转型示范单位""新闻出版标准化先进单位""专业数字内容资源知识服务模式试点企业标准化示范单位"等称号。

社科文献出版社是中国学术出版走出去的践行者。社科文献出版社海外图书出版与学术合作业务遍及全球40余个国家和地区,并于2016年成立俄罗斯分社,累计输出图书500余种,涉及近20个语种,累计获得国家社科基金中华学术外译项目资助76种、"丝路书香工程"项目资助60种、中国图书对外推广计划项目资助71种以及经典中国国际出版工程资助28种,被五部委联合认定为"2015-2016年度国家文化出口重点企业"。

如今,社科文献出版社完全靠自身积累拥有固定资产3.6亿元,年收入3亿元,设置了七大出版分社、六大专业部门,成立了皮书研究院和博士后科研工作站,培养了一支近400人的高素质与高效率的编辑、出版、营销和国际推广队伍,为未来成为学术出版的大社、名社、强社,成为文化体制改革与文化企业转型发展的排头兵奠定了坚实的基础。

 宏观经济类

宏观经济类

经济蓝皮书
2018年中国经济形势分析与预测
李平/主编　2017年12月出版　定价：89.00元

◆ 本书为总理基金项目，由著名经济学家李扬领衔，联合中国社会科学院等数十家科研机构、国家部委和高等院校的专家共同撰写，系统分析了2017年的中国经济形势并预测2018年中国经济运行情况。

城市蓝皮书
中国城市发展报告No.11
潘家华　单菁菁/主编　2018年9月出版　估价：99.00元

◆ 本书是由中国社会科学院城市发展与环境研究中心编著的，多角度、全方位地立体展示了中国城市的发展状况，并对中国城市的未来发展提出了许多建议。该书有强烈的时代感，对中国城市发展实践有重要的参考价值。

人口与劳动绿皮书
中国人口与劳动问题报告No.19
张车伟/主编　2018年10月出版　估价：99.00元

◆ 本书为中国社会科学院人口与劳动经济研究所主编的年度报告，对当前中国人口与劳动形势做了比较全面和系统的深入讨论，为研究中国人口与劳动问题提供了一个专业性的视角。

宏观经济类·区域经济类

中国省域竞争力蓝皮书
中国省域经济综合竞争力发展报告（2017～2018）
李建平　李闽榕　高燕京/主编　2018年5月出版　估价：198.00元

◆ 本书融多学科的理论为一体，深入追踪研究了省域经济发展与中国国家竞争力的内在关系，为提升中国省域经济综合竞争力提供有价值的决策依据。

金融蓝皮书
中国金融发展报告（2018）
王国刚/主编　2018年6月出版　估价：99.00元

◆ 本书由中国社会科学院金融研究所组织编写，概括和分析了2017年中国金融发展和运行中的各方面情况，研讨和评论了2017年发生的主要金融事件，有利于读者了解掌握2017年中国的金融状况，把握2018年中国金融的走势。

区域经济类

京津冀蓝皮书
京津冀发展报告（2018）
祝合良　叶堂林　张贵祥/等著　2018年6月出版　估价：99.00元

◆ 本书遵循问题导向与目标导向相结合、统计数据分析与大数据分析相结合、纵向分析和长期监测与结构分析和综合监测相结合等原则，对京津冀协同发展新形势与新进展进行测度与评价。

 社会政法类

皮书系列
重点推荐

社 会 政 法 类

社会蓝皮书
2018年中国社会形势分析与预测

李培林　陈光金　张翼/主编　2017年12月出版　定价：89.00元

◆ 本书由中国社会科学院社会学研究所组织研究机构专家、高校学者和政府研究人员撰写，聚焦当下社会热点，对2017年中国社会发展的各个方面内容进行了权威解读，同时对2018年社会形势发展趋势进行了预测。

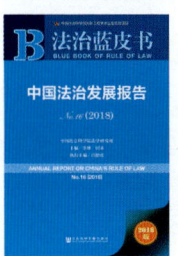

法治蓝皮书
中国法治发展报告No.16（2018）

李林　田禾/主编　2018年3月出版　定价：128.00元

◆ 本年度法治蓝皮书回顾总结了2017年度中国法治发展取得的成就和存在的不足，对中国政府、司法、检务透明度进行了跟踪调研，并对2018年中国法治发展形势进行了预测和展望。

教育蓝皮书
中国教育发展报告（2018）

杨东平/主编　2018年3月出版　定价：89.00元

◆ 本书重点关注了2017年教育领域的热点，资料翔实，分析有据，既有专题研究，又有实践案例，从多角度对2017年教育改革和实践进行了分析和研究。

社会政法类

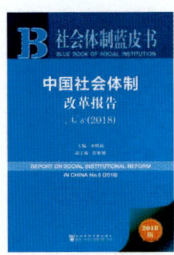

社会体制蓝皮书
中国社会体制改革报告 No.6（2018）

龚维斌 / 主编　2018 年 3 月出版　定价：98.00 元

◆ 本书由国家行政学院社会治理研究中心和北京师范大学中国社会管理研究院共同组织编写，主要对 2017 年社会体制改革情况进行回顾和总结，对 2018 年的改革走向进行分析，提出相关政策建议。

社会心态蓝皮书
中国社会心态研究报告（2018）

王俊秀　杨宜音 / 主编　2018 年 12 月出版　估价：99.00 元

◆ 本书是中国社会科学院社会学研究所社会心理研究中心"社会心态蓝皮书课题组"的年度研究成果，运用社会心理学、社会学、经济学、传播学等多种学科的方法进行了调查和研究，对于目前中国社会心态状况有较广泛和深入的揭示。

华侨华人蓝皮书
华侨华人研究报告（2018）

贾益民 / 主编　2017 年 12 月出版　估价：139.00 元

◆ 本书关注华侨华人生产与生活的方方面面。华侨华人是中国建设 21 世纪海上丝绸之路的重要中介者、推动者和参与者。本书旨在全面调研华侨华人，提供最新涉侨动态、理论研究成果和政策建议。

民族发展蓝皮书
中国民族发展报告（2018）

王延中 / 主编　2018 年 10 月出版　估价：188.00 元

◆ 本书从民族学人类学视角，研究近年来少数民族和民族地区的发展情况，展示民族地区经济、政治、文化、社会和生态文明"五位一体"建设取得的辉煌成就和面临的困难挑战，为深刻理解中央民族工作会议精神、加快民族地区全面建成小康社会进程提供了实证材料。

产业经济类

房地产蓝皮书
中国房地产发展报告 No.15（2018）

李春华　王业强 / 主编　2018 年 5 月出版　估价：99.00 元

◆ 2018 年《房地产蓝皮书》持续追踪中国房地产市场最新动态，深度剖析市场热点，展望 2018 年发展趋势，积极谋划应对策略。对 2017 年房地产市场的发展态势进行全面、综合的分析。

新能源汽车蓝皮书
中国新能源汽车产业发展报告（2018）

中国汽车技术研究中心　日产（中国）投资有限公司　东风汽车有限公司 / 编著　2018 年 8 月出版　估价：99.00 元

◆ 本书对中国 2017 年新能源汽车产业发展进行了全面系统的分析，并介绍了国外的发展经验。有助于相关机构、行业和社会公众等了解中国新能源汽车产业发展的最新动态，为政府部门出台新能源汽车产业相关政策法规、企业制定相关战略规划，提供必要的借鉴和参考。

行业及其他类

旅游绿皮书
2017～2018 年中国旅游发展分析与预测

中国社会科学院旅游研究中心 / 编　2018 年 1 月出版　定价：99.00 元

◆ 本书从政策、产业、市场、社会等多个角度勾画出 2017 年中国旅游发展全貌，剖析了其中的热点和核心问题，并就未来发展作出预测。

皮书系列重点推荐

行业及其他类

民营医院蓝皮书
中国民营医院发展报告（2018）

薛晓林 / 主编　2018年11月出版　估价：99.00元

◆ 本书在梳理国家对社会办医的各种利好政策的前提下，对我国民营医疗发展现状、我国民营医院竞争力进行了分析，并结合我国医疗体制改革对民营医院的发展趋势、发展策略、战略规划等方面进行了预估。

会展蓝皮书
中外会展业动态评估研究报告（2018）

张敏 / 主编　2018年12月出版　估价：99.00元

◆ 本书回顾了2017年的会展业发展动态，结合"供给侧改革"、"互联网+"、"绿色经济"的新形势分析了我国展会的行业现状，并介绍了国外的发展经验，有助于行业和社会了解最新的展会业动态。

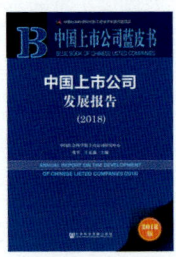

中国上市公司蓝皮书
中国上市公司发展报告（2018）

张平　王宏淼 / 主编　2018年9月出版　估价：99.00元

◆ 本书由中国社会科学院上市公司研究中心组织编写的，着力于全面、真实、客观反映当前中国上市公司财务状况和价值评估的综合性年度报告。本书详尽分析了2017年中国上市公司情况，特别是现实中暴露出的制度性、基础性问题，并对资本市场改革进行了探讨。

工业和信息化蓝皮书
人工智能发展报告（2017~2018）

尹丽波 / 主编　2018年6月出版　估价：99.00元

◆ 本书国家工业信息安全发展研究中心在对2017年全球人工智能技术和产业进行全面跟踪研究基础上形成的研究报告。该报告内容翔实、视角独特，具有较强的产业发展前瞻性和预测性，可为相关主管部门、行业协会、企业等全面了解人工智能发展形势以及进行科学决策提供参考。

 国际问题与全球治理类

国际问题与全球治理类

世界经济黄皮书

2018年世界经济形势分析与预测

张宇燕 / 主编　2018年1月出版　定价：99.00元

◆ 本书由中国社会科学院世界经济与政治研究所的研究团队撰写，分总论、国别与地区、专题、热点、世界经济统计与预测等五个部分，对2018年世界经济形势进行了分析。

国际城市蓝皮书

国际城市发展报告（2018）

屠启宇 / 主编　2018年2月出版　定价：89.00元

◆ 本书作者以上海社会科学院从事国际城市研究的学者团队为核心，汇集同济大学、华东师范大学、复旦大学、上海交通大学、南京大学、浙江大学相关城市研究专业学者。立足动态跟踪介绍国际城市发展时间中，最新出现的重大战略、重大理念、重大项目、重大报告和最佳案例。

非洲黄皮书

非洲发展报告 No.20（2017～2018）

张宏明 / 主编　2018年7月出版　估价：99.00元

◆ 本书是由中国社会科学院西亚非洲研究所组织编撰的非洲形势年度报告，比较全面、系统地分析了2017年非洲政治形势和热点问题，探讨了非洲经济形势和市场走向，剖析了大国对非洲关系的新动向；此外，还介绍了国内非洲研究的新成果。

国别类

美国蓝皮书

美国研究报告（2018）

郑秉文　黄平 / 主编　　2018 年 5 月出版　　估价：99.00 元

◆ 本书是由中国社会科学院美国研究所主持完成的研究成果，它回顾了美国 2017 年的经济、政治形势与外交战略，对美国内政外交发生的重大事件及重要政策进行了较为全面的回顾和梳理。

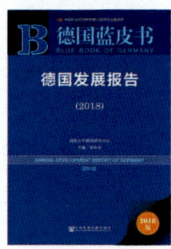

德国蓝皮书

德国发展报告（2018）

郑春荣 / 主编　　2018 年 6 月出版　　估价：99.00 元

◆ 本报告由同济大学德国研究所组织编撰，由该领域的专家学者对德国的政治、经济、社会文化、外交等方面的形势发展情况，进行全面的阐述与分析。

俄罗斯黄皮书

俄罗斯发展报告（2018）

李永全 / 编著　　2018 年 6 月出版　　估价：99.00 元

◆ 本书系统介绍了 2017 年俄罗斯经济政治情况，并对 2016 年该地区发生的焦点、热点问题进行了分析与回顾；在此基础上，对该地区 2018 年的发展前景进行了预测。

 文化传媒类

文化传媒类

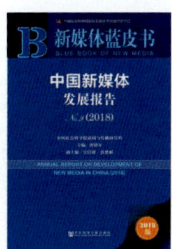

新媒体蓝皮书
中国新媒体发展报告 No.9（2018）

唐绪军 / 主编　2018 年 6 月出版　估价：99.00 元

◆ 本书是由中国社会科学院新闻与传播研究所组织编写的关于新媒体发展的最新年度报告，旨在全面分析中国新媒体的发展现状，解读新媒体的发展趋势，探析新媒体的深刻影响。

移动互联网蓝皮书
中国移动互联网发展报告（2018）

余清楚 / 主编　2018 年 6 月出版　估价：99.00 元

◆ 本书着眼于对 2017 年度中国移动互联网的发展情况做深入解析，对未来发展趋势进行预测，力求从不同视角、不同层面全面剖析中国移动互联网发展的现状、年度突破及热点趋势等。

文化蓝皮书
中国文化消费需求景气评价报告（2018）

王亚南 / 主编　2018 年 3 月出版　定价：99.00 元

◆ 本书首创全国文化发展量化检测评价体系，也是至今全国唯一的文化民生量化检测评价体系，对于检验全国及各地"以人民为中心"的文化发展具有首创意义。

地方发展类

北京蓝皮书

北京经济发展报告（2017～2018）

杨松/主编　2018年6月出版　估价：99.00元

◆ 本书对2017年北京市经济发展的整体形势进行了系统性的分析与回顾，并对2018年经济形势走势进行了预测与研判，聚焦北京市经济社会发展中的全局性、战略性和关键领域的重点问题，运用定量和定性分析相结合的方法，对北京市经济社会发展的现状、问题、成因进行了深入分析，提出了可操作性的对策建议。

温州蓝皮书

2018年温州经济社会形势分析与预测

蒋儒标　王春光　金浩/主编　2018年6月出版　估价：99.00元

◆ 本书是中共温州市委党校和中国社会科学院社会学研究所合作推出的第十一本温州蓝皮书，由来自党校、政府部门、科研机构、高校的专家、学者共同撰写的2017年温州区域发展形势的最新研究成果。

黑龙江蓝皮书

黑龙江社会发展报告（2018）

王爱丽/主编　2018年1月出版　定价：89.00元

◆ 本书以千份随机抽样问卷调查和专题研究为依据，运用社会学理论框架和分析方法，从专家和学者的独特视角，对2017年黑龙江省关系民生的问题进行广泛的调研与分析，并对2017年黑龙江省诸多社会热点和焦点问题进行了有益的探索。这些研究不仅可以为政府部门更加全面深入了解省情、科学制定决策提供智力支持，同时也可以为广大读者认识、了解、关注黑龙江社会发展提供理性思考。

宏观经济类

城市蓝皮书
中国城市发展报告（No.11）
著（编）者：潘家华 单菁菁
2018年9月出版 / 估价：99.00元
PSN B-2007-091-1/1

城乡一体化蓝皮书
中国城乡一体化发展报告（2018）
著（编）者：付崇兰
2018年9月出版 / 估价：99.00元
PSN B-2011-226-1/2

城镇化蓝皮书
中国新型城镇化健康发展报告（2018）
著（编）者：张占斌
2018年8月出版 / 估价：99.00元
PSN B-2014-396-1/1

创新蓝皮书
创新型国家建设报告（2018~2019）
著（编）者：詹正茂
2018年12月出版 / 估价：99.00元
PSN B-2009-140-1/1

低碳发展蓝皮书
中国低碳发展报告（2018）
著（编）者：张希良 齐晔
2018年6月出版 / 估价：99.00元
PSN B-2011-223-1/1

低碳经济蓝皮书
中国低碳经济发展报告（2018）
著（编）者：薛进军 赵忠秀
2018年11月出版 / 估价：99.00元
PSN B-2011-194-1/1

发展和改革蓝皮书
中国经济发展和体制改革报告No.9
著（编）者：邹东涛 王再文
2018年1月出版 / 估价：99.00元
PSN B-2008-122-1/1

国家创新蓝皮书
中国创新发展报告（2017）
著（编）者：陈劲 2018年5月出版 / 估价：99.00元
PSN B-2014-370-1/1

金融蓝皮书
中国金融发展报告（2018）
著（编）者：王国刚
2018年6月出版 / 估价：99.00元
PSN B-2004-031-1/7

经济蓝皮书
2018年中国经济形势分析与预测
著（编）者：李平 2017年12月出版 / 定价：89.00元
PSN B-1996-001-1/1

经济蓝皮书春季号
2018年中国经济前景分析
著（编）者：李扬 2018年5月出版 / 估价：99.00元
PSN B-1999-008-1/1

经济蓝皮书夏季号
中国经济增长报告（2017~2018）
著（编）者：李扬 2018年9月出版 / 估价：99.00元
PSN B-2010-176-1/1

农村绿皮书
中国农村经济形势分析与预测（2017~2018）
著（编）者：魏后凯 黄秉信
2018年4月出版 / 定价：99.00元
PSN G-1998-003-1/1

人口与劳动绿皮书
中国人口与劳动问题报告No.19
著（编）者：张车伟 2018年11月出版 / 估价：99.00元
PSN G-2000-012-1/1

新型城镇化蓝皮书
新型城镇化发展报告（2017）
著（编）者：李伟 宋敏
2018年3月出版 / 定价：98.00元
PSN B-2005-038-1/1

中国省域竞争力蓝皮书
中国省域经济综合竞争力发展报告（2016~2017）
著（编）者：李建平 李闽榕
2018年2月出版 / 定价：198.00元
PSN B-2007-088-1/1

中小城市绿皮书
中国中小城市发展报告（2018）
著（编）者：中国城市经济学会中小城市经济发展委员会
中国城镇化促进会中小城市发展委员会
《中国中小城市发展报告》编纂委员会
中小城市发展战略研究院
2018年11月出版 / 估价：128.00元
PSN G-2010-161-1/1

区域经济类

东北蓝皮书
中国东北地区发展报告（2018）
著(编)者：姜晓秋　2018年11月出版／估价：99.00元
PSN B-2006-067-1/1

金融蓝皮书
中国金融中心发展报告（2017~2018）
著(编)者：王力　黄育华　2018年11月出版／估价：99.00元
PSN B-2011-186-6/7

京津冀蓝皮书
京津冀发展报告（2018）
著(编)者：祝合良　叶堂林　张贵祥
2018年6月出版／定价：99.00元
PSN B-2012-262-1/1

西北蓝皮书
中国西北发展报告（2018）
著(编)者：王福生　马廷旭　董秋生
2018年1月出版／定价：99.00元
PSN B-2012-261-1/1

西部蓝皮书
中国西部发展报告（2018）
著(编)者：璋勇　任保平　2018年8月出版／估价：99.00元
PSN B-2005-039-1/1

长江经济带产业蓝皮书
长江经济带产业发展报告（2018）
著(编)者：吴传清　2018年11月出版／估价：128.00元
PSN B-2017-666-1/1

长江经济带蓝皮书
长江经济带发展报告（2017~2018）
著(编)者：王振　2018年11月出版／估价：99.00元
PSN B-2016-575-1/1

长江中游城市群蓝皮书
长江中游城市群新型城镇化与产业协同发展报告（2018）
著(编)者：杨刚强　2018年11月出版／估价：99.00元
PSN B-2016-578-1/1

长三角蓝皮书
2017年创新融合发展的长三角
著(编)者：刘飞跃　2018年5月出版／估价：99.00元
PSN B-2005-038-1/1

长株潭城市群蓝皮书
长株潭城市群发展报告（2017）
著(编)者：张萍　朱有志　2018年6月出版／估价：99.00元
PSN B-2008-109-1/1

特色小镇蓝皮书
特色小镇智慧运营报告（2018）：顶层设计与智慧架构标准
著(编)者：陈劲　2018年1月出版／定价：79.00元
PSN B-2018-692-1/1

中部竞争力蓝皮书
中国中部经济社会竞争力报告（2018）
著(编)者：教育部人文社会科学重点研究基地南昌大学中国
　　　　　中部经济社会发展研究中心
2018年12月出版／估价：99.00元
PSN B-2012-276-1/1

中部蓝皮书
中国中部地区发展报告（2018）
著(编)者：宋亚平　2018年12月出版／估价：99.00元
PSN B-2007-089-1/1

区域蓝皮书
中国区域经济发展报告（2017~2018）
著(编)者：赵弘　2018年5月出版／估价：99.00元
PSN B-2004-034-1/1

中三角蓝皮书
长江中游城市群发展报告（2018）
著(编)者：秦尊文　2018年9月出版／估价：99.00元
PSN B-2014-417-1/1

中原蓝皮书
中原经济区发展报告（2018）
著(编)者：李英杰　2018年6月出版／估价：99.00元
PSN B-2011-192-1/1

珠三角流通蓝皮书
珠三角商圈发展研究报告（2018）
著(编)者：王先庆　林至颖　2018年7月出版／估价：99.00元
PSN B-2012-292-1/1

社会政法类

北京蓝皮书
中国社区发展报告（2017~2018）
著(编)者：于燕燕　2018年9月出版／估价：99.00元
PSN B-2007-083-5/8

殡葬绿皮书
中国殡葬事业发展报告（2017~2018）
著(编)者：李伯森　2018年6月出版／估价：158.00元
PSN G-2010-180-1/1

城市管理蓝皮书
中国城市管理报告（2017-2018）
著(编)者：刘林　刘承水　2018年5月出版／估价：158.00元
PSN B-2013-336-1/1

城市生活质量蓝皮书
中国城市生活质量报告（2017）
著(编)者：张连城　张平　杨春学　郎丽华
2017年12月出版／定价：89.00元
PSN B-2013-326-1/1

社会政法类 — 皮书系列 2018全品种

城市政府能力蓝皮书
中国城市政府公共服务能力评估报告（2018）
著(编)者：何艳玲　2018年5月出版 / 估价：99.00元
PSN B-2013-338-1/1

创业蓝皮书
中国创业发展研究报告（2017~2018）
著(编)者：黄群慧　赵卫星　钟宏武
2018年11月出版 / 估价：99.00元
PSN B-2016-577-1/1

慈善蓝皮书
中国慈善发展报告（2018）
著(编)者：杨团　2018年6月出版 / 估价：99.00元
PSN B-2009-142-1/1

党建蓝皮书
党的建设研究报告No.2（2018）
著(编)者：崔建民　陈东平　2018年6月出版 / 估价：99.00元
PSN B-2016-523-1/1

地方法治蓝皮书
中国地方法治发展报告No.3（2018）
著(编)者：李林　田禾　2018年6月出版 / 估价：118.00元
PSN B-2015-442-1/1

电子政务蓝皮书
中国电子政务发展报告（2018）
著(编)者：李季　2018年8月出版 / 估价：99.00元
PSN B-2003-022-1/1

儿童蓝皮书
中国儿童参与状况报告（2017）
著(编)者：苑立新　2017年12月出版 / 定价：89.00元
PSN B-2015-682-1/1

法治蓝皮书
中国法治发展报告No.16（2018）
著(编)者：李林　田禾　2018年3月出版 / 定价：128.00元
PSN B-2004-027-1/3

法治蓝皮书
中国法院信息化发展报告No.2（2018）
著(编)者：李林　田禾　2018年2月出版 / 定价：118.00元
PSN B-2017-604-3/3

法治政府蓝皮书
中国法治政府发展报告（2017）
著(编)者：中国政法大学法治政府研究院
2018年3月出版 / 定价：158.00元
PSN B-2015-502-1/2

法治政府蓝皮书
中国法治政府评估报告（2018）
著(编)者：中国政法大学法治政府研究院
2018年9月出版 / 定价：168.00元
PSN B-2016-576-2/2

反腐倡廉蓝皮书
中国反腐倡廉建设报告No.8
著(编)者：张英伟　2018年12月出版 / 估价：99.00元
PSN B-2012-259-1/1

扶贫蓝皮书
中国扶贫开发报告（2018）
著(编)者：李培林　魏后凯　2018年12月出版 / 估价：128.00元
PSN B-2016-599-1/1

妇女发展蓝皮书
中国妇女发展报告No.6
著(编)者：王金玲　2018年9月出版 / 估价：158.00元
PSN B-2006-069-1/1

妇女教育蓝皮书
中国妇女教育发展报告No.3
著(编)者：张李玺　2018年10月出版 / 估价：99.00元
PSN B-2008-121-1/1

妇女绿皮书
2018年：中国性别平等与妇女发展报告
著(编)者：谭琳　2018年12月出版 / 估价：99.00元
PSN G-2006-073-1/1

公共安全蓝皮书
中国城市公共安全发展报告（2017~2018）
著(编)者：黄育华　杨文明　赵建辉
2018年6月出版 / 估价：99.00元
PSN B-2017-628-1/1

公共服务蓝皮书
中国城市基本公共服务力评价（2018）
著(编)者：钟君　刘志昌　吴正果
2018年12月出版 / 估价：99.00元
PSN B-2011-214-1/1

公民科学素质蓝皮书
中国公民科学素质报告（2017~2018）
著(编)者：李群　陈雄　马宗文
2017年12月出版 / 估价：89.00元
PSN B-2014-379-1/1

公益蓝皮书
中国公益慈善发展报告（2016）
著(编)者：朱健刚　胡小军　2018年6月出版 / 估价：99.00元
PSN B-2012-283-1/1

国际人才蓝皮书
中国国际移民报告（2018）
著(编)者：王辉耀　2018年6月出版 / 估价：99.00元
PSN B-2012-304-3/4

国际人才蓝皮书
中国留学发展报告（2018）No.7
著(编)者：王辉耀　苗绿　2018年12月出版 / 估价：99.00元
PSN B-2012-244-2/4

海洋社会蓝皮书
中国海洋社会发展报告（2017）
著(编)者：崔凤　宋宁而　2018年3月出版 / 定价：99.00元
PSN B-2015-478-1/1

行政改革蓝皮书
中国行政体制改革报告No.7（2018）
著(编)者：魏礼群　2018年6月出版 / 估价：99.00元
PSN B-2011-231-1/1

皮书系列 2018全品种 — 社会政法类

华侨华人蓝皮书
华侨华人研究报告（2017）
著(编)者：张禹东 庄国土   2017年12月出版   定价：148.00元
PSN B-2011-204-1/1

互联网与国家治理蓝皮书
互联网与国家治理发展报告（2017）
著(编)者：张志安   2018年1月出版／定价：98.00元
PSN B-2017-671-1/1

环境管理蓝皮书
中国环境管理发展报告（2017）
著(编)者：李金惠   2017年12月出版   定价：98.00元
PSN B-2017-678-1/1

环境竞争力绿皮书
中国省域环境竞争力发展报告（2018）
著(编)者：李建平 李闽榕 王金南
2018年11月出版／估价：198.00元
PSN G-2010-165-1/1

环境绿皮书
中国环境发展报告（2017～2018）
著(编)者：李波   2018年6月出版／估价：99.00元
PSN G-2006-048-1/1

家庭蓝皮书
中国"创建幸福家庭活动"评估报告（2018）
著(编)者：国务院发展研究中心"创建幸福家庭活动评估"课题组
2018年12月出版／估价：99.00元
PSN B-2015-508-1/1

健康城市蓝皮书
中国健康城市建设研究报告（2018）
著(编)者：王鸿春 郝继洪   2018年12月出版／估价：99.00元
PSN B-2016-564-2/2

健康中国蓝皮书
社区首诊与健康中国分析报告（2018）
著(编)者：高和荣 杨叔禹 姜杰
2018年6月出版／估价：99.00元
PSN B-2017-611-1/1

教师蓝皮书
中国中小学教师发展报告（2017）
著(编)者：曾晓东 鱼霞
2018年6月出版／估价：99.00元
PSN B-2012-289-1/1

教育扶贫蓝皮书
中国教育扶贫报告（2018）
著(编)者：司树杰 王文静 李兴洲
2018年12月出版／估价：99.00元
PSN B-2016-590-1/1

教育蓝皮书
中国教育发展报告（2018）
著(编)者：杨东平   2018年3月出版／定价：89.00元
PSN B-2006-047-1/1

金融法治建设蓝皮书
中国金融法治建设年度报告（2015～2016）
著(编)者：朱小黄   2018年6月出版／估价：99.00元
PSN B-2017-633-1/1

京津冀教育蓝皮书
京津冀教育发展研究报告（2017～2018）
著(编)者：方中雄   2018年6月出版／估价：99.00元
PSN B-2017-608-1/1

就业蓝皮书
2018年中国本科生就业报告
著(编)者：麦可思研究院   2018年6月出版／估价：99.00元
PSN B-2009-146-1/2

就业蓝皮书
2018年中国高职高专生就业报告
著(编)者：麦可思研究院   2018年6月出版／估价：99.00元
PSN B-2015-472-2/2

科学教育蓝皮书
中国科学教育发展报告（2018）
著(编)者：王康友   2018年10月出版／估价：99.00元
PSN B-2015-487-1/1

劳动保障蓝皮书
中国劳动保障发展报告（2018）
著(编)者：刘燕斌   2018年9月出版／估价：158.00元
PSN B-2014-415-1/1

老龄蓝皮书
中国老年宜居环境发展报告（2017）
著(编)者：党俊武 周燕珉   2018年6月出版／估价：99.00元
PSN B-2013-320-1/1

连片特困区蓝皮书
中国连片特困区发展报告（2017～2018）
著(编)者：游俊 冷志明 丁建军
2018年6月出版／估价：99.00元
PSN B-2013-321-1/1

流动儿童蓝皮书
中国流动儿童教育发展报告（2017）
著(编)者：杨东平   2018年6月出版／估价：99.00元
PSN B-2017-600-1/1

民调蓝皮书
中国民生调查报告（2018）
著(编)者：谢耘耕   2018年12月出版／估价：99.00元
PSN B-2014-398-1/1

民族发展蓝皮书
中国民族发展报告（2018）
著(编)者：王延中   2018年10月出版／估价：188.00元
PSN B-2006-070-1/1

女性生活蓝皮书
中国女性生活状况报告No.12（2018）
著(编)者：高博燕   2018年7月出版／估价：99.00元
PSN B-2006-071-1/1

社会政法类 皮书系列 2018全品种

汽车社会蓝皮书
中国汽车社会发展报告（2017~2018）
著（编）者：王俊秀　2018年6月出版 / 估价：99.00元
PSN B-2011-224-1/1

青年蓝皮书
中国青年发展报告（2018）No.3
著（编）者：廉思　2018年6月出版 / 估价：99.00元
PSN B-2013-333-1/1

青少年蓝皮书
中国未成年人互联网运用报告（2017~2018）
著（编）者：李为民　李文革　沈杰
2018年11月出版 / 估价：99.00元
PSN B-2010-156-1/1

人权蓝皮书
中国人权事业发展报告No.8（2018）
著（编）者：李君如　2018年9月出版 / 估价：99.00元
PSN B-2011-215-1/1

社会保障绿皮书
中国社会保障发展报告No.9（2018）
著（编）者：王延中　2018年6月出版 / 估价：99.00元
PSN G-2001-014-1/1

社会风险评估蓝皮书
风险评估与危机预警报告（2017~2018）
著（编）者：唐钧　2018年8月出版 / 估价：99.00元
PSN B-2012-293-1/1

社会工作蓝皮书
中国社会工作发展报告（2016~2017）
著（编）者：民政部社会工作研究中心
2018年8月出版 / 估价：99.00元
PSN B-2009-141-1/1

社会管理蓝皮书
中国社会管理创新报告No.6
著（编）者：连玉明　2018年11月出版 / 估价：99.00元
PSN B-2012-300-1/1

社会蓝皮书
2018年中国社会形势分析与预测
著（编）者：李培林　陈光金　张翼
2017年12月出版 / 定价：89.00元
PSN B-1998-002-1/1

社会体制蓝皮书
中国社会体制改革报告No.6（2018）
著（编）者：龚维斌　2018年3月出版 / 定价：98.00元
PSN B-2013-330-1/1

社会心态蓝皮书
中国社会心态研究报告（2018）
著（编）者：王俊秀　2018年12月出版 / 估价：99.00元
PSN B-2011-199-1/1

社会组织蓝皮书
中国社会组织报告（2017-2018）
著（编）者：黄晓勇　2018年6月出版 / 估价：99.00元
PSN B-2008-118-1/2

社会组织蓝皮书
中国社会组织评估发展报告（2018）
著（编）者：徐家良　2018年12月出版 / 估价：99.00元
PSN B-2013-366-2/2

生态城市绿皮书
中国生态城市建设发展报告（2018）
著（编）者：刘举科　孙伟平　胡文臻
2018年9月出版 / 估价：158.00元
PSN G-2012-269-1/1

生态文明绿皮书
中国省域生态文明建设评价报告（ECI 2018）
著（编）者：严耕　2018年12月出版 / 估价：99.00元
PSN G-2010-170-1/1

退休生活蓝皮书
中国城市居民退休生活质量指数报告（2017）
著（编）者：杨一帆　2018年6月出版 / 估价：99.00元
PSN B-2017-618-1/1

危机管理蓝皮书
中国危机管理报告（2018）
著（编）者：文学国　范正青
2018年8月出版 / 估价：99.00元
PSN B-2010-171-1/1

学会蓝皮书
2018年中国学会发展报告
著（编）者：麦可思研究院　2018年12月出版 / 估价：99.00元
PSN B-2016-597-1/1

医改蓝皮书
中国医药卫生体制改革报告（2017~2018）
著（编）者：文学国　房志武
2018年11月出版 / 估价：99.00元
PSN B-2014-432-1/1

应急管理蓝皮书
中国应急管理报告（2018）
著（编）者：宋英华　2018年9月出版 / 估价：99.00元
PSN B-2016-562-1/1

政府绩效评估蓝皮书
中国地方政府绩效评估报告 No.2
著（编）者：贠杰　2018年12月出版 / 估价：99.00元
PSN B-2017-672-1/1

政治参与蓝皮书
中国政治参与报告（2018）
著（编）者：房宁　2018年8月出版 / 估价：128.00元
PSN B-2011-200-1/1

政治文化蓝皮书
中国政治文化报告（2018）
著（编）者：邢元敏　魏大鹏　龚克
2018年8月出版 / 估价：128.00元
PSN B-2017-615-1/1

中国传统村落蓝皮书
中国传统村落保护现状报告（2018）
著（编）者：胡彬彬　李向军　王晓波
2018年12月出版 / 估价：99.00元
PSN B-2017-663-1/1

中国农村妇女发展蓝皮书
农村流动女性城市生活发展报告（2018）
著（编）者：谢丽华　2018年12月出版 / 估价：99.00元
PSN B-2014-434-1/1

宗教蓝皮书
中国宗教报告（2017）
著（编）者：邱永辉　2018年8月出版 / 估价：99.00元
PSN B-2008-117-1/1

产业经济类

保健蓝皮书
中国保健服务产业发展报告 No.2
著（编）者：中国保健协会　中共中央党校
2018年7月出版 / 估价：198.00元
PSN B-2012-272-3/3

保健蓝皮书
中国保健食品产业发展报告 No.2
著（编）者：中国保健协会
　　　　中国社会科学院食品药品产业发展与监管研究中心
2018年8月出版 / 估价：198.00元
PSN B-2012-271-2/3

保健蓝皮书
中国保健用品产业发展报告 No.2
著（编）者：中国保健协会
　　　　国务院国有资产监督管理委员会研究中心
2018年6月出版 / 估价：198.00元
PSN B-2012-270-1/3

保险蓝皮书
中国保险业竞争力报告（2018）
著（编）者：保监会　2018年12月出版 / 估价：99.00元
PSN B-2013-311-1/1

冰雪蓝皮书
中国冰上运动产业发展报告（2018）
著（编）者：孙承华　杨占武　刘戈　张鸿俊
2018年9月出版 / 估价：99.00元
PSN B-2017-648-3/3

冰雪蓝皮书
中国滑雪产业发展报告（2018）
著（编）者：孙承华　伍斌　魏庆华　张鸿俊
2018年9月出版 / 估价：99.00元
PSN B-2016-559-1/3

餐饮产业蓝皮书
中国餐饮产业发展报告（2018）
著（编）者：邢颖
2018年6月出版 / 估价：99.00元
PSN B-2009-151-1/1

茶业蓝皮书
中国茶产业发展报告（2018）
著（编）者：杨江帆　李闽榕
2018年10月出版 / 估价：99.00元
PSN B-2010-164-1/1

产业安全蓝皮书
中国文化产业安全报告（2018）
著（编）者：北京印刷学院文化产业安全研究院
2018年12月出版 / 估价：99.00元
PSN B-2014-378-12/14

产业安全蓝皮书
中国新媒体产业安全报告（2016~2017）
著（编）者：肖丽　2018年6月出版 / 估价：99.00元
PSN B-2015-500-14/14

产业安全蓝皮书
中国出版传媒产业安全报告（2017~2018）
著（编）者：北京印刷学院文化产业安全研究院
2018年6月出版 / 估价：99.00元
PSN B-2014-384-13/14

产业蓝皮书
中国产业竞争力报告（2018）No.8
著（编）者：张其仔　2018年12月出版 / 估价：168.00元
PSN B-2010-175-1/1

动力电池蓝皮书
中国新能源汽车动力电池产业发展报告（2018）
著（编）者：中国汽车技术研究中心
2018年8月出版 / 估价：99.00元
PSN B-2017-639-1/1

杜仲产业绿皮书
中国杜仲橡胶资源与产业发展报告（2017~2018）
著（编）者：杜红岩　胡文臻　俞锐
2018年6月出版 / 估价：99.00元
PSN G-2013-350-1/1

房地产蓝皮书
中国房地产发展报告No.15（2018）
著（编）者：李春华　王业强
2018年5月出版 / 估价：99.00元
PSN B-2004-028-1/1

服务外包蓝皮书
中国服务外包产业发展报告（2017~2018）
著（编）者：王晓红　刘德军
2018年6月出版 / 估价：99.00元
PSN B-2013-331-2/2

服务外包蓝皮书
中国服务外包竞争力报告（2017~2018）
著（编）者：刘春生　王力　黄育华
2018年12月出版 / 估价：99.00元
PSN B-2011-216-1/2

皮书系列 2018全品种 — 产业经济类

工业和信息化蓝皮书
世界信息技术产业发展报告（2017~2018）
著(编)者：尹丽波　2018年6月出版／估价：99.00元
PSN B-2015-449-2/6

工业和信息化蓝皮书
战略性新兴产业发展报告（2017~2018）
著(编)者：尹丽波　2018年6月出版／估价：99.00元
PSN B-2015-450-3/6

海洋经济蓝皮书
中国海洋经济发展报告（2015~2018）
著(编)者：殷克东　高金田　方胜民
2018年3月出版／定价：128.00元
PSN B-2018-697-1/1

康养蓝皮书
中国康养产业发展报告（2017）
著(编)者：何莽　2017年12月出版／定价：88.00元
PSN B-2017-685-1/1

客车蓝皮书
中国客车产业发展报告（2017~2018）
著(编)者：姚蔚　2018年10月出版／估价：99.00元
PSN B-2013-361-1/1

流通蓝皮书
中国商业发展报告（2018~2019）
著(编)者：王雪峰　林诗慧
2018年7月出版／估价：99.00元
PSN B-2009-152-1/2

能源蓝皮书
中国能源发展报告（2018）
著(编)者：崔民选　王军生　陈义和
2018年12月出版／估价：99.00元
PSN B-2006-049-1/1

农产品流通蓝皮书
中国农产品流通产业发展报告（2017）
著(编)者：贾敬敦　张东科　张玉玺　张鹏毅　周伟
2018年6月出版／估价：99.00元
PSN B-2012-288-1/1

汽车工业蓝皮书
中国汽车工业发展年度报告（2018）
著(编)者：中国汽车工业协会
　　　　　中国汽车技术研究中心
　　　　　丰田汽车公司
2018年5月出版／估价：168.00元
PSN B-2015-463-1/2

汽车工业蓝皮书
中国汽车零部件产业发展报告（2017~2018）
著(编)者：中国汽车工业协会
　　　　　中国汽车工程研究院深圳市沃特玛电池有限公司
2018年9月出版／估价：99.00元
PSN B-2016-515-2/2

汽车蓝皮书
中国汽车产业发展报告（2018）
著(编)者：中国汽车工程学会
　　　　　大众汽车集团（中国）
2018年11月出版／估价：99.00元
PSN B-2008-124-1/1

世界茶业蓝皮书
世界茶业发展报告（2018）
著(编)者：李闽榕　冯廷佺
2018年5月出版／估价：168.00元
PSN B-2017-619-1/1

世界能源蓝皮书
世界能源发展报告（2018）
著(编)者：黄晓勇　2018年6月出版／估价：168.00元
PSN B-2013-349-1/1

石油蓝皮书
中国石油产业发展报告（2018）
著(编)者：中国石油化工集团公司经济技术研究院
　　　　　中国国际石油化工联合有限责任公司
　　　　　中国社会科学院数量经济与技术经济研究所
2018年2月出版／定价：98.00元
PSN B-2018-690-1/1

体育蓝皮书
国家体育产业基地发展报告（2016~2017）
著(编)者：李颖川　2018年6月出版／估价：168.00元
PSN B-2017-609-5/5

体育蓝皮书
中国体育产业发展报告（2018）
著(编)者：阮伟　钟秉枢
2018年12月出版／估价：99.00元
PSN B-2010-179-1/5

文化金融蓝皮书
中国文化金融发展报告（2018）
著(编)者：杨涛　金巍
2018年6月出版／估价：99.00元
PSN B-2017-610-1/1

新能源汽车蓝皮书
中国新能源汽车产业发展报告（2018）
著(编)者：中国汽车技术研究中心
　　　　　日产（中国）投资有限公司
　　　　　东风汽车有限公司
2018年8月出版／估价：99.00元
PSN B-2013-347-1/1

薏仁米产业蓝皮书
中国薏仁米产业发展报告No.2（2018）
著(编)者：李发耀　石明　秦礼康
2018年8月出版／估价：99.00元
PSN B-2017-645-1/1

邮轮绿皮书
中国邮轮产业发展报告（2018）
著(编)者：汪泓　2018年10月出版／估价：99.00元
PSN G-2014-419-1/1

智能养老蓝皮书
中国智能养老产业发展报告（2018）
著(编)者：朱勇　2018年10月出版／估价：99.00元
PSN B-2015-488-1/1

中国节能汽车蓝皮书
中国节能汽车发展报告（2017~2018）
著(编)者：中国汽车工程研究院股份有限公司
2018年9月出版／估价：99.00元
PSN B-2016-565-1/1

产业经济类·行业及其他类

中国陶瓷产业蓝皮书
中国陶瓷产业发展报告（2018）
著(编)者：左和平 黄速建
2018年10月出版 / 估价：99.00元
PSN B-2016-573-1/1

装备制造业蓝皮书
中国装备制造业发展报告（2018）
著(编)者：徐东华
2018年12月出版 / 估价：118.00元
PSN B-2015-505-1/1

行业及其他类

"三农"互联网金融蓝皮书
中国"三农"互联网金融发展报告（2018）
著(编)者：李勇坚 王弢
2018年8月出版 / 估价：99.00元
PSN B-2016-560-1/1

SUV蓝皮书
中国SUV市场发展报告（2017~2018）
著(编)者：靳军　2018年9月出版 / 估价：99.00元
PSN B-2016-571-1/1

冰雪蓝皮书
中国冬季奥运会发展报告（2018）
著(编)者：孙承华 伍斌 魏庆华 张鸿俊
2018年9月出版 / 估价：99.00元
PSN B-2017-647-2/3

彩票蓝皮书
中国彩票发展报告（2018）
著(编)者：益彩基金　2018年6月出版 / 估价：99.00元
PSN B-2015-462-1/1

测绘地理信息蓝皮书
测绘地理信息供给侧结构性改革研究报告（2018）
著(编)者：库热西·买合苏提
2018年12月出版 / 估价：168.00元
PSN B-2009-145-1/1

产权市场蓝皮书
中国产权市场发展报告（2017）
著(编)者：曹和平
2018年5月出版 / 估价：99.00元
PSN B-2009-147-1/1

城投蓝皮书
中国城投行业发展报告（2018）
著(编)者：华景斌
2018年11月出版 / 估价：300.00元
PSN B-2016-514-1/1

城市轨道交通蓝皮书
中国城市轨道交通运营发展报告（2017~2018）
著(编)者：崔学忠 贾文峥
2018年3月出版 / 定价：89.00元
PSN B-2018-694-1/1

大数据蓝皮书
中国大数据发展报告（No.2）
著(编)者：连玉明　2018年5月出版 / 估价：99.00元
PSN B-2017-620-1/1

大数据应用蓝皮书
中国大数据应用发展报告No.2（2018）
著(编)者：陈军君　2018年8月出版 / 估价：99.00元
PSN B-2017-644-1/1

对外投资与风险蓝皮书
中国对外直接投资与国家风险报告（2018）
著(编)者：中债资信评估有限责任公司
　　　　　中国社会科学院世界经济与政治研究所
2018年6月出版 / 估价：189.00元
PSN B-2017-606-1/1

工业和信息化蓝皮书
人工智能发展报告（2017~2018）
著(编)者：尹丽波　2018年6月出版 / 估价：99.00元
PSN B-2015-448-1/6

工业和信息化蓝皮书
世界智慧城市发展报告（2017~2018）
著(编)者：尹丽波　2018年6月出版 / 估价：99.00元
PSN B-2017-624-6/6

工业和信息化蓝皮书
世界网络安全发展报告（2017~2018）
著(编)者：尹丽波　2018年6月出版 / 估价：99.00元
PSN B-2015-452-5/6

工业和信息化蓝皮书
世界信息化发展报告（2017~2018）
著(编)者：尹丽波　2018年6月出版 / 估价：99.00元
PSN B-2015-451-4/6

工业设计蓝皮书
中国工业设计发展报告（2018）
著(编)者：王晓红 于炜 张立群　2018年9月出版 / 估价：168.00元
PSN B-2014-420-1/1

公共关系蓝皮书
中国公共关系发展报告（2017）
著(编)者：柳斌杰　2018年1月出版 / 定价：89.00元
PSN B-2016-579-1/1

行业及其他类

皮书系列 2018全品种

公共关系蓝皮书
中国公共关系发展报告（2018）
著(编)者：柳斌杰　2018年11月出版 / 估价：99.00元
PSN B-2016-579-1/1

管理蓝皮书
中国管理发展报告（2018）
著(编)者：张晓东　2018年10月出版 / 估价：99.00元
PSN B-2014-416-1/1

轨道交通蓝皮书
中国轨道交通行业发展报告（2017）
著(编)者：仲建华 李闽榕
2017年12月出版 / 定价：98.00元
PSN B-2017-674-1/1

海关发展蓝皮书
中国海关发展前沿报告（2018）
著(编)者：干春晖　2018年6月出版 / 估价：99.00元
PSN B-2017-616-1/1

互联网医疗蓝皮书
中国互联网健康医疗发展报告（2018）
著(编)者：芮晓武　2018年6月出版 / 估价：99.00元
PSN B-2016-567-1/1

黄金市场蓝皮书
中国商业银行黄金业务发展报告（2017~2018）
著(编)者：平安银行　2018年6月出版 / 估价：99.00元
PSN B-2016-524-1/1

会展蓝皮书
中外会展业动态评估研究报告（2018）
著(编)者：张敏 任中峰 聂鑫焱 牛盼强
2018年12月出版 / 估价：99.00元
PSN B-2013-327-1/1

基金会蓝皮书
中国基金会发展报告（2017~2018）
著(编)者：中国基金会发展报告课题组
2018年6月出版 / 估价：99.00元
PSN B-2013-368-1/1

基金会绿皮书
中国基金会发展独立研究报告（2018）
著(编)者：基金会中心网 　中央民族大学基金会研究中心
2018年6月出版 / 估价：99.00元
PSN G-2011-213-1/1

基金会透明度蓝皮书
中国基金会透明度发展研究报告（2018）
著(编)者：基金会中心网
　　　　　清华大学廉政与治理研究中心
2018年9月出版 / 估价：99.00元
PSN B-2013-339-1/1

建筑装饰蓝皮书
中国建筑装饰行业发展报告（2018）
著(编)者：葛道顺 刘晓一
2018年10月出版 / 估价：198.00元
PSN B-2016-553-1/1

金融监管蓝皮书
中国金融监管报告（2018）
著(编)者：胡滨　2018年3月出版 / 定价：98.00元
PSN B-2012-281-1/1

金融蓝皮书
中国互联网金融行业分析与评估（2018~2019）
著(编)者：黄国平 伍旭川　2018年12月出版 / 估价：99.00元
PSN B-2016-585-7/7

金融科技蓝皮书
中国金融科技发展报告（2018）
著(编)者：李扬 孙国峰　2018年10月出版 / 估价：99.00元
PSN B-2014-374-1/1

金融信息服务蓝皮书
中国金融信息服务发展报告（2018）
著(编)者：李平　2018年5月出版 / 估价：99.00元
PSN B-2017-621-1/1

金蜜蜂企业社会责任蓝皮书
金蜜蜂中国企业社会责任报告研究（2017）
著(编)者：殷格非 于志宏 管竹笋
2018年1月出版 / 定价：99.00元
PSN B-2018-693-1/1

京津冀金融蓝皮书
京津冀金融发展报告（2018）
著(编)者：王爱俭 王璟怡　2018年10月出版 / 估价：99.00元
PSN B-2016-527-1/1

科普蓝皮书
国家科普能力发展报告（2018）
著(编)者：王康友　2018年5月出版 / 估价：138.00元
PSN B-2017-632-4/4

科普蓝皮书
中国基层科普发展报告（2017~2018）
著(编)者：赵立新 陈玲　2018年9月出版 / 估价：99.00元
PSN B-2016-568-3/4

科普蓝皮书
中国科普基础设施发展报告（2017~2018）
著(编)者：任福君　2018年6月出版 / 估价：99.00元
PSN B-2010-174-1/3

科普蓝皮书
中国科普人才发展报告（2017~2018）
著(编)者：郑念 任嵘嵘　2018年7月出版 / 估价：99.00元
PSN B-2016-512-2/4

科普能力蓝皮书
中国科普能力评价报告（2018~2019）
著(编)者：李富强 李群　2018年8月出版 / 估价：99.00元
PSN B-2016-555-1/1

临空经济蓝皮书
中国临空经济发展报告（2018）
著(编)者：连玉明　2018年9月出版 / 估价：99.00元
PSN B-2014-421-1/1

皮书系列 2018全品种 — 行业及其他类

旅游安全蓝皮书
中国旅游安全报告（2018）
著(编)者：郑向敏 谢朝武　2018年5月出版 / 估价：158.00元
PSN B-2012-280-1/1

旅游绿皮书
2017~2018年中国旅游发展分析与预测
著(编)者：宋瑞　2018年1月出版 / 定价：99.00元
PSN G-2002-018-1/1

煤炭蓝皮书
中国煤炭工业发展报告（2018）
著(编)者：岳福斌　2018年12月出版 / 估价：99.00元
PSN B-2008-123-1/1

民营企业社会责任蓝皮书
中国民营企业社会责任报告（2018）
著(编)者：中华全国工商业联合会
2018年12月出版 / 估价：99.00元
PSN B-2015-510-1/1

民营医院蓝皮书
中国民营医院发展报告（2017）
著(编)者：薛晓林　2017年12月出版 / 定价：89.00元
PSN B-2012-299-1/1

闽商蓝皮书
闽商发展报告（2018）
著(编)者：李闽榕 王日根 林琛
2018年12月出版 / 估价：99.00元
PSN B-2012-298-1/1

农业应对气候变化蓝皮书
中国农业气象灾害及其灾损评估报告（No.3）
著(编)者：矫梅燕　2018年6月出版 / 估价：118.00元
PSN B-2014-413-1/1

品牌蓝皮书
中国品牌战略发展报告（2018）
著(编)者：汪同三　2018年10月出版 / 估价：99.00元
PSN B-2016-580-1/1

企业扶贫蓝皮书
中国企业扶贫研究报告（2018）
著(编)者：钟宏武　2018年12月出版 / 估价：99.00元
PSN B-2016-593-1/1

企业公益蓝皮书
中国企业公益研究报告（2018）
著(编)者：钟宏武 汪杰 黄晓娟
2018年12月出版 / 估价：99.00元
PSN B-2015-501-1/1

企业国际化蓝皮书
中国企业全球化报告（2018）
著(编)者：王辉耀 苗绿　2018年11月出版 / 估价：99.00元
PSN B-2014-427-1/1

企业蓝皮书
中国企业绿色发展报告No.2（2018）
著(编)者：李红玉 朱光辉
2018年8月出版 / 估价：99.00元
PSN B-2015-481-2/2

企业社会责任蓝皮书
中资企业海外社会责任研究报告（2017~2018）
著(编)者：钟宏武 叶柳红 张蒽
2018年6月出版 / 估价：99.00元
PSN B-2017-603-2/2

企业社会责任蓝皮书
中国企业社会责任研究报告（2018）
著(编)者：黄群慧 钟宏武 张蒽 汪杰
2018年11月出版 / 估价：99.00元
PSN B-2009-149-1/2

汽车安全蓝皮书
中国汽车安全发展报告（2018）
著(编)者：中国汽车技术研究中心
2018年8月出版 / 估价：99.00元
PSN B-2014-385-1/1

汽车电子商务蓝皮书
中国汽车电子商务发展报告（2018）
著(编)者：中华全国工商业联合会汽车经销商商会
　　　　　北方工业大学
　　　　　北京易观智库网络科技有限公司
2018年10月出版 / 估价：158.00元
PSN B-2015-485-1/1

汽车知识产权蓝皮书
中国汽车产业知识产权发展报告（2018）
著(编)者：中国汽车工程研究院股份有限公司
　　　　　中国汽车工程学会
　　　　　重庆长安汽车股份有限公司
2018年12月出版 / 估价：99.00元
PSN B-2016-594-1/1

青少年体育蓝皮书
中国青少年体育发展报告（2017）
著(编)者：刘扶民 杨桦　2018年6月出版 / 估价：99.00元
PSN B-2015-482-1/1

区块链蓝皮书
中国区块链发展报告（2018）
著(编)者：李伟　2018年9月出版 / 估价：99.00元
PSN B-2017-649-1/1

群众体育蓝皮书
中国群众体育发展报告（2017）
著(编)者：刘国永 戴健　2018年5月出版 / 估价：99.00元
PSN B-2014-411-1/3

群众体育蓝皮书
中国社会体育指导员发展报告（2018）
著(编)者：刘国永 王欢　2018年6月出版 / 估价：99.00元
PSN B-2016-520-3/3

人力资源蓝皮书
中国人力资源发展报告（2018）
著(编)者：余兴安　2018年11月出版 / 估价：99.00元
PSN B-2012-287-1/1

融资租赁蓝皮书
中国融资租赁业发展报告（2017~2018）
著(编)者：李光荣 王力　2018年8月出版 / 估价：99.00元
PSN B-2015-443-1/1

行业及其他类

皮书系列 2018全品种

商会蓝皮书
中国商会发展报告No.5（2017）
著(编)者：王钦敏　2018年7月出版／估价：99.00元
PSN B-2008-125-1/1

商务中心区蓝皮书
中国商务中心区发展报告No.4（2017～2018）
著(编)者：李国红　单菁菁　2018年9月出版／估价：99.00元
PSN B-2015-444-1/1

设计产业蓝皮书
中国创新设计发展报告（2018）
著(编)者：王晓红　张立群　于炜
2018年11月出版／估价：99.00元
PSN B-2016-581-2/2

社会责任管理蓝皮书
中国上市公司社会责任能力成熟度报告No.4（2018）
著(编)者：肖红军　王晓光　李伟阳
2018年12月出版／估价：99.00元
PSN B-2015-507-2/2

社会责任管理蓝皮书
中国企业公众透明度报告No.4（2017～2018）
著(编)者：黄速建　熊梦　王晓玲　肖红军
2018年6月出版／估价：99.00元
PSN B-2015-440-1/2

食品药品蓝皮书
食品药品安全与监管政策研究报告（2016～2017）
著(编)者：唐民皓　2018年6月出版／估价：99.00元
PSN B-2009-129-1/1

输血服务蓝皮书
中国输血行业发展报告（2018）
著(编)者：孙俊　2018年12月出版／估价：99.00元
PSN B-2015-582-1/1

水利风景区蓝皮书
中国水利风景区发展报告（2018）
著(编)者：董建文　兰思仁
2018年10月出版／估价：99.00元
PSN B-2015-480-1/1

数字经济蓝皮书
全球数字经济竞争力发展报告（2017）
著(编)者：王振　2017年12月出版／定价：79.00元
PSN B-2017-673-1/1

私募市场蓝皮书
中国私募股权市场发展报告（2017～2018）
著(编)者：曹和平　2018年12月出版／估价：99.00元
PSN B-2010-162-1/1

碳排放权交易蓝皮书
中国碳排放权交易报告（2018）
著(编)者：孙永平　2018年11月出版／估价：99.00元
PSN B-2017-652-1/1

碳市场蓝皮书
中国碳市场报告（2018）
著(编)者：定金彪　2018年11月出版／估价：99.00元
PSN B-2014-430-1/1

体育蓝皮书
中国公共体育服务发展报告（2018）
著(编)者：戴健　2018年12月出版／估价：99.00元
PSN B-2013-367-2/5

土地市场蓝皮书
中国农村土地市场发展报告（2017～2018）
著(编)者：李光荣　2018年6月出版／估价：99.00元
PSN B-2016-526-1/1

土地整治蓝皮书
中国土地整治发展研究报告（No.5）
著(编)者：国土资源部土地整治中心
2018年7月出版／估价：99.00元
PSN B-2014-401-1/1

土地政策蓝皮书
中国土地政策研究报告（2018）
著(编)者：高延利　张建平　吴次芳
2018年1月出版／定价：98.00元
PSN B-2015-506-1/1

网络空间安全蓝皮书
中国网络空间安全发展报告（2018）
著(编)者：惠志斌　覃庆玲
2018年11月出版／估价：99.00元
PSN B-2015-466-1/1

文化志愿服务蓝皮书
中国文化志愿服务发展报告（2018）
著(编)者：张永新　良警宇　2018年11月出版／估价：128.00元
PSN B-2016-596-1/1

西部金融蓝皮书
中国西部金融发展报告（2017～2018）
著(编)者：李忠民　2018年8月出版／估价：99.00元
PSN B-2010-160-1/1

协会商会蓝皮书
中国行业协会商会发展报告（2017）
著(编)者：景朝阳　李勇　2018年6月出版／估价：99.00元
PSN B-2015-461-1/1

新三板蓝皮书
中国新三板市场发展报告（2018）
著(编)者：王力　2018年8月出版／估价：99.00元
PSN B-2016-533-1/1

信托市场蓝皮书
中国信托业市场报告（2017～2018）
著(编)者：用益金融信托研究院
2018年6月出版／定价：198.00元
PSN B-2014-371-1/1

信息化蓝皮书
中国信息化形势分析与预测（2017～2018）
著(编)者：周宏仁　2018年8月出版／估价：99.00元
PSN B-2010-168-1/1

信用蓝皮书
中国信用发展报告（2017～2018）
著(编)者：章政　田侃　2018年6月出版／估价：99.00元
PSN B-2013-328-1/1

皮书系列 2018全品种
行业及其他类

休闲绿皮书
2017~2018年中国休闲发展报告
著(编)者：宋瑞　　2018年7月出版 / 估价：99.00元
PSN G-2010-158-1/1

休闲体育蓝皮书
中国休闲体育发展报告（2017~2018）
著(编)者：李相如　钟秉枢
2018年10月出版 / 估价：99.00元
PSN B-2016-516-1/1

养老金融蓝皮书
中国养老金融发展报告（2018）
著(编)者：董克用　姚余栋
2018年9月出版 / 估价：99.00元
PSN B-2016-583-1/1

遥感监测绿皮书
中国可持续发展遥感监测报告（2017）
著(编)者：顾行发　汪克强　潘教峰　李闽榕　徐东华　王琦安
2018年6月出版 / 估价：298.00元
PSN B-2017-629-1/1

药品流通蓝皮书
中国药品流通行业发展报告（2018）
著(编)者：佘鲁林　温再兴
2018年7月出版 / 估价：198.00元
PSN B-2014-429-1/1

医疗器械蓝皮书
中国医疗器械行业发展报告（2018）
著(编)者：王宝亭　耿鸿武
2018年10月出版 / 估价：99.00元
PSN B-2017-661-1/1

医院蓝皮书
中国医院竞争力报告（2017~2018）
著(编)者：庄一强　　2018年3月出版 / 定价：108.00元
PSN B-2016-528-1/1

瑜伽蓝皮书
中国瑜伽业发展报告（2017~2018）
著(编)者：张永建　徐华锋　朱泰余
2018年6月出版 / 估价：198.00元
PSN B-2017-625-1/1

债券市场蓝皮书
中国债券市场发展报告（2017~2018）
著(编)者：杨农　　2018年10月出版 / 估价：99.00元
PSN B-2016-572-1/1

志愿服务蓝皮书
中国志愿服务发展报告（2018）
著(编)者：中国志愿服务联合会
2018年11月出版 / 估价：99.00元
PSN B-2017-664-1/1

中国上市公司蓝皮书
中国上市公司发展报告（2018）
著(编)者：张鹏　张平　黄胤英
2018年9月出版 / 估价：99.00元
PSN B-2014-414-1/1

中国新三板蓝皮书
中国新三板创新与发展报告（2018）
著(编)者：刘平安　闻召林
2018年8月出版 / 估价：158.00元
PSN B-2017-638-1/1

中国汽车品牌蓝皮书
中国乘用车品牌发展报告（2017）
著(编)者：《中国汽车报》社有限公司
　　　　　博世（中国）投资有限公司
　　　　　中国汽车技术研究中心数据资源中心
2018年1月出版 / 定价：89.00元
PSN B-2017-679-1/1

中医文化蓝皮书
北京中医药文化传播发展报告（2018）
著(编)者：毛嘉陵　　2018年6月出版 / 估价：99.00元
PSN B-2015-468-1/2

中医文化蓝皮书
中国中医药文化传播发展报告（2018）
著(编)者：毛嘉陵　　2018年7月出版 / 估价：99.00元
PSN B-2016-584-2/2

中医药蓝皮书
北京中医药知识产权发展报告No.2
著(编)者：汪洪　屠志涛　　2018年6月出版 / 估价：168.00元
PSN B-2017-602-1/1

资本市场蓝皮书
中国场外交易市场发展报告（2016~2017）
著(编)者：高峦　　2018年6月出版 / 估价：99.00元
PSN B-2009-153-1/1

资产管理蓝皮书
中国资产管理行业发展报告（2018）
著(编)者：郑智　　2018年7月出版 / 估价：99.00元
PSN B-2014-407-2/2

资产证券化蓝皮书
中国资产证券化发展报告（2018）
著(编)者：沈炳熙　曹彤　李哲平
2018年4月出版 / 定价：98.00元
PSN B-2017-660-1/1

自贸区蓝皮书
中国自贸区发展报告（2018）
著(编)者：王力　黄育华
2018年6月出版 / 估价：99.00元
PSN B-2016-558-1/1

国际问题与全球治理类

"一带一路"跨境通道蓝皮书
"一带一路"跨境通道建设研究报(2017~2018)
著(编)者:余鑫 张秋生 2018年1月出版 / 定价:89.00元
PSN B-2016-557-1/1

"一带一路"蓝皮书
"一带一路"建设发展报告(2018)
著(编)者:李永全 2018年3月出版 / 定价:98.00元
PSN B-2016-552-1/1

"一带一路"投资安全蓝皮书
中国"一带一路"投资与安全研究报告(2018)
著(编)者:邹统钎 梁昊光 2018年4月出版 / 定价:98.00元
PSN B-2017-612-1/1

"一带一路"文化交流蓝皮书
中阿文化交流发展报告(2017)
著(编)者:王辉 2017年12月出版 / 定价:89.00元
PSN B-2017-655-1/1

G20国家创新竞争力黄皮书
二十国集团(G20)国家创新竞争力发展报告(2017~2018)
著(编)者:李建平 李闽榕 赵新力 周天勇
2018年7月出版 / 定价:168.00元
PSN Y-2011-229-1/1

阿拉伯黄皮书
阿拉伯发展报告(2016~2017)
著(编)者:罗林 2018年6月出版 / 估价:99.00元
PSN Y-2014-381-1/1

北部湾蓝皮书
泛北部湾合作发展报告(2017~2018)
著(编)者:吕余生 2018年12月出版 / 估价:99.00元
PSN B-2008-114-1/1

北极蓝皮书
北极地区发展报告(2017)
著(编)者:刘惠荣 2018年7月出版 / 估价:99.00元
PSN B-2017-634-1/1

大洋洲蓝皮书
大洋洲发展报告(2017~2018)
著(编)者:喻常森 2018年10月出版 / 估价:99.00元
PSN B-2013-341-1/1

东北亚区域合作蓝皮书
2017年"一带一路"倡议与东北亚区域合作
著(编)者:刘亚政 金美花
2018年5月出版 / 估价:99.00元
PSN B-2017-631-1/1

东盟黄皮书
东盟发展报告(2017)
著(编)者:杨静林 庄国土 2018年6月出版 / 估价:99.00元
PSN Y-2012-303-1/1

东南亚蓝皮书
东南亚地区发展报告(2017~2018)
著(编)者:王勤 2018年12月出版 / 估价:99.00元
PSN B-2012-240-1/1

非洲黄皮书
非洲发展报告No.20(2017~2018)
著(编)者:张宏明 2018年7月出版 / 估价:99.00元
PSN Y-2012-239-1/1

非传统安全蓝皮书
中国非传统安全研究报告(2017~2018)
著(编)者:潇枫 罗中枢 2018年8月出版 / 估价:99.00元
PSN B-2012-273-1/1

国际安全蓝皮书
中国国际安全研究报告(2018)
著(编)者:刘慧 2018年7月出版 / 估价:99.00元
PSN B-2016-521-1/1

国际城市蓝皮书
国际城市发展报告(2018)
著(编)者:屠启宇 2018年2月出版 / 定价:89.00元
PSN B-2012-260-1/1

国际形势黄皮书
全球政治与安全报告(2018)
著(编)者:张宇燕 2018年1月出版 / 定价:89.00元
PSN Y-2001-016-1/1

公共外交蓝皮书
中国公共外交发展报告(2018)
著(编)者:赵启正 雷蔚真 2018年6月出版 / 估价:99.00元
PSN B-2015-457-1/1

海丝蓝皮书
21世纪海上丝绸之路研究报告(2017)
著(编)者:华侨大学海上丝绸之路研究院
2017年12月出版 / 定价:89.00元
PSN B-2017-684-1/1

金砖国家黄皮书
金砖国家综合创新竞争力发展报告(2018)
著(编)者:赵新力 李闽榕 黄茂兴
2018年8月出版 / 定价:128.00元
PSN Y-2017-643-1/1

拉美黄皮书
拉丁美洲和加勒比发展报告(2017~2018)
著(编)者:袁东振 2018年6月出版 / 估价:99.00元
PSN Y-1999-007-1/1

澜湄合作蓝皮书
澜沧江-湄公河合作发展报告(2018)
著(编)者:刘稚 2018年9月出版 / 估价:99.00元
PSN B-2011-196-1/1

皮书系列 2018全品种
国际问题与全球治理类

欧洲蓝皮书
欧洲发展报告（2017~2018）
著(编)者：黄平　周弘　程卫东
2018年6月出版 / 估价：99.00元
PSN B-1999-009-1/1

葡语国家蓝皮书
葡语国家发展报告（2016~2017）
著(编)者：王成安　张敏　刘金兰
2018年6月出版 / 估价：99.00元
PSN B-2015-503-1/2

葡语国家蓝皮书
中国与葡语国家关系发展报告·巴西（2016）
著(编)者：张曙光
2018年8月出版 / 估价：99.00元
PSN B-2016-563-2/2

气候变化绿皮书
应对气候变化报告（2018）
著(编)者：王伟光　郑国光
2018年11月出版 / 估价：99.00元
PSN G-2009-144-1/1

全球环境竞争力绿皮书
全球环境竞争力报告（2018）
著(编)者：李建平　李闽榕　王金南
2018年12月出版 / 估价：198.00元
PSN G-2013-363-1/1

全球信息社会蓝皮书
全球信息社会发展报告（2018）
著(编)者：丁波涛　唐涛　2018年10月出版 / 估价：99.00元
PSN B-2017-665-1/1

日本经济蓝皮书
日本经济与中日经贸关系研究报告（2018）
著(编)者：张季风　2018年6月出版 / 估价：99.00元
PSN B-2008-102-1/1

上海合作组织黄皮书
上海合作组织发展报告（2018）
著(编)者：李进峰　2018年6月出版 / 估价：99.00元
PSN Y-2009-130-1/1

世界创新竞争力黄皮书
世界创新竞争力发展报告（2017）
著(编)者：李建平　李闽榕　赵新力
2018年6月出版 / 估价：168.00元
PSN Y-2013-318-1/1

世界经济黄皮书
2018年世界经济形势分析与预测
著(编)者：张宇燕　2018年1月出版 / 估价：99.00元
PSN Y-1999-006-1/1

世界能源互联互通蓝皮书
世界能源清洁发展与互联互通评估报告（2017）：欧洲篇
著(编)者：国网能源研究院
2018年1月出版 / 定价：128.00元
PSN B-2018-695-1/1

丝绸之路蓝皮书
丝绸之路经济带发展报告（2018）
著(编)者：任宗哲　白宽犁　谷孟宾
2018年1月出版 / 估价：89.00元
PSN B-2014-410-1/1

新兴经济体蓝皮书
金砖国家发展报告（2018）
著(编)者：林跃勤　周文
2018年8月出版 / 估价：99.00元
PSN B-2011-195-1/1

亚太蓝皮书
亚太地区发展报告（2018）
著(编)者：李向阳　2018年5月出版 / 估价：99.00元
PSN B-2001-015-1/1

印度洋地区蓝皮书
印度洋地区发展报告（2018）
著(编)者：汪戎　2018年6月出版 / 估价：99.00元
PSN B-2013-334-1/1

印度尼西亚经济蓝皮书
印度尼西亚经济发展报告（2017）：增长与机会
著(编)者：左志刚　2017年11月出版 / 定价：89.00元
PSN B-2017-675-1/1

渝新欧蓝皮书
渝新欧沿线国家发展报告（2018）
著(编)者：杨柏　黄森
2018年6月出版 / 估价：99.00元
PSN B-2017-626-1/1

中阿蓝皮书
中国-阿拉伯国家经贸发展报告（2018）
著(编)者：张廉　段庆林　王林聪　杨巧红
2018年12月出版 / 估价：99.00元
PSN B-2016-598-1/1

中东黄皮书
中东发展报告No.20（2017~2018）
著(编)者：杨光　2018年10月出版 / 估价：99.00元
PSN Y-1998-004-1/1

中亚黄皮书
中亚国家发展报告（2018）
著(编)者：孙力
2018年3月出版 / 定价：98.00元
PSN Y-2012-238-1/1

国别类

澳大利亚蓝皮书
澳大利亚发展报告（2017-2018）
著（编）者：孙有中 韩锋　2018年12月出版 / 估价：99.00元
PSN B-2016-587-1/1

巴西黄皮书
巴西发展报告（2017）
著（编）者：刘国枝　2018年5月出版 / 估价：99.00元
PSN Y-2017-614-1/1

德国蓝皮书
德国发展报告（2018）
著（编）者：郑春荣　2018年6月出版 / 估价：99.00元
PSN B-2012-278-1/1

俄罗斯黄皮书
俄罗斯发展报告（2018）
著（编）者：李永全　2018年6月出版 / 估价：99.00元
PSN Y-2006-061-1/1

韩国蓝皮书
韩国发展报告（2017）
著（编）者：牛林杰 刘宝全　2018年6月出版 / 估价：99.00元
PSN B-2010-155-1/1

加拿大蓝皮书
加拿大发展报告（2018）
著（编）者：唐小松　2018年9月出版 / 估价：99.00元
PSN B-2014-389-1/1

美国蓝皮书
美国研究报告（2018）
著（编）者：郑秉文 黄平　2018年5月出版 / 估价：99.00元
PSN B-2011-210-1/1

缅甸蓝皮书
缅甸国情报告（2017）
著（编）者：祝湘辉
2017年11月出版 / 定价：98.00元
PSN B-2013-343-1/1

日本蓝皮书
日本研究报告（2018）
著（编）者：杨伯江　2018年4月出版 / 定价：99.00元
PSN B-2002-020-1/1

土耳其蓝皮书
土耳其发展报告（2018）
著（编）者：郭长刚 刘义　2018年9月出版 / 估价：99.00元
PSN B-2014-412-1/1

伊朗蓝皮书
伊朗发展报告（2017~2018）
著（编）者：冀开运　2018年10月 / 估价：99.00元
PSN B-2016-574-1/1

以色列蓝皮书
以色列发展报告（2018）
著（编）者：张倩红　2018年8月出版 / 估价：99.00元
PSN B-2015-483-1/1

印度蓝皮书
印度国情报告（2017）
著（编）者：吕昭义　2018年6月出版 / 估价：99.00元
PSN B-2012-241-1/1

英国蓝皮书
英国发展报告（2017~2018）
著（编）者：王展鹏　2018年12月出版 / 估价：99.00元
PSN B-2015-486-1/1

越南蓝皮书
越南国情报告（2018）
著（编）者：谢林城　2018年11月出版 / 估价：99.00元
PSN B-2006-056-1/1

泰国蓝皮书
泰国研究报告（2018）
著（编）者：庄国土 张禹东 刘文正
2018年10月出版 / 估价：99.00元
PSN B-2016-556-1/1

文化传媒类

"三农"舆情蓝皮书
中国"三农"网络舆情报告（2017~2018）
著（编）者：农业部信息中心
2018年6月出版 / 估价：99.00元
PSN B-2017-640-1/1

传媒竞争力蓝皮书
中国传媒国际竞争力研究报告（2018）
著（编）者：李本乾 刘强 王大可
2018年8月出版 / 估价：99.00元
PSN B-2013-356-1/1

传媒蓝皮书
中国传媒产业发展报告（2018）
著（编）者：崔保国
2018年5月出版 / 估价：99.00元
PSN B-2005-035-1/1

传媒投资蓝皮书
中国传媒投资发展报告（2018）
著（编）者：张向东 谭云明
2018年6月出版 / 估价：148.00元
PSN B-2015-474-1/1

皮书系列 2018全品种 — 文化传媒类

非物质文化遗产蓝皮书
中国非物质文化遗产发展报告(2018)
著(编)者:陈平　2018年6月出版　估价:128.00元
PSN B-2015-469-1/2

非物质文化遗产蓝皮书
中国非物质文化遗产保护发展报告(2018)
著(编)者:宋俊华　2018年10月出版　估价:128.00元
PSN B-2016-586-2/2

广电蓝皮书
中国广播电影电视发展报告(2018)
著(编)者:国家新闻出版广电总局发展研究中心
2018年7月出版　估价:99.00元
PSN B-2006-072-1/1

广告主蓝皮书
中国广告主营销传播趋势报告No.9
著(编)者:黄升民　杜国清　邵华冬　等
2018年10月出版　估价:158.00元
PSN B-2005-041-1/1

国际传播蓝皮书
中国国际传播发展报告(2018)
著(编)者:胡正荣　李继东　姬德强
2018年12月出版　估价:99.00元
PSN B-2014-408-1/1

国家形象蓝皮书
中国国家形象传播报告(2017)
著(编)者:张昆　2018年6月出版　估价:128.00元
PSN B-2017-605-1/1

互联网治理蓝皮书
中国网络社会治理研究报告(2018)
著(编)者:罗昕　支庭荣
2018年9月出版　估价:118.00元
PSN B-2017-653-1/1

纪录片蓝皮书
中国纪录片发展报告(2018)
著(编)者:何苏六　2018年10月出版　估价:99.00元
PSN B-2011-222-1/1

科学传播蓝皮书
中国科学传播报告(2016~2017)
著(编)者:詹正茂　2018年6月出版　估价:99.00元
PSN B-2008-120-1/1

两岸创意经济蓝皮书
两岸创意经济研究报告(2018)
著(编)者:罗昌智　董泽平
2018年10月出版　估价:99.00元
PSN B-2014-437-1/1

媒介与女性蓝皮书
中国媒介与女性发展报告(2017~2018)
著(编)者:刘利群　2018年5月出版　估价:99.00元
PSN B-2013-345-1/1

媒体融合蓝皮书
中国媒体融合发展报告(2017~2018)
著(编)者:梅宁华　支庭荣
2017年12月出版　估价:98.00元
PSN B-2015-479-1/1

全球传媒蓝皮书
全球传媒发展报告(2017~2018)
著(编)者:胡正荣　李继东　2018年6月出版　估价:99.00元
PSN B-2012-237-1/1

少数民族非遗蓝皮书
中国少数民族非物质文化遗产发展报告(2018)
著(编)者:肖远平(彝)　柴立(满)
2018年10月出版　估价:118.00元
PSN B-2015-467-1/1

视听新媒体蓝皮书
中国视听新媒体发展报告(2018)
著(编)者:国家新闻出版广电总局发展研究中心
2018年7月出版　估价:118.00元
PSN B-2011-184-1/1

数字娱乐产业蓝皮书
中国动画产业发展报告(2018)
著(编)者:孙立军　孙平　牛兴侦
2018年10月出版　估价:99.00元
PSN B-2011-198-1/2

数字娱乐产业蓝皮书
中国游戏产业发展报告(2018)
著(编)者:孙立军　刘跃军　2018年10月出版　估价:99.00元
PSN B-2017-662-2/2

网络视听蓝皮书
中国互联网视听行业发展报告(2018)
著(编)者:陈鹏　2018年2月出版　定价:148.00元
PSN B-2018-688-1/1

文化创新蓝皮书
中国文化创新报告(2017·No.8)
著(编)者:傅才武　2018年6月出版　估价:99.00元
PSN B-2009-143-1/1

文化建设蓝皮书
中国文化发展报告(2018)
著(编)者:江畅　孙伟平　戴茂堂
2018年5月出版　估价:99.00元
PSN B-2014-392-1/1

文化科技蓝皮书
文化科技创新发展报告(2018)
著(编)者:于平　李凤亮　2018年10月出版　估价:99.00元
PSN B-2013-342-1/1

文化蓝皮书
中国公共文化服务发展报告(2017~2018)
著(编)者:刘新成　张永新　张旭
2018年12月出版　估价:99.00元
PSN B-2007-093-2/10

文化蓝皮书
中国少数民族文化发展报告(2017~2018)
著(编)者:武翠英　张晓明　任乌晶
2018年9月出版　估价:99.00元
PSN B-2013-369-9/10

文化蓝皮书
中国文化产业供需协调检测报告(2018)
著(编)者:王亚南　2018年3月出版　定价:99.00元
PSN B-2013-323-8/10

文化传媒类 · 地方发展类-经济

皮书系列 2018全品种

文化蓝皮书
中国文化消费需求景气评价报告（2018）
著(编)者：王亚南　2018年3月出版 / 定价：99.00元
PSN B-2011-236-4/10

文化蓝皮书
中国公共文化投入增长测评报告（2018）
著(编)者：王亚南　2018年3月出版 / 定价：99.00元
PSN B-2014-435-10/10

文化品牌蓝皮书
中国文化品牌发展报告（2018）
著(编)者：欧阳友权　2018年5月出版 / 估价：99.00元
PSN B-2012-277-1/1

文化遗产蓝皮书
中国文化遗产事业发展报告（2017~2018）
著(编)者：苏杨　张颖岚　卓杰　白海峰　陈晨　陈叙图
2018年8月出版 / 估价：99.00元
PSN B-2008-119-1/1

文学蓝皮书
中国文情报告（2017~2018）
著(编)者：白烨　2018年5月出版 / 估价：99.00元
PSN B-2011-221-1/1

新媒体蓝皮书
中国新媒体发展报告No.9（2018）
著(编)者：唐绪军　2018年7月出版 / 估价：99.00元
PSN B-2010-169-1/1

新媒体社会责任蓝皮书
中国新媒体社会责任研究报告（2018）
著(编)者：钟瑛　2018年12月出版 / 估价：99.00元
PSN B-2014-423-1/1

移动互联网蓝皮书
中国移动互联网发展报告（2018）
著(编)者：余清楚　2018年6月出版 / 估价：99.00元
PSN B-2012-282-1/1

影视蓝皮书
中国影视产业发展报告（2018）
著(编)者：司若　陈鹏　陈锐
2018年6月出版 / 估价：99.00元
PSN B-2016-529-1/1

舆情蓝皮书
中国社会舆情与危机管理报告（2018）
著(编)者：谢耘耕
2018年9月出版 / 估价：138.00元
PSN B-2011-235-1/1

中国大运河蓝皮书
中国大运河发展报告（2018）
著(编)者：吴欣　2018年2月出版 / 估价：128.00元
PSN B-2018-691-1/1

地方发展类-经济

澳门蓝皮书
澳门经济社会发展报告（2017~2018）
著(编)者：吴志良　郝雨凡
2018年7月出版 / 估价：99.00元
PSN B-2009-138-1/1

澳门绿皮书
澳门旅游休闲发展报告（2017~2018）
著(编)者：郝雨凡　林广志
2018年5月出版 / 估价：99.00元
PSN G-2017-617-1/1

北京蓝皮书
北京经济发展报告（2017~2018）
著(编)者：杨松　2018年6月出版 / 估价：99.00元
PSN B-2006-054-2/8

北京旅游绿皮书
北京旅游发展报告（2018）
著(编)者：北京旅游学会
2018年7月出版 / 估价：99.00元
PSN G-2012-301-1/1

北京体育蓝皮书
北京体育产业发展报告（2017~2018）
著(编)者：钟秉枢　陈杰　杨铁黎
2018年9月出版 / 估价：99.00元
PSN B-2015-475-1/1

滨海金融蓝皮书
滨海新区金融发展报告（2017）
著(编)者：王爱俭　李向前　2018年4月出版 / 估价：99.00元
PSN B-2014-424-1/1

城乡一体化蓝皮书
北京城乡一体化发展报告（2017~2018）
著(编)者：吴宝新　张宝秀　黄序
2018年5月出版 / 估价：99.00元
PSN B-2012-258-2/2

非公有制企业社会责任蓝皮书
北京非公有制企业社会责任报告（2018）
著(编)者：宋贵伦　冯培
2018年6月出版 / 估价：99.00元
PSN B-2017-613-1/1

皮书系列 2018全品种
地方发展类-经济

福建旅游蓝皮书
福建省旅游产业发展现状研究（2017~2018）
著（编）者：陈敏华 黄远水　2018年12月出版 / 估价：128.00元
PSN B-2016-591-1/1

福建自贸区蓝皮书
中国（福建）自由贸易试验区发展报告(2017~2018)
著（编）者：黄茂兴　2018年6月出版 / 估价：118.00元
PSN B-2016-531-1/1

甘肃蓝皮书
甘肃经济发展分析与预测（2018）
著（编）者：安文华 罗哲　2018年1月出版 / 定价：99.00元
PSN B-2013-312-1/6

甘肃蓝皮书
甘肃商贸流通发展报告（2018）
著（编）者：张应华 王福生 王晓芳
2018年1月出版 / 定价：99.00元
PSN B-2016-522-6/6

甘肃蓝皮书
甘肃县域和农村发展报告（2018）
著（编）者：包东红 朱智文 王建兵
2018年1月出版 / 定价：99.00元
PSN B-2013-316-5/6

甘肃农业科技绿皮书
甘肃农业科技发展研究报告（2018）
著（编）者：魏胜文 乔德华 张东伟
2018年12月出版 / 估价：198.00元
PSN B-2016-592-1/1

甘肃气象保障蓝皮书
甘肃农业对气候变化的适应与风险评估报告（No.1）
著（编）者：鲍文中 周广胜
2017年12月出版 / 定价：108.00元
PSN B-2017-677-1/1

巩义蓝皮书
巩义经济社会发展报告（2018）
著（编）者：丁同民 朱军　2018年6月出版 / 估价：99.00元
PSN B-2016-532-1/1

广东外经贸蓝皮书
广东对外经济贸易发展研究报告（2017～2018）
著（编）者：陈万灵　2018年6月出版 / 估价：99.00元
PSN B-2012-286-1/1

广西北部湾经济区蓝皮书
广西北部湾经济区开放开发报告（2017～2018）
著（编）者：广西壮族自治区北部湾经济区和东盟开放合作办公室
　　　　　广西社会科学院
　　　　　广西北部湾发展研究院
2018年5月出版 / 估价：99.00元
PSN B-2010-181-1/1

广州蓝皮书
广州城市国际化发展报告（2018）
著（编）者：张跃国　2018年8月出版 / 估价：99.00元
PSN B-2012-246-11/14

广州蓝皮书
中国广州城市建设与管理发展报告（2018）
著（编）者：张其学 陈小钢 王宏伟　2018年8月出版 / 估价：99.00元
PSN B-2007-087-4/14

广州蓝皮书
广州创新型城市发展报告（2018）
著（编）者：尹涛　2018年6月出版 / 估价：99.00元
PSN B-2012-247-12/14

广州蓝皮书
广州经济发展报告（2018）
著（编）者：张跃国 尹涛　2018年7月出版 / 估价：99.00元
PSN B-2005-040-1/14

广州蓝皮书
2018年中国广州经济形势分析与预测
著（编）者：魏明海 谢博能 李华
2018年6月出版 / 估价：99.00元
PSN B-2011-185-9/14

广州蓝皮书
中国广州科技创新发展报告（2018）
著（编）者：于欣伟 陈爽 邓佑满　2018年8月出版 / 估价：99.00元
PSN B-2006-065-2/14

广州蓝皮书
广州农村发展报告（2018）
著（编）者：朱名宏　2018年7月出版 / 估价：99.00元
PSN B-2010-167-8/14

广州蓝皮书
广州汽车产业发展报告（2018）
著（编）者：杨再高 冯兴亚　2018年7月出版 / 估价：99.00元
PSN B-2006-066-3/14

广州蓝皮书
广州商贸业发展报告（2018）
著（编）者：张跃国 陈杰 荀振英
2018年7月出版 / 估价：99.00元
PSN B-2012-245-10/14

贵阳蓝皮书
贵阳城市创新发展报告No.3（白云篇）
著（编）者：连玉明　2018年5月出版 / 估价：99.00元
PSN B-2015-491-3/10

贵阳蓝皮书
贵阳城市创新发展报告No.3（观山湖篇）
著（编）者：连玉明　2018年5月出版 / 估价：99.00元
PSN B-2015-497-9/10

贵阳蓝皮书
贵阳城市创新发展报告No.3（花溪篇）
著（编）者：连玉明　2018年5月出版 / 估价：99.00元
PSN B-2015-490-2/10

贵阳蓝皮书
贵阳城市创新发展报告No.3（开阳篇）
著（编）者：连玉明　2018年5月出版 / 估价：99.00元
PSN B-2015-492-4/10

贵阳蓝皮书
贵阳城市创新发展报告No.3（南明篇）
著（编）者：连玉明　2018年5月出版 / 估价：99.00元
PSN B-2015-496-8/10

贵阳蓝皮书
贵阳城市创新发展报告No.3（清镇篇）
著（编）者：连玉明　2018年5月出版 / 估价：99.00元
PSN B-2015-489-1/10

地方发展类-经济

皮书系列 2018全品种

贵阳蓝皮书
贵阳城市创新发展报告No.3（乌当篇）
著(编)者：连玉明　2018年5月出版 / 估价：99.00元
PSN B-2015-495-7/10

贵阳蓝皮书
贵阳城市创新发展报告No.3（息烽篇）
著(编)者：连玉明　2018年5月出版 / 估价：99.00元
PSN B-2015-493-5/10

贵阳蓝皮书
贵阳城市创新发展报告No.3（修文篇）
著(编)者：连玉明　2018年5月出版 / 估价：99.00元
PSN B-2015-494-6/10

贵阳蓝皮书
贵阳城市创新发展报告No.3（云岩篇）
著(编)者：连玉明　2018年5月出版 / 估价：99.00元
PSN B-2015-498-10/10

贵州房地产蓝皮书
贵州房地产发展报告No.5（2018）
著(编)者：武廷方　2018年7月出版 / 估价：99.00元
PSN B-2014-426-1/1

贵州蓝皮书
贵州册亨经济社会发展报告（2018）
著(编)者：黄德林　2018年6月出版 / 估价：99.00元
PSN B-2016-525-8/9

贵州蓝皮书
贵州地理标志产业发展报告（2018）
著(编)者：李发耀　黄其松　2018年8月出版 / 估价：99.00元
PSN B-2017-646-10/10

贵州蓝皮书
贵安新区发展报告（2017~2018）
著(编)者：马长青　吴大华　2018年6月出版 / 估价：99.00元
PSN B-2015-459-4/10

贵州蓝皮书
贵州国家级开放创新平台发展报告（2017~2018）
著(编)者：申晓庆　吴大华　季泓
2018年11月出版 / 估价：99.00元
PSN B-2016-518-7/10

贵州蓝皮书
贵州国有企业社会责任发展报告（2017~2018）
著(编)者：郭丽　2018年12月出版 / 估价：99.00元
PSN B-2015-511-6/10

贵州蓝皮书
贵州民航业发展报告（2017）
著(编)者：申振东　吴大华　2018年6月出版 / 估价：99.00元
PSN B-2015-471-5/10

贵州蓝皮书
贵州民营经济发展报告（2017）
著(编)者：杨静　吴大华　2018年6月出版 / 估价：99.00元
PSN B-2016-530-9/9

杭州都市圈蓝皮书
杭州都市圈发展报告（2018）
著(编)者：洪庆华　沈翔　2018年4月出版 / 定价：98.00元
PSN B-2012-302-1/1

河北经济蓝皮书
河北省经济发展报告（2018）
著(编)者：马树强　金浩　张贵　2018年6月出版 / 估价：99.00元
PSN B-2014-380-1/1

河北蓝皮书
河北经济社会发展报告（2018）
著(编)者：康振海　2018年1月出版 / 定价：99.00元
PSN B-2014-372-1/3

河北蓝皮书
京津冀协同发展报告（2018）
著(编)者：陈璐　2017年12月出版 / 定价：79.00元
PSN B-2017-601-2/3

河南经济蓝皮书
2018年河南经济形势分析与预测
著(编)者：王世炎　2018年3月出版 / 定价：89.00元
PSN B-2007-086-1/1

河南蓝皮书
河南城市发展报告（2018）
著(编)者：张占仓　王建国　2018年5月出版 / 估价：99.00元
PSN B-2009-131-3/9

河南蓝皮书
河南工业发展报告（2018）
著(编)者：张占仓　2018年5月出版 / 估价：99.00元
PSN B-2013-317-5/9

河南蓝皮书
河南金融发展报告（2018）
著(编)者：喻新安　谷建全
2018年6月出版 / 估价：99.00元
PSN B-2014-390-7/9

河南蓝皮书
河南经济发展报告（2018）
著(编)者：张占仓　完世伟
2018年6月出版 / 估价：99.00元
PSN B-2010-157-4/9

河南蓝皮书
河南能源发展报告（2018）
著(编)者：国网河南省电力公司经济技术研究院
　　　　　河南省社会科学院
2018年6月出版 / 估价：99.00元
PSN B-2017-607-9/9

河南商务蓝皮书
河南商务发展报告（2018）
著(编)者：焦锦淼　穆荣国　2018年5月出版 / 估价：99.00元
PSN B-2014-399-1/1

河南双创蓝皮书
河南创新创业发展报告（2018）
著(编)者：喻新安　杨雪梅
2018年8月出版 / 估价：99.00元
PSN B-2017-641-1/1

黑龙江蓝皮书
黑龙江经济发展报告（2018）
著(编)者：朱宇　2018年1月出版 / 定价：89.00元
PSN B-2011-190-2/2

皮书系列 2018全品种 — 地方发展类-经济

湖南城市蓝皮书
区域城市群整合
著(编)者：童中贤 韩未名　　2018年12月出版 / 估价：99.00元
PSN B-2006-064-1/1

湖南蓝皮书
湖南城乡一体化发展报告（2018）
著(编)者：陈文胜 王文强 陆福兴
2018年8月出版 / 估价：99.00元
PSN B-2015-477-8/8

湖南蓝皮书
2018年湖南电子政务发展报告
著(编)者：梁志峰　　2018年5月出版 / 估价：128.00元
PSN B-2014-394-6/8

湖南蓝皮书
2018年湖南经济发展报告
著(编)者：卞鹰　　2018年5月出版 / 估价：128.00元
PSN B-2011-207-2/8

湖南蓝皮书
2016年湖南经济展望
著(编)者：梁志峰　　2018年5月出版 / 估价：128.00元
PSN B-2011-206-1/8

湖南蓝皮书
2018年湖南县域经济社会发展报告
著(编)者：梁志峰　　2018年5月出版 / 估价：128.00元
PSN B-2014-395-7/8

湖南县域绿皮书
湖南县域发展报告（No.5）
著(编)者：袁准 周小毛 黎仁寅
2018年6月出版 / 估价：99.00元
PSN G-2012-274-1/1

沪港蓝皮书
沪港发展报告（2018）
著(编)者：尤安山　　2018年9月出版 / 估价：99.00元
PSN B-2013-362-1/1

吉林蓝皮书
2018年吉林经济社会形势分析与预测
著(编)者：邵汉明　　2017年12月出版 / 定价：89.00元
PSN B-2013-319-1/1

吉林省城市竞争力蓝皮书
吉林省城市竞争力报告（2017~2018）
著(编)者：崔岳春 张磊
2018年3月出版 / 定价：89.00元
PSN B-2016-513-1/1

济源蓝皮书
济源经济社会发展报告（2018）
著(编)者：喻新安　　2018年6月出版 / 估价：99.00元
PSN B-2014-387-1/1

江苏蓝皮书
2018年江苏经济发展分析与展望
著(编)者：王庆五 吴先满
2018年7月出版 / 估价：128.00元
PSN B-2017-635-1/3

江西蓝皮书
江西经济社会发展报告（2018）
著(编)者：陈石俊 龚建文　　2018年10月出版 / 估价：128.00元
PSN B-2015-484-1/2

江西蓝皮书
江西设区市发展报告（2018）
著(编)者：姜玮 梁勇
2018年10月出版 / 估价：99.00元
PSN B-2016-517-2/2

经济特区蓝皮书
中国经济特区发展报告（2017）
著(编)者：陶一桃　　2018年1月出版 / 估价：99.00元
PSN B-2009-139-1/1

辽宁蓝皮书
2018年辽宁经济社会形势分析与预测
著(编)者：梁启东 魏红江　　2018年6月出版 / 估价：99.00元
PSN B-2006-053-1/1

民族经济蓝皮书
中国民族地区经济发展报告（2018）
著(编)者：李曦辉　　2018年7月出版 / 估价：99.00元
PSN B-2017-630-1/1

南宁蓝皮书
南宁经济发展报告（2018）
著(编)者：胡建华　　2018年9月出版 / 估价：99.00元
PSN B-2016-569-2/3

内蒙古蓝皮书
内蒙古精准扶贫研究报告（2018）
著(编)者：张志华　　2018年1月出版 / 定价：89.00元
PSN B-2017-681-2/2

浦东新区蓝皮书
上海浦东经济发展报告（2018）
著(编)者：周小平 徐美芳
2018年1月出版 / 定价：89.00元
PSN B-2011-225-1/1

青海蓝皮书
2018年青海经济社会形势分析与预测
著(编)者：陈玮　　2018年1月出版 / 定价：98.00元
PSN B-2012-275-1/2

青海科技绿皮书
青海科技发展报告（2017）
著(编)者：青海省科学技术信息研究所
2018年3月出版 / 定价：98.00元
PSN G-2018-701-1/1

山东蓝皮书
山东经济形势分析与预测（2018）
著(编)者：李广杰　　2018年7月出版 / 估价：99.00元
PSN B-2014-404-1/5

山东蓝皮书
山东省普惠金融发展报告（2018）
著(编)者：齐鲁财富网
2018年9月出版 / 估价：99.00元
PSN B2017-676-5/5

地方发展类-经济

皮书系列 2018全品种

山西蓝皮书
山西资源型经济转型发展报告（2018）
著(编)者：李志强　2018年7月出版　估价：99.00元
PSN B-2011-197-1/1

陕西蓝皮书
陕西经济发展报告（2018）
著(编)者：任宗哲　白宽犁　裴成荣
2018年1月出版　定价：89.00元
PSN B-2009-135-1/6

陕西蓝皮书
陕西精准脱贫研究报告（2018）
著(编)者：任宗哲　白宽犁　王建康
2018年4月出版　定价：89.00元
PSN B-2017-623-6/6

上海蓝皮书
上海经济发展报告（2018）
著(编)者：沈开艳　2018年2月出版　定价：89.00元
PSN B-2006-057-1/7

上海蓝皮书
上海资源环境发展报告（2018）
著(编)者：周冯琦　胡静　2018年2月出版　定价：89.00元
PSN B-2006-060-4/7

上海蓝皮书
上海奉贤经济发展分析与研判（2017～2018）
著(编)者：张兆安　朱平芳　2018年3月出版　定价：99.00元
PSN B-2018-698-8/8

上饶蓝皮书
上饶发展报告（2016～2017）
著(编)者：廖其志　2018年6月出版　估价：128.00元
PSN B-2014-377-1/1

深圳蓝皮书
深圳经济发展报告（2018）
著(编)者：张骁儒　2018年6月出版　定价：99.00元
PSN B-2008-112-3/7

四川蓝皮书
四川城镇化发展报告（2018）
著(编)者：侯水平　陈炜　2018年6月出版　估价：99.00元
PSN B-2015-456-7/7

四川蓝皮书
2018年四川经济形势分析与预测
著(编)者：杨钢　2018年1月出版　定价：158.00元
PSN B-2007-098-2/7

四川蓝皮书
四川企业社会责任研究报告（2017～2018）
著(编)者：侯水平　盛毅　2018年5月出版　定价：99.00元
PSN B-2014-386-4/7

四川蓝皮书
四川生态建设报告（2018）
著(编)者：李晟之　2018年5月出版　定价：99.00元
PSN B-2015-455-6/7

四川蓝皮书
四川特色小镇发展报告（2017）
著(编)者：吴志强　2017年11月出版　定价：89.00元
PSN B-2017-670-8/8

体育蓝皮书
上海体育产业发展报告（2017～2018）
著(编)者：张林　黄海燕
2018年10月出版　估价：99.00元
PSN B-2015-454-4/5

体育蓝皮书
长三角地区体育产业发展报（2017～2018）
著(编)者：张林　2018年6月出版　估价：99.00元
PSN B-2015-453-3/5

天津金融蓝皮书
天津金融发展报告（2018）
著(编)者：王爱俭　孔德昌
2018年5月出版　估价：99.00元
PSN B-2014-418-1/1

图们江区域合作蓝皮书
图们江区域合作发展报告（2018）
著(编)者：李铁　2018年6月出版　估价：99.00元
PSN B-2015-464-1/1

温州蓝皮书
2018年温州经济社会形势分析与预测
著(编)者：蒋儒标　王春光　金浩
2018年6月出版　估价：99.00元
PSN B-2008-105-1/1

西咸新区蓝皮书
西咸新区发展报告（2018）
著(编)者：李扬　王军
2018年6月出版　估价：99.00元
PSN B-2016-534-1/1

修武蓝皮书
修武经济社会发展报告（2018）
著(编)者：张占仓　袁凯声
2018年10月出版　估价：99.00元
PSN B-2017-651-1/1

偃师蓝皮书
偃师经济社会发展报告（2018）
著(编)者：张占仓　袁凯声　何武周
2018年7月出版　估价：99.00元
PSN B-2017-627-1/1

扬州蓝皮书
扬州经济社会发展报告（2018）
著(编)者：陈扬
2018年12月出版　估价：108.00元
PSN B-2011-191-1/1

长垣蓝皮书
长垣经济社会发展报告（2018）
著(编)者：张占仓　袁凯声　秦保建
2018年10月出版　估价：99.00元
PSN B-2017-654-1/1

遵义蓝皮书
遵义发展报告（2018）
著(编)者：邓彦　曾征　龚永育
2018年9月出版　估价：99.00元
PSN B-2014-433-1/1

地方发展类-社会

安徽蓝皮书
安徽社会发展报告(2018)
著(编)者：程桦　2018年6月出版 / 估价：99.00元
PSN B-2013-325-1/1

安徽社会建设蓝皮书
安徽社会建设分析报告(2017~2018)
著(编)者：黄家海　蔡宪
2018年11月出版 / 估价：99.00元
PSN B-2013-322-1/1

北京蓝皮书
北京公共服务发展报告(2017~2018)
著(编)者：施昌奎　2018年6月出版 / 估价：99.00元
PSN B-2008-103-7/8

北京蓝皮书
北京社会发展报告(2017~2018)
著(编)者：李伟东
2018年7月出版 / 估价：99.00元
PSN B-2006-055-3/8

北京蓝皮书
北京社会治理发展报告(2017~2018)
著(编)者：殷星辰　2018年7月出版 / 估价：99.00元
PSN B-2014-391-8/8

北京律师蓝皮书
北京律师发展报告No.4(2018)
著(编)者：王隽　2018年12月出版 / 估价：99.00元
PSN B-2011-217-1/1

北京人才蓝皮书
北京人才发展报告(2018)
著(编)者：敏华　2018年12月出版 / 估价：128.00元
PSN B-2011-201-1/1

北京社会心态蓝皮书
北京社会心态分析报告(2017~2018)
北京市社会心理服务促进中心
2018年10月出版 / 估价：99.00元
PSN B-2014-422-1/1

北京社会组织管理蓝皮书
北京社会组织发展与管理(2018)
著(编)者：黄江松
2018年6月出版 / 估价：99.00元
PSN B-2015-446-1/1

北京养老产业蓝皮书
北京居家养老发展报告(2018)
著(编)者：陆杰华　周明明
2018年8月出版 / 估价：99.00元
PSN B-2015-465-1/1

法治蓝皮书
四川依法治省年度报告No.4(2018)
著(编)者：李林　杨天宗　田禾
2018年3月出版 / 定价：118.00元
PSN B-2015-447-2/3

福建妇女发展蓝皮书
福建省妇女发展报告(2018)
著(编)者：刘群英　2018年11月出版 / 估价：99.00元
PSN B-2011-220-1/1

甘肃蓝皮书
甘肃社会发展分析与预测(2018)
著(编)者：安文华　谢增虎　包晓霞
2018年1月出版 / 定价：99.00元
PSN B-2013-313-2/6

广东蓝皮书
广东全面深化改革研究报告(2018)
著(编)者：周林生　涂成林
2018年12月出版 / 估价：99.00元
PSN B-2015-504-3/3

广东蓝皮书
广东社会工作发展报告(2018)
著(编)者：罗观翠　2018年6月出版 / 估价：99.00元
PSN B-2014-402-2/3

广州蓝皮书
广州青年发展报告(2018)
著(编)者：徐柳　张强
2018年8月出版 / 估价：99.00元
PSN B-2013-352-13/14

广州蓝皮书
广州社会保障发展报告(2018)
著(编)者：张跃国　2018年8月出版 / 估价：99.00元
PSN B-2014-425-14/14

广州蓝皮书
2018年中国广州社会形势分析与预测
著(编)者：张强　郭志勇　何镜清
2018年6月出版 / 估价：99.00元
PSN B-2008-110-5/14

贵州蓝皮书
贵州法治发展报告(2018)
著(编)者：吴大华　2018年5月出版 / 估价：99.00元
PSN B-2012-254-2/10

贵州蓝皮书
贵州人才发展报告(2017)
著(编)者：于杰　吴大华
2018年9月出版 / 估价：99.00元
PSN B-2014-382-3/10

贵州蓝皮书
贵州社会发展报告(2018)
著(编)者：王兴骥　2018年6月出版 / 估价：99.00元
PSN B-2010-166-1/10

杭州蓝皮书
杭州妇女发展报告(2018)
著(编)者：魏颖
2018年10月出版 / 估价：99.00元
PSN B-2014-403-1/1

河北蓝皮书
河北法治发展报告（2018）
著(编)者：康振海　2018年6月出版 / 估价：99.00元
PSN B-2017-622-3/3

河北食品药品安全蓝皮书
河北食品药品安全研究报告（2018）
著(编)者：丁锦霞
2018年10月出版 / 估价：99.00元
PSN B-2015-473-1/1

河南蓝皮书
河南法治发展报告（2018）
著(编)者：张林海　2018年7月出版 / 估价：99.00元
PSN B-2014-376-6/9

河南蓝皮书
2018年河南社会形势分析与预测
著(编)者：牛苏林　2018年5月出版 / 估价：99.00元
PSN B-2005-043-1/9

河南民办教育蓝皮书
河南民办教育发展报告（2018）
著(编)者：胡大白　2018年9月出版 / 估价：99.00元
PSN B-2017-642-1/1

黑龙江蓝皮书
黑龙江社会发展报告（2018）
著(编)者：王爱丽　2018年1月出版 / 定价：89.00元
PSN B-2011-189-1/2

湖南蓝皮书
2018年湖南两型社会与生态文明建设报告
著(编)者：卞鹰　2018年5月出版 / 估价：128.00元
PSN B-2011-208-3/8

湖南蓝皮书
2018年湖南社会发展报告
著(编)者：卞鹰　2018年5月出版 / 估价：128.00元
PSN B-2014-393-5/8

健康城市蓝皮书
北京健康城市建设研究报告（2018）
著(编)者：王鸿春　盛继洪
2018年9月出版 / 估价：99.00元
PSN B-2015-460-1/2

江苏法治蓝皮书
江苏法治发展报告No.6（2017）
著(编)者：蔡道通　龚廷泰
2018年8月出版 / 估价：99.00元
PSN B-2012-290-1/1

江苏蓝皮书
2018年江苏社会发展分析与展望
著(编)者：王庆五　刘旺洪
2018年8月出版 / 估价：128.00元
PSN B-2017-636-2/3

民族教育蓝皮书
中国民族教育发展报告（2017·内蒙古卷）
著(编)者：陈中永
2017年12月出版 / 定价：198.00元
PSN B-2017-669-1/1

南宁蓝皮书
南宁法治发展报告（2018）
著(编)者：杨维超　2018年12月出版 / 估价：99.00元
PSN B-2015-509-1/3

南宁蓝皮书
南宁社会发展报告（2018）
著(编)者：胡建华　2018年10月出版 / 估价：99.00元
PSN B-2016-570-3/3

内蒙古蓝皮书
内蒙古反腐倡廉建设报告No.2
著(编)者：张志华　2018年6月出版 / 估价：99.00元
PSN B-2013-365-1/1

青海蓝皮书
2018年青海人才发展报告
著(编)者：王宇燕　2018年9月出版 / 估价：99.00元
PSN B-2017-650-2/2

青海生态文明建设蓝皮书
青海生态文明建设报告（2018）
著(编)者：张西明　高华　2018年12月出版 / 估价：99.00元
PSN B-2016-595-1/1

人口与健康蓝皮书
深圳人口与健康发展报告（2018）
著(编)者：陆杰华　傅崇辉
2018年11月出版 / 估价：99.00元
PSN B-2011-228-1/1

山东蓝皮书
山东社会形势分析与预测（2018）
著(编)者：李善峰　2018年6月出版 / 估价：99.00元
PSN B-2014-405-2/5

陕西蓝皮书
陕西社会发展报告（2018）
著(编)者：任宗哲　白宽犁　牛昉
2018年1月出版 / 定价：89.00元
PSN B-2009-136-2/6

上海蓝皮书
上海法治发展报告（2018）
著(编)者：叶必丰　2018年9月出版 / 估价：99.00元
PSN B-2012-296-6/7

上海蓝皮书
上海社会发展报告（2018）
著(编)者：杨雄　周海旺
2018年2月出版 / 定价：89.00元
PSN B-2006-058-2/7

皮书系列 2018全品种 — 地方发展类-社会 · 地方发展类-文化

社会建设蓝皮书
2018年北京社会建设分析报告
著(编)者：宋贵伦 冯虹　2018年9月出版 / 估价：99.00元
PSN B-2010-173-1/1

深圳蓝皮书
深圳法治发展报告（2018）
著(编)者：张骁儒　2018年6月出版 / 估价：99.00元
PSN B-2015-470-6/7

深圳蓝皮书
深圳劳动关系发展报告（2018）
著(编)者：汤庭芬　2018年8月出版 / 估价：99.00元
PSN B-2007-097-2/7

深圳蓝皮书
深圳社会治理与发展报告（2018）
著(编)者：张骁儒　2018年6月出版 / 估价：99.00元
PSN B-2008-113-4/7

生态安全绿皮书
甘肃国家生态安全屏障建设发展报告（2018）
著(编)者：刘举科 喜文华
2018年10月出版 / 估价：99.00元
PSN G-2017-659-1/1

顺义社会建设蓝皮书
北京市顺义区社会建设发展报告（2018）
著(编)者：王学武　2018年9月出版 / 估价：99.00元
PSN B-2017-658-1/1

四川蓝皮书
四川法治发展报告（2018）
著(编)者：郑泰安　2018年6月出版 / 估价：99.00元
PSN B-2015-441-5/7

四川蓝皮书
四川社会发展报告（2018）
著(编)者：李羚　2018年6月出版 / 估价：99.00元
PSN B-2008-127-3/7

四川社会工作与管理蓝皮书
四川省社会工作人力资源发展报告（2017）
著(编)者：边慧敏　2017年12月出版 / 定价：89.00元
PSN B-2017-683-1/1

云南社会治理蓝皮书
云南社会治理年度报告（2017）
著(编)者：晏雄 韩全芳
2018年5月出版 / 估价：99.00元
PSN B-2017-667-1/1

地方发展类-文化

北京传媒蓝皮书
北京新闻出版广电发展报告（2017~2018）
著(编)者：王志　2018年11月出版 / 估价：99.00元
PSN B-2016-588-1/1

北京蓝皮书
北京文化发展报告（2017~2018）
著(编)者：李建盛　2018年5月出版 / 估价：99.00元
PSN B-2007-082-4/8

创意城市蓝皮书
北京文化创意产业发展报告（2018）
著(编)者：郭万超 张京成　2018年12月出版 / 估价：99.00元
PSN B-2012-263-1/7

创意城市蓝皮书
天津文化创意产业发展报告（2018）
著(编)者：谢思全　2018年6月出版 / 估价：99.00元
PSN B-2016-536-7/7

创意城市蓝皮书
武汉文化创意产业发展报告（2018）
著(编)者：黄永林 陈汉桥　2018年12月出版 / 估价：99.00元
PSN B-2013-354-4/7

创意上海蓝皮书
上海文化创意产业发展报告（2017~2018）
著(编)者：王慧敏 王兴全　2018年8月出版 / 估价：99.00元
PSN B-2016-561-1/1

非物质文化遗产蓝皮书
广州市非物质文化遗产保护发展报告（2018）
著(编)者：宋俊华　2018年12月出版 / 估价：99.00元
PSN B-2016-589-1/1

甘肃蓝皮书
甘肃文化发展分析与预测（2018）
著(编)者：马廷旭 戚晓萍　2018年1月出版 / 定价：99.00元
PSN B-2013-314-3/6

甘肃蓝皮书
甘肃舆情分析与预测（2018）
著(编)者：王俊莲 张谦元　2018年1月出版 / 定价：99.00元
PSN B-2013-315-4/6

广州蓝皮书
中国广州文化发展报告（2018）
著(编)者：屈哨兵 陆志强　2018年6月出版 / 估价：99.00元
PSN B-2009-134-7/14

广州蓝皮书
广州文化创意产业发展报告（2018）
著(编)者：徐咏虹　2018年7月出版 / 估价：99.00元
PSN B-2008-111-6/14

海淀蓝皮书
海淀区文化和科技融合发展报告（2018）
著(编)者：陈名杰 孟景伟　2018年5月出版 / 估价：99.00元
PSN B-2013-329-1/1

地方发展类-文化

皮书系列 2018全品种

河南蓝皮书
河南文化发展报告（2018）
著(编)者：卫绍生　2018年7月出版/估价：99.00元
PSN B-2008-106-2/9

湖北文化产业蓝皮书
湖北省文化产业发展报告（2018）
著(编)者：黄晓华　2018年9月出版/估价：99.00元
PSN B-2017-656-1/1

湖北文化蓝皮书
湖北文化发展报告（2017~2018）
著(编)者：湖北大学高等人文研究院
　　　　　中华文化发展湖北省协同创新中心
2018年10月出版/估价：99.00元
PSN B-2016-566-1/1

江苏蓝皮书
2018年江苏文化发展分析与展望
著(编)者：王庆五　樊和平　2018年9月出版/估价：128.00元
PSN B-2013-637-3/3

江西文化蓝皮书
江西非物质文化遗产发展报告（2018）
著(编)者：张圣才　傅安平　2018年12月出版/估价：128.00元
PSN B-2015-499-1/1

洛阳蓝皮书
洛阳文化发展报告（2018）
著(编)者：刘福兴　陈启明　2018年7月出版/估价：99.00元
PSN B-2015-476-1/1

南京蓝皮书
南京文化发展报告（2018）
著(编)者：中共南京市委宣传部
2018年12月出版/估价：99.00元
PSN B-2014-439-1/1

宁波文化蓝皮书
宁波"一人一艺"全民艺术普及发展报告（2017）
著(编)者：张爱琴　2018年11月出版/估价：128.00元
PSN B-2017-668-1/1

山东蓝皮书
山东文化发展报告（2018）
著(编)者：涂可国　2018年5月出版/估价：99.00元
PSN B-2014-406-3/5

陕西蓝皮书
陕西文化发展报告（2018）
著(编)者：任宗哲　白宽犁　王长寿
2018年1月出版/定价：89.00元
PSN B-2009-137-3/6

上海蓝皮书
上海传媒发展报告（2018）
著(编)者：强荧　焦雨虹　2018年2月出版/定价：89.00元
PSN B-2012-295-5/7

上海蓝皮书
上海文学发展报告（2018）
著(编)者：陈圣来　2018年6月出版/估价：99.00元
PSN B-2012-297-7/7

上海蓝皮书
上海文化发展报告（2018）
著(编)者：荣跃明　2018年6月出版/估价：99.00元
PSN B-2006-059-3/7

深圳蓝皮书
深圳文化发展报告（2018）
著(编)者：张骁儒　2018年7月出版/估价：99.00元
PSN B-2016-554-7/7

四川蓝皮书
四川文化产业发展报告（2018）
著(编)者：向宝云　张立伟　2018年6月出版/估价：99.00元
PSN B-2006-074-1/7

郑州蓝皮书
2018年郑州文化发展报告
著(编)者：王哲　2018年9月出版/估价：99.00元
PSN B-2008-107-1/1

皮书系列

❖ 皮书起源 ❖

"皮书"起源于十七、十八世纪的英国，主要指官方或社会组织正式发表的重要文件或报告，多以"白皮书"命名。在中国，"皮书"这一概念被社会广泛接受，并被成功运作、发展成为一种全新的出版形态，则源于中国社会科学院社会科学文献出版社。

❖ 皮书定义 ❖

皮书是对中国与世界发展状况和热点问题进行年度监测，以专业的角度、专家的视野和实证研究方法，针对某一领域或区域现状与发展态势展开分析和预测，具备原创性、实证性、专业性、连续性、前沿性、时效性等特点的公开出版物，由一系列权威研究报告组成。

❖ 皮书作者 ❖

皮书系列的作者以中国社会科学院、著名高校、地方社会科学院的研究人员为主，多为国内一流研究机构的权威专家学者，他们的看法和观点代表了学界对中国与世界的现实和未来最高水平的解读与分析。

❖ 皮书荣誉 ❖

皮书系列已成为社会科学文献出版社的著名图书品牌和中国社会科学院的知名学术品牌。2016年，皮书系列正式列入"十三五"国家重点出版规划项目；2013~2018年，重点皮书列入中国社会科学院承担的国家哲学社会科学创新工程项目；2018年，59种院外皮书使用"中国社会科学院创新工程学术出版项目"标识。

中国皮书网

（网址：www.pishu.cn）

发布皮书研创资讯，传播皮书精彩内容
引领皮书出版潮流，打造皮书服务平台

栏目设置

关于皮书：何谓皮书、皮书分类、皮书大事记、皮书荣誉、
皮书出版第一人、皮书编辑部
最新资讯：通知公告、新闻动态、媒体聚焦、网站专题、视频直播、下载专区
皮书研创：皮书规范、皮书选题、皮书出版、皮书研究、研创团队
皮书评奖评价：指标体系、皮书评价、皮书评奖
互动专区：皮书说、社科数托邦、皮书微博、留言板

所获荣誉

2008年、2011年，中国皮书网均在全国新闻出版业网站荣誉评选中获得"最具商业价值网站"称号；

2012年，获得"出版业网站百强"称号。

网库合一

2014年，中国皮书网与皮书数据库端口合一，实现资源共享。

权威报告·一手数据·特色资源

皮书数据库
ANNUAL REPORT(YEARBOOK) DATABASE

当代中国经济与社会发展高端智库平台

所获荣誉

- 2016年,入选"'十三五'国家重点电子出版物出版规划骨干工程"
- 2015年,荣获"搜索中国正能量 点赞2015""创新中国科技创新奖"
- 2013年,荣获"中国出版政府奖·网络出版物奖"提名奖
- 连续多年荣获中国数字出版博览会"数字出版·优秀品牌"奖

成为会员

通过网址www.pishu.com.cn或使用手机扫描二维码进入皮书数据库网站,进行手机号码验证或邮箱验证即可成为皮书数据库会员(建议通过手机号码快速验证注册)。

会员福利

- 使用手机号码首次注册的会员,账号自动充值100元体验金,可直接购买和查看数据库内容(仅限使用手机号码快速注册)。
- 已注册用户购书后可免费获赠100元皮书数据库充值卡。刮开充值卡涂层获取充值密码,登录并进入"会员中心"—"在线充值"—"充值卡充值",充值成功后即可购买和查看数据库内容。

数据库服务热线:400-008-6695　　　　图书销售热线:010-59367070/7028
数据库服务QQ:2475522410　　　　　　图书服务QQ:1265056568
数据库服务邮箱:database@ssap.cn　　　图书服务邮箱:duzhe@ssap.cn

更多信息请登录

皮书数据库
http://www.pishu.com.cn

中国皮书网
http://www.pishu.cn

皮书微博
http://weibo.com/pishu

皮书微信"皮书说"

请到当当、亚马逊、京东或各地书店购买，也可办理邮购

咨询 / 邮购电话：010-59367028 59367070

邮　　箱：duzhe@ssap.cn

邮购地址：北京市西城区北三环中路甲29号院3号楼
　　　　　华龙大厦13层读者服务中心

邮　　编：100029

银行户名：社会科学文献出版社

开户银行：中国工商银行北京北太平庄支行

账　　号：0200010019200365434

加拿大蓝皮书
BLUE BOOK OF CANADA

加拿大发展报告
（2018）

ANNUAL REPORT ON THE DEVELOPMENT OF CANADA
(2018)

主　编／唐小松
广东外语外贸大学加拿大研究中心

社会科学文献出版社
SOCIAL SCIENCES ACADEMIC PRESS (CHINA)

图书在版编目(CIP)数据

加拿大发展报告.2018/唐小松,广东外语外贸大学加拿大研究中心主编.--北京:社会科学文献出版社,2018.10
(加拿大蓝皮书)
ISBN 978-7-5201-3542-9

Ⅰ.①加… Ⅱ.①唐… ②广… Ⅲ.①经济发展-研究报告-加拿大-2018 ②社会发展-研究报告-加拿大-2018 Ⅳ.①F171.14

中国版本图书馆CIP数据核字(2018)第220780号

加拿大蓝皮书
加拿大发展报告(2018)

主　　编 / 唐小松

出 版 人 / 谢寿光
项目统筹 / 邓泳红　陈晴钰
责任编辑 / 陈晴钰

出　　版 / 社会科学文献出版社·皮书出版分社（010）59367127
　　　　　地址：北京市北三环中路甲29号院华龙大厦　邮编：100029
　　　　　网址：www.ssap.com.cn

发　　行 / 市场营销中心（010）59367081　59367018
印　　装 / 三河市龙林印务有限公司

规　　格 / 开　本：787mm×1092mm　1/16
　　　　　印　张：19.5　字　数：293千字
版　　次 / 2018年10月第1版　2018年10月第1次印刷
书　　号 / ISBN 978-7-5201-3542-9
定　　价 / 98.00元

皮书序列号 / PSN B-2014-389-1/1

本书如有印装质量问题，请与读者服务中心（010-59367028）联系

▲ 版权所有 翻印必究

《加拿大发展报告（2018）》
编委会

主　　　编　唐小松

学术顾问　沈雁南

编委会成员　（按姓氏笔画排序）

于茗卉　王义桅　王文峰　王小海　万晓宏
石佑启　阮宗泽　刘　丹　刘江韵　刘蔚然
刘天逸　李永辉　阳爱民　杜发春　沈本秋
肖　刚　陈志敏　陈彦辉　张振江　张小波
麦叶青　林　珏　郑春生　罗慧琼　周方银
柳玉臻　胡文涛　郭树勇　贾葆蘅　袁　泉
钱　皓　黄　忠　喻常森　魏志江
Geoffery McCormack　Jeremy Paltiel
Jorge Virchez　Kim Nossal

主编简介

唐小松　博士，教授，博士生导师，广东外语外贸大学加拿大研究中心主任；兼任中国加拿大研究会副会长、全国高校国际政治研究会常务理事、察哈尔学会高级研究员。入选广东省"千百十人才培养工程"省级学术带头人。在国内外重要刊物发表学术论文90多篇，获广东省哲学社会科学优秀成果"一等奖"，主持国家社科基金重点课题1项、省部级课题4项，主持和参与外交部委托课题4项，出版专著、编著8部（任副主编、主编），译著5部。接受凤凰卫视等电台专访及在《人民日报》等国内外重要媒体发表评论文章110多次/篇。

摘　要

《加拿大发展报告（2018）》是详细阐述2017~2018年加拿大国情研究的蓝皮书，由广东外语外贸大学加拿大研究中心编写完成，参与报告撰写的专家来自广东外语外贸大学、加拿大渥太华大学、美国波士顿惠洛克学院、澳门大学、上海财经大学、华南理工大学、上海外国语大学等。

2017~2018年是贾斯廷·特鲁多总理任期的第二年，也即将带领自由党于2019年联邦大选中再一次与保守党正面交锋。这一年来加拿大的内政外交与综合国情对于2019年的选情来说尤为重要。因此，中国政府、智库、企业、学界也需要深入观察与研究这些内容，准确把握未来加拿大政党政局与经济、外交、社会等形势。内政方面，小特鲁多政府与加拿大民众的蜜月期已过，自由党开始在经济、外交、社会等方面受到更多的质疑和挑剔，相对于保守党的优势也在缩小。尤其是在几个大省的省选落败之后，自由党在2019年的选举中将面临较大的挑战。在对外关系上，小特鲁多政府的表现欠佳，一方面在与中美两个大国之间的贸易问题上进退两难，双双失利，另一方面为了争取加入非常任理事国积极参与热点问题以及增强与新兴国家的联系，但效果不佳。中加关系在这一年中高开低走，重要的议题纷纷搁浅，两国关系亟须更多的务实合作来维持和突破。

《加拿大发展报告（2018）》分为五个部分，深入分析和预测了2017~2018年加拿大国内政党政局、外交事务、经济管理、社会政策、文化教育等热点问题，重点研究加拿大政局发展、外交与中加关系等议题。本报告不仅在理论研究和政策研究上有所创新，在研究领域和研究方法上也有所突破，对于丰富中国在加拿大研究领域的理论研究、政策分析和战略评估具有重要意义和价值。本报告可以为国内各级政府、智库、企业、社会各界提供相应的参考和借鉴。

序　言

《加拿大发展报告》系列成果是由教育部国别和区域研究培育基地——广东外语外贸大学加拿大研究中心负责组织编写的。作为教育部国别和区域研究培育基地，广东外语外贸大学加拿大研究中心每年将编写出版《加拿大发展报告》列为年度工作的一项重点任务。

《加拿大发展报告（2018）》是继《加拿大发展报告（2014）》之后第五本系统研究加拿大国情的蓝皮书。报告由1篇总报告、13篇分报告构成。蓝皮书深入分析和预测了2017~2018年度加拿大国内政局发展、外交事务、社会政策、网络安全等热点问题，并开辟中加自贸协定专题。不同于普通的论文集对于不同选题的分散研究，加拿大蓝皮书每年通过政治、经济、外交、社会等不同领域来整体呈现加拿大年度发展状况，研究内容丰富，具有很强的动态性和前瞻性。

2017~2018年是自由党政府第一任期的最后阶段，这一年中，加拿大经济增长3%，与前两年相比，各方面多有增长势头，其中消费、投资对经济增长拉动较大，进口和出口出现增幅（虽然较小且进口超过出口），对外直接投资规模扩大，全国平均失业率下降（虽然一些省份失业率依然高企）。但是，该年度经济发展也存在一些问题，比如下半年经济增长步伐放缓；第三季度出口大幅下滑，第四季度出口增幅微乎其微，从而全年出口增长幅度较低，商品贸易逆差扩大；耐用消费品支出下半年有所放缓；房价和油价上涨；一些地区失业率依然高企；人口老龄化对劳动力市场有影响；面对美国贸易保护主义的加强，北美自由贸易协定谈判步履艰难等。

外交方面，小特鲁多政府的对美外交、国际外交和双边外交都充分体现了中等国家的主观能动性，但同时也暴露了中等国家的尴尬处境和容易出现

的进退失据的问题。积极践行国际化和多边化依然是小特鲁多外交的主要基调,而且这一年来加拿大不断通过参与国际热点问题"刷存在感"。这一方面是为了提升加拿大的国际形象和话语权,争取重返联合国安理会非常任理事国的位置;另一方面,也还是受到美国的影响和带动,尤其是在一些与中国交往的重要议题上出现不少问题。加拿大与最大的两个贸易伙伴在至关重要的贸易谈判上困难重重;总理出访频频空手而归,表现不尽如人意;国民对于国家的国际形象满意度下降。同时,受到各种因素的干扰,中加关系也呈现高开低走的态势,加拿大缺乏稳定的整体对华政策也是一个软肋。两国未来亟须发展更加务实的合作。

难民问题涉及小特鲁多政府内政外交各个方面。在2016~2017年度加拿大接收了大量来自非洲和中东地区的难民,以难民安置为主,2016年为最高峰;2017年总量下降,但难民保护数量增长明显。难民集中分布在安大略省和魁北克省,接近半数的难民对加拿大的官方语言不熟悉,难民融入加拿大社会比较困难。在财政上,接收难民给联邦政府和省政府产生了很大的负担;在政治上,民众对政府对难民管理存在抱怨和不满;在社会构成上,接收难民改变了加拿大的族裔结构。未来,加拿大在审核难民申请上的困难和促进难民融入的压力会进一步加大。

小特鲁多领导的自由党政府在经历了与民众一段长长的蜜月期后,支持率开始有所下降,同时反对党的攻击也开始加大火力。小特鲁多政府在许多问题上遭到攻击。对内的问题主要包括一直没有办法平衡的政府财政赤字,漏洞百出的税收政策,备受质疑的总理和内阁成员的个人操守和表现等;对外则主要是进退失据的对外政策,无法妥善处理与中美两个大国之间的关系,北美自贸协定被重谈,中加自贸协定遭搁浅,这都令加拿大在贸易方面受到损失。然而,自由党政府在即将来临的2019年联邦大选中依然有很大的胜算。原因在于:一方面,即使没有翻天覆地的变革,但总体来看,小特鲁多的成绩单还不算太差,经济有所恢复,失业率也大大降低,对外政策总体上也符合国内民众的偏好;另一方面,其对手保守党人才匮乏,无法推出强有力的候选人,民众对他们也相当陌生。所以,相对于不熟悉也不信任的保守党来说，民众可能更愿意在2019年给小特鲁多再一次兑现承诺和实现抱负的机会。不过，虽然联邦大选仍有获胜机会，但是在省选中自由党的劣势却有些明显。继上一次失去了BC省之后，2018年6月又失去了至关重要的安大略省。同时，自由党在魁北克省的支持率也在下降，并受到保守党以及新崛起的魁盟的冲击。这种情况会导致未来即便是总理大选胜出，自由党联邦政府也将面临如何处理与各省关系的严峻考验，并且接下来的省选也可能会直接影响联邦大选的结果。

中加FTA是近年来中加关系中最重要的议题之一。加拿大近年来的对外经贸发展战略是实现贸易多元化，避免过度依赖美国经济。在这个背景下，加拿大迫切希望扩大与中国之间的经贸合作。北美自由贸易协定的重新谈判，以及近年来与美国的贸易摩擦升级，促使加拿大更加重视对华贸易。北美自由贸易协定重新谈判的进程将影响中加自由贸易协定谈判中涉及的产业领域。中加经济结构高度互补，为双方探讨建设自由贸易区奠定基础。在中加自由贸易协定未来的谈判中，农产品、林业、纸张和纸浆、渔业和海产品、服务贸易、能源和矿产等领域将是加拿大政府重点争取减税优惠的产业；同时，加拿大各经济大省在中加自由贸易协定谈判中存有重要经济利益，有可能会影响谈判进程和涉及产业；加拿大民众关注的重要议题与中方存在分歧，如加拿大的对华贸易逆差、中国国有企业的海外运营、知识产权、劳工标准、环境保护和国家安全等问题，有可能成为双方谈判进程中的阻碍。

感谢蓝皮书的全体编委和作者们通过一年的努力，用他们的智慧和汗水为我们带来了新一年的加拿大研究盛宴，让我们可以持续了解加拿大相关领域的最新发展与变化。希望这本书可以为中国学界和社会搭建一个有效的沟通和交流平台，为国内的加拿大研究继续贡献力量。

隋广军

广东外语外贸大学党委书记

2018年9月1日

目 录

Ⅰ 总报告

B.1 2017年加拿大发展形势回顾与展望 …………………… 黄　忠 / 001
　　一　经济形势与经济政策 …………………………………………… / 002
　　二　国内政治与社会治理 …………………………………………… / 012
　　三　外交政策与国家形象 …………………………………………… / 018

Ⅱ 分报告

B.2 2017年加拿大政党政局 …………………………… 唐小松 / 025
B.3 2017年加拿大经济形势 …………………………… 林　珏 / 043
B.4 2017年加拿大外交形势 …………………………… 刘　丹 / 071

Ⅲ 中加关系·中加自贸协定

B.5 中加自贸协定谈判与其前瞻性谈判
　　　——SWAA模型政策分析报告 …………………… 刘天逸 / 085
B.6 中加贸易协定下的政治经济学背景 ………… Geoffrey McComark / 103

B.7　中加自由贸易协定谈判涉及重要产业及议题的
　　　前景展望……………………………………………张小波 / 134

Ⅳ　专题报告·社会＆教育

B.8　2017年加拿大移民政策分析……………………贾葆蘅 / 154
B.9　加拿大难民接收状况和社会影响…………………柳玉臻 / 180
B.10　2017年加拿大社会福利政策分析………………于茗卉 / 198
B.11　中加国际教育交流与合作现状、趋势及策略建议……郑春生 / 219

Ⅴ　专题报告·政治＆安全

B.12　2017年加拿大BC省议会选举与华人参政………万晓宏 / 235
B.13　加拿大"中国事务专家"与中加关系………………钱　皓 / 249
B.14　小特鲁多政府网络安全战略评析…………………刘江韵 / 268

Abstract ………………………………………………………………… / 283
Contents ………………………………………………………………… / 285

总报告

General Report

B.1 2017年加拿大发展形势回顾与展望

黄 忠*

摘 要： 进入2017年，加拿大宏观经济形势得到改善，经济增长强劲，其未来经济发展中虽有不确定因素，但远景仍较为乐观；国家通货膨胀在较为理想的范围内，就业形势喜人，贸易条件继续改善；政府提出了发展经济的创新与技能计划，国家财政赤字也有望缩小。政治与社会治理方面：加拿大民众与小特鲁多政府的蜜月期结束，政府受到诸多批评，但执政地位依旧稳固；加拿大国内安全形势稳固，国家安全政策体系也在继续优化；社会公平正义度优化，对中产阶级的扶持继续强化。外交与国家形象上：加拿大提出了新的国家防御政策，经济外交在波折中前行；对外援助政策更为包容，气候外交更加注意多边参与；整体国际形象和国家声誉度继续维持在较高水准。

---

* 黄忠，博士，讲师，广东外语外贸大学加拿大研究中心，研究方向为加拿大内政与外交、大国关系和公共外交。

加拿大蓝皮书

关键词： 加拿大　经济　政治　外交　社会

一　经济形势与经济政策

1. 经济增长强劲，经济虽有不确定因素，但远景乐观

2017年加拿大经济增长率为3%，相对于2016年的1.4%，可谓增长强劲。其中，第一、第二季度的增长对全年的经济总量有较大贡献。消费方面，家庭最终消费支出增长了3.5%，其中商品消费支出增长3.9%，服务消费支出增长3.2%，其中对保险和金融服务需求消费的增加（5%）和汽车消费的提升（6.3%）对经济增长的拉动作用非常有力。投资方面，扭转了2016年下降4.5%的趋态，增长2.6%。其中，对机器设备的投资增长6%，对住宅类的投资增长3.1%，对非住宅类的投资增长改变了前两年下降的势头，为0.3%。全年库存资产额为139亿加元，其中非农库存资产额为136亿元，这对加拿大2017年的经济增长也有助益。收入方面，职工名义工资增加3.9%，推动了居民可支配收入增加4.8%，比家庭消费支出4.6%略高，与此同时家庭储蓄率也小幅增加到3.6%。①

2017年第四季度，加拿大经济增长率为0.4%，与第三季度保持一致。最终国内需求增长1.0%，企业投资增长2.3%。其中，住宅类投资增长3.2%，机器设备类投资增长3.0%，非住宅结构增长1.3%。真实家庭最终消费支出增长0.5%，相对上一季度减少了0.4个百分点。贸易条件的改善提升了经济系统的购买力，真实国民收入增长1%，超过了经济增长速度。但是，家庭最终消费增长比第三季度的0.9%下降了0.4个百分点，力度有所削弱。就年度同比而言，加拿大第四季度真实GDP增长1.7%，低

---

① "Gross domestic product, income and expenditure, fourth quarter 2017", http://www.statcan.gc.ca/daily-quotidien/180302/dq180302a-eng.htm? HPA=1&indid=3278-1&indgeo=0，最后访问时间：2018年3月21日。

于美国的 2.5%。① 整体来看，消费的持续强劲成为加拿大经济良好发展的坚实基础，相关数据参见图 1 和表 1。

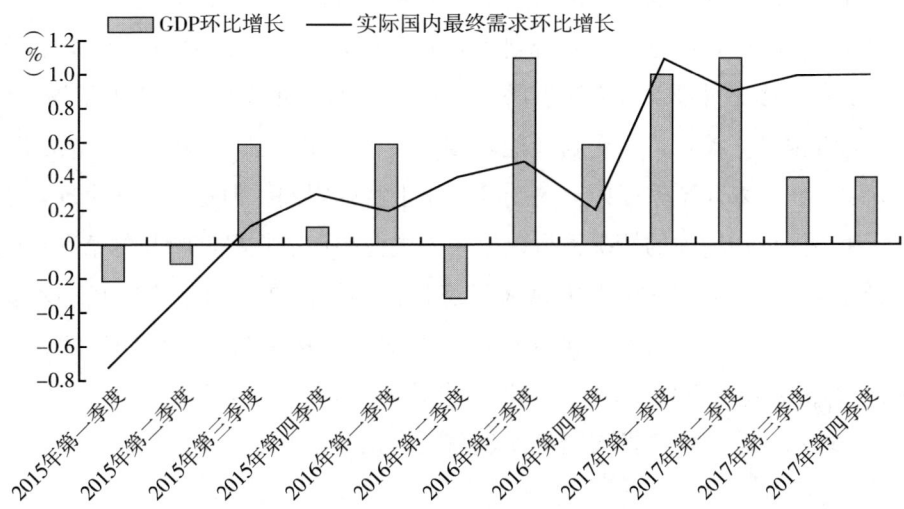

图 1　加拿大国内生产总值和国内最终需求增长变化（2015～2017 年）

注：相关数据以 2007 年基数为 1 计算。

资料来源：http://www.statcan.gc.ca/daily-quotidien/180302/cg-a001-eng.htm，数据更新时间为 2018 年 3 月 2 日。

表 1　2017 年第四季度加拿大各项目对实际 GDP 增长贡献测算值

单位：%

家庭最终消费支出	0.291
服务于家庭最终消费的非营利机构支出	0.012
政府部门最终消费支出	0.146
总固定资本形成	0.531
投资库存	-0.178
出口	0.221
进口	-0.504

资料来源：http://www.statcan.gc.ca/daily-quotidien/180302/cg-a002-eng.htm，数据更新时间为 2018 年 3 月 2 日。

---

① "Gross domestic product, income and expenditure, fourth quarter 2017", http://www.statcan.gc.ca/daily-quotidien/180302/dq180302a-eng.htm?HPA=1&indid=3278-1&indgeo=0，最后访问时间：2018 年 3 月 21 日。

经济合作与发展组织（OECD）对于加拿大短期的经济增长比较乐观，中长期则稍显谨慎，其中经济放缓的主要原因是个人消费和政府支出会减速。目前加拿大强劲的个人消费支出在未来难以长期维持，原因是工资的涨幅没有达到相应程度且易被银行利率的上涨所消化，工作岗位数量的增长变慢，政府转移支付难以有实质性增加以及房价将结束暴涨回归历史年均3%的实际涨幅等。投资将会受到产能限制，石油价格上涨和融资成本增加等。出口增长在未来几个季度内会先受到汇率上涨的限制，但是随后在全球需求提升和美国投资增加的情况下得以改善。失业率有望在经济增长的情况下保持在适度水平。他们认为，加拿大经济目前的风险在于房地产市场的不稳定、北美自贸区谈判的不确定性和美国对加拿大特定商品的反倾销税措施等。① 经济合作与发展组织（OECD）和国际货币基金组织（IMF）于2018年对全球和加拿大经济发展趋势的预测见表2。

表2　OECD和IMF对全球与加拿大经济发展趋势的预测

单位：%

年份	OECD		IMF	
	2018	2019	2018	2019
全　球	3.74	3.62	3.9	3.9
加拿大	2.1	1.94	2.3	2.0

资料来源：https://data.oecd.org/gdp/real-gdp-forecast.htm，最后访问时间：2018年4月25日；https://www.imf.org/~/media/Files/Publications/WEO/2018/Update/January/Chinese/0118c.ashx，最后访问时间：2018年4月25日。

事实上，从2016年第二季度到2017年第三季度，加拿大的经济增长率在G7成员国中一直位居第一。加拿大政府同样认为，这种强劲的经济增长主要靠消费性开支、房地产市场和积极的财政货币政策支撑。展望未来，他们认为目前加拿大的经济稍微有些过热，但在银行加息和当前财政政策刺激效应有所减退的情况下，应该会实现更加健康的可持续发展。在其眼中，由

---

① "CANADA", http://www.oecd.org/eco/outlook/economic-forecast-summary-canada-oecd-economic-outlook.pdf，最后访问日期：2018年3月27日。

于经济基本面充满活力,劳动力就业形势良好,加拿大未来的经济增长前景乐观,几乎没有萧条的可能。① OECD 统计的 G7 成员国 2016～2017 年经济增长率见表3。

表3 OECD 统计 G7 成员国 2016～2017 年经济增长率

单位:%

国家＼年份	2016	2017
加拿大	1.468	3.022
法国	1.119	1.806
德国	1.855	2.544
意大利	1.057	1.555
日本	1.019	1.519
英国	1.794	1.522
美国	1.485	2.246

资料来源:https://data.oecd.org/gdp/real-gdp-forecast.htm,最后访问时间:2018 年 4 月 25 日。

2. 通货膨胀较为理想,就业形势创造数年来的最高纪录,贸易条件继续改善

2017 年,加拿大居民消费价格指数(CPI)平均为 1.6%,这显示其通货膨胀情况仍处于较为理想的状态。就趋势而言,呈现了明显的 V 字形结构,即从 1 月的最高值到 6 月的最低值,然后继续升到年底的情况,详见图 2。② 加拿大 2018 年 1 月和 2 月的 CPI 分别为 1.7% 和 2.2%,相对 2017 年底并无实质变化。就同比而言,影响 2 月份的 CPI 主要正相关因素包括汽油(+12.6%)、餐馆食物采购(+4.0%)、小客车销售(+2.5%)、居民房

---

① "ANNEX 1:ECONOMIC AND FISCAL OUTLOOK",https://www.budget.gc.ca/2018/docs/plan/anx-01-en.html#Canadian-Economic-Developments,最后访问时间:2018 年 3 月 27 日。

② "Chart 1:The 12-month change in the Consumer Price Index(CPI)and the services index",http://www.statcan.gc.ca/daily-quotidien/180323/cg-a001-eng.htm,最后访问日期:2018 年 3 月 27 日。

屋置换支出（+3.6%）和抵押贷款利息支出（mortgage interest cost）（+2.3%）等，负相关因素则包括电力（-4.7%）、旅客住宿（-4.8%）、计算机和相关设备（-5.9%）、视频设备（-10.1%）和家具（-1.8%）等。就环比而言，正相关因素包括旅行旅游（+18.1%）、小客车销售（+1.2%）、网络接入服务（+6.0%）、女性服装（+3%）和餐馆食物采购（+0.6%）等，负相关因素主要包括鲜果（-3.5%）、汽油（-0.7%）、电话服务（-0.8%）、计算机和相关设备（-1.5%）和非酒精性饮料（-2.1%）等。[①]

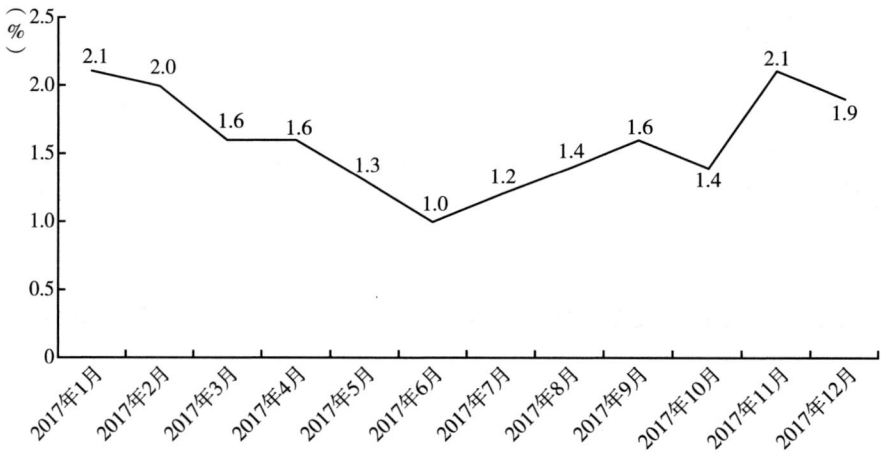

图2 2017年加拿大CPI单月变化情况

资料来源：http://www.statcan.gc.ca/daily-quotidien/180323/cg-a001-eng.htm，最后访问时间：2018年4月25日。

2017年，加拿大就业人数增加423000人，增长2.3%，相对于2016年的229000人（1.3%），可谓又上了一个台阶。2017年，加拿大12月的失业率相比1月下降了1.1个百分点，为5.7%，这是加拿大1976年1月有参

[①] "Consumer Price Index, February 2018"，http://www.statcan.gc.ca/daily-quotidien/180323/dq180323a-eng.htm?HPA=1&indid=3665-1&indgeo=0，最后访问日期：2018年3月27日。

照数据以来的最低纪录。① 加拿大 2017 年失业率变化形势见图 3。2018 年 1 月和 2 月，加拿大失业率分别为 5.9% 和 5.8%。就年度同比而言，加拿大 2018 年 2 月就业率提升 1.5%，增加就业 283000 人，主要为处于 25~54 岁核心工作年龄的人。其中，医疗健康和社会救助业（social assistance）就业人数增加明显，批发零售业和制造业就业人数有所下降，公共和私营部门（private sector）就业人数增加，自谋职业者人数下降。加拿大各省份 2018 年 2 月失业率见图 4。

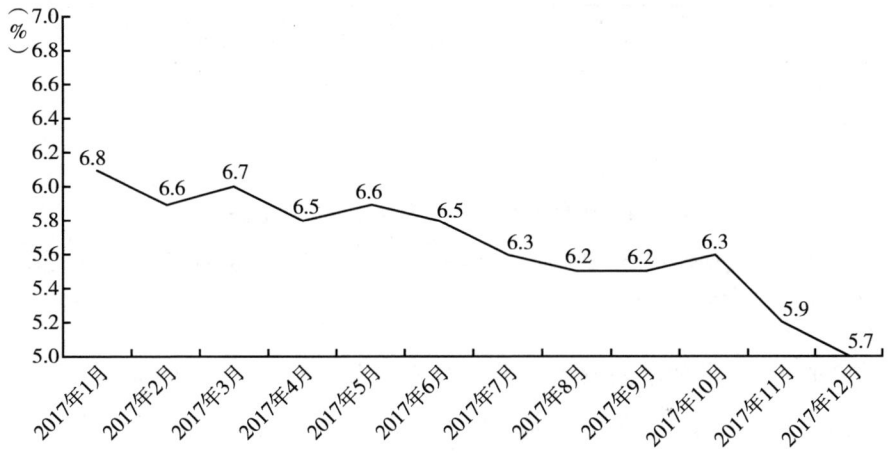

图 3　加拿大 2017 年月度失业率变化

资料来源：http://www.statcan.gc.ca/daily-quotidien/180105/cg-a002-eng.htm，最后访问时间：2018 年 1 月 5 日。

进出口方面，2017 年加拿大出口连续二年增长 1.0%，其中商品出口收益增加 0.6%，服务出口收益增加 2.8%。进口改变了 2016 年下降 1.0% 的不利局面，增长 3.6%。② 其中 2017 年第四季度，出口增长 0.7%，相比第

---

① "Labour Force Survey, December 2017"，http://www.statcan.gc.ca/daily-quotidien/180105/dq180105a-eng.htm，最后访问日期：2018 年 4 月 1 日。
② "Gross domestic product, income and expenditure, fourth quarter 2017"，http://www.statcan.gc.ca/daily-quotidien/180302/dq180302a-eng.htm?HPA=1&indid=3278-1&indgeo=0，最后访问时间：2018 年 3 月 21 日。

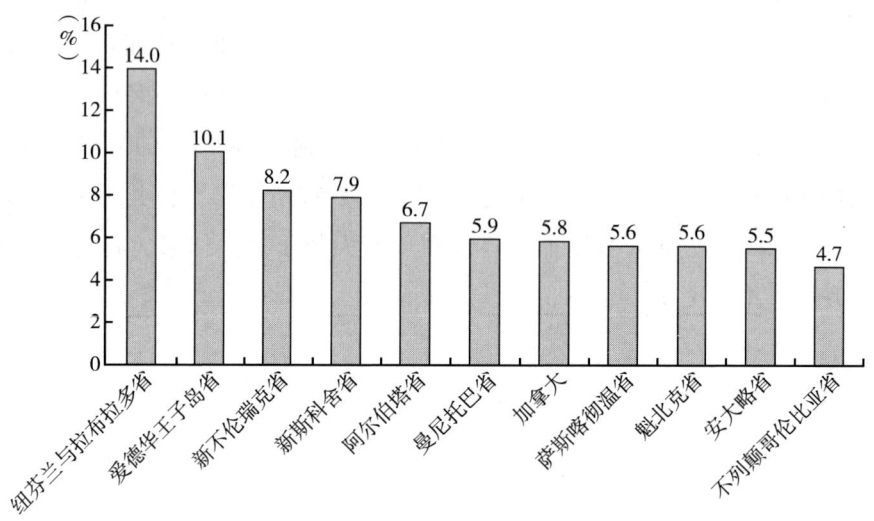

图 4 加拿大 2018 年 2 月各省份失业形势

资料来源：http：//www.statcan.gc.ca/daily - quotidien/180309/cg - a003 - eng.htm，数据更新日期：2018 年 3 月 9 日。

三季度的 2.7% 可谓落差较大，进口增长略高于 1.5%。① 2018 年 1 月，加拿大商业贸易赤字为 19 亿加元，比上个月减少 12 亿加元。其中进口减少 477 亿加元，环比下降 4.3%，但相对于 2017 年 1 月同比还是上涨 2 个百分点。就国别而言，除美国外，加拿大对其他国家的进口大幅下降，达 8.5%，为 168 亿加元，主要下降对象为中国（手机）和新西兰（石油产品）。出口减少 458 亿加元，环比下降 2.1%，相对于 2017 年 1 月同比下降 1.5 个百分点。1 月，加拿大对美国的进口下降 1.8%，出口下降 2.9%，贸易顺差 31 亿加元，比上个月减少 5 亿加元。②

---

① "Gross domestic product, income and expenditure, fourth quarter 2017", http：//www.statcan.gc.ca/daily - quotidien/180302/dq180302a - eng.htm? HPA = 1&indid = 3278 - 1&indgeo = 0，最后访问时间：2018 年 3 月 21 日。
② "Canadian international merchandise trade, January 2018", http：//www.statcan.gc.ca/daily - quotidien/180307/dq180307a - eng.htm? HPA = 1&indid = 3612 - 3&indgeo = 0，最后访问时间：2018 年 4 月 1 日。

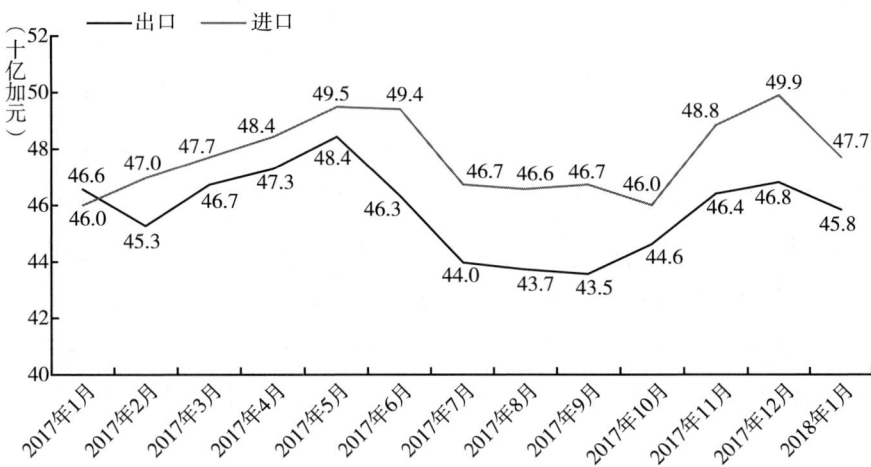

图 5　加拿大商品进出口形势变化（2017 年 1 月至 2018 年 1 月）

资料来源：http：//www.statcan.gc.ca/daily-quotidien/180307/cg-a001-eng.htm，最近访问日期：2018 年 3 月 7 日。

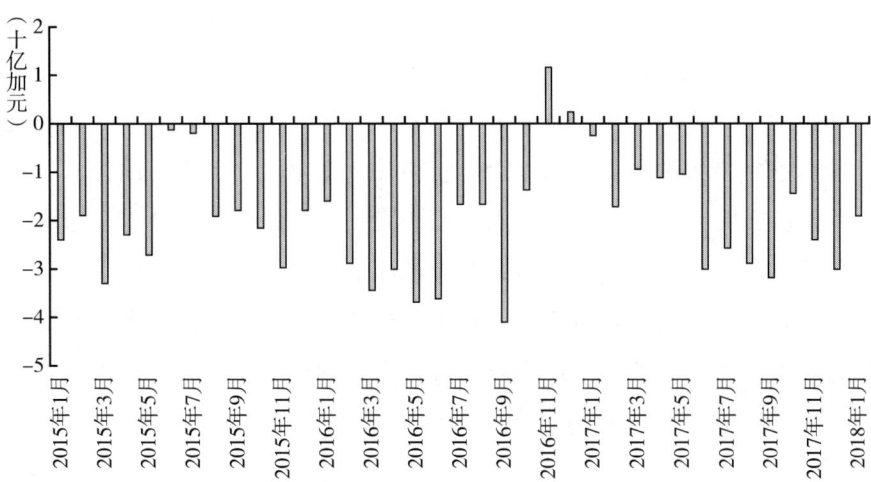

图 6　加拿大 3 年来贸易平衡度变化（2015 年 1 月至 2018 年 1 月）

资料来源：http：//www.statcan.gc.ca/daily-quotidien/180307/cg-a002-eng.htm，最近访问日期：2018 年 3 月 7 日。

3. 加拿大政府提出发展经济的创新与技能计划，国家财政赤字有望缩小

老龄化是加拿大未来发展的最大挑战，目前加拿大65岁以上的老年人数量已经超过了15岁以下的青少年。对此，加拿大政府提出通过创新驱动继续加强和发展中产阶级的力量，让下一代劳动阶层有更多机会走向成功。加拿大政府认为，目前自己正处于引领全球创新卓越位置，其优势包括：加拿大在OECD成员国中拥有最多受到高等教育的人群，在G7成员国中拥有最强的总体企业运营成本竞争力（overall business cost competitiveness），在G7成员国中的贸易和投资开放度位于第二位，在OECD成员国中创业培训的发展程度处于前五位，在全球企业家精神和发展研究所（Global Entrepreneurship and Development Institute）的全球企业家精神指数（Global Entrepreneurship Index）中位于全球第三。对此，加拿大力图利用这种优势，帮助所有公民拥有必有的技巧和经验走向成功，也让加拿大经济更具包容性和创造力。① 在2017年的财政预算中，加拿大政府提出了创新与技能计划（Innovation and Skills Plan），让加拿大人拥有找到好工作的技能、打造一个充满创新者的国家（A Nation of Innovators）和培育创新经济（Innovation Economy）被置于三位一体的核心项目中。②

在技能培训方面，加拿大政府提出要让成年人接受再培训、升级其技能以适应劳动力市场的需要；帮助青年获得开启职业生涯所必需的教育、技能和工作经验；帮助妇女、老年工人、原居民和一些特殊群体获得全面参与教育和就业的机会；给那些为应对未来经济而学习科技、工程和数学与培养数字素养的加拿大人提供新的资助。在支持创新人员方面，加拿大政府致力于引领打造经济增长战略、重新审查所有的企业创新项目，以保证创新人员能够获得足够的项目支持和简洁有效的一站式服务。在培育创新经济领域方面，清洁技术、数字工业和农业食品被置于核心位置，另外先进制造业、健

---

① "Introduction"，https：//www.budget.gc.ca/2017/docs/plan/intro-en.html#Toc477707284，最后访问时间：2018年4月2日。

② "Chapter 1 - Skills, Innovation and Middle Class Jobs"，https：//www.budget.gc.ca/2017/docs/plan/chap-01-en.html#Toc477707306，最后访问时间：2018年4月2日。

康—生物科学和清洁能源也被赋予了重要地位。加拿大计划在未来五年内将有关清洁技术的能源研究、发展和示范的投资力度提升一倍；打造先进的数字环境、发展人工智能、支持金融服务业的数字创新与发展数字服务业；研究制定下一代农业政策框架，推进农业科学与创新，促进农业科学与技术的发展，等等。① 相关投入见表4。

表4 加拿大创新与技能计划资金投入统计（2016~2022年）

单位：百万加元

年份	2016~2017	2017~2018	2018~2019	2019~2020	2020~2021	2021~2022	合计
让加拿大人拥有找到好工作的技能	0	753	1013	1090	1185	1184	5225
打造一个充满创新者的国家	0	323	475	381	321	216	1716
培育创新经济:清洁技术、数字工业和农业食品	125	104	266	294	257	225	1271
合计	125	1180	1754	1765	1763	1625	8212

资料来源：https://www.budget.gc.ca/2017/docs/plan/chap-01-en.html#Toc477707340，最后访问时间：2018年4月2日。

在财政平衡方面，尽管加拿大政府的财政支出力度不断加大，但由于加拿大经济的强劲发展和国家财政管理的改善，国家财政赤字有望在未来五年内减少，它占GDP的比重也会呈现下降的趋势，参见表5。

表5 加拿大最终预算平衡和联邦债务情况总结与预测统计（2017~2023年）

年份	2017~2018	2018~2019	2019~2020	2020~2021	2021~2022	2022~2023
最终预算平衡(十亿加元)	-19.4	-18.1	-17.5	-16.9	-13.8	-12.3
联邦债务占GDP的比重(%)	30.4	30.1	29.8	29.4	28.9	28.4

资料来源：https://www.budget.gc.ca/2018/docs/plan/anx-01-en.html#Budget-2018-Economic-Outlook，最后访问时间：2018年4月3日。

---

① "Chapter 1 – Skills, Innovation and Middle Class Jobs"，https://www.budget.gc.ca/2017/docs/plan/chap-01-en.html#Toc477707340，最后访问时间：2018年4月2日。

二 国内政治与社会治理

1. 民众与政府的蜜月期结束，特鲁多政府面临诸多批评，但执政地位依旧稳固

当贾斯廷·特鲁多政府的执政进入第四个年头，民众对待自由党和他的态度发生了变化，出现了衰退势头。加拿大民调公司耐诺思（Nanos）2017年的调研显示，在政府一年执政成绩方面，将近40%的民众认为不佳，其中24%认为非常差，15%认为有些差；24%认为政府成绩一般；其余的有11%认为非常好，26%认为尚可。相对于2015年，认为小特鲁多政府成绩非常好的受访者比例下降了26个百分点，认为非常差的则增加了12个百分点。在对国家发展前景的态度上，50%的人认为国家在朝正确的方向前进，相关数据在2016年为54%，2015年为63%；与此同时，有34%的人认为国家发展方向错误，16%的人持不确定的态度。① 相关数据参见表6。

表6 加拿大民众对自由党政府执政成绩的评价（2015～2017年）

单位：%

年份	非常好	还可以	一般	有些差	非常差	不知道
2015	37	23	13	11	12	5
2016	15	28	22	16	17	—
2017	11	26	24	15	24	—

注：图表数据取整，因此不必然累计至100%。
资料来源：http://policyoptions.irpp.org/wp-content/uploads/sites/2/2018/01/2017-Mood-of-Canada.pdf。

民众对小特鲁多政府的不满有诸多原因，比如过于作秀、小特鲁多本人和财政部长比尔·莫诺（Bill Morneau）陷入与腐败有关的道德指责、宣布

---

① "2017-Mood-of-Canada"，http://policyoptions.irpp.org/wp-content/uploads/sites/2/2018/01/2017-Mood-of-Canada.pdf，最后访问时间：2018年4月6日。

大麻合法化和难民管理不善等。其中，2018年2月，在埃德蒙顿市政厅的一次会议上，当一名从阿富汗战场退役的伤残老兵对政府的相关养老金改革提出质疑并认为加拿大在抛弃他时，小特鲁多回应道这些士兵的要求过高，政府当前无法满足，这立即引起了嘘声。① 对照2017年，联邦政府对本国籍的恐怖分子、前关塔那摩基地囚犯奥马尔·哈德尔（Omar Khadr）支付了1050万加元的赔偿金，两者差异的确太大。尽管小特鲁多政府对卡德尔的赔偿有着最高法院2010年裁决的背景，且前任政府对此的确负有责任，小特鲁多本人对如此高的赔偿金额也表示愤怒，但依然有71%的民众指责政府处事失当。②

就目前而言，小特鲁多政府在2018年的挑战会增多，但地位不会受到根本动摇。主要原因有二：首先，自由党政府这几年的经济成绩不错，社会公平度也有了较大改观。其次，反对党还未能对政府形成真正挑战。加拿大两个最大的反对党保守党和新民主党尽管于2017年换了党首，分别为安德鲁·希尔（Andrew Scheer）和贾格米特·辛格（Jagmeet Singh），但他们并未提出更为有效的执政纲领。耐诺思于2018年3月的民调显示，自由党的支持率为38.1%，保守党为34.7%，新民主党为16.8%，绿党为5.5%，魁北克党团为3.1%；如果立即举行大选，50.7%的选民回答说仍会选择投给自由党，其中38.5%的人依然会首选小特鲁多为总理，希尔和辛格的得票率则分别为26.5%和8.9%；54.3%的人认为小特鲁多具备一位优秀政治领导人的品质，41.7%和38.9%的人则选择了

---

① Emily Mertz, "Injured veteran that questioned Trudeau during Edmonton town hall says 'enough is enough'", Global News, https://globalnews.ca/news/4003755/injured-veteran-edmonton-town-hall-justin-trudeau/，最后访问时间：2018年4月7日。

② Rebecca Joseph, "Justin Trudeau says anger over Omar Khadr case will ensure it never happens again", Global News, https://globalnews.ca/news/3773166/justin-trudeau-says-anger-over-omar-khadr-case-will-ensure-it-never-happens-again/，最后访问时间：2018年4月7日；Maham Abedi, "Omar Khadr payout: 71% of Canadians say government made the wrong call", Global News, https://globalnews.ca/news/3589498/omar-khadr-compensation-canadians-poll/，最后访问时间：2018年4月7日。

希尔和辛格。[1]

2. 国内安全形势基本稳定，小特鲁多政府谋求优化安全政策体系

2016年，加拿大官方报告的犯罪率为每100000人5224起，犯罪严重指数（Crime Severity Index, CSI）为70.96，比2015年增加了0.9个点。但是相对于2006年，仍然低29个点（2006年=100）。全国刑事案件（Criminal Code Incidents）为190万起（排除交通方面的犯罪），比2015年增加27700起。在暴力犯罪严重指数（Violent CSI，即暴力犯罪的严重程度与数量情况）方面，加拿大2016年和2015年基本保持不变，为75.3。官方报告的暴力犯罪率下降了1%，为每100000人1052起，有一半的暴力犯罪类型数量都有所下降，其中刑事骚扰罪（Criminal Harassment）下降最大，为7%。但是，针对儿童的性暴力犯罪、除过失杀人以外的致死犯罪和与性交易相关的侵害犯罪有了较大幅度的上升，分别为30%、14%和11%。非暴力犯罪严重指数（Non-violent CSI）方面，2016年比2015年上升了1.09个点，主要是诈骗罪犯罪率上升。就区域而言，加拿大十三个省和地区中的七个犯罪严重指数下降，育空地区没有变化，萨斯喀彻温省上升9%，曼尼托巴省上升8%，纽芬兰-拉布拉多省上升6%，努纳武特地区和安大略省上升4%。青少年犯罪严重指数（Youth CSI）方面，全国下降2%，其中青少年非暴力犯罪严重指数下降8%，暴力犯罪严重指数上升5%。[2] 2012~2016年加拿大犯罪相关情况统计参见表7。

在2017年度的财政预算体系中，加拿大政府仍然为国家的安全稳定工作谋划新的行动。根据形势，它将处理性别暴力（Gender-based Violence）、优化国家的救助与司法体系和保护关键基础设施放在重点位置。

---

[1] "Political-Package-20180323", http://www.nanos.co/wp-content/uploads/2018/03/Political-Package-20180323.pdf, 最后访问时间：2018年4月7日。

[2] Kathryn Keighley, "Police-reported crime statistics in Canada, 2016", July 24, 2017, http://www.statcan.gc.ca/pub/85-002-x/2017001/article/54842-eng.htm.

表7　2012～2016年加拿大犯罪相关情况统计（2006年=100）

项目＼年份	2012	2013	2014	2015	2016
犯罪严重指数	75.43	68.78	66.7	70.1	70.96
犯罪严重指数变化比率	-2.8	-8.82	-3.02	5.1	1.23
暴力犯罪严重指数	81.87	73.87	70.5	75.04	75.25
暴力犯罪严重指数变化比率	-4.49	-9.77	-4.56	6.44	0.28
非暴力犯罪严重指数	72.94	66.78	65.18	68.16	69.25
非暴力犯罪严重指数变化比率	-2.08	-8.45	-2.4	4.57	1.6
青少年犯罪严重指数	77.32	66.24	61.05	61.32	60.1
青少年犯罪严重指数变化比率	-5.3	-14.33	-7.84	0.44	-1.99

资料来源：http://www5.statcan.gc.ca/cansim/a26? lang = eng&retrLang = eng&id = 2520052&&pattern = &stByVal = 1&p1 = 1&p2 = 31&tabMode = dataTable&csid =，最后访问时间：2018年6月25日。

尽管在过去30年中，加拿大的整体暴力犯罪情况处于下降趋势，但是在家庭暴力中还是有大量妇女受到侵害，家庭暴力也是加拿大妇女受到的最为常见的暴力犯罪之一。除此以外，儿童、青少年和一些其他人群也经常受到性别暴力犯罪的威胁。对此，加拿大政府于2017年提出了应对性别暴力的新国家安全战略。计划自2017～2018年度开始，连续五年每年投资2070万加元由加拿大妇女部（Status of Women Canada）、皇家骑警和国防部等部门来处理这个问题。[①]

在加拿大，超过70%的男性罪犯（Male Offenders）和50%的女性罪犯（Women Offenders）都存在精神问题。加拿大政府对此专门计划在未来五年内投入5780万加元让相关群体都能享受相应的医疗健康服务。加拿大政府认为，公共安全官员在国家安全中扮演着核心角色，对此计划在未来五年内投入8000万加元，和地方政府一起给他们提供免税福利。此外，提高司法

---

① "Chapter 3 – A Strong Canada at Home and in the World"，https://www.budget.gc.ca/2017/docs/plan/chap - 03 - en.html#Toc477707470，最后访问时间，2018年4月24日。

人员素质、提升法律系统运行效率、方便民众获得法律服务等,也都在加拿大政府2017年的议程中。①

在加拿大政府看来,宗教活动场所、教育机构和社会中心的基础设施也是国家安全基础设施的重要组成部分。近年来,相关场所出现了一系列因为基础设施缺乏和不善引起的安全事件。对此,加拿大政府计划在未来五年内投入2500万加元委托非政府组织解决这个问题。能源基础设施的安全被加拿大政府视为正处于攸关的状态中,2017年专门计划于未来3年内拿出2730万加元提升应对这个问题的能力。另外,加拿大政府计划于2017~2018年度起的未来五年内投入870万加元应对与商业爆炸物或化合物相关的安全问题,于2017~2018年度起的未来五年内投入1.493亿加元继续强化国家的食品安全体系。②

另外值得注意的是,2017年6月20日,加拿大政府向国会提出了新的国家安全C-59法案,有9个部分,内容涉及情报处理、航空安全和修改刑法等。③

3. 社会公平正义度优化,对中产阶级的扶持继续强化

在过去的30年中,加拿大经济增长的收益并未实现公平分享。中产阶级的收入几乎没有增长,以致很多公民为未来担心。与此同时,加拿大最富的0.01%群体收入暴涨了将近156%,平均每人每年收入180万加元。对此,自由党政府决心做出改变。2015年12月,加拿大将富人的税收提升了1%,以便给中产阶级减税,这直接让900万人受益。2016年,在其第一份年度财政预算中,加拿大又提出了新的儿童福利方案。同时,政府也加大了对偷税漏税的打击力度,以便为经济的长远健康增长和中产阶级福利的提升

---

① "Chapter 3 – A Strong Canada at Home and in the World",https://www.budget.gc.ca/2017/docs/plan/chap-03-en.html#Toc477707470,最后访问时间,2018年4月24日。
② "Chapter 3 – A Strong Canada at Home and in the World",https://www.budget.gc.ca/2017/docs/plan/chap-03-en.html#Toc477707470,最后访问时间,2018年4月24日。
③ "BILL C-59",http://www.parl.ca/DocumentViewer/en/42-1/bill/C-59/first-reading,最后访问时间,2018年4月24日。

提供保障。① 2017年度，在原有的基础上，加拿大政府又做出了新的探索。

第一，强化对普通家庭和工人的支持。首先，继续加强对儿童福利的支持。2016年，在新的儿童福利体系支持下，超过330万户中低收入家庭获得了230多亿加元的扶持，其中90%的家庭获得了平均将近2300加元的税收优惠，有30万儿童摆脱了贫困；单亲家庭受到了特别照顾，在受资助额最大的家庭中，65%为单亲家庭，其中90%为单亲妈妈。由于国家经济增长速度高于预期，加拿大政府决定于2018~2019年度和2022~2023年度额外支持这一项目56亿加元。其次，对在中等收入边缘乃至低收入家庭实行工作收入税务补贴（Working Income Tax Benefit）项目。2016年，该项目对140万加拿大公民提供了超过11亿加元的补贴。加拿大政府决定自2019年起，额外每年资助该项目5亿加元。另外，加拿大政府还决定自2019年起，每年对国家养老金计划额外支持2.5亿加元。最后，给小企业降税。尽管加拿大的小企业税率在目前的G7成员国中是最低的，但加拿大政府仍然计划将2015年来的11%的税率逐步降到2019年1月的9%。除此之外，加拿大政府还提出了直接资助所有企业的一揽子计划。在2017年度的财政预算中，加拿大政府提出可以给它们4亿加元的风险资本支持，给予清洁技术企业将近14亿加元的资助，对于由小企业引领的"创新超星群"（superclusters）给予4.9亿加元的支持。②

第二，打造为中产阶级服务的税收体系。加拿大目前的税收体系仍然有助于富人通过彼此合作以分散财富的方式进行避税，也存在性别歧视的现象。比如，一个年薪30万加元的人可以通过相关操作每年少交4.8万加

---

① "Fairness for the Middle Class and those Working Hard to Join it"，https：//www.budget.gc.ca/fes－eea/2017/docs/statement－enonc，e/chap03－en.html#Chapter－3－－－Fairness－for－the－Middle－Class－and－those－Working－Hard－to－Join－it，最后访问时间，2018年4月15日。

② "Fairness for the Middle Class and those Working Hard to Join it"，https：//www.budget.gc.ca/fes－eea/2017/docs/statement－enonc，e/chap03－en.html#Chapter－3－－－Fairness－for－the－Middle－Class－and－those－Working－Hard－to－Join－it，最后访问时间，2018年4月15日。

加拿大蓝皮书

元的税,这相当于一个普通加拿大人一年的收入。不仅如此,加拿大政府还估计,2015年整个国家大约有3000亿加元的被动投资资产掌握在2%的2.9万家私企手中,这给它们带来了160多亿加元的被动投资收益。加拿大政府认为,这对于整个社会而言无疑是不公平的。因此政府力图采取多种措施堵上相关漏洞。比如,处理收入散置(Income Sprinkling)行为,即限制富人,利用家庭成员年龄结构的差异,通过私企将自己的收入分散发放给家庭其他成员以避税的行动。目前,通过这种手法,加拿大一个带着两名18岁孩子的单亲妈妈,应交的税比一个同等收入的已婚的带着两个成年孩子的职场男士要多。对此,加拿大政府正在修订相关法律,并争取能在2018年付诸实施。又比如,限制不合理的消极投资收益。富人可以通过延期交税的方式获得额外储蓄收益,2015年,加拿大最富有的1%的人因被动投资收益所应缴纳的税费占全国总额的83.4%,他们最有动机去谋取这种不合理的消极投资收益。加拿大政府计划于2018年提出相关应对措施的法律草案。①

三 外交政策与国家形象

1. 提出新的国家防御政策,经济外交在波折中前行

2018年6月,在大量调研和政策评估的基础上,加拿大政府提出了新的国家防御政策,其主要目标有三:确保军队有足够的维护国家主权,并能够随时参与国家自然灾害或者其他紧急事件的搜索和救援工作;在北美防空司令部和与美国的新国防伙伴关系框架中,积极活动,保证北美地区的安全;通过维和行动和相关的和平支持操作(Peace Support Operations),为世界的和平稳定做出贡献。它的主要实现途径包括:首先,大幅增加国防支

---

① "Fairness for the Middle Class and those Working Hard to Join it", https://www.budget.gc.ca/fes-eea/2017/docs/statement-enonc/e/chap03-en.html#Chapter-3---Fairness-for-the-Middle-Class-and-those-Working-Hard-to-Join-it,最后访问时间,2018年4月16日。

出。其基于现金制（Cash Basis）的年度国防支出由2016～2017年度的189亿加元提升到2026～2027年度的327亿加元。其中，皇家海军将更新15艘水面战舰，2艘支持舰，5～6艘北极巡逻舰；皇家空军将获得88架先进战斗机；整体军队规模将增加3500人，达到71500人，另外预备役部队将额外增加1500人，支持加拿大国际和平操作行动的公民也将增加1150人。其次，提升军人及其家庭的福利，使其更加多样化，并体现包容性。比如，给参与海外行动的中校级别以下的军人免除收入所得税，提出总计达1.982亿加元的新健康与福利战略，投入1.448亿加元支持军人家庭资源中心，到2026年使女性在军队的比例达到25%，等等。最后，注重利用科技手段提升国家防御系统的预警、应变与行动能力。它包括投资1.025亿加元利用外部专家资源提升国家情报搜集、分析和发布的能力；投资3.13亿加元提升国防核心科技的创新能力；简化军备采购流程，让80%以上的防御采购合同由国防部门内部管理，等等。①

经贸领域，加拿大、美国和墨西哥围绕北美自由贸易区协定谈判的纷争无疑是一年多来加拿大外交的最大热点。在特朗普公开表达该协定对美国不公平的不满之后，美墨加三国于2017年8月起就重新修订该法案进行了多轮谈判，但进展缓慢，迄今为止仍未达成协议，主要原因是各方分歧太大。2018年3月5日，三方在墨西哥城结束了第七轮谈判，尽管加拿大方面表示谈判取得了稳定进步②，但事实上，谈判仅在一些低层次的技术性问题上获得了进展。此次谈判前，特朗普提出将进口钢的关税定为25%，铝的关税定为10%，这无疑引起了加拿大和墨西哥的反对，加拿大外交部部长克

---

① "summary", http://dgpaapp.forces.gc.ca/en/canada-defence-policy/docs/summary.pdf，最后访问时间：2018年4月23日；"Strong, Secure, Engaged: Canada's Defence Policy", http://dgpaapp.forces.gc.ca/en/canada-defence-policy/docs/canada-defence-policy-report.pdf，最后访问时间：2018年4月23日。
② Guillaum (Will) Dubreuil, "NAFTA Round 7: Stable Progress, But Much Work Ahead Says Canadian Chamber", http://www.chamber.ca/media/news-releases/180305-nafta-round-7/，最后访问时间：2018年4月24日。

里斯蒂娅·弗里兰（Chrystia Freeland）更是直接谴责美国，称其不可接受。① 美国贸易谈判代表罗伯特·莱特希泽（Robert Lighthizer）说谈判只完成了30章中的6章，"美国没有取得许多人所希望的那样的进展"，"我担心谈的时间越长，我们面临的政治风险就会越大"。② 在北美自贸区谈判之外，美加在贸易上同样存在着一系列纷争。2017年4月，特朗普将美国贸易战的第一枪指向加拿大，对加拿大产的木材征收最高24%的反倾销税。③ 作为回应，加拿大则向世贸组织发起了专门针对美国的贸易投诉，对美国的反倾销和反补贴关税提出质疑。④ 针对特朗普退出TPP的举动，加拿大则和其他TPP签约国家就"跨太平洋伙伴关系全面进步协定"（CPTPP）的主要内容达成一致，以继续推动没有美国参与的区域贸易协定。⑤ 加拿大还进一步推动贸易多元化步伐。2017年，加拿大最大的成就就是加拿大-欧盟全面经贸协定于9月如期生效。⑥ 除此以外，加拿大也在推动与东盟、中国和南共市等国家与地区的自贸协定谈判，只是中加自贸协定在短期内看不到成功的希望。

2. 对外援助更为包容，气候外交更加注意多边参与

2017年，加拿大的对外援助总额达到56亿加元，比2016年的54亿加元上涨3.7%。对外援助总计约为联邦预算总额的2.3%，比2016年

---

① MEGAN CASSELLA, "The steel elephant in the room at NAFTA Round 7", https：//www.politico.com/newsletters/morning-trade/2018/03/05/the-steel-elephant-in-the-room-at-nafta-round-7-123039，最后访问时间：2018年4月24日。
② Zhou Xin, "7th round of NAFTA talks ends on mixed note", http：//www.xinhuanet.com/english/2018-03/06/c_137019499.htm，最后访问时间：2018年4月24日。
③ 《特朗普：我不怕和加拿大打贸易战》，https：//wallstreetcn.com/articles/302015，最后访问时间：2018年4月24日。
④ 《特朗普一贯"美国优先"加拿大不惜自损贸易向WTO投诉》，http：//finance.ifeng.com/a/20180111/15920768_0.shtml，最后访问时间：2018年4月24日。
⑤ 《2018冬季达沃斯｜加拿大总理：缩小版TPP将回击"反全球化"浪潮》，http：//international.caixin.com/2018-01-24/101201852.html，最后访问时间：2018年4月24日；《加拿大签署CPTPP，并将启动加拿大-南共市自贸谈判》，http：//www.mofcom.gov.cn/article/i/jyjl/l/201804/20180402727966.shtml，最后访问时间：2018年4月24日。
⑥ 《欧盟和加拿大自贸协定开始生效》，http：//www.ccpit.org/Contents/Channel_4111/2017/0922/882445/content_882445.htm，最后访问时间：2018年4月24日。

多0.1个百分点,占国民总收入的0.26%,与2016年保持一致。就地区而言,非洲份额最多,为43.8%,亚洲38.7%,美洲14.2%,欧洲2.8%,大洋洲0.5%。就国别而言,阿富汗最多,为2.33亿加元,接下来四名分别是埃塞俄比亚(1.93亿加元)、约旦(1.57亿加元)、海地(1.27亿加元)和马里(1.26亿加元)。增加比例最高的前五名分别是叙利亚(76%)、伊拉克(67%)、约旦(64%)、阿富汗(47%)和黎巴嫩(45%),绝对增加额最高的则是阿富汗(7380万加元)。① 另外,加拿大计划2018年接收难民27000人,2019年接收29150人,2020年接收31700人。② 但随着难民数字的不断增加,加拿大内部的民粹主义和种族主义呈现上升势头,加拿大内部的政治稳定乃至宽容的难民政策也将经历更多考验。③

政策方面,加拿大2017年对外援助最大的亮点是新女性主义国际援助政策(New Feminist International Assistance Policy)的发布。加拿大政府认为,尽管在过去的30多年中,全球贫困状况有了很大的改变,但其受益面并不平等。到目前为止,数以亿计的妇女和女孩仍然处于贫困中,她们不能平等享受相应的资源和机遇,面临暴力冲突、气候和环境危害的风险,在政治经济上也都处于不安全的状态中。对此,加拿大意识到支持性别平等,赋予妇女以权力,通过改善她们自身及其家庭、社区乃至国家的境况,是促进世界走向更为和平、包容和繁荣的最佳道路。为了实现这个目标,加拿大政府支持将资源用于缩小性别鸿沟,增进每个人走向成功的机会,从多维度消除贫困。总之,用女性主义的方法从事国际援助工作是加拿大对外援助思路的一个重大变化,它将立足点放在妇女身上,但又超越

---

① "Canada's Foreign Aid", http://cidpnsi.ca/canadas-foreign-aid-2012-2/,最后访问时间:2018年4月25日。
② "Supplementary Information 2018-2020 Immigration Levels Plan", https://www.canada.ca/en/immigration-refugees-citizenship/news/notices/supplementary-immigration-levels-2018.html,最后访问时间:2018年4月30日。
③ 《非法移民涌入 加拿大陷难民危机》,http://pit.ifeng.com/a/20170815/51637872_0.shtml,最后访问时间:2018年4月30日。

这个层次，将所有脆弱和边缘化的群体都囊括其中。加拿大政府将其视为处理贫困之源的最有效路径，决心将其执行到性别平等、人的尊严、对每个人都有用的增长、环境与气候行动、包容性治理以及和平与安全等六大对外援助领域中去。①

在2017年的加拿大外交重点中，气候变化无疑是一个非常重要的组成部分。加拿大外交部长弗里兰直言，"人类共同面对的新的挑战，首先便是气候变化，需要全人类重新展现比以往更坚定不移的决心"。对于美国退出巴黎气候变化协定的决定，加拿大深感失望。② 为此，它更加注重同其他国家进行合作，以多边方式推动气候外交。2017年9月15~16日，加拿大、欧盟与中国联合召集了气候变化行动34国部长会议，以推动巴黎协定的相关决议继续实施。③ 11月17日，在《联合国气候变化框架公约》第23次缔约国大会于波恩举行期间，加拿大和英国又领导了一个新的全球淘汰煤炭联盟成立并得到了积极响应。④

3. 整体国际形象良好，国家声誉度较高

在国际声誉研究所2017年的国家声誉报告中，加拿大的排名比2016年上升1位，位居全球第一（见图7）。其中，环境吸引指数为全球第2位，经济发达指数为全球第5位，政府效率指数为全球第5位，访问意愿指数为全球第1位，投资意愿指数为全球第4位，生活意愿指数为全球第1位，购物意愿指数为全球第6位，工作意愿指数为全球第2位，学习意愿指数为全

---

① "Canada's Feminist International Assistance Policy", http：//international. gc. ca/world – monde/issues_ development – enjeux_ developpement/priorities – priorites/policy – politique. aspx？lang = eng，最后访问时间：2018年4月25日。
② 《方慧兰部长就加拿大外交政策重点发表演讲》，http：//www. canadainternational. gc. ca/china – chine/highlights – faits/2017/2017 – 06 – 06a. aspx？lang = zh – cn，最后访问时间：2018年4月30日。
③ "Ministerial meeting on climate action co – chairs summary", https：//www. canada. ca/en/environment – climate – change/news/2017/09/ministerial_ meetingonclimateaction. html，最后访问时间：2018年4月30日。
④ 《联合国气候变化大会波恩闭幕 全球助力淘汰煤炭联盟成立》，https：//news. un. org/zh/story/2017/11/310452，最后访问时间：2018年4月30日。

球第1位，参与/组织意愿指数为第5位。需要强调的是，自2012年以来，加拿大已经是第四次位居该总排行的榜首。①

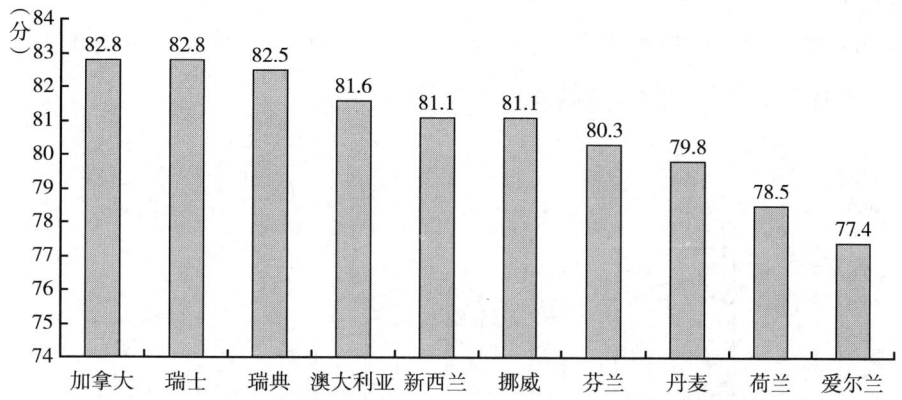

图7 国际声誉研究所2017年度世界十大声誉最好的国家排名

注：列表中分值为百分制。

资料来源："2017 Country RepTrak, The Most Reputable Countries in the World", p. 11, https://cdn2.hubspot.net/hubfs/2963875/library/Country_RepTrak_2017_Webinar_v10-171017a.pdf?submissionGuid=6e195e76-f2a3-4520-b84a-03d0fff0acda，最后访问时间：2018年4月30日。

在战略咨询公司BAV和沃顿商学院于2018年发布的对全球80个国家所做的"最好国家"排名中，加拿大和2017年保持一致，为全球第2位（见图8）。主要指标为：旅游探险指数4.4分（第18位），公民权9.7分（第4位），文化影响力5.1分（第11位），企业家精神8.6分（第7位），文化传统2.5分（第40位），流动人口3.5分（第32位），商业开放性8.0分（第7位），国家权力4.4分（第12位），生活质量10分（第1位）。占分数权重值最大的企业家精神和公民权具体小指标如下，加拿大企业家精神方面：获得资本的容易程度8.0分，基础设施发展程度9.5分，商业行为透

---

① "2017 Country RepTrak", https://cdn2.hubspot.net/hubfs/2963875/library/Country_RepTrak_2017_Webinar_v10-171017a.pdf?submissionGuid=6e195e76-f2a3-4520-b84a-03d0fff0acda，最后访问时间：2018年4月30日。

明度9.9分，教育人口9.5分，劳工熟练程度7.3分，企业家职业程度6.0分，与外部世界的联系度9.1分，创新度4.9分，技术专长度4.4分，法制完备度9.1分；公民权方面：尊重知识产权10.0分，进取心9.0分，社会信任度10.0分，性别平等9.0分，政治权力均匀度7.8分，环境关怀度8.3分，人权关怀度9.6分，宗教自由9.9分。①

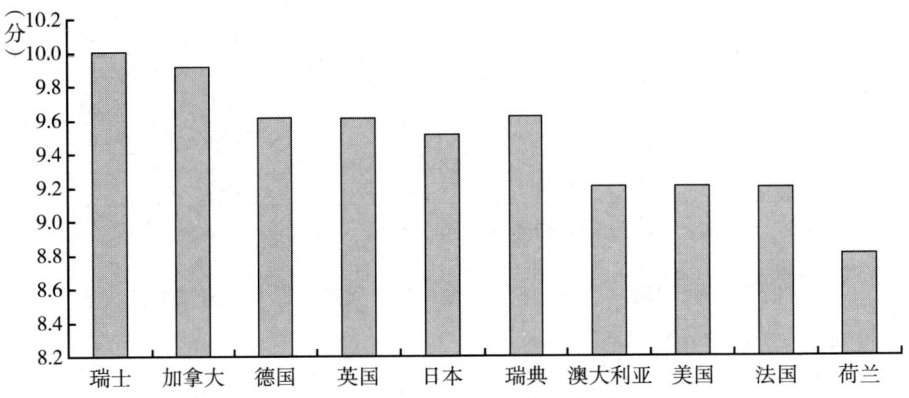

图8　2018年全球"最好国家"排名

注：图中数值为十分制。

资料来源："Overall Best Countries Ranking: The overall ranking of Best Countries measures global performance on a variety of metrics"，https://www.usnews.com/news/best - countries/overall - full - list，最后访问时间：2018年4月30日。

---

① "Canada"，https://www.usnews.com/news/best - countries/canada#ranking - details，最后访问时间：2018年4月30日。

分 报 告
Study Reports

B.2
2017年加拿大政党政局

唐小松[*]

摘　要： 小特鲁多领导的自由党政府自2015年带着"真正的变革"之心上台执政以来，在经历了与民众一段长长的蜜月期后，支持率开始下降。同时反对党的攻击也开始加大火力。小特鲁多政府在许多问题上遭到攻击。对内的问题主要包括一直没有办法平衡的政府财政赤字，漏洞百出的税收政策，备受质疑的总理和内阁成员的个人操守和表现等；对外则主要是进退失据的对外政策，无法妥善处理与中美两个大国之间的关系，北美自贸协定被重谈，中加自贸协定遭搁浅，这都令加拿大在贸易方面受到损失。然而，自由党政府在即将来临的2019年联邦大选中依然有很大的胜算。原因在于，一方面，

---

[*] 唐小松，博士，教授，广东外语外贸大学加拿大研究中心，研究方向为加拿大政党政治。

即使没有翻天覆地的变革，但总体来看，小特鲁多的成绩单还不算太差，经济有所恢复，失业率也大大降低，对外政策总体上也符合国内民众的偏好；另一方面，其对手保守党人才匮乏，无法推出强有力的候选人，民众对他们也相当陌生。所以，相对于不熟悉也不信任的保守党来说，民众可能更愿意在2019年给小特鲁多再一次兑现承诺和实现抱负的机会。不过，虽然联邦大选仍有获胜机会，但是在省选中自由党的劣势却有些明显。继上一次失去了BC省之后，2018年6月又失去了至关重要的安大略省。同时，自由党在魁北克省的支持率也在下降，并受到保守党以及新崛起的魁盟的冲击。这种情况会导致未来即便总理大选胜出，自由党联邦政府也将面临如何处理与各省关系的严峻考验，并且接下来的省选也可能会直接影响联邦大选的结果。

关键词： 小特鲁多　自由党　保守党　经贸　联邦大选

2015年加拿大联邦大选的热闹场景还历历在目，一转眼2019年的大选已然拉开序幕。过去的一年中，贾斯汀·特鲁多（Justin Trudeau）领导的自由党政府在第一任期的最后阶段谨记"真正变革"的承诺，推出了一系列引人注目的内外政策，例如，推出碳税政策，发布新的国防政策报告，对多个国际热点问题发表立场甚至发起多边对话等。总的来说，多线出击的小特鲁多政府并没有取得全面的成功，反而面临来自各方面的压力和挑战，使得没有看到实质性变化的选民有些动摇，直接影响了自由党的支持率。同时，保守党也没有放弃努力，试图通过不断地抨击自由党各种漏洞和收效甚微的政策，影响选民在2019年的选择。

一 蜜月期结束：原因与问题

自 2015 年 10 月上台以来，小特鲁多政府与民众享受了一个长长的蜜月期，支持率居高不下，风头一时无两。然而，选民的耐心是有限的，从 2017 年上半年起，由于财政赤字一直无法平衡，以及难民政策带来安全隐患等问题，自由党的支持率已经开始动摇。而到了 2018 年上半年，又经过一整年的等待，选民的焦虑越发明显。根据 2018 年 3 月初易索普（Ipsos）为加拿大媒体 Global News 做的独家调查显示，如果加拿大人当时去参加投票，自由党将赢得 33% 的选票，而安德鲁·希尔（Andrew Sheer）和保守党将赢得 38% 的选票，并且赢得选举。而新民主党将获得 21% 的选票，绿党则会得到 5% 的选票。实际上，自 2017 年 12 月以来，自由党的支持率就下降了 5 个百分点，而同时保守党的支持率增加了 7 个百分点。① 如果说这种受到个别事件影响的假设性的民调不够全面和客观，那根据纳诺斯研究（Nanos Research）长期跟踪的支持率民调的最新结果显示，截至 2018 年 5 月 15 日，即使自由党政府不至于会彻底输掉选民的支持，但其支持率与上台初期相比的确已经下降不少。与 2015 年大选结束初期相比，自由党和保守党的最新支持率都有所下降，自由党从 50% 的高支持率跌至 2018 年 5 月中旬的 36%，而保守党则从 35% 下降到 34%，而其他三个小党中新民主党的支持率从 10% 上升至 19%，绿党从 4% 上升到 6%，魁人政团则从 6% 上升到 45%。② 而民众对于领导人的偏好近一年来也有所变化，小特鲁多的支持率最高时达到 42.8%，2018 年 5 月中旬跌至 39.6%。保守党首领希尔的最新支持率相比一年前最低的 18.4% 有所提升，目前是 20.9%，不过一年

---

① Amanda Connolly, Justin Trudeau would lose if an election were held tomorrow, India trip a symptom of shift in mood: Ipsos poll, Global News, March 2, 2018.
② Liberals 36, Conservatives 34, NDP 19, Green 6 in latest Nanos federal tracking, Nanos Weekly Tracking, ending May 11, 2018. Nanos Research, May 15, 2018, p. 5. http://www.nanos.co/wp-content/uploads/2018/05/Political-Package-2018-05-11.pdf.

来也一直都是在百分之二十几徘徊。值得注意的是，还有22.8%的选民表示对任何政党的首领都不太满意（见表1）。

表1 Nanos跟踪数据归纳

1. 投票

单位：%

政党	本周	上周	四周前	三个月前 （09/02/2018）	一年前	12个月 内最高	12个月 内最低
自由党	36.1	38.0	41.1	38.1	41.8	42.8	34.6
保守党	34.4	33.2	29.2	30.3	29.0	34.8	27.9
新民主党	18.5	17.6	15.8	19.7	18.8	20.3	13.6
魁人政团	3.7	4.2	3.8	3.0	5.1	7.2	2.4
绿党	6.0	5.4	8.2	7.6	4.1	8.8	4.1

2. 总理满意度

单位：%

总理	本周	上周	四周前	三个月前 （26/01/2018）	一年前	12个月 内最高	12个月 内最低
特鲁多	39.6	40.0	39.3	41.4	47.8	48.3	37.5
希尔	20.9	23.0	23.1	22.4	19.4	26.5	18.4
辛格	8.1	8.0	8.1	8.5	10.3	10.3	6.6
奥莱特	0.9	0.8	1.4	1.7	2.0	2.6	0.1
梅	7.7	6.1	5.7	5.5	5.4	7.7	3.7
不确定	22.8	22.1	22.5	20.5	15.1	23.9	15.1

资料来源：Nanos Research，http://www.nanos.co/wp-content/uploads/2018/05/Political-Package-2018-05-11.pdf。

虽然数字上自由党和小特鲁多依然独占鳌头，但相比蜜月期最高时支持率达到60%的成绩，几乎跌了一半的比例还是需要引起重视的严峻问题。自由党政府到底出现了哪些问题，对未来，尤其是2019年的大选会有什么影响？很明显，当年"真正的变革"令民众热血澎湃，对政府的改变抱有极大的信心，现在所有的承诺转化到日常的实际政策管理中，选民们对于政府的评价也开始更加实际，甚至更加挑剔了。根据第11届年度"加拿大情绪"(the Mood of Canada)的民调显示,2015~2017年,加拿大民众对于联邦政府的表现并不满意,对其评价连续两年都呈下降趋势(见图1)。2017年更是有39%的人对联邦政府的表现给出了差评。① 总的来说,招致民众对政府不满的主要原因有以下几个方面。

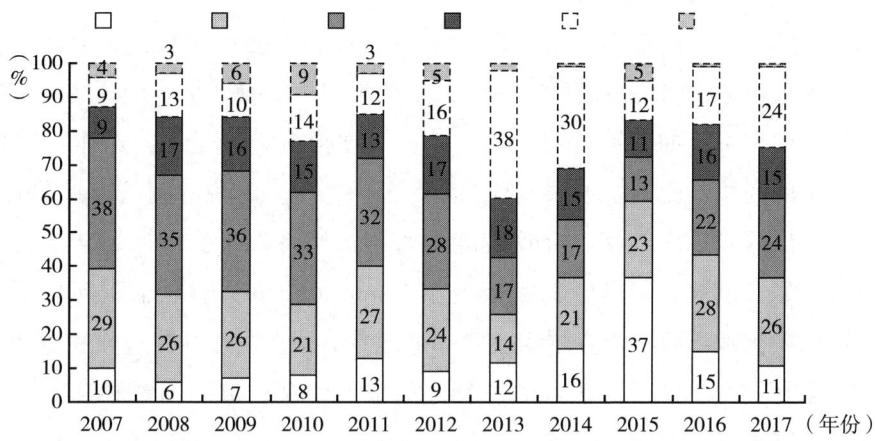

图1 加拿大联邦政府的表现(2007~2017年)

问题:你如何评价贾斯汀·特鲁多总理领导的联邦政府的表现,是很好、较好、一般、较差还是很差?

注:(1)每一列从下到上依次为:很好,较好,一般,较差,很差,不确定;(2)由于进位关系,图表数据可能相加不等于100。

资料来源:Nanos Research,www.nanos.co/wp-content/uploads/2018/01/2017-1123-IRPP-Year-End-Populated-Report-w-tabs.pdf。

第一,在政府财政赤字依然无法平衡的情况下,自由党政府推出了一系列受到质疑的经济政策。小特鲁多当初曾提出雄心勃勃的政府财政赤字计划。2016~2017财政年度的政府财政赤字高达294亿加元,几乎是大选期间承诺的3倍。②

---

① Canadians continue to be more critical of the Trudeau government's performance compared to 2015; the country's global reputation measure down from high in 2016--11-year tracking study,Nanos,January 2018. www.nanos.co/wp-content/uploads/2018/01/2017-1123-IRPP-Year-End-Populated-Report-w-tabs.pdf.

② 《加拿大预算高赤字》,新浪网,2016年3月24日,http://finance.sina.com.cn/roll/2016-03-24/doc-ifxqsxic3065185.shtml。

2017年第二份财政预算中财政赤字仍高达285亿加元。① 2018年的财政预算报告中表示，2018~2019财政年赤字为181亿加元。② 虽然这个数字在下降，但依然离2015年大选时不断强调的100亿加元以内有些距离。同时，在赤字承诺始终无法兑现的情况下，自由党政府想要进行的税改的计划也频频受阻，推出的几项税收政策都招致了民众的不满，反对党更是大力抨击。例如，联邦财政部部长莫尔诺（Bill Morneau）提出的针对医生、会计、小业主、小公司老板的税改措施，就让民众认为与小特鲁多从上台开始一直强调的扶持中产阶级的政策背道而驰，被反对党抨击为"是在打击中产阶层和小业主的利益，而不管不顾大富翁和大公司避税、逃税的问题"。③ 同时，莫尔诺提出的C-27法案，允许养老金管理机构将直接受益计划转变为目标受益计划，也被质疑是使其家族企业Morneau Shepell养老金顾问公司受益。这两项措施导致财长莫尔诺被联邦道德专员调查，怀疑其违反利益冲突法。④ 因此，根据2018年3月的民调，加拿大民众在被问到对联邦财长莫尔诺是否满意时，相比2017年10月的调查结果，满意度下降了2个百分点（见图2）。除此之外，小特鲁多在2015年竞选时就强调的碳税政策在2018年开始实行。加拿大人很相信气候变暖这一事实，并且大部分人认为是人类活动导致了这一后果（见图3），因而保护环境、应对气候变化是政府必须做的事情。然而，在经济缓慢复苏的背景下，碳税的出台毫无疑问将提高加拿大人的生活成本，同时也会影响加拿大的经济和就业。根据加拿大议会预

---

① Budget 2017: Building a Strong Middle Class, Department of Finance Canada, March 24, 2017. https://www.budget.gc.ca/2017/docs/plan/budget-2017-en.pdf.
② Budget 2018: Equality and Growth for a Strong Middle Class, Department of Finance Canada, February 27, 2018. https://www.budget.gc.ca/2018/docs/plan/budget-2018-en.pdf.
③ 方华：《2017年加拿大人关注的5大政治乌龙》，加拿大国际广播电台，2017年12月28日，www.rcinet.ca/zh/2017/12/28/137450/。
④ Bill Curry, Ethics Commissioner launches examination of alleged Morneau conflict over pension bill, The Globe and Mail, Novermber 10, 2017. https://www.theglobeandmail.com/news/politics/bill-morneau-shepell-conflict-of-interest-ethics-commissioner-pension/article36927855/.

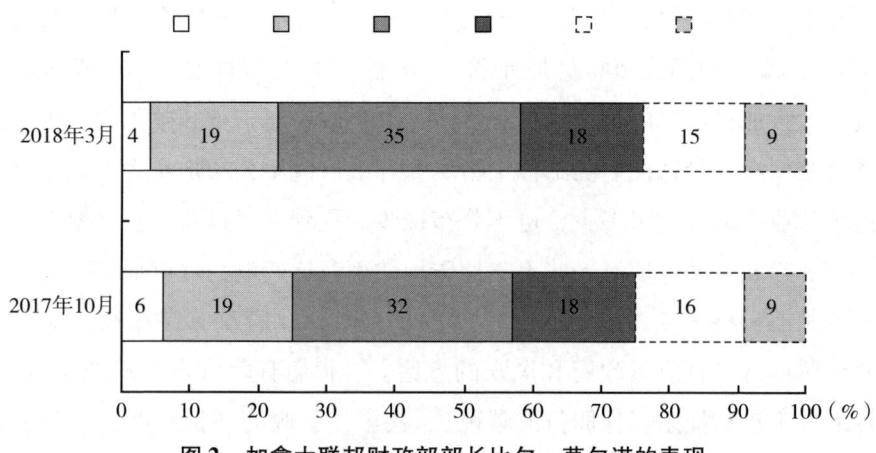

图2 加拿大联邦财政部部长比尔·莫尔诺的表现

问题：你如何评价比尔·莫尔诺作为联邦财政部部长的工作表现，非常好，好，一般，差或者非常差？

注：（1）每行从左到右依次是：非常好，好，一般，差，非常差，不确定；（2）由于进位关系，图表数据可能相加不等于100。

资料来源：Nanos Research，http：//www.nanos.co/wp－content/uploads/2018/04/2018－1186a－CTV－Feb－Bill－Morneau－Populated－Report－w－Tabs.pdf。

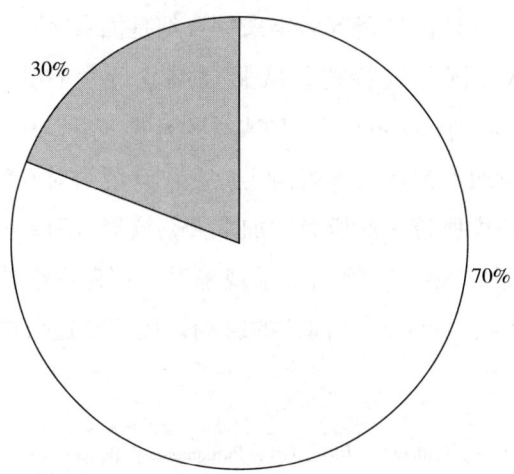

图3 加拿大人的意见：为什么地球会变暖

问题：如果地球在变暖，你认为导致这一后果最主要的原因是什么？

注：70%的人认为是由于人类活动和工业活动，例如燃烧化石燃料；30%认为这是地球环境的自然模式。

资料来源：Abacus data. https：//ecofiscal.ca/wp－content/uploads/2018/04/Ecosfiscal_ Polling_ February2018_ FINAL_ RELEASE.pdf。

算官在2018年4月底发布的一个最新报告，自由党的碳税将使得加拿大的GDP在2022年前损失100亿加元。① 同时保守党也不断攻击自由党政府的碳税将大大加重国民的生活成本和负担，并且政府对于征收碳税的相关信息不够透明，在发给选民们的邮件中指责联邦政府既不公布加拿大人到底将要为扼杀就业的碳税付出多少，也不公布征收碳税到底可以减少多少温室气体的排放。除此之外，还有一些不支持碳税的声音比较响亮。例如，萨斯克彻温省省长斯科特·莫（Scott Moe）就表示，联邦政府没有宪法权力对萨省实施碳税，这违背萨省政府和民众的意愿。"我们有萨省自己的减排计划，该计划并不包括扼杀工作职位的碳税。"甚至该省政府还把小特鲁多和联邦政府告上了法庭，要求裁定联邦政府越权和干预该省的事务。② 这些都给自由党政府带来不小的负面影响。

第二，小特鲁多政府在贸易政策上的进退失据也是令其支持率下降的重要原因。一是，对外贸易方面面临困境。对外贸易对于加拿大至关重要，用加拿大中央银行行长波罗茨的话来说，加拿大不仅是一个以贸易立国的国家，而且自由贸易和外国投资等多年来一直都是加拿大经济发展的重要支柱之一。③ 然而，从美国总统特朗普威胁要终止北美自由贸易协定（North American Free Trade Agreement，NAFTA）到开始一轮又一轮的NAFTA重新谈判以来，自由党政府都承受着国内企业和民众因为对经济增长、贸易、投资与就业形势的焦虑所带来的压力。加拿大会议局（The Conference Board of Canada）预测，如果NAFTA终结，乐观来看，短期内会给加拿大带来经济下滑0.5%和就业减少85000个岗位的影响，接下来还可能会面临美国设置

---

① Economic and Fiscal Outlook, Office of the Parliamentary Budget Officer, April 2018. http：//www.pbo-dpb.gc.ca/web/default/files/Documents/Reports/2018/EFO%20April%202018/EFO_April%202018_EN.pdf.

② Shawn Mccarthy, Saskatchewan's Scott Moe seeks court opinion no whether carbon tax is constitutional, the Globe and Mail, April 25, 2018. https：//www.theglobeandmail.com/canada/article-saskatchewan-seeks-court-of-appeal-ruling-on-federal-carbon-tax/.

③ 方华：《加拿大央行行长担心贸易保护浪潮》，加拿大国际广播电台，2017年3月29日，http：//www.rcinet.ca/zh/2017/03/29/124243/。

更多的贸易壁垒和美国企业的一系列反应等问题。① 二是，自由党政府似乎在中美两个大国以及两个重要的贸易伙伴之间无法找到平衡。被特朗普牵着鼻子走已经是一件很懊恼的事，而反对党还指出政府也没有处理好与中国的关系。原本自由党政府对于小特鲁多访华有诸多期待，然而，他最后几乎空手而归，还令中加关系降温，导致一系列重要的议程夭折或者搁浅。最大的反对党——保守党认为自由党政府和小特鲁多根本就"不是真的支持自由贸易"，② 因为一直以来小特鲁多政府在贸易政策方面都表现欠佳，尤其指出小特鲁多对于 TPP 完全不重视，应对 NAFTA 谈判也不够努力。保守党党首希尔在出访华盛顿之后强调，NAFTA 面临实实在在的威胁，即特朗普扬言要退出 NAFTA 并非只是做个样子，他是真的有可能会这么做。③ 不过，小特鲁多对于 NAFTA 的立场还是相对更加强硬，并且表示"虽然谈判进行缓慢，但他认为美国总统特朗普不会退出 NAFTA"。④

第三，小特鲁多总理本人的表现也有些不尽如人意，频频出现问题，不断遭到媒体和反对党的批评。一直以来，加拿大民众对于自由党政府的支持有很大一部分原因来自对于小特鲁多的欣赏。然而，这种好感还是受到各种"特定事件"以及长期的部分"不作为"的负面影响，导致其支持率下降。所谓"特定事件"，即从之前的"手肘事件"，到 2017 年的"度假风波"和 2018 年的"花哨印度行"，都给小特鲁多的形象带来损失。尤其 2017 年小特鲁多被曝多次携家人在伊斯兰教什叶派领袖阿迦汗（Aga Khan）家族的私人岛屿上度假，导致小特鲁多被舆论和反对党质疑道德问题，并且被加拿

---

① Termination of NAFTA Would Result in Modest Short-term Economic Impact for Canada, The Conference Board of Canada, March 9, 2018. https：//www.conferenceboard.ca/press/newsrelease/2018/03/09/termination－of－nafta－would－result－in－modest－short－term－economic－impact－for－canada？AspxAutoDetectCookieSupport＝18.
② Vassy Kapelos, Time for Liberals to 'really pour it on' with NAFTA：Sheer, Global News, January 19, 2018. https：//globalnews.ca/news/3975125/nafta－negotiations－andrew－scheer/.
③ Vassy Kapelos, Time for Liberals to 'really pour it on' with NAFTA：Sheer, Global News, January 19, 2018. https：//globalnews.ca/news/3975125/nafta－negotiations－andrew－scheer/.
④ 《加拿大总理特鲁多对 NAFTA 采取强硬立场 重申可能会退出》，路透社，2018 年 2 月 4 日，https：//www.reuters.com/article/canada－pm－trudeau－nafta－talk－0204－idCNKBS1FO07G。

大联邦道德专员调查，认为他违反了利益冲突条款。① 而对印度的访问则被加拿大国内普遍认为是一次比较失败的出访。这一方面是因为接待礼仪级别太低，同时总理一家人服饰太过花哨被两国媒体调侃、印度民族服饰出镜率太高被国民质疑无法代表加拿大的国家形象以及太多以旅游为目的的出行等，另一方面是总理邀请一恐怖分子参加国宴。该男子名为贾斯帕尔·阿特瓦尔（Jaspal Atwal），曾被控谋杀未遂罪，是印度政府认定的极端恐怖组织的一员，但该人却在社交网络上晒出与总理妻子的合影，引起广泛争议。② 此事被舆论当作丑闻公布。所以，在之后 Nanos 和《环球邮报》所做的民调中，加拿大国内有超过60%的人认为此行是失败或者是比较失败的③（见图4）。

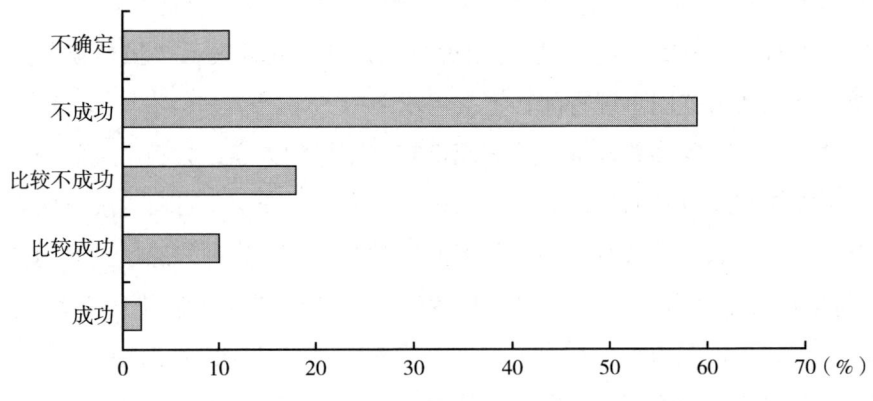

图4 加拿大民众对总理小特鲁多印度之行的评价

问题：你如何评价贾斯汀·特鲁多总理的印度之行，成功，比较成功，比较不成功，不成功？

注：由于进位关系，图表数据可能相加不等于100。

资料来源：Nanos Survey，http：//www. nanos. co/wp－content/uploads/2018/2018－1190c－Globe－Feb－PM－Trip－to－India－Populated－Report－w－Tab. pdf。

---

① 《加拿大总理特鲁多在2018年将面临什么考验?》，BBC 中文网，2017年12月27日，http：//www. bbc. com/zhongwen/simp/world－42490007。
② 《民调显示加拿大总理印度之行导致其在国内民调失分》，环球网，2018年3月8日，http：//world. huanqiu. com/exclusive/2018－03/11650884. html。
③ Most Canadians think the Prime Minister's trip to India was not a success，Nanos Survey，March，2018. http：//www. nanos. co/wp－content/uploads/2018/03/2018－1190c－Globe－Feb－PM－Trip－to－India－Populated－Report－w－Tab. pdf.

二 选战在即：优势与短板

距离2019年联邦大选只有一年半的时间了，大大小小的政党都在摩拳擦掌。尤其是最大的反对党保守党，从安德鲁·希尔当选新的党魁开始，他就扬言要在2019年击败自由党，让保守党重揽大权。一年多来，保守党对自由党穷追猛打，不断地向全国选民指出在自由党的带领下，国家的经济、税收、福利等发展都不尽如人意，希望能够以此影响选民。

当然，如前所述，自由党的确也是漏洞百出，从内政到外交，都出现了不少的失误和失控。然而，这并不代表2019年就一定是保守党的天下。究其原因，对于选民来说，一方面是因为对于自由党政府更加挑剔了，但无论是整体支持率，还是对于政府在特定领域的工作，依然还有多数人持肯定立场。另一方面，自由党政府和小特鲁多本人的存在感始终是最强的，反对党虽然天天指责，但一来并没有抓到致命的把柄；二来更重要的是，在反对党自身也无太大建树的情况下，这种指责反而强化了自由党的存在感。因此，当面临联邦大选时，恐怕选民会更愿意给至少比较熟悉的自由党和小特鲁多再一次机会。

在评价政府表现方面，虽然自由党的支持率的确是在下降，但调查同样也表明选民对于自由党政府政策的整体方向还是认可的，2017年仍有50%的加拿大人认为国家是朝着正确的方向（right direction）前进的。[1] 另外，值得一提的是，尽管各种税改政策还存在很多需要平衡的问题，但加拿大近年来的失业率却是明显下降（见图5），达到40年来最低水平。[2]

至于被保守党一直强烈指责的贸易和能源领域，自由党也许应该感谢加

---

[1] Canadians continue to be more critical of the Trudeau government's performance compared to 2015; the country's global reputation measure down from high in 2016 – – 11 – year tracking study, Nanos, January 2018，p. 3. www. nanos. co/wp – content/uploads/2018/01/2017 – 1123 – IRPP – Year – End – Populated – Report – w – tabs. pdf.

[2] 中国驻温哥华总领馆经商室：《加拿大失业率降至42年来最低点》，2018年1月8日，http：//vancouver. mofcom. gov. cn/article/jmxw/201801/20180102700349. shtml。

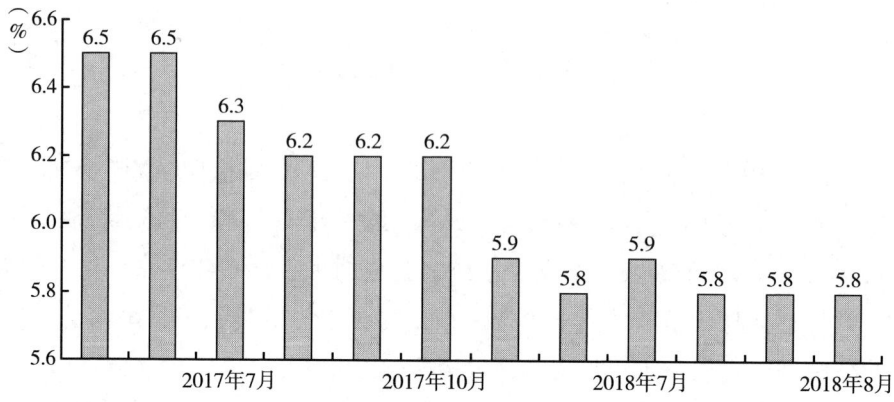

图 5　加拿大的失业率（2017 年 5 月至 2018 年 8 月）

资料来源：Trading Economics，https：//zh.tradingeconomics.com/canada/unemployment-rate。

拿大国民的乐观与团结。特朗普的强势与自由党政府在贸易领域的进退失据让加拿大承担了 NAFTA 重谈和中加 FTA 搁浅的双重损失。尤其是 NAFTA 作为加拿大与最大的贸易伙伴以及盟国美国之间的重要问题，从 2017 年 8 月开始已经进行了多轮的谈判。在谈判开始前的 2017 年 8 月 14 日，加拿大外交部部长弗里兰（Chrystia Freeland）在渥太华大学发表的演讲中表示，加拿大将秉持善意参加谈判，以加拿大特有的能力和意愿寻求妥协，致力于达成好的协议，但这并不意味着什么协议都接受，这是加拿大的底线。[①] 显然，政府的这种信心和表态对选民是有激励作用的。在谈到困难重重的 NAFTA 时，加拿大人的心态也并非一片愁云惨雾，反而对于加拿大能够在 NAFTA 重新谈判的过程中维护自身利益的能力非常有信心，认为加拿大在谈判中还是有较多筹码的。[②] 持这一自信态度的比例从 2017 年 1 月开始就

[①] 中华人民共和国商务部：《加拿大公布 NAFTA 谈判主要目标》，2017 年 8 月 15 日，http://www.mofcom.gov.cn/article/i/jyjl/l/201708/20170802626389.shtml。

[②] Canadian confidence in Canada's ability to protect its economic interests in NAFTA renegotiations up from 2017, Nanos Survey, February, p.2. 2018. http://www.nanos.co/wp-content/uploads/2018/02/2018-1154A-Globe-January-Populated-report-NAFTA-Negotiations-with-Tabs.pdf.

一直居高不下，在2018年1月仍然保持有57%（见图6）。这种自信的心态是给自由党政府加分的。至于能源政策方面，加拿大人更是展现出对于联邦政府的高度信任和支持。有90%的加拿大人都认为开发能源和保护环境是不冲突的①，而在被问到"推动能源项目时是国家利益更重要还是省的利益更重要"时，有60%的人认为国家利益更重要②，并且有68%的人认为联邦政府应该在能源管道项目上领导决策，只有25%的人认为省政府应该领导。③ 因此，在这样的民意基础上，未来小特鲁多政府如果可以在对外贸易政策与能源政策上进行妥善的调整，2019年联邦大选中还可以有更大的胜算。

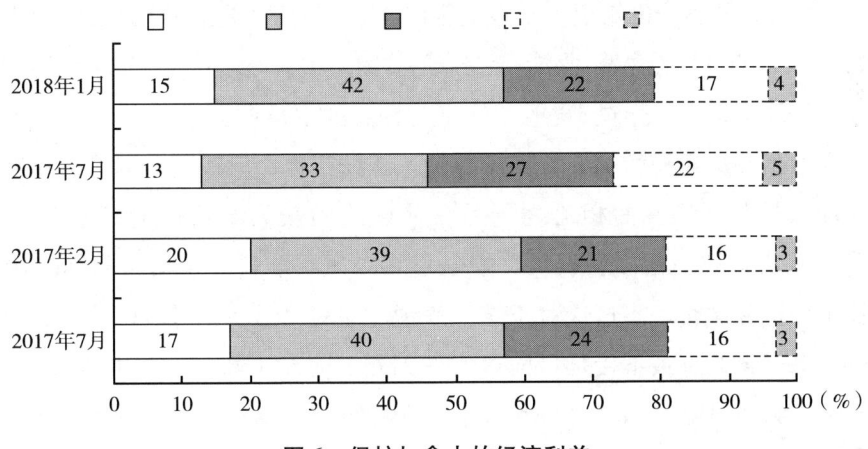

图6　保护加拿大的经济利益

问题：如果北美自由贸易协定重新谈判，你觉得加拿大是否能保护其经济利益：有信心、比较有信心、比较没信心、没信心、不确定？

注：（1）每行从左到右为：有信心、比较有信心、比较没信心、没信心、不确定；
　　（2）由于进位关系，图表数据可能相加不等于100。

资料来源：Nanos Survey. http：//www. nanos. co/wp－content/uploads/2018/02/2018－1154A－Globe－January－Populated－report－NAFTA－Negotiations－with－Tabs. pdf。

---

① On National Energy Projects, Canadians back Ottawa, But Seek Balance, Nanos, April 2018, p. 13. www. nanos. co/wp－content/uploads/2018/04/2018－1169－Positive－Energy－Report－1－April－16. pdf.

② On National Energy Projects, Canadians back Ottawa, But Seek Balance, Nanos, April 2018, p. 36。

③ On National Energy Projects, Canadians back Ottawa, But Seek Balance, Nanos, April 2018, p. 11。

小特鲁多可以再次赢得2019年大选可能还有一个因素，即其他政党领袖的存在感太弱。当选民们被问到"喜欢三位政党党首什么"的时候，频率最高的答案是"没什么"（nothing）。而被问到"不喜欢什么"的时候，对于小特鲁多，人们主要认为他缺乏行动力和成果以及领导力弱（见表2）①，而安德鲁·希尔则是太没有存在感。在民调中，当谈到他的缺点和优点时分别都有29%和22.3%的人表示"我不太了解他"（I don't know much about him）、"我不够了解他"（Don't know him enough）和"他没什么存在感"（he is not visible enough）②；至于保守党推出的两个新的候选人 Richard Martel 和 Lois Brown 也是很难令人信服的角色。前者的主要经历是作为教师和教练，曾在魁北克职业青年冰球联盟（Quebec Major Junior Hockey League，QMJHL）工作过18年，目前是北美曲棍球联盟的理事。虽然他被誉为史上赢球最多的教练，曾经赢得过570场比赛，但缺乏丰富的从政经验毫无疑问是其死穴。而相比之下后者从政经验较为丰富，她曾于2008～2015年在奥罗拉担任国会议员，担任过多个重要职位，包括给国际发展部部长担任政务次官。不过这对于选民来说，也是个没有太多印象的新面孔。所以，保守党的青黄不接是目前最大的问题。而对于新民主党的党首辛格，人们则认为他可能与恐怖分子有联系，支持锡克分裂分子，同时也一样缺乏存在感。所以，虽然加拿大民众可能对于三个主要政党的候选人都没有特别满意，但总体来看，小特鲁多的印象分还是高于希尔和辛格（见图7、图8、图9）。作为选民来说，在自由党政府和小特鲁多并没有犯下大错并且多少有些作为的情况下，可能不太会考虑将未来下注在还无法看到希望的其他候选人身上。希尔和辛格除非短期内能有大的作为，否则很难弥补劣势，而这恐怕很困难。

---

① Canadians lack familiarity with Andrew Scheer and Jagmeet Singh; dislike Justin Trudeau's lack of action and results, Nanos Survey, April 2018, p6. http://abacusdata.ca/wp-content/uploads/2018/03/Abacus-Release-Politics-March-2018.pdf.

② Canadians lack familiarity with Andrew Scheer and Jagmeet Singh; dislike Justin Trudeau's lack of action and results, Nanos Survey, April 2018, p. 8, 10。

表2 加拿大总理贾斯汀·特鲁多的缺点

单位：%

缺　点	比　例
缺乏行动力/成果/弱势领导人	17.6
不同意他的政治议程	11.4
试图取悦每个人/太注重外表	10.0
享受特权/傲慢	8.6
不履行承诺（例如选举改革）	7.6
每一样	7.4
经济计划差劲/预算失败	6.9
不成熟/没经验	6.3
没什么	5.2
外表/公开讲话时的声音	4.9
主次颠倒	2.5
爱唠叨/强加他的观点于人	2.1
缺乏良好的判断力/常识	2.0
太多旅行	1.6
其他	3.0
不确定	2.9

问题：你觉得自由党领导人贾斯汀·特鲁多有什么缺点？
资料来源：Nanos Survey Research, http://www.nanos.co/wp–content/uploads/2018/04/2018–1110–CTV–March–Populated–report–with–Tabs.pdf。

根据以上的分析，联邦总理大选的竞争日趋白热化，但小特鲁多尚有一丝胜算，2019年自由党还有希望继续掌握联邦政府。然而，总理选举前的各省大选就不太乐观了。而且省选向来也被视为总理大选的风向标，尤其是安大略省、魁北克省等。恐怕自由党还清楚地记得上一次BC省简蕙芝的惨败经历，最终该省由绿党和新民主党控制。而在过去一年里自由党在各省的政绩似乎依然不甚理想，尤其是在2018年结束的安大略省省选中，自由党大败，丢失了重要的阵地。安大略省省选历来被视为联邦大选的重要风向标。该省自2003年10月自由党领袖麦坚迪（Dalton McGuinty）当选以来，一直都是由自由党执政。然而2018年6月7日的省选却让安大略省"变天"。保守党领袖道格·福特（Doug Ford）大败韦恩（Kathleen Wynne）领

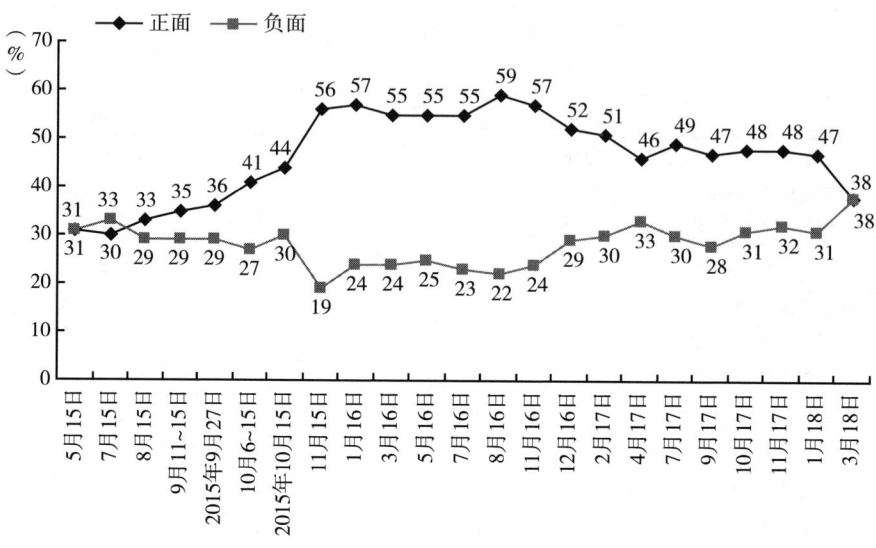

图7 加拿大民众对贾斯汀·特鲁多的印象

问题：你对贾斯汀·特鲁多的印象是正面的还是负面的？
资料来源：ABACUS DATA. http：//abacusdata.ca/liberal－support－sags－as－pms－image－softens－his－india－trip－hurt/。

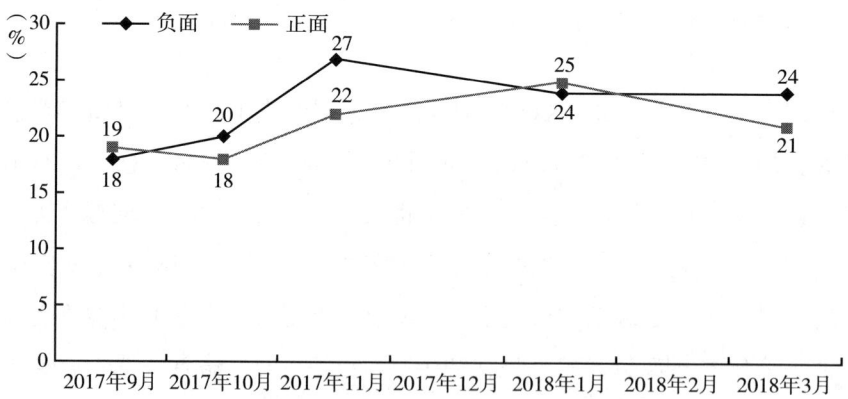

图8 加拿大民众对安德鲁·希尔的印象

问题：你对安德鲁·希尔的印象是正面的还是负面的？
资料来源：ABACUS DATA. http：//abacusdata.ca/liberal－support－sags－as－pms－image－softens－his－india－trip－hurt/。

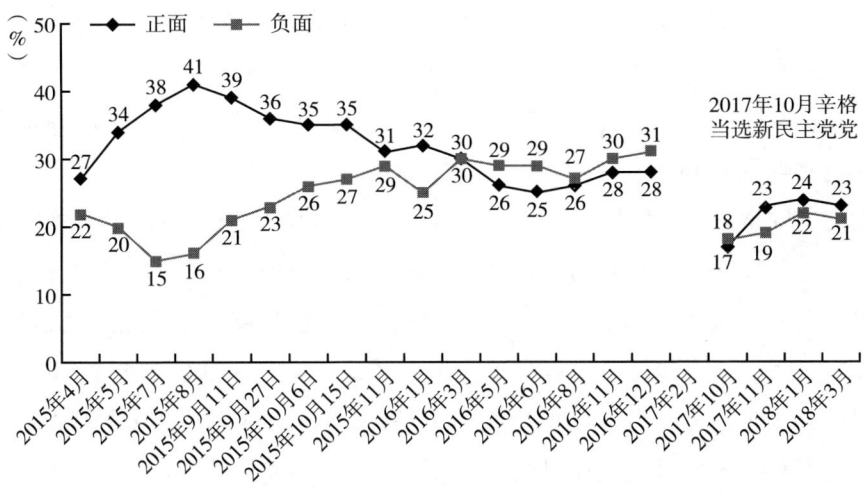

图 9　加拿大民众对贾格米特·辛格的印象

问题：你对贾格米特·辛格的印象是正面的还是负面的？

资料来源：ABACUS DATA. http：//abacusdata.ca/liberal-support-sags-as-pms-image-softens-his-india-trip-hurt/。

导的自由党，并且赢得124个议席中的76个，于6月29日宣誓就职，这也是安省进步保守党近15年来首次成为执政党。① 实际上，早在省选结果还未出来时，韦恩就已经知道大势已去，也竭力号召选民们投票，以期至少保住自由党的执政地位，但最终证明还是徒劳无功，黯然辞职。仅赢得7席的自由党也失去了执政地位。② 而福特新官上任的"第一把火"就是履行其竞选承诺之一，终止安省的碳排放控制与交易项目。③

接下来另一个重要的省选则是即将开始的魁北克省选举。该省既是人口大省，也是在众议院占有不少于法定的75个席位的重要省份，仅次于安大

---

① 吴薇：《安大略省进入新时代：新省长道格·福特宣誓就职》，加拿大国际广播电台，2018年6月29日，http：//www.rcinet.ca/zh/2018/06/29/148280/。

② Ontario election：Emotional Kathleen Wynne resigns as Liberal leader after election loss, the Globe and Mail, June 7, 2018. https：//www.theglobeandmail.com/canada/video-ontario-election-emotional-kathleen-wynne-resigns-as-liberal-leader/.

③ 吴薇：《安大略新省长上任第一把火：终止碳排放控制与交易项目》，加拿大国际广播电台，2018年7月3日，http：//www.rcinet.ca/zh/2018/07/03/148414/。

略省。2015年自由党在大选中击败保守党，魁北克省的优势功不可没。然而目前来看，自由党在该省的支持率依旧领先，但保守党的支持率也在上升。① 2018年6月18日，保守党候选人理查德·马泰尔（Richard Martel）还在魁北克省的Chicoutimi-Le Fjord选区补选中获胜，夺下了这个原本由自由党占据的选区。② 可见，即便最终保守党不能战胜自由党，拿下魁北克省，但也有望使其在魁省的议席有所增加。而且值得注意的是，在魁省不只是保守党和自由党之争，根据一份民调显示，魁北克未来联盟（Coalition Avenir Quebec，简称魁盟）也是呼声相当之高，甚至有望通过省选组成少数政府或以微弱优势成为多数政府。③ 如此看来，自由党面临多方的挑战，急需在接下来有限的时间里挽回颓势，否则再丢一城将会给自由党联邦政府未来的执政带来巨大的压力，毕竟如果失去两位重要的省长助力，小特鲁多政府与省政府之间的关系很难说能够继续维持近年来的良好态势，而最终这种情况甚至会影响2019年联邦大选的结果。

---

① 吴薇：《选我选我！自由党的魁北克省支持率下降，保守党趁机向该省选民示好》，加拿大国际广播电台，2018年3月16日，http://www.rcinet.ca/zh/2018/03/16/142316/。
② 吴薇：《加拿大保守党在魁北克省一选区的补选中从自由党手中夺下议席》，加拿大国际广播电台，2018年6月19日，http://www.rcinet.ca/zh/2018/06/19/147713/。
③ 《魁省即将大选，民调称魁盟暂领先》，《星岛日报》，2018年4月2日，http://m.singtao.ca/calgary_cn_st/21/993280-魁省即将大选-民调称魁盟暂领先/。

B.3 2017年加拿大经济形势

林珏*

摘 要： 2017年加拿大经济增长3%，与前两年相比，各方面多有增长势头，其中消费、投资对增长拉动较大，进口和出口出现增幅（虽较小且进口超过出口），对外直接投资规模扩大，全国平均失业率下降（虽然一些省份失业率依然高企）。但是，该年经济发展也存在一些问题，比如下半年经济增长步伐放缓；第三季度出口大幅下滑，第四季度出口增幅微乎其微，从而全年出口增长幅度较低，商品贸易逆差扩大；耐用消费品支出下半年有所放缓；房价和油价上涨；一些地区失业率依然高企；人口老龄化对劳动力市场有影响；面对美国贸易保护主义的加强，北美自由贸易协定谈判步履艰难等。未来加拿大经济发展取决于几个因素：第一，世界经济形势与美国经济增长状况；第二，国际油价变动状况；第三，政府推进贸易多元化政策的进展；第四，北美自由贸易协议谈判结果；第五，移民政策及人口增长。美国总统特朗普提出"美国优先"的政策将促使加拿大投资与贸易多元化政策的继续推进，从而为中国与加拿大的经贸合作创造了契机。2018年加拿大经济增长面临一些不确定因素，需要加拿大政府适时应对。

关键词： 加拿大 经济增长 贸易 美国 中国

---

* 林珏，博士，上海财经大学商学院教授，研究方向为世界经济、加拿大经济与贸易。

一 2017年加拿大经济增长概况

根据加拿大统计局以支出为基础计算实际国内生产总值（GDP）的统计数字，2017年加拿大实际GDP为18449亿美元，同比增长3.3%，为2010年经济复苏以来增长率最高的年份（见图1）。

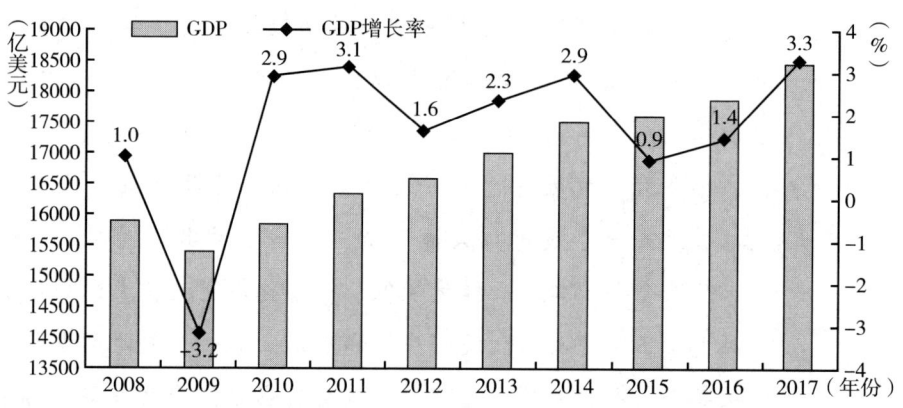

图1 2008~2017年加拿大实际GDP及增长率

注：按2007年不变价格，以支出为基础计算的GDP。
资料来源：根据Statistics Canada 数据制图 – CANSIM Table 380 – 0106 Gross domestic product at 2007 constant prices, expenditure – based, 2018 – 03 – 01, http://www5.statcan.gc.ca/cansim/a47。

如果以指数（2007年=100）计算加拿大实际GDP，2017年为3%。不管怎么计算，2017年加拿大经济增长的幅度是自2012年以来最高的（见图2）。

从各季度增长情况看，2017年各季度显然明显好于前一年，四个季度同比增长率分别为2.38%、4.03%、3.47%和3.16%，环比增长率分别为0.99%、1.28%、0.50%和0.36%（见图3）。

观察2017年加拿大GDP中的各项指标对经济增长做出的主要贡献，最

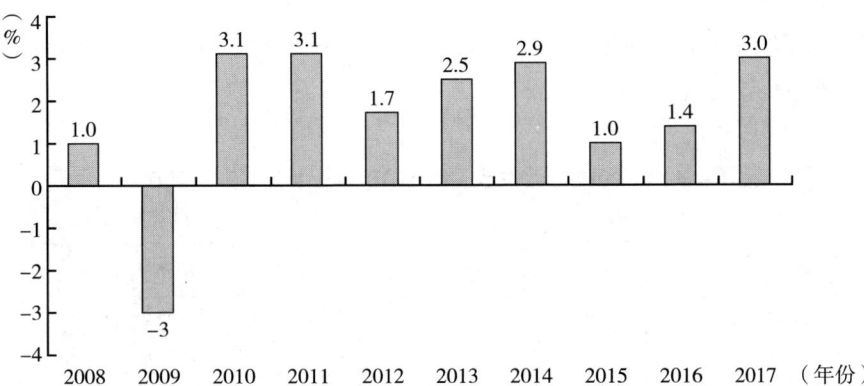

图 2　2008~2017 年加拿大实际 GDP 增长率

注：2007 年 = 100。

资料来源：根据 Statistics Canada 数据制图 - CANSIM Table 380 - 0101 Gross national income and gross domestic income, 2018 - 03 - 02, http://www5.statcan.gc.ca/cansim/a26?lang=eng&retrLang=eng&id=3800101&tabMode=dataTable&srchLan=-1&p1=-1&p2=9。

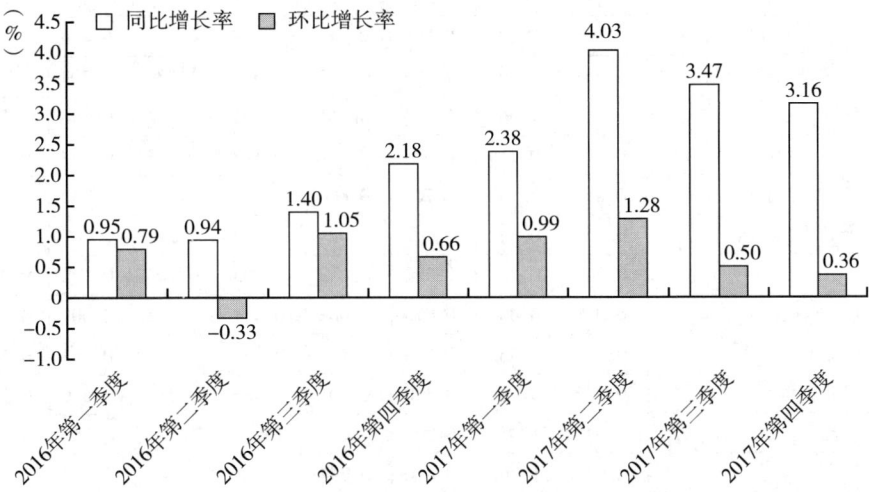

图 3　2016~2017 年各季度加拿大实际 GDP 同比增长率与环比增长率

注：按 2007 年不变价格，以支出为基础计算的 GDP。

资料来源：根据 Statistics Canada 数据计算制图 - CANSIM Table 380 - 0084 Gross domestic product at 2007 constant prices, expenditure - based, http://www5.statcan.gc.ca/cansim/a26?lang=eng&retrLang=eng&id=3800084&tabMode=dataTable&p1=-1&p2=9&srchLan=-1。

终消费支出、固定资本形成总值、存货投资以及商品和服务出口贡献显著；而非营利机构固定资本形成总值则为负贡献。与前两年相比，各个因素大都显示出增长势头（见表1）。

表1 2010～2017年加拿大实际GDP增长中各因素贡献状况

单位：个百分点

项目\年份	2010	2011	2012	2013	2014	2015	2016	2017
一、最终消费支出	2.576	1.615	1.249	1.317	1.576	1.543	1.821	2.436
1. 家庭最终消费支出	2.089	1.236	1.067	1.424	1.479	1.151	1.352	1.965
其中：商品	0.811	0.356	0.382	0.714	0.726	0.482	0.645	0.950
（1）耐用消费品	0.343	0.112	0.19	0.281	0.353	0.200	0.319	0.472
（2）半耐用消费品	0.241	0.119	0.122	0.136	0.126	0.128	0.089	0.136
（3）非耐用消费品	0.226	0.125	0.07	0.297	0.247	0.154	0.236	0.343
其中：服务	1.278	0.880	0.685	0.709	0.754	0.669	0.707	1.014
2. 非营利机构服务居民最终消费支出	-0.019	0.086	0.026	0.038	-0.011	0.066	-0.007	0.007
3. 政府最终消费支出	0.506	0.293	0.156	-0.144	0.108	0.326	0.476	0.464
二、固定资本形成总值	2.558	1.099	1.162	0.322	0.579	-1.270	-0.703	0.646
1. 企业	2.030	1.462	1.275	0.561	0.702	-1.274	-0.896	0.500
其中：（1）住宅建筑	0.558	0.116	0.378	-0.022	0.148	0.263	0.250	0.235
（2）非住宅建筑	0.848	0.889	0.786	0.604	0.479	-1.094	-0.782	0.020
其中：机械设备	0.419	0.337	0.112	0.024	0.072	-0.277	-0.242	0.227
（3）知识产权产品	0.205	0.120	0.000	-0.045	0.003	-0.166	-0.122	0.017
2. 非营利机构	0.010	0.001	0.015	0.008	0.010	-0.012	0.001	-0.001
3. 政府	0.517	-0.363	-0.128	-0.248	-0.133	0.017	0.193	0.147
三、存货投资	0.082	0.738	-0.300	0.507	-0.385	-0.211	-0.226	0.754
四、商品和服务出口	1.946	1.435	0.797	0.814	1.824	1.111	0.349	0.278
1. 商品出口	2.018	1.263	0.626	0.744	1.525	0.946	0.164	0.132
2. 服务出口	-0.071	0.172	0.171	0.070	0.300	0.165	0.185	0.146
最终国内需求	5.133	2.714	2.410	1.639	2.155	0.273	1.118	3.082

注：本表中没有将"（减去）商品和服务进口""统计差异"因素列出。

资料来源：Statistics Canada, CANSIM Table 380 - 0100 Contributions to percent change in real gross domestic product, expenditure-based, 2018 - 03 - 01, http://www5.statcan.gc.ca/cansim/a26? lang = eng&retrLang = eng&id = 3800100&tabMode = dataTable&p1 = -1&p2 = 9&srchLan = -1。

二 2017年加拿大经济增长的特点及原因分析

分析2017年加拿大经济增长的特点,消费、投资对增长拉动较大,进口增加幅度超过出口,一些省份失业率不断降低。究其原因,除了来自主要贸易伙伴经济增长的拉动外,加拿大政府采取的刺激经济发展的政策也产生了一定的效果。

(一)2017年加拿大经济增长的特点

1. 消费支出对经济增长拉动较大

从实际GDP增长的各因素看,2017年加拿大最终消费支出对GDP贡献最大,达到2.44个百分点(见图4)。其中,家庭最终消费支出的贡献为

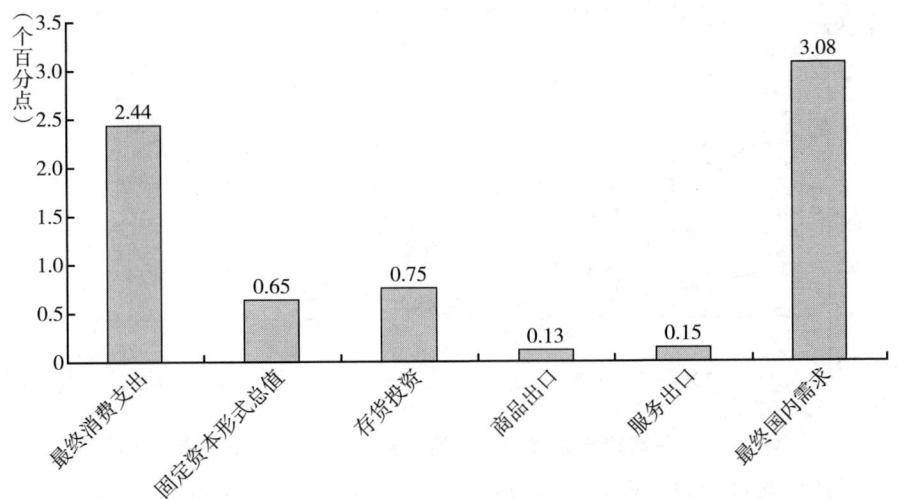

图4 2017年加拿大实际GDP增长中各因素的贡献

注:基于支出计算的实际GDP。

资料来源:根据Statistics Canada 数据制图 -CANSIM Table 380 – 0100 Contributions to percent change in real gross domestic product, expenditure-based, 2018 – 03 – 01, http: // www5. statcan. gc. ca/ cansim/a26? lang = eng&retrLang = eng&id = 3800100&tabMode = dataTable&p1 = -1&p2 = 9&srchLan = -1。

1.965个百分点，政府最终消费支出贡献为0.464个百分点。在家庭最终消费支出中，服务消费支出的贡献（1.014个百分点）超过商品消费支出的贡献（0.950个百分点）；在商品消费支出贡献中，耐用消费品（0.472个百分点）大于非耐用消费品（0.343个百分点）和半耐用消费品（0.136个百分点）。

图5显示的是自2010年以来加拿大最终消费支出在GDP增长中的贡献状况，从中可见，2013~2017年最终消费支出对于GDP的贡献总趋势在增加，2014年后各年份的贡献均超过1.5个百分点，2017年达到2.44个百分点。其中家庭最终消费支出的贡献最大，每年均超过1个百分点，2017年达到1.965个百分点；政府最终消费支出近两年都超过0.4个百分点。此外，2017年家庭服务消费支出的贡献（1.014个百分点）超过家庭商品消费支出的贡献（0.950个百分点）。

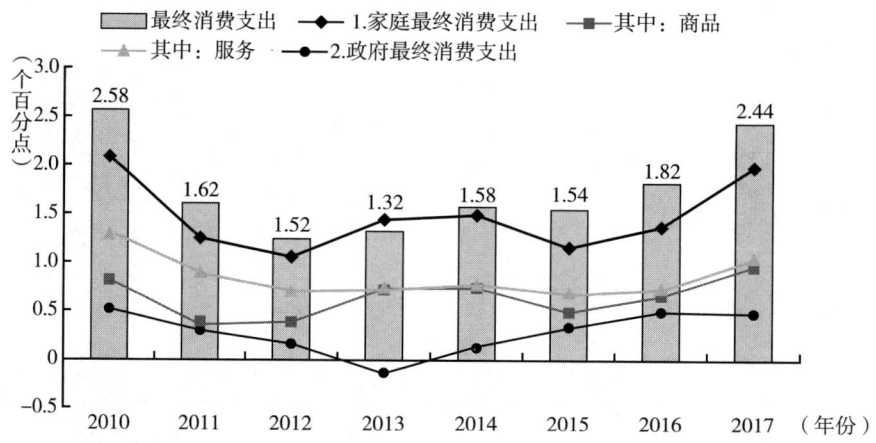

图5　2010~2017年加拿大最终消费支出对GDP增长贡献情况

资料来源：根据Statistics Canada数据制图 – CANSIM Table 380 – 0100 Contributions to percent change in real gross domestic product, expenditure – based, 2018 – 03 – 01, http://www5.statcan.gc.ca/cansim/a26?lang=eng&retrLang=eng&id=3800100&tabMode=dataTable&p1= –1&p2=9&srchLan= –1。

2. 固定资本形成总值增长显著

2009年加拿大固定资本形成总值负增长，为 –11.2%；2010年回升，增长率达到11.5%；但其后增幅不断下降，到2015年跌至-4.9%；2017年加拿大固定资本形成总值增长摆脱连续两年下降的状况，同比增长3.2%（见图6）。固定资本形成总值在实际GDP增长中的贡献达到0.65个百分点。

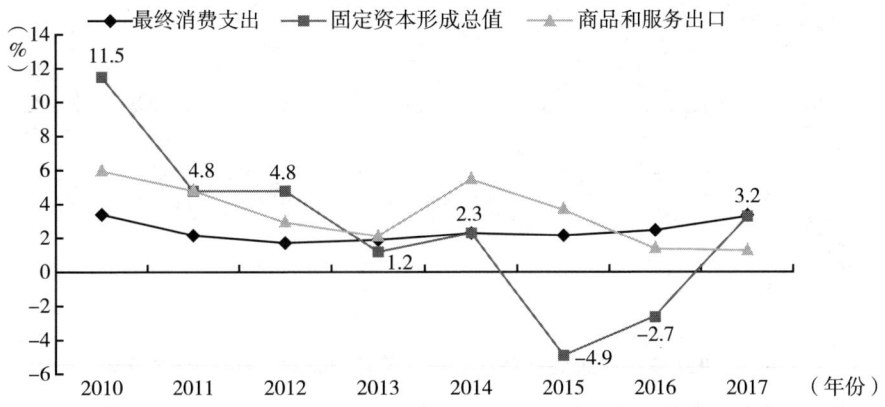

图6 2010~2017年加拿大固定资本形成总值变动状况

资料来源：根据 Statistics Canada 数据制图 -CANSIM Table 380 – 0106 Gross domestic product at 2007 constant prices，expenditure-based（Percentage Change（year-to-year）），2018 - 03 – 01，http：//www5. statcan. gc. ca/cansim/a47。

观察固定资本形成总值增加的因素，主要来自住宅建筑和机械设备投资的增加。2017年住宅建筑投资同比增长3.6%，机械设备投资和知识产权产品投资改变连续两年负增长状况出现增长，其中机械设备投资同比增长6.9%，知识产权产品投资增长1.0%。由此，住宅建筑、机械设备和知识产权产品三者国定资本形成总值在GDP中的贡献分别达到0.235、0.227和0.017个百分点（见图7）。

3. 进出口贸易增幅较小且进口超过出口

虽然，2017年加拿大商品和服务出口总额为5840亿美元，比之前一年有所增加，但增幅很小，只有1.2%，且低于前一年的增幅（1.4%）；商品和服务进口总额6139亿美元，同比增幅为3.8%，高于前一年增幅

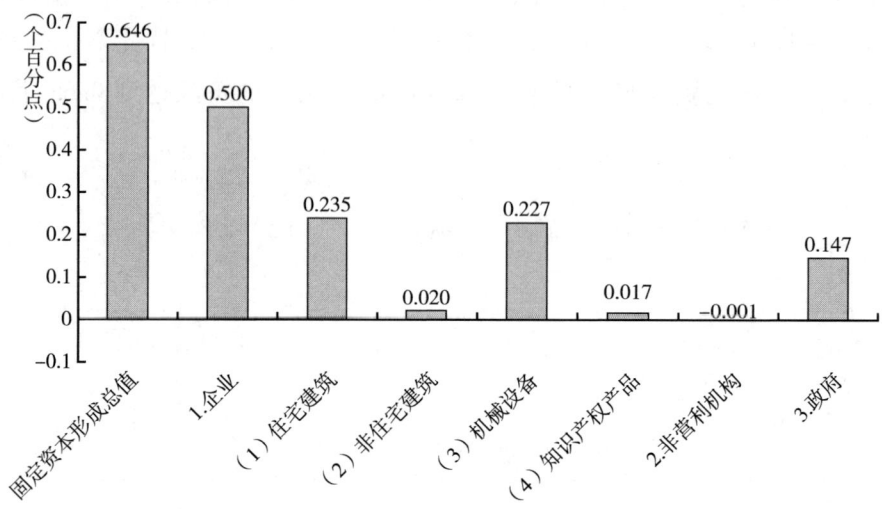

图 7 2017 年加拿大固定资本形成总值各因素对 GDP 增长的贡献

资料来源：根据 Statistics Canada 数据制图 -CANSIM Table 380 – 0100 Contributions to percent change in real gross domestic product, expenditure – based, 2018 – 03 – 01, http://www5.statcan.gc.ca/cansim/a26? lang = eng&retrLang = eng&id = 3800100&tabMode = dataTable&p1 = –1&p2 = 9&srchLan = –1。

（0.04%）。2010 年以来，加拿大商品和服务贸易一直处于逆差状态，2017 年逆差额达 299 亿美元。图 8 显示的是自 2010 年以来加拿大商品和服务出口总额和进口总额及增长率状况，从中可见，2010 年以来进口增幅和出口增幅总趋势在下降，不过 2017 年进口幅度有所反弹。

4. 对外直接投资规模扩大且净直接投资头寸增多

所谓国际投资头寸（International Investment Position, IIP）是指一国对外交易形成的某一时点上的资产、负债存量状况，"净直接投资头寸"是资产与负债存量之差。2017 年加拿大对外直接投资存量 11211 亿美元，引进外商直接投资存量 8240 亿美元，净直接投资头寸 2971 亿美元，比上一年增长了 8.03%。观察图 9 可以看到，自 2015 年以来连续三年，加拿大对外直接投资存量和净直接投资头寸都在显著地提高。

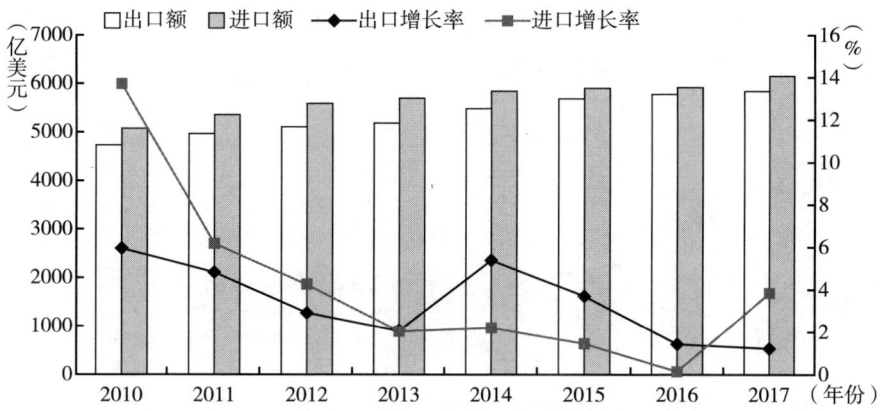

图 8　2010～2017 年加拿大商品和服务出口与进口总额及增长状况

资料来源：根据 Statistics Canada 数据制图 – CANSIM Table 380 – 0106 Gross domestic product at 2007 constant prices, expenditure – based, 2018 – 03 – 01, http://www5.statcan.gc.ca/cansim/a26? lang = eng&retrLang = eng&id = 3800106&tabMode = dataTable&p1 = – 1&p2 = 9&srchLan = – 1。

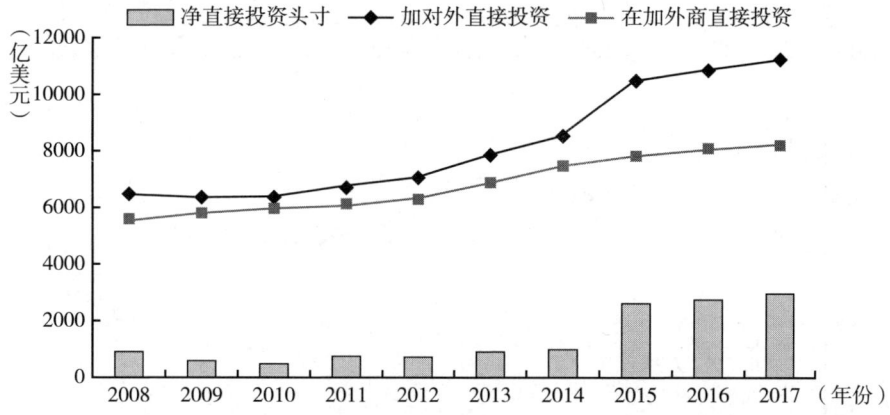

图 9　2008～2017 年加拿大对外直接投资和引进外商直接投资

注：原数据单位为 10 亿美元，四舍五入误差高达亿美元，这里将其调整为亿美元，2014～2017 年数据根据 Statistics Canada, Table 376 – 0051 数据做了个位（亿美元）上的更正。

资料来源：根据 Statistics Canada 数据制图 – Canada's foreign direct investment position, 2018 – 04 – 25, http://www.statcan.gc.ca/daily – quotidien/180425/cg – a001 – eng.htm。

5. 全国平均失业率下降但一些省失业率依然高企

2017 年加拿大全年平均失业率为 6.3%，比上一年减少 0.7 个百分点，

1月失业率为6.7%,12月已经下降至5.8%（见图10、图11）。全年就业率为62%,为近九年来最高水平。

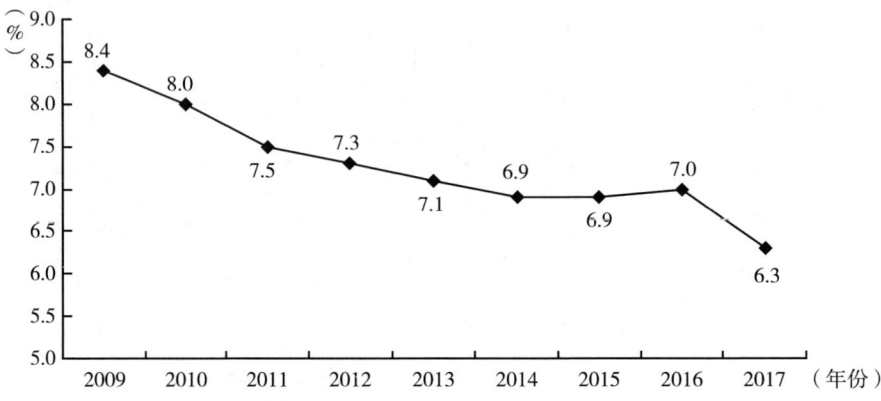

图10　2009～2017年加拿大平均失业率变动状况

注：(1)按15岁及以上计算；(2)季节性调整；(3)加拿大政府估计数。
资料来源：根据 Statistics Canada 数据制图 – CANSIM Table 282 – 0087 Labour Force Survey estimates (LFS), by sex and age group, seasonally adjusted and unadjusted, annual (parsons unless otherwise noted), 2015 – 12 – 04/2018 – 05 – 06, http：//www5. statcan. gc. ca/cansim/a21#customizeTab。

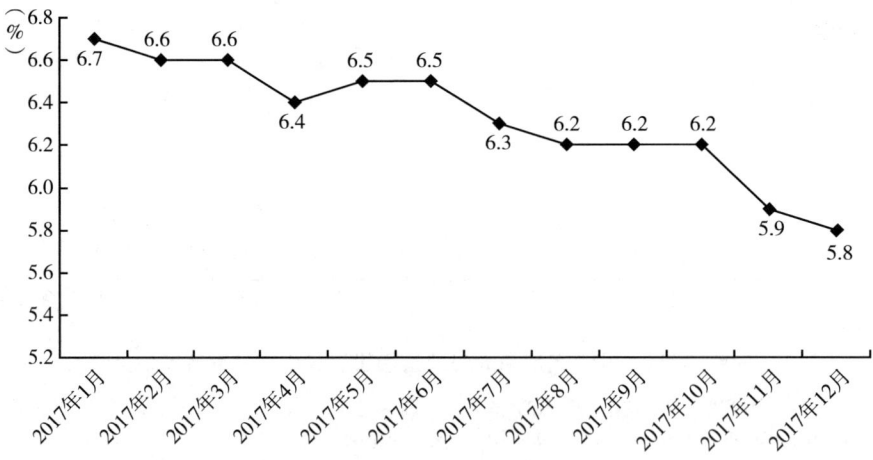

图11　2017年1～12月加拿大失业率变化状况

注：(1)按15岁及以上计算；(2)季节性调整；(3)加拿大政府估计数。
资料来源：根据 Statistics Canada 数据制图 – CANSIM Table 282 – 0087 Labour Force Survey estimates (LFS), by sex and age group, seasonally and adjusted and unadjusted, monthly (persons unless otherwise noted), 2018 – 02 – 02, http：//www5. statcan. gc. ca/cansim/a21#customizeTab。

不过，具体到各省，情况不一。2017年有4个省的失业率低于全国平均水平，其中不列颠哥伦比亚省从1月失业率5.5%下降到12月的4.6%，安大略和魁北克则从6.4%和6.3%下降到5.0%，马尼托巴从5.9%下降到5.6%（见图12）。另外，有6个省失业率高于全国平均水平。其中纽芬兰和拉布拉多、新斯科舍、萨斯喀彻温的失业率分别从1月的13.9%、7.8%、6.3%上升到12月的14.7%、8.0%和6.5%；其他省份虽然失业率在下降，但12月依然超过全国平均水平（5.8%）（见图13）。

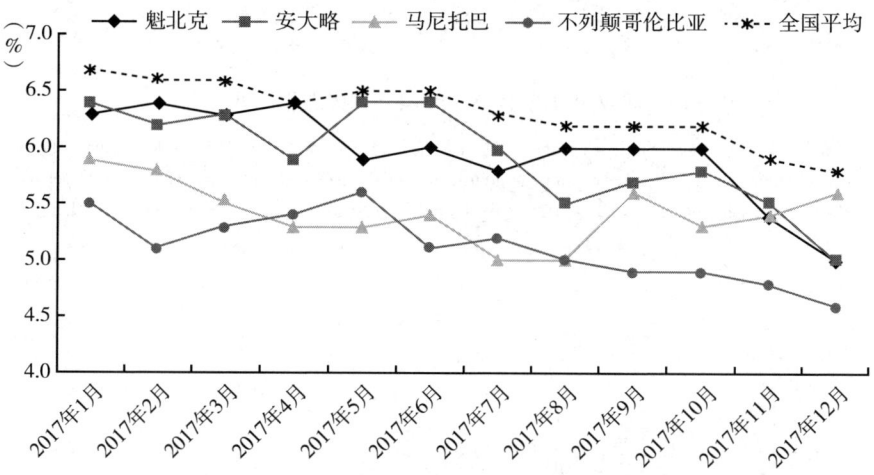

图12 2017年加拿大低于全国平均失业率水平的省份

资料来源：根据 Statistics Canada 数据制图 – CANSIM Table 282 – 0087 Labour Force Survey estimates（LFS），by sex and age group, seasonally adjusted and unadjusted monthly persons unless otherwise noted, 2018 – 02 – 02, http://www5.statcan.gc.ca/cansim/a29? lang = eng&groupid = 276&p2 = 17#n281。

图14显示的是2017年加拿大各省全年平均失业率状况，从中可见，该年全国平均失业率为6.3%，人口较多的省，如安大略、魁北克、不列颠哥伦比亚、马尼托巴，低于全国平均失业率（阿尔伯塔除外），而人口相对较少的省份超过全国平均失业率。

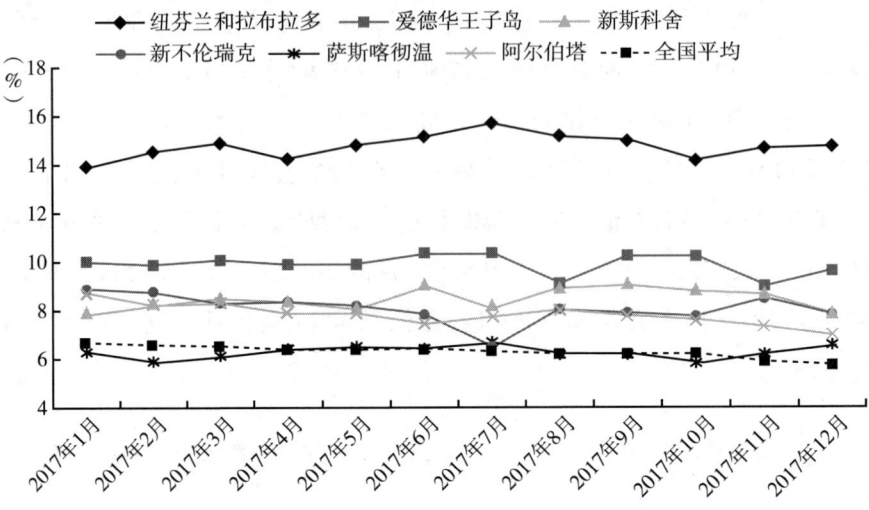

图 13　2017 年加拿大高于全国平均失业率水平的省份

资料来源：根据 Statistics Canada 数据制图 – CANSIM Table 282 – 0087 Labour Force Survey estimates（LFS），by sex and age group, seasonally adjusted and unadjusted monthly persons unless otherwise noted, 2018 – 02 – 02, http：//www5. statcan. gc. ca/cansim/a29? lang = eng&groupid = 276&p2 = 17#n281。

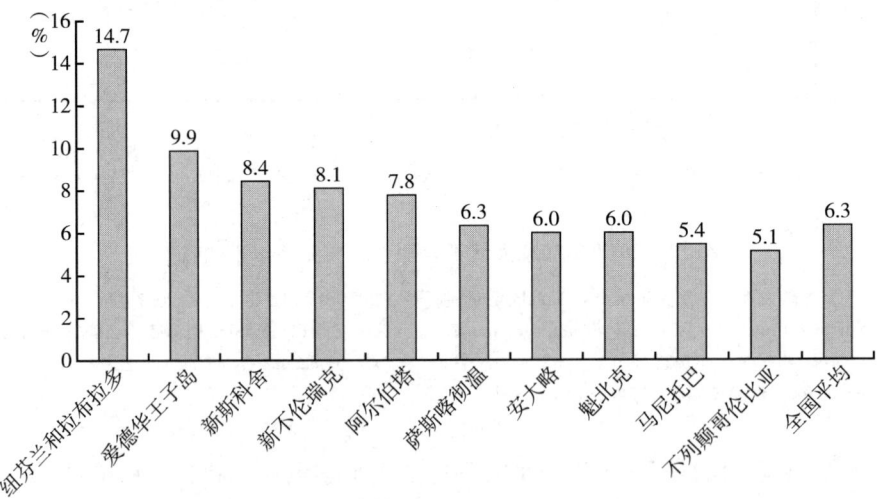

图 14　2017 年加拿大各省全年平均失业率比较

注：（1）数据季节性调整；（2）按 15 岁及以上人口计算。

资料来源：根据 Statistics Canada 数据制图 – CANSIM Table 282 – 0087 Labour Force Survey estimates（LFS），by sex and age group, seasonally and adjusted and unadjusted, monthly（persons unless otherwise noted），2018 – 02 – 02, http：//www5. statcan. gc. ca/cansim/a21#customizeTab。

（二）经济增长特点的原因分析

1. 全球经济形势好转尤其是主要贸易伙伴经济增长势头良好

2017年发达国家经济增长持续，新兴经济体经济增长趋稳回升。根据世界银行2018年1月9日发布的《全球经济展望》预测，2017年全球经济增长率达3%，其中新兴市场和发展中经济体增长4.3%，欧元区增长2.4%。① 根据美国经济分析局数据，2017年美国经济增长2.3%；根据中国国家统计公报数据，同年中国经济增长6.9%。

不管怎么看，2017年加拿大主要贸易伙伴经济增长状况显然都好于上一年。尤其是加拿大最大的贸易伙伴美国，国内私人消费支出的扩大、私人国内投资总额的增加，在刺激美国经济增长的同时，通过美加之间双边贸易与投资的扩大拉动了加拿大经济的增长（见图15）。

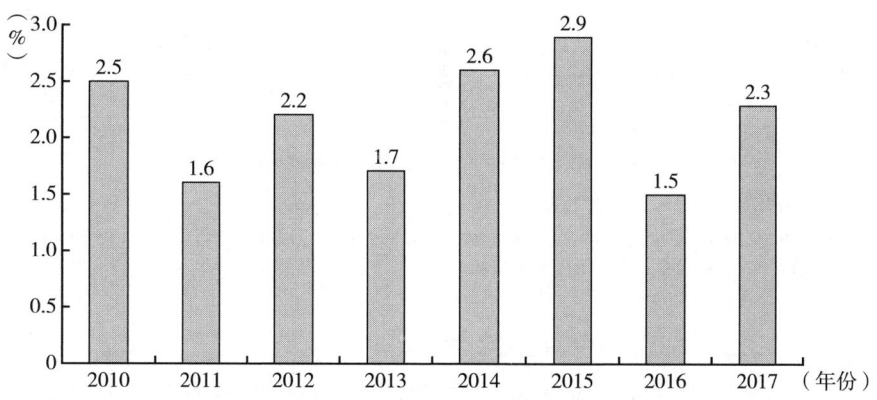

图15　2010～2017年美国实际GDP增长率

注：年率经季节性调整。

资料来源：根据Bureau of Economic Analysis, U. S. Department of Commerce 数据制图 - National Economic Accounts, Gross Domestic Product, Percent change from Preceding period, 27 - Apr - 18, https：//www. bea. gov/national/index. htm。

---

① 《世行报告：2017全球经济强劲增长　中国是主引擎》，2018年1月11日，http：//js. people. com. cn/n2/2018/0111/c360300 - 31131447. html。

美国经济的增长扩大了国内进口需求,给加拿大对美出口的扩大带来契机。根据美方统计,2017年美国对加拿大商品和服务贸易出口3417亿美元,比上一年增长6.4%;从加拿大进口3389亿美元,增长8.1%。该年美国从加拿大进口增长的幅度超过了出口增长幅度,由此使得自2015年以来的美国对加拿大的贸易顺差缩小,从上一年的77.31亿美元减少到27.74亿美元(见图16)。

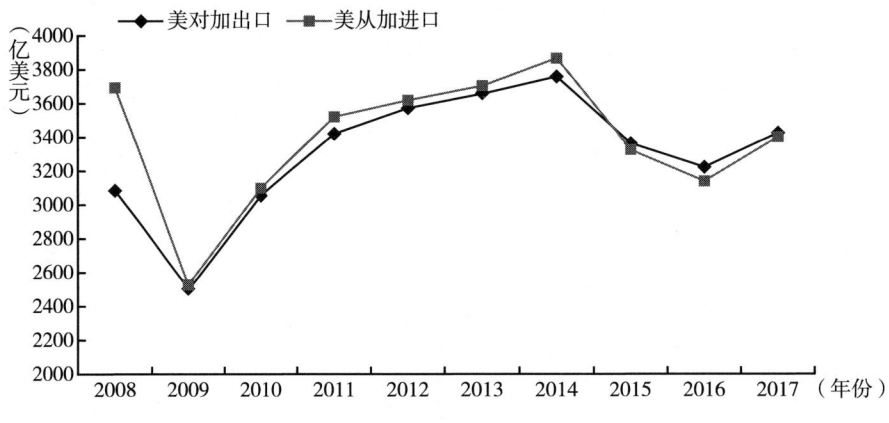

图16 2008~2017年美加贸易状况

资料来源:根据 Bureau of Economic Analysis, U. S. Department of Commerce 数据制图 – Canada-International Trade and Investment Country Facts, March 21, 2018, https://www. bea. gov/international/factsheet/factsheet. cfm。

2. 国内工业产能利用率的提高和就业增多

2017年经济环境的好转带动加拿大工业产能利用率的提高。2016年第四季度加拿大工业产能利用率为81.4%,2017年四个季度分别为82.7%、84.4%、85.1%和86.0%。从各工业部门看,2017年除了林业与伐木业产能利用率不断下降、矿业第四季度下降外,其他部门均不断提高,其中建筑业产能利用率以每季度超过1.5个百分点的速度在上升(见图17)。

从制造业看,总体表现也不错,2017年第四季度同比增长3.8个百分点。20个部门中除了皮革及相关产品、印刷及相关支持活动、化学、运输设备、杂项制造五个部门出现产能利用率下降外,其他15个部门均不同程

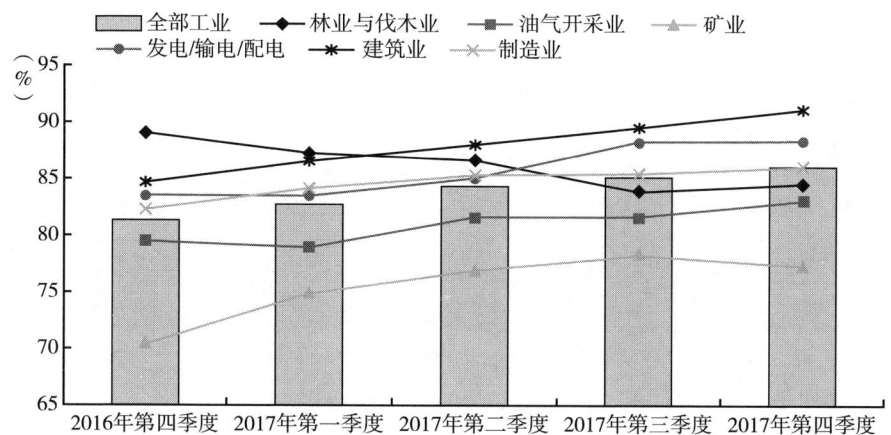

图 17　2017 年各季度加拿大工业产能利用率变动状况

资料来源：根据 Statistics Canada 数据制图 – Summary tables，Industrial capacity utilization rates，2018 – 03 – 09，http：//www.statcan.gc.ca/tables – tableaux/sum – som/l01/cst01/econ91 – eng.htm。

度地出现增长，其中第四季度同比增长幅度超过 4 个百分点或以上的部门有服装、木制品、纸类、石油和煤产品、塑料与橡胶品、非金属矿产品、初级金属、金属制品、机械、计算机和电子产品 10 个部门（见图 18）。

2017 年加拿大就业人数增加 42.7 万人，几乎都是全职的（见图 19）。其中下半年就业总人数增加 23.2 万，就业率增长 1.3%，其中 55 岁及以上者就业率增加约占就业率净增长的 2/3。建筑业和制造业的增长使得商品行业的就业人数增加了 7.7 万人，人口众多且这两个行业发展的安大略等省从中获益，其中下半年就业净增长中近 60% 来自安大略，该年 12 月安大略失业率已经下降到 5.6%。此外，魁北克失业率下降到 5%，不列颠哥伦比亚失业率下降到 4.6%，为各省中最低。三个省年末就业率分别为 61.4%、61.6% 和 62.3%。[①]

---

① Guy Gellatly and Elizabeth Richards，Recent Developments in the Canadian Economy：Spring 2018，April 23，2018，http：//www.statcan.gc.ca/pub/11 – 626 – x/11 – 626 – x2018080 – eng.htm。

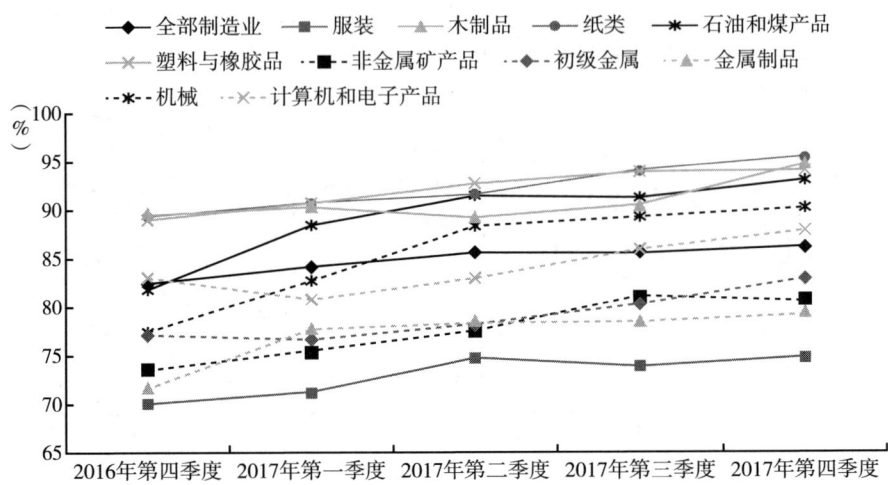

图18　2017年加拿大制造业产能利用率增长较快部门的状况

资料来源：根据 Statistics Canada 数据制图 – Summary tables, Industrial capacity utilization rates, 2018 – 03 – 09, http://www.statcan.gc.ca/tables – tableaux/sum – som/l01/cst01/econ91 – eng.htm。

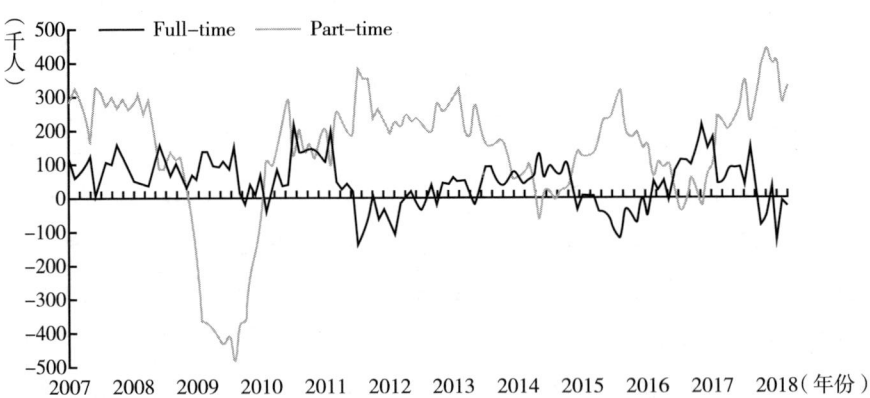

图19　2007~2018年初加拿大就业净增长同比变化

注："Full-time"为全职；"Part-time"为兼职或非全职。

资料来源：Statistics Canada, CANSIM table 282 – 0087, Recent Developments in the Canadian Economy: Spring 2018 by Guy Gellatly and Elizabeth Richards, Chart 8 Type of employment, April 23, 2018, http://www.statcan.gc.ca/pub/11 – 626 – x/11 – 626 – x2018080 – eng.htm。

3. 贸易多元化政策实施初见成效

加拿大最大的贸易伙伴是美国，根据加方统计，2017年加拿大对美出口在全部出口中占74.7%，加拿大从美进口在全部进口中占64.6%。由于对美市场高度依赖，美国的经济周期对加拿大经济影响很大。2008~2009年，在美国经济危机期间，加拿大经济不景气，失业率高企，而美国页岩气大开发带来的能源自给率的提高，以及2017年特朗普就任美国总统后提出"美国优先"政策，重开北美自由贸易协定谈判，修订条款，给加拿大的出口带来一定的压力。因此，降低对美市场的严重依赖，寻求出口市场的多元化成为加拿大政府重要的议程。

2015年，提倡全球化、多边化的贾斯廷·特鲁多（Justin Trudeau）赢得大选，次年就任加拿大总理，开始积极发展与各国之间的经贸关系，重视对亚太地区新兴经济体市场（中国、韩国、印度等国）的开发，探索与中国签订自由贸易协定的可能性。由此，推动加拿大对新兴市场出口比重的上升和对外直接投资规模的扩大。

从图20和图21可见，2012年加拿大对中国市场的出口额在加拿大全部出口额中的比重为4.4%，2013年增加到4.60%，2014年一度有所下降（3.9%），但之后重新上升，到2017年达到4.5%；从中国的进口在加拿大全部进口中的比重已经从2012年的6.5%提高到2017年的7.4%。同期，加拿大对韩国的出口比重从0.86%提高到1.02%，从韩国的进口从1.09%增加到1.29%；加拿大对印度的出口从0.55%提高到0.81%，从印度的进口比重从0.45%增加到0.53%。

由此，加美贸易比重下降，加拿大对美出口比重从2014年的75.8%下降到2017年的74.7%，对美国的进口比重从66.9%下降到64.6%。2016年加拿大对美进出口贸易在全部进出口贸易中的占比为70.39%，2017年下降到69.56%。

从加拿大对外直接投资来看，无论是投资总额还是对各地区投资额，除个别外，总体趋势在增加。2017年加拿大对外直接投资增长3.45%，其中对北美地区的直接投资增长了1.95%，对欧洲增长了7.72%，对亚太增长

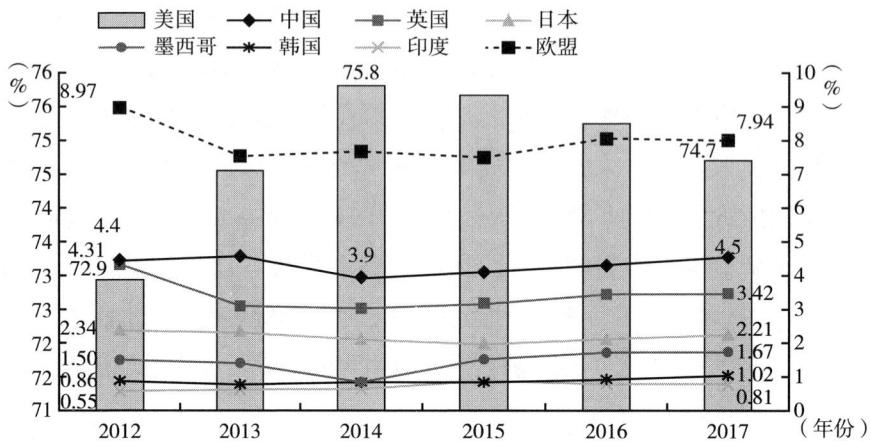

图20　加拿大前七大出口市场在加拿大全部出口中的比重及变化状况（2012～2017年）

资料来源：根据 Statistics Canada 数据制图 – Summary tables, Imports, exports and trade balance of goods on a balance-of-payments basis, by country or country grouping, 2018 – 05 – 03, http://www.statcan.gc.ca/tables – tableaux/sum – som/l01/cst01/gblec02a – eng.htm。

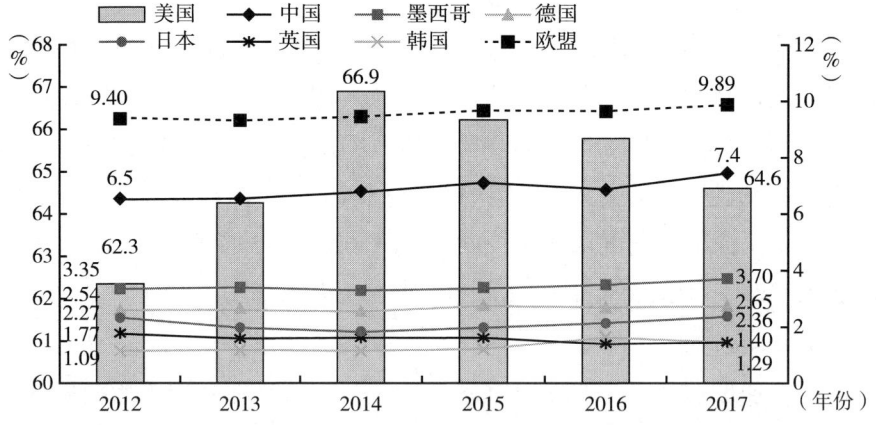

图21　加拿大前七大进口来源地在加拿大全部进口中的比重及变化状况（2012～2017年）

资料来源：根据 Statistics Canada 数据制图 – Summary tables, Imports, exports and trade balance of goods on a balance-of-payments basis, by country or country grouping, 2018 – 05 – 03, http://www.statcan.gc.ca/tables – tableaux/sum – som/l01/cst01/gblec02a – eng.htm。

4.92%，对非洲增长3.66%，对南美和中美洲投资则下降1.01%（见图22）。

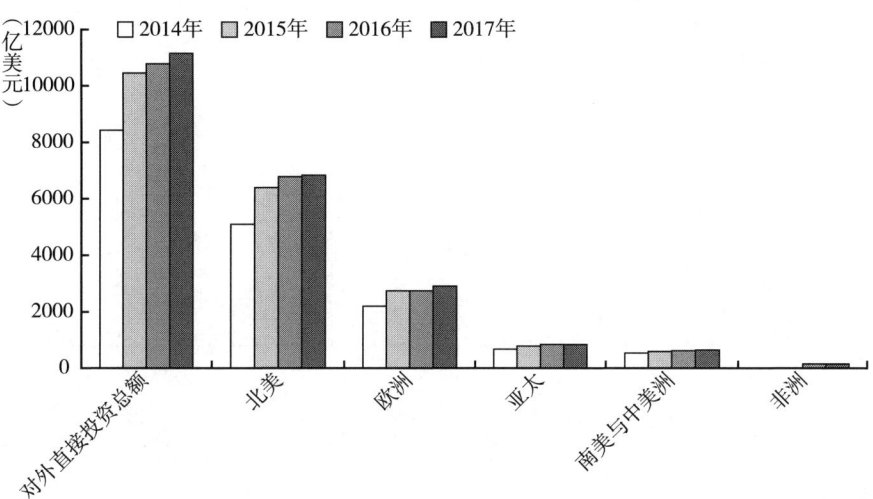

图 22 2014~2017 年加拿大对外直接投资额及地区分布

资料来源：根据 Statistics Canada 数据制图，Table 376 – 0051 International investment position, Canadian direct investment abroad and foreign direct investment in Canada, by country, 2018 – 04 – 24, http://www5.statcan.gc.ca/cansim/a26?lang=eng&retrLang=eng&id=3760051&&pattern=&stByVal=1&p1=1&p2=31&tabMode=dataTable&csid=。

4. 能源价格上升使得消费支出增加且刺激能源生产扩大

2017 年国际油价整体呈现震荡上升之趋势。该年 6 月美国页岩油产量增加，担心供应过剩，国际油价一度出现较大幅度的下跌，布伦特原油从 50 多美元/桶下跌到 40 多美元/桶，7 月随着美国产量增长放缓、库存下降、欧佩克减产等，国际油价大幅上涨，11 月布伦特原油上涨到 60 多美元/桶，全年预计平均 55 美元/桶，高于 2016 年。① 国际油价的变动趋势影响到加拿大的能源价格。

图 23 显示的是 2017 年加拿大各类商品和服务消费价格指数（CPI）变动情况。从中可见，能源、交通运输 CPI 增长较大，其中汽油 CPI 增长高达 11.8%；另外，食品、衣物与鞋类、家庭经营/家具和设备的增

---

① 中国产业信息：《2017 年国际油价走势、原油供应量及石油需求分析》，2017 年 12 月 7 日，http://www.chyxx.com/industry/201712/590324.html。

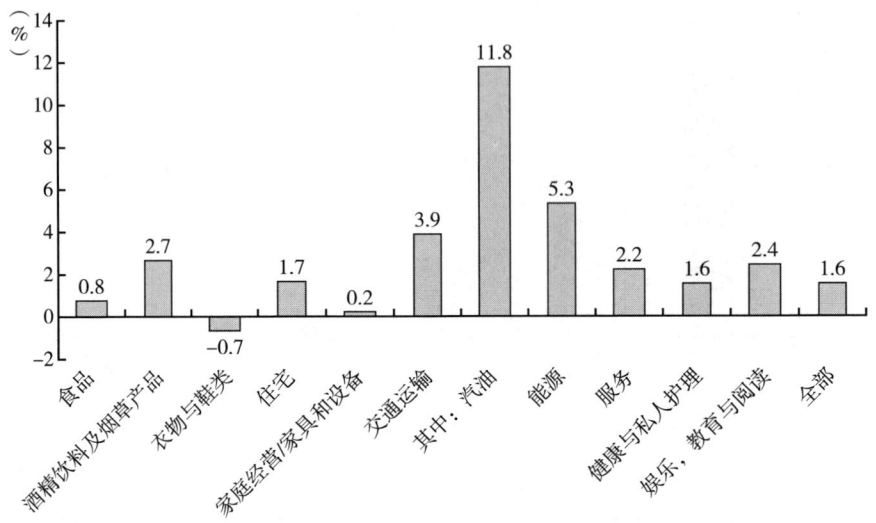

图23　2017年加拿大的消费价格指数同比变动情况

注：消费价格指数2002年=100。

资料来源：根据Statistics Canada数据制图 – CANSIMTable 326 – 0020 Consumer Price Index（CPI）（Percentage Change（year-to-year）），http：//www5.statcan.gc.ca/cansim/a47#customizeTab。

长率不到1%，甚至负增长，其他项目增长率不超过2.7%。由此，生活必需品较低的CPI一定程度上抵消了服务等其他项目的上涨水平，使得2017年加拿大全年CPI只上升了1.6%。能源价格的上涨，在扩大居民消费支出的同时，一定程度上刺激了能源企业生产的积极性（见图24）。

原油生产受到能源价格、经济状况等因素的影响，当能源价格上升或经济好转预期能源消费将增多时，原油生产就会扩大。值得注意的是，原油价格和产量之间存在一个时滞问题。不管怎么说，原油生产的扩大也使产油省份就业率增加，阿尔伯塔尽管2017年全年平均失业率为7.8%，高于全国平均数，但12月失业率下降到7%，就业率自2018年3月以来首次超过67%。

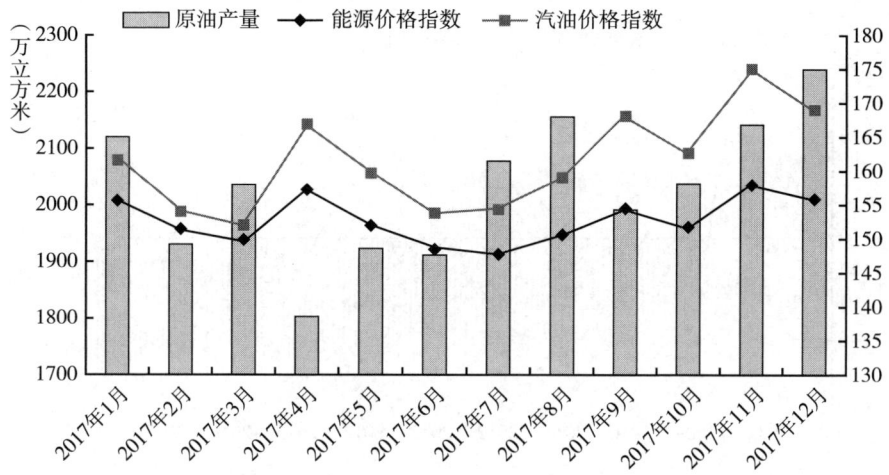

图 24　2017 年 1～12 月加拿大原油产量与能源价格指数等变动状况

注：(1) 原油包括原油和原油等量物；(2) 价格指数 2002 年为 100。

资料来源：根据 Statistics Canada 数据制图 – The Daily，Chart 1 Production of crude oil and equivalent products，2018 – 04 – 18；CANSIM, Table 326 – 0020 Consumer price Index (CPI)，2018 – 04 – 20。

5. 非能源产品的贸易赤字影响到贸易平衡

2017 年加拿大商品贸易逆差为 233 亿美元，低于上一年（逆差 259 亿美元）。上半年商品贸易逆差额约 80 亿美元，下半年逆差额达到 154 亿美元。下半年由于汽车和零部件出口的减少（下降 11.6%，占出口总额下降的一半），食品、饮料、烟草等消费品出口的减少（下降 5.6%），非能源商品的逆差增加了 57 亿美元；出口量的下降抵消了能源价格的上升，能源产品的累积盈余下降了 17 亿美元。[①]

从图 25 可见，加拿大能源贸易是顺差，而非能源贸易基本上是逆差，两者合计商品贸易从 2009 年以来大部分月份处于贸易逆差状态，尤其是 2017 年逆差有所扩大。

---

① Guy Gellatly and Elizabeth Richards, Recent Developments in the Canadian Economy：Spring 2018, April 23, 2018, http：//www.statcan.gc.ca/pub/11 – 626 – x/11 – 626 – x2018080 – eng.htm.

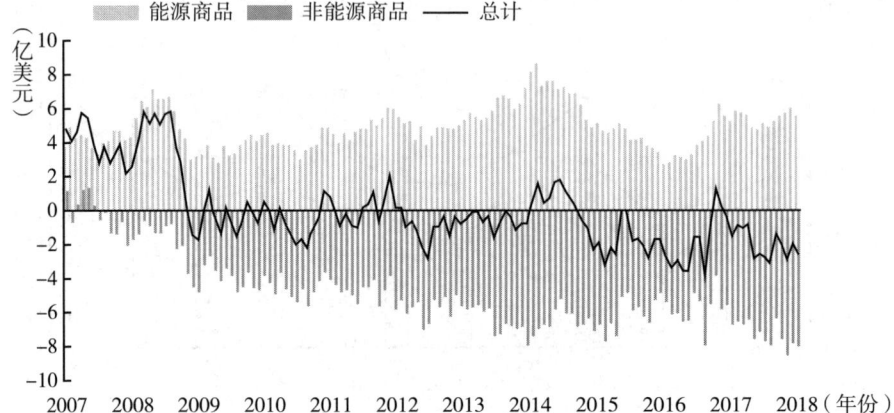

图 25 2007～2018年初加拿大能源商品和非能源产品商品贸易平衡情况

资料来源：Statistics Canada, CANSIM table 228 - 0059, Recent Developments in the Canadian Economy: Spring 2018 by Guy Gellatly and Elizabeth Richards, Chart 10 Merchandise trade balance, energy and non - energy commodities, April 23, 2018, http://www.statcan.gc.ca/pub/11 - 626 - x/11 - 626 - x2018080 - eng.htm。

（三）2018年加拿大经济发展趋势

从上文可见，2017年加拿大经济形势总体良好。上半年经济增长强劲，下半年机械设备和非居住用建筑物支出的扩大促进经济增长，建筑业的繁荣拉动商品生产，批发贸易支持服务业收益，使得12月实际GDP同比增长达到3.4%，就业增长2.3%；家庭债务和资产比率下降；通信设备和计算机支出的增加，推动机械设备投资增长；能源价格的上涨，贸易条件的改善，促使实际国内总收入增加。

但是，2017年经济发展也存在一些问题。比如，该年下半年经济增长步伐放缓；第三季度汽车和零部件、金属和非金属矿产及能源产品出口下降导致出口大幅下滑，第四季度出口增幅微乎其微，从而全年出口增长幅度较低，商品贸易逆差扩大；汽车购买量上半年显著下降，耐用消费品支出下半年也有所放缓；房价和油价上涨；一些地区失业率依然高企；人口老龄化对劳动力市场产生影响；面对美国贸易保护主义的加强，有关北美自由贸易协定的谈判步履艰难等。

未来加拿大经济发展趋势如何？本文认为，2018年加拿大经济发展取决于几个因素：第一，世界经济形势与美国经济增长状况；第二，国际油价变动状况；第三，政府推进贸易多元化政策的进展；第四，北美自由贸易协议达成的内容；第五，移民政策及人口增长。

1. 世界经济形势与美国经济增长状况

根据联合国2018年5月17日发布的《世界经济形势与前景》年中报告，2018年发达国家经济将进一步发展，投资环境大体有利，预测2018年和2019年全球经济增速均达3.2%，该数据比2017年12月发布的3%和3.1%有所上调。①

从加拿大最大的贸易伙伴美国经济增长情况看，2017年全年实际GDP增长2.3%，2018年第一季度增长2.3%，其中一半来自私人国内投资总额的贡献（达1.19个百分点），体现出美国一揽子财政刺激和减税政策带来的影响。该季度私人消费支出的贡献达到0.73个百分点，与上一年各季度相比幅度有所下降，主要是耐用消费品支出不足，出现负贡献状况（−0.25个百分点）。不过，个人服务消费贡献显著，达0.97个百分点。商品出口贡献0.49个百分点，服务出口贡献0.10个百分点。总体上，美国经济2018年开局还可以，保持一定的增长幅度。

从加拿大2018年第一季度经济增长和就业增长看，步伐有所放缓。2017年加拿大就业增长约一半来自私营部门雇员的增加，2018年第一季度私营部门雇员减少使得该季度总就业人数下降，不过主要为兼职人数的下降，全职人数则有所增加（增加7.8万人）。从图26可见，2018年初加拿大失业率已经下降至5.8%，创历史新低。从地区看，2017年底魁北克失业率降至5%，不列颠哥伦比亚降至4.5%。2018年初全国平均失业率下降至6%以下。

2018年房价上涨幅度有所放缓。根据综合MLS房屋价格指数的估计，

---

① 《联合国上调经济增长预测》，《参考消息》2018年5月17日。

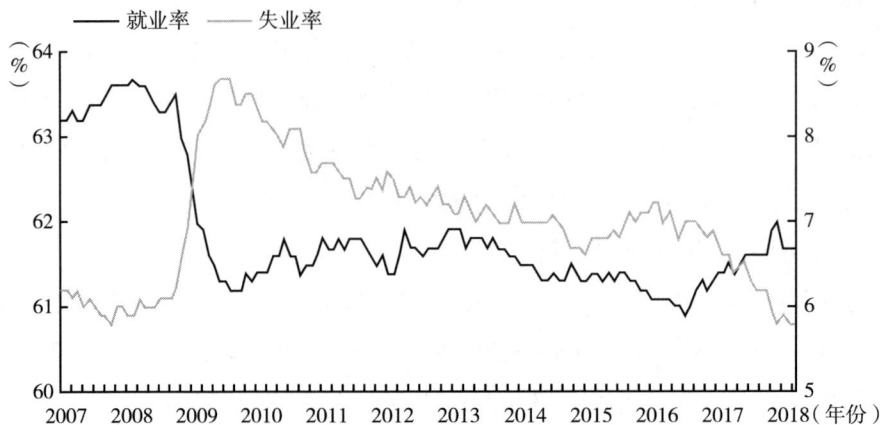

图 26 2007～2018 年初加拿大就业率与失业率

资料来源：Statistics Canada, CANSIM table 282 - 0087, Recent Developments in the Canadian Economy: Spring 2018 by Guy Gellatly and Elizabeth Richards, Chart 9 Employment and unemployment rates, April 23, 2018, http://www.statcan.gc.ca/pub/11 - 626 - x/11 - 626 - x2018080 - eng.htm。

2017 年早些时候房价曾同比上涨 19.7%，但到年底同比上涨降至 9.1%。2018 年初房价上涨速度继续放缓，2 月上涨率进一步下降至 6.9%。这主要是一些省份采取抑制房价上升的措施产生了效果。比如，2017 年初大多伦多房价达到 31.3%，4 月安大略省政府推出公平住房计划（Fair Housing Plan），6 月开始大多伦多房价逐月下降，12 月已经放缓至 7.2%，到 2018 年 2 月已经下降至 3.2%。不过，大温哥华房价则在不断上升，2017 年 12 月同比上升 15.9%，进入 2018 年依然攀升。蒙特利尔的房价也在上升，2017 年 12 月同比上升 5.4%，2018 年 2 月同比上升到 6.1%。①不管怎么说，房地产的升温，一定程度上推动建筑和相关行业的发展。

2. 国际油价变动状况

世界经济形势的好转使得能源需求增加，而主要产油国地缘政治波动，

---

① Guy Gellatly and Elizabeth Richards, Recent Developments in the Canadian Economy: Spring 2018, April 23, 2018, http://www.statcan.gc.ca/pub/11 - 626 - x/11 - 626 - x2018080 - eng.htm.

如西方国家对叙利亚的轰炸、美国对委内瑞拉的新制裁和对俄罗斯的制裁、美国宣布退出与伊朗签订的核协议等，使得能源市场对石油供给短缺担忧，油价上升，而美国原油库存的减少，进一步提振了油价。2017年欧洲基准油价布伦特原油价格50美元左右/桶，到2018年5月中旬已经上涨到80美元以上/桶。不少人担心未来数月油价将上升到100美元/桶。油价的上升对于加拿大等产油出口国而言，可能暂时收入增多，但油价的过度上升将增加原油进口国的燃料成本，导致物价上涨和通货膨胀，进而影响经济增长速度，反过来也会影响原油出口国经济。

3. 政府推进贸易多元化政策的进展

截至2018年5月中旬，加拿大除了与美国和墨西哥签署过《北美自由贸易协定》外，还与智利、哥伦比亚、哥斯达黎加、洪都拉斯、以色列、约旦、韩国、巴拿马、乌克兰、欧洲自由贸易联盟以及欧盟等42个国家和地区签订过《自由贸易协定》或《自由贸易协定和经济一体化协定》，此外还正在与加勒比共同体、中美洲和南美洲以及新加坡等十多个国家和地区谈判自贸协定的签订（见表2）。

表2　加拿大已达成和正在谈判的自贸协定

已达成自贸协定的	协定类型	签署日期	生效日期	实现期结束（年）
加拿大—智利	《自由贸易协定和经济一体化协定》	1996年12月5日	1997年7月5日	2014
加拿大—哥伦比亚	《自由贸易协定和经济一体化协定》	2008年11月21日	2011年8月15日	2032
加拿大—哥斯达黎加	《自由贸易协定》	2001年4月23日	2002年11月1日	2016
加拿大—洪都拉斯	《自由贸易协定和经济一体化协定》	2013年11月5日	2014年10月1日	2028
加拿大—以色列	《自由贸易协定》	1996年7月31日	1997年1月1日	1999
加拿大—约旦	《自由贸易协定》	2009年6月28日	2012年10月1日	2016
加拿大—韩国	《自由贸易协定和经济一体化协定》	2014年9月22日	2015年1月1日	2035

续表

已达成自贸协定的	协定类型	签署日期	生效日期	实现期结束（年）
加拿大—巴拿马	《自由贸易协定和经济一体化协定》	2010年5月14日	2013年4月1日	2031
加拿大—秘鲁	《自由贸易协定和经济一体化协定》	2008年5月29日	2009年8月1日	2025
加拿大—乌克兰	《自由贸易协定》	2016年7月11日	2017年8月1日	2024
欧洲自由贸易联盟（冰岛/列支敦士登/挪威/瑞士）—加拿大	《自由贸易协定》	2008年1月26日	2009年7月1日	2024
欧盟（28）—加拿大	《自由贸易协定和经济一体化协定》	2016年10月30日	2017年9月21日	2024
北美自由贸易协定（加拿大/墨西哥/美国）	《自由贸易协定和经济一体化协定》	1992年12月17日	1994年1月1日	2008
还在谈判自贸协定的	双边/多边	进展		
加拿大—加勒比共同体	多边	早期声明—谈判中		
加拿大—多米尼加共和国	双边	早期声明—谈判中		
加拿大—危地马拉/萨尔瓦多/洪都拉斯/尼加拉瓜	多边	早期声明—谈判中		
加拿大—新加坡	双边	早期声明—谈判中		

资料来源：根据WOTLD TRADE ORGANIZTION, Canada, May 18, 2018信息制表, https://www.wto.org/english/tratop_e/region_e/rta_participation_map_e.htm。

一系列《自由贸易协定》或《自由贸易协定和经济一体化协定》的签署，为打破贸易壁垒，推动国家之间的经济合作及经济一体化分工，实现国民福利的增长，奠定了基础。加拿大对外贸易地区结构的多元化，将有利于降低来自主要贸易伙伴（美国）周期性经济危机的影响。

4. 北美自由贸易协定重开谈判分歧较大

2017年1月特朗普就任美国总统后便要求修改《北美自由贸易协定》，8月三方谈判开始。但直到2018年5月中旬，谈判还未结束，最后争执不下的主要矛盾集中在汽车等领域。美国提出，北美地区生产的客车原产地比重为75%，要求四年内实现该目标。墨西哥对此表示反对。美国还要求墨西哥提高工人最低工资标准,以减少墨西哥廉价劳动力对美国就业的冲击。美国也要求加拿大增加美国乳制品的进口,修改投资争端仲裁机制相关规定。美国还提出,增补协定每五年续签、否则自动失效的"日落条款",以及取消设置贸易争端调解工作组等。加拿大和墨西哥对此均表示反对。①

最后修改的《北美自由贸易协定》将影响加拿大和墨西哥的贸易方式、贸易规模以及劳动力区域内流动状况。同时也会促使这两个国家寻求与非北美自由贸易区成员的自贸协定的签订,比如与中国签订自由贸易协定。

5. 移民政策及人口增长状况

加拿大经济增长活力很大程度上来自移民,每年源源不断的移民既带来了技术和资金,也缓解了加拿大人口结构的老龄化。不过,即使这样,劳动力不足和人口老龄化趋势依然存在。1971年加拿大在职与退休人员比例为6.6∶1,2012年为4.2∶1,2036年预计为2∶1,届时将有550万加拿大人退休,在职人员的赡养负担很重。为了应对人口的老龄化,加拿大政府希望增加移民数量。2017年11月加拿大出台了增加移民数量的计划,该计划打算从2018年到2020年将移民数量从31万人增加到34万人。

加拿大十分重视有技术、有经验、高学历移民的进入。在联邦快速通道系统中,选择进入的经济移民项目分为三类:联邦技术移民(FSW)、技工移民(FST)和经验类移民(CEC)。部分省(如不列颠哥伦比亚、萨斯喀彻温、新斯科舍、新不伦瑞克、安大略等省)出台省级提名项目。从图27可见,2018~2020年设定的三个经济移民项目新入职人员逐年增加,合计将达到24.21万名,同期省级项目移民目标也在逐年提高,合计将达到18.38万名。

调查显示,实现上述三年计划估计将花费加拿大联邦政府4.4亿加元。移民局还将通过提高申请处理效率来减少80%配偶资助申请的积压,缩短移民申请进入程序的时间。加拿大移民部部长阿曼德·胡森(Ahmed

---

① 沈敏:《北美自由贸易协定谈判分歧巨大美国"干着急"》,新华社,2018年5月12日,http://wemedia.ifeng.com/60251167/wemedia.shtml。

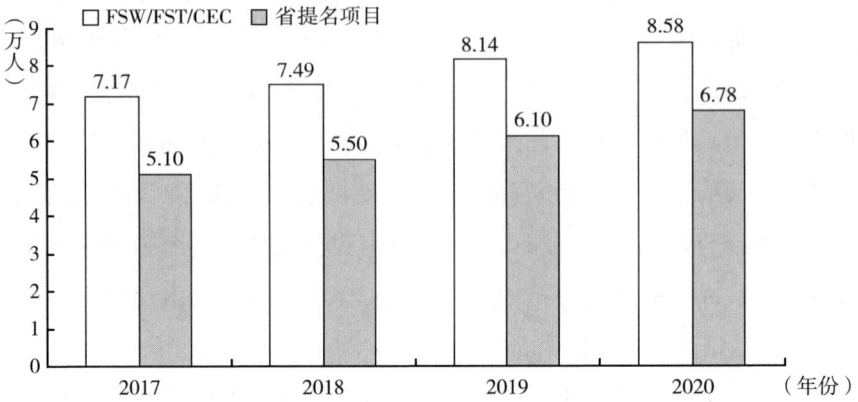

图27　2017～2020年加拿大联邦快速通道系统和省级提名项目新入职目标

资料来源：根据李沛洋：《应对人口老龄化，加拿大联邦政府将拨款4.4亿加元增加移民配额》数据制图，界面网，2018年4月14日，http://www.jiemian.com/article/1976411.html。

Hussen）指出，移民是政府为国家经济繁荣做出的重大投资，它将使所有加拿大人现在和未来受益。[①]

综上所述，2018年加拿大经济增长面临一些不确定因素，需要加拿大政府采取措施加以调整，美国总统特朗普提出"美国优先"的政策将促使加拿大投资与贸易多元化政策继续推进，从而为中国与加拿大的经贸合作创造契机。2017年中国已经超过欧盟成为加拿大第二大贸易伙伴，该年加拿大总督和总理先后访华，加拿大液化天然气也出口到中国，中加两国就自由贸易协定谈判已经开展了多轮探索性讨论，中国希望尽快启动正式谈判，因为2019年秋季加拿大大选将会对中加经贸关系构成一定的干扰。事实上，中加两国经贸互补性很大，双边自贸协定的达成将给两国人民带来很大的福利。

[①] 李沛洋：《应对人口老龄化，加拿大联邦政府将拨款4.4亿加元增加移民配额》，界面网，2018年4月14日，http://www.jiemian.com/article/1976411.html。

B.4
2017年加拿大外交形势

刘 丹*

摘　要： 在贾斯汀·特鲁多任期的第二年中，加拿大的对美外交、国际外交和双边外交都充分体现了中等国家的主观能动性，但同时也暴露了中等国家的尴尬处境和容易出现的进退失据的问题。积极践行国际化和多边化依然是小特鲁多外交的主要基调，而且这一年来加拿大不断通过参与国际热点问题"刷存在感"。这一方面是为了提升加拿大的国际形象和话语权，争取重返联合国安理会非常任理事国的位置；另一方面，也是受到美国的影响和带动，尤其是在一些与中国交往的重要议程上出现不少问题。加拿大与最大的两个贸易伙伴在至关重要的贸易谈判上困难重重；总理出访频频空手而归，表现不尽如人意；国民对于国家的国际形象满意度下降。同时，受到各种因素的干扰，中加关系也呈现高开低走的态势，加拿大缺乏稳定的整体对华政策也是一个软肋。两国未来亟须发展更加务实的合作。

关键词： 加拿大　中等国家　外交　美国　中国

所谓中等强国，虽然在国土、人口、硬实力以及影响力等方面不及超级大国和大国，但普遍有着较好的综合国力基础，或者说掌握某些战略性的资

---

* 刘丹，博士，澳门大学社会科学学院政府与公共行政系，研究方向为加拿大政治与外交。

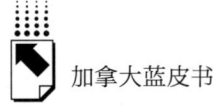

源，可以无须在大国提供外力协助下，以自身的软硬实力和特有的方式参与和影响国际秩序，实现符合其身份和国家意志的战略利益和目标。① 2017～2018年的加拿大外交充分体现了这种风格。小特鲁多领导的自由党政府在外交上积极主动，发挥作为中等强国的优势，同时甚至带着成为"领导者"（leader）的愿望，来参与国际事务，试图从经贸、政治、军事等各个维度充分体现其多边化、国际化的外交追求。这也符合加拿大国民对于外交与国家形象的理解和期待，只不过效果方面可能有些不尽如人意。例如，根据加拿大民调机构纳诺斯（Nanos）的调查结果显示，民众对于加拿大的国际形象的评价相比2016年超过60%的认可度是有所下降的（见图1）。其实从一年来很多西方媒体的报道中也可以观察到，对于小特鲁多外交的赞誉之声较少，即便有也主要是一些关于帅气时尚的外表如何受到欢迎和关注的内容，例如小特鲁多的"袜子外交"②。反而对于其实质的外交行为评价普遍不高，尤其是近半年来更是出现了很多针对小特鲁多在外交领域频频失策的指责，例如中国之行、印度之行，等等。③

可见，小特鲁多政府忙碌的外交背后存在一定问题，我们可以从以下几个部分来看。第一，对美外交。这是由地缘政治和历史现实依赖性决定的，

---

① Adam Chapnick, The Middle Power Project: Canada and the Founding of the United Nations, Vancouver: University of British Columbia Press, 2005, p. 32. 凌胜利：《韩国中等强国外交的效果为何有限》，《太平洋学报》2016年第2期，pp. 38～45页。

② Vanessa Friedman, Justin Trudeau's Sock Diplomacy, The New York Times, June 27, 2017. https://www.nytimes.com/2017/06/27/fashion/socks-justin-trudeau-canada.html. Can Justin Trudeau's socks bring peace to the World? The Guardian, 28 Jun 2017. https://www.theguardian.com/world/shortcuts/2017/jun/28/can-justin-trudeau-socks-bring-world-peace Ishani Duttagupta, Justin Trudeau's socks appeal, The Economic Times, Feb 17, 2018. https://economictimes.indiatimes.com/news/international/world-news/justin-trudeaus-socks-appeal/articleshow/62962715.cms.

③ Charlotte Gao, Did Canada's Trudeau Really Fail in His Trip to China? The Diplomat, December 08, 2017. https://thediplomat.com/2017/12/did-canadas-trudeau-really-fail-in-his-trip-to-china/ Candice Malcolm, Why Justin Trudeau's India tour turned out to be a diplomatic disaster? The Economic Times, Feb 25, 2018. https://economictimes.indiatimes.com/news/politics-and-nation/why-justin-trudeaus-india-tour-turned-out-to-be-a-diplomatic-disaster/articleshow/63059621.cms.

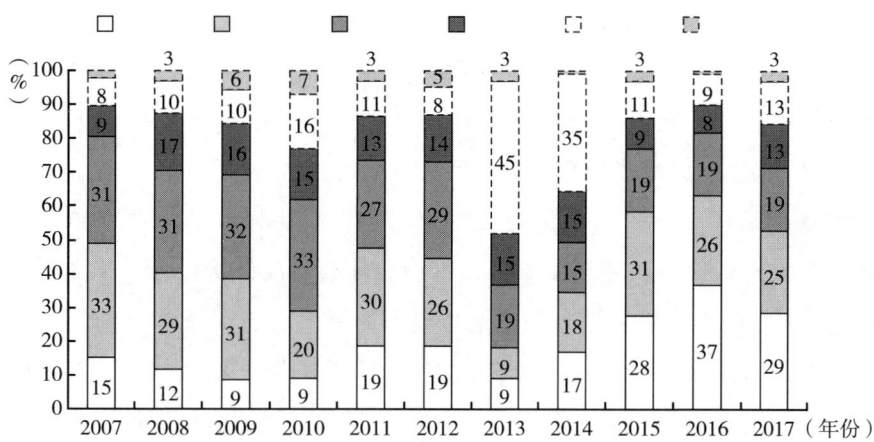

图 1　加拿大的全球声誉＊

＊ Canadians continue to be more critical of the Trudeau government's performance compared to 2015; the country's global reputation measure down from high in 2016 – – –11–year tracking study, Nanos, January 2018, p. 11. www.nanos.co/wp–content/uploads/2018/01/2017–1123–IRPP–Year–End–Populated–Report–w–tabs.pdf.

问题：从 1~5 分，其中 1 分代表没有改善，5 分代表有改善，请问你如何给过去一年加拿大的全球声誉评分？

注：（1）每一列从下到上依次为：改善，部分改善，中立，没怎么改善，没改善；
　　（2）由于进位关系，图表数据可能相加不等于 100。

资料来源：Nanos.

对美国的外交以及与美国有关的外交占用了加拿大政府很大一部分资源和精力。这一年来，这一块主要是围绕北美自由贸易协定（NAFTA）在进行。第二，国际外交。这是加拿大作为中等国家发挥影响力的重要途径。这一年来主要是为了重返联合国安理会非常任理事国的位置而努力。第三，双边外交，尤其是与特定国家和地区的经贸关系，这是对于贸易大国加拿大来说非常重要的内容。这一年来与欧洲、亚洲、中国的贸易关系是其重点。

一　对美外交：NAFTA 困境和摇摆的美加关系

这一年来，对于小特鲁多和自由党政府来说，最大的难题和危机就是最大的邻国和盟友带来的贸易协议问题。美国总统特朗普从竞选时就提出，

NAFTA 是不公平的，美国将会考虑取消或者重新谈判。这一"威胁"在 2017 年 8 月成为现实，NAFTA 开始第一轮重新谈判，一直到 2018 年 2 月，谈判已经进行了七轮。在谈判开始前，加拿大外交部部长弗里兰（Chrystia Freeland）就公开提出了加拿大对于 NAFTA 谈判的主要目标。包括反对美国"购买美国货"法令、保留独立的贸易争端解决机制等。并且弗里兰也表示加拿大希望达成双赢解决方案，但不会什么协议都接受，这是加拿大的底线。① 这些目标中很明显有一些是与美国的意愿有着严重冲突的，之后的谈判情况也印证了这一点。例如在 2017 年 11 月的第五轮谈判中，美国提出要求北美产汽车中有一半来自美国，并将北美自由贸易区的产值含量要求从目前的 62.5% 大幅提高至 85%。② 这毫无疑问正是加拿大明确反对的"美国优先"的主要内容。而这些重大分歧一直延续到第七轮谈判结束，依然没有太大突破。美国方面负责谈判的最高官员、首席贸易代表罗伯特·莱特希泽（Robert Lighthizer）表示，三方如果不能在两个月内结束谈判，那谈判恐怕就要推迟到 7 月 1 日墨西哥大选之后了。而且接下来还有美国的中期选举和加拿大的各种选举，这些都会使得谈判更加复杂。③ 对于 NAFTA 谈判，不只是弗里兰最初表现了强硬的立场，小特鲁多总理也同样在这个过程中强调加拿大持强硬立场，并于 2018 年 2 月重申如果他对重新协商该协定的谈判不满，可能会退出。而同时，他坚持认为特朗普不会退出 NAFTA。④ 不过，这一判断也遭到加拿大国内最大的反对党保守党的反驳，其党首安德鲁·希尔在访问过华盛顿之后警告自由党，特朗普威胁说要退出 NAFTA 绝

---

① 中华人民共和国商务部：《加拿大公布 NAFTA 谈判主要目标》，2017 年 8 月 15 日，http：//www. mofcom. gov. cn/article/i/jyjl/l/201708/20170802626389. shtml。
② 路透社：《NAFTA 第五轮谈判落幕，美墨加三方仍存在"重大分歧"》，2017 年 11 月 22 日，https：//www. reuters. com/article/nafta – big – differences – 1121 – tuesday – idCNKBS1DM029。
③ Statement of USTR Robert Lighthizer at the Closing of the Seventh Round of NAFTA Renegotiations, Office of the United States Trade Representative, March 5, 2018. https：//ustr. gov/about – us/policy – offices/press – office/press – releases/2018/february/statement – ustr – robert – lighthizer.
④ 路透社：《加拿大总理特鲁多对 NAFTA 采取强硬立场，重申可能会退出》，2018 年 2 月 4 日，https：//www. reuters. com/article/canada – pm – trudeau – nafta – talk – 0204 – idCNKBS1FO07G。

对不是开玩笑，敦促自由党政府要对 NAFTA 谈判更加努力。① 可见，小特鲁多政府与特朗普政府就 NAFTA 的沟通并不顺畅，或者说至少不够有效。在存在巨大分歧的情况下，光是口头立场强硬并不能给谈判带来太大帮助。2018 年 5 月，一方面，小特鲁多总理在美国纽约经济俱乐部表示，修改 NAFTA 的谈判已经基本成功；另一方面，罗伯特·莱特希泽在小特鲁多这番评论之后表示，"美国与加拿大和墨西哥不但没有就修改北美大陆三国自由贸易条款达成协议或者是接近协议，而且在汽车贸易、知识产权保护、农产品贸易、网上购物、能源贸易、制造产品产地的确定、劳工权益等主要领域还有很大的差距"。② 根据加拿大会议局（The Conference Board of Canada）的预测，如果 NAFTA 终结，短期的影响还算乐观，只会导致加拿大经济下滑 0.5%，就业岗位减少约 85000 个。但是，长期来看，如何应对可能出现的更多的贸易壁垒等问题才是令人头疼的。③ 而目前，自由党政府并没有给出答案。

实际上，加拿大的对美外交不只出现了 NAFTA 重谈困境的问题，还有一个问题在于小特鲁多政府一方面追求外交的独立性，在很多领域不惜跟美国对着干。例如，弗里兰在 2017 年 6 月的外交宣言中就指出，美国欲放弃其领导地位，加拿大从此要靠自己，在国际社会发挥领导者的作用。这被美国媒体解读为加拿大想要与美国分道扬镳。④ 同样，在难民问题、气候问题

---

① Vassy Kapelos, Time for Liberals to "really pour it on" with NAFTA：Sheer, Global News, January 19, 2018, https：//globalnews.ca/news/3975125/nafta-negotiations-andrew-scheer/.
② 方华：《美国泼特鲁多冷水：NAFTA 谈判差距很大》，加拿大国际广播公司，2018 年 5 月 18 日，http：//www.rcinet.ca/zh/2018/05/18/145964/。
③ Termination of NAFTA Would Result in Modest Short-term Economic Impact for Canada, The Conference Board of Canada, March 9, 2018. https：//www.conferenceboard.ca/press/newsrelease/2018/03/09/termination-of-nafta-would-result-in-modest-short-term-economic-impact-for-canada? AspxAutoDetectCookieSupport=18.
④ Address by Minister Freeland on Canada's foreign policy priorities，Government of Canada，June 6，2017. https：//www.canada.ca/en/global-affairs/news/2017/06/address_by_ministerfreelandoncanadasforeignpolicypriorities.html. Ian Austen, A Canadian Minister's Speech Shows a Growing Divide With the U.S., The New York Times, June 12, 2017. https：//www.nytimes.com/2017/06/12/world/americas/a-canadian-ministers-speech-shows-a-growing-divide-with-the-us.html.

上，特朗普拒绝，小特鲁多则欢迎。但另一方面，小特鲁多政府在与中国的自贸协定问题以及其他与中国有关的区域问题上，又表示出明显讨好美国的态度，并且因此对于中加关系也带来一定的负面影响（这部分将会在双边外交中进行分析）。可见，加拿大对美外交整体处于尴尬困境，NAFTA谈判中加拿大的筹码并不算多，而小特鲁多政府摇摆的态度也会削弱其在谈判中的优势。而且接下来美、墨、加三国都将迎来重要的选举，即2018年的墨西哥全国大选和美国国会的中期选举，还有2019年的加拿大全国大选。很明显，选举会限制执政党的谈判余地，在这种环境下，各国政治家以及政府的谈判立场都只会更强硬，不太可能做出明显让步。① 所以，越往后拖，三个国家的政局变化、政策变化都将会给谈判带来更多的不确定性，加拿大也将面临更大的困难。正如加拿大商会（Canadian Chamber of Commerce）会长佩兰·比提（Perrin Beatty）在2017年12月所言，比起8月谈判开始的时候，他（小特鲁多）"现在要担忧得多"。②

二 国际外交：双管齐下争取回归安理会

加拿大历来是一个重视国际形象的国家，尤其是在自由党执政期间，比较推崇国际化和多边化的外交，提倡通过参与国际组织和国际多边合作来柔性发挥自身独特的影响力。小特鲁多竞选时也强调要秉承其父亲的国际化和多边化的外交传统，致力于改善加拿大与联合国的关系，以及在保守党执政期间受到破坏的加拿大的国际形象。小特鲁多上台以来也一直都在为此而努力，并且有一个非常执着的目标，即在2021年重返联合国安理会非常任理事国的位置。因此，这一年来，如何增加加拿大的国际曝光率、美誉度以及参与度是其国际外交的重点，其中最主要的就是通过联合国来发挥加拿大的

---

① 方华：《志忑：加拿大星期三参加NAFTA谈判》，加拿大国际广播电台，2017年8月14日，http://www.rcinet.ca/zh/2017/08/14/130807/。
② 《加拿大总理特鲁多在2018年将面临什么考验?》，BBC中文网，2017年12月27日，http://www.bbc.com/zhongwen/simp/world-42490007。

软实力，提升国际形象。

　　这主要体现在小特鲁多政府对于气候变化、难民问题、土著人问题等低政治问题的关注和努力上。2017年6月，特朗普宣布美国将退出《巴黎气候协定》，气候变化议题进入"后美国时代"。这也就意味着需要有其他国家在气候变化问题上担任领导角色。除了中国、法国、德国几个重量级国家在这一问题上的坚持之外，小特鲁多领导下的加拿大也是一个非常值得注意的角色。鉴于此前加拿大有过退出《京都议定书》的欠佳记录，小特鲁多也是借由这一领域希望将加拿大在联合国的印象扳回一城。2015年在巴黎全球气候谈判上他就宣布"加拿大回来了"，之后加拿大也是为此做出了很多努力来实现其在应对气候变化上的承诺。包括：2017年9月，加拿大主办了世界上最大的经济体讨论气候变化问题的会议，即曾由美国发起并多次举办的主要经济体论坛（Major Economier Forum）;① 在联合国第23届气候变化框架协议签署国谈判会议开幕前夕，在加拿大联合中国与欧盟提议下，三十多个国家的环境部长于2017年9月汇聚加拿大，旨在捍卫《巴黎气候协定》;② 2017年12月，加拿大与中国签署《中国—加拿大气候变化和清洁增长联合声明》，旨在推动两国间在应对气候变化领域的务实合作。③ 在难民问题上，小特鲁多一上台就表示，"美国不要难民，我们要"，继而在2016年迎来了历史上接收难民移民的高潮，共计58911名，比2015年增加了83.5%。2017年恢复到2015年的水平，不过仍然有超过30000万名难民移民进入加拿大。④ 除了气候问题和难民问题外，小特鲁多还在2017年9

---

① Lisa Friedman, As U. S. Sheds Role as Climate Change Leader, Who Will Fill the Void, The New York Times, Nov. 12, 2017. https：//www.nytimes.com/2017/11/12/climate/bonn - climate - change.html? _ ga=2.252763072.855694998.1527815462 -636198673.1522238220.

② 杨眉：《加拿大、欧盟与中国牵头共同捍卫巴黎气候协定》，法国国际广播电台，2017年9月15日，http：//cn.rfi.fr/生态/20170915 - 加拿大%EF%BC%8C欧盟与中国牵头共同捍卫巴黎气候协定.

③ 中华人民共和国外交部：《中国—加拿大气候变化和清洁增长联合声明》，2017年12月4日，http：//www.mfa.gov.cn/web/zyxw/t1516435.shtml。

④ Government of Canada, https：//www.canada.ca/en/immigration - refugees - citizenship/corporate/reports - statistics/statistics - open - data.html.

月的联合国大会上大谈加拿大土著人问题,承认加拿大一百多年来在对待土著人问题上犯的错误,并且强调在无条件全面支持《联合国土著人民权利宣言》的基础上,与土著人民合作,加拿大已经着手修正一系列法案、政策和做法,并新设立了土著人民服务部。① 这些低政治问题本身也是中等强国,尤其是加拿大一直比较擅长发挥影响力的领域。不过和其他外交领域一样,低政治问题有时候也会受到国内政治的影响和限制,甚至反过来给国内政治带来负面影响。以难民问题为例。小特鲁多的大规模接受难民这一政策确实在 2016 年为加拿大的国际声誉加了分,但也同时为国内社会和政治带来压力,尤其在近年来加拿大恐袭不断出现的情况下。2018 年,除了潜在的安全隐患外,接下来可能出现的新的难民潮和积压的难民申请,都会是小特鲁多政府要面临的挑战。虽然小特鲁多强调"难民潮没有失控、不是危机",② 但是无论是加拿大国内和国外,都出现了对于加拿大政府难民政策担心和质疑的声音。例如,2017 年易普索(Ipsos)与加拿大媒体全球新闻电视台(Global News)的民调显示,有超过一半的加拿大人认为渥太华并没有控制好魁北克的难民问题。而且大量的从美国越境到加拿大寻求庇护的人潮更加给小特鲁多政府带来政治压力,可能会直接影响 2019 年大选。③ 可见,加拿大人理想主义价值观与针对特定问题的真实感受,还是有冲突的。④ 同样,为了争取实现减排承诺,小特鲁多政府开征碳税,不可避免地增加了国民的负担以及造成部分失业的情况,也是导致其支持率下降的原因之一。

---

① 《加拿大总理特鲁多:加拿大正在努力与土著人民建立新型关系》,2017 年 9 月 21 日,https://news.un.org/zh/story/2017/09/282692。
② 方华:《特鲁多坚称难民潮没有失控,不是危机》,加拿大国际广播公司,2017 年 8 月 24 日,http://www.rcinet.ca/zh/2017/08/24/131283/。
③ Rebecca Joseph, More than half of Canadians think Ottawa isn't in control of refugee issue in Quebec: Ipsos poll, Global News, August 16, 2017. https://globalnews.ca/news/3673174/refugee-quebec-army-poll/. David Ljunggren, Trudeau government fearful a massive refugee surge could hurt 2019 re-election campaign, Global News, August 23, 2017. https://globalnews.ca/news/3691684/trudeau-government-refugee-surge-2019-re-election/.
④ 《加拿大总理特鲁多在 2018 年将面临什么考验?》,BBC 中文网,2017 年 12 月 27 日,http://www.bbc.com/zhongwen/simp/world-42490007。

三 双边外交：进取有余却成效不足，中加关系高开低走

在双边外交领域，小特鲁多在这一年里相当繁忙，足迹遍布亚洲、欧洲、南美洲，从中国、印度到法国、英国再到墨西哥、秘鲁等。可见，除了对美外交外，加拿大也非常重视与其他国家发展双边关系，尤其是经贸关系。这无疑是加拿大追求独立外交和贸易多元化的表现。正如其外交部部长方慧兰所言，美国不再想要领导世界，加拿大需要与欧亚国家建立起更加密切的联系。因此，加拿大也加快了与欧盟的自贸协定谈判步伐，双方已经在2017年9月21日开始临时实施自贸协定，取消大部分关税。① 同时，小特鲁多在2018年接连访问法国和英国，旨在加强与两国在应对气候变化和贸易方面的合作。虽然小特鲁多的外交呈进取之势，但总的来说成绩并没有太多亮点，反而被一些花絮和败笔盖过了风头。所谓花絮，即类似前面提到的"袜子外交"以及各国媒体非常热衷的对其外表和人气的吹捧，大有淹没其外交努力的趋势。而败笔则是这一年中最失败的印度之行和高开低走的中加关系。

印度之行成为败笔之一的主要原因不只是在于小特鲁多政府和莫迪政府的安排疏忽，更是由于小特鲁多政府事后的危机公关能力欠佳，导致原本应该颇有成效的一次出访成为加拿大全国媒体舆论以及在野党共同调侃和抨击的对象。到访印度时仅由印度劳动部部长接待，行程大半都是穿着印度服装参观游览，宴会上总理夫人与恐怖分子合影等场面，直接被国外媒体和加拿大媒体称为一场"灾难"，② 甚至还有加拿大媒体认为这是小特鲁多的"外

---

① 《欧盟与加拿大统一临时实施自贸协定》，新华网，2017年7月10日，http://www.xinhuanet.com/politics/2017-07/10/c_129650851.htm。

② Adrienne Batra, BATRA: No love for Trudeau's disastrous India adventure, Toronto Sun, Fberuary 24, 2018. http://torontosun.com/opinion/columnists/batra-no-love-for-trudeaus-disastrous-india-adventure. Barkha Dutt, Trudeau's India trip is a total disaster --- and he has only himself to blame, The Washington Post. https://www.washingtonpost.com/news/global-opinions/wp/2018/02/22/trudeaus-india-trip-is-a-total-disaster-and-he-has-himself-to-blame/?noredirect=on&utm_term=.c53c86479616.

交低能"(diplomatic imbecility)。① 根据加拿大民调公司耐诺思（Nanos）与《环球邮报》的民调显示，当被问到"你如何评价贾斯汀·特鲁多总理的印度之行"时，有59%的人认为是"不成功的"，有18%的人认为是"比较不成功的"，11%的人表示"不确定"，而仅仅只有2%和10%的人分别认为是"成功的"和"比较成功的"。② 事后小特鲁多政府的一名没有透露姓名的高级官员指责，是印度政府勾结"锡克教分离主义分子"阿特瓦尔，让他出现在小特鲁多此前访问印度的活动中，让小特鲁多非常难堪。而小特鲁多本人更是在2月27日公开表示对此番言论的支持。对此，印度外交部2月28日回应称，这种指责是"毫无根据和无法接受的"（baseless and unacceptable）。③ 小特鲁多的印度之行反而打破了多年来两国关系的平稳状态。

至于中加关系，小特鲁多上台初期曾高调表示非常重视发展与中国的合作。然而近一年多来，加拿大对华外交却呈现高开低走、雷声大雨点小的状态。一方面，中加两国一年来一直保持紧密的对话和接触，高层领导人频频互访，小特鲁多本人更是两度出访中国。两国建立了总理年度对话以及外长年度会晤机制、经济财金战略对话机制、高级别国家安全与法治对话等机制，这些都对推动两国关系前进发挥了积极的作用；两国还发表了《中加气候变化和清洁增长联合声明》，并建立了中加环境、清洁能源两个部长级对话新机制；将2018年定为中加旅游年；两国还签署了教育、食品安全、能源等领域的双边合作文件，并决定加强在国际和地区事务中的沟通协调，

---

① Editorial：Trudeau's diplomatic imbecility, The Chronicle Herald, March 3, 2018. http：//thechronicleherald. ca/editorials/1550070 – editorial – trudeau's – diplomatic – imbecility.

② Most Canadians think the Prime Minister's trip to India was not a success, Nanos Survey, March, 2018. http：//www. nanos. co/wp – content/uploads/2018/03/2018 – 1190c – Globe – Feb – PM – Trip – to – India – Populated – Report – w – Tab. pdf.

③ Huizhong Wu, India labels Trudeau's remarks 'baseless' as controversy reignities, CNN, March 1, 2018. https：//edition. cnn. com/2018/03/01/asia/trudeau – india – visit – controversy – intl/index. html.

共同应对气候变化等全球性挑战。①

而另一方面，在最初"一路高歌"之后，中加关系似乎遇到了瓶颈。两国在诸多关键议题上停滞不前，小特鲁多第二次访华也空手而归，其政府内部以及加拿大国内也出现了一些质疑的声音。出现这种情况，就加拿大方面来讲，最主要的原因在于缺乏稳定连贯的对华政策，这也一直是加拿大外交的软肋。实际上，这并非是从小特鲁多时期才出现的问题，而是中加建交后就一直存在。正如多伦多大学亚洲研究中心主任约瑟夫·王（Joseph Wong）在为一本关于中加关系的书作序时所说，"自皮埃尔·特鲁多开启中加关系的序幕后，在接下来的45年里，加拿大历届政府似乎并没有好好利用这一先行者所带来的优势，中加关系时冷时热。尤其在过去的十年中，当中国的经济和外交实力都在大幅提升的情况下，加拿大与中国的关系却一直是不愠不火（lukewarm）的状态"。② 而在过去一年里，中加关系的高开低走也印证了这一特点。从上台初期的高调表白，到包括两国总理年度对话机制等一系列制度的出台，中加关系的新开端是被两国一致看好的，被认为进入了"黄金时代"③。尤其是经过一年多的时间，中国商务部在2017年12月7日宣布，中加自贸协定联合可行性研究已基本完成，双方均表现出商签自贸协定的意愿。④ 然而，好景并不算长，2017年12月小特鲁多第二次访华，由于加方要求将人权等其他因素作为附加条件，两国并未让自贸协定更

---

① 《外交部发言人：中方高度评价加拿大总理特鲁多访华》，人民网，2017年12月8日，http：//world.people.com.cn/n1/2017/1208/c1002 - 29695719.html。

② Asif B. Farooq, Scott Mcknight, ed. Moving Forward: Issues in Canada-China Relations, Asian Institute at the Munk School of Global Affairs, University of Toronto and China Open Research Network at the Department of Political Science, University of Tornonto, 2016, p. i. https：//munkschool.utoronto.ca/ai/files/2016/02/Moving_ Forward_ Farooq_ McKnight.pdf.

③ Nathan Vanderklippe, Canada-China relations to enter 'golden' era, Chinese Premier says, April 19, 2016. https：//www.theglobeandmail.com/news/world/canada - china - relations - to - enter - golden - era - chinese - premier - says/article29688251/；贾岛：《书写中加关系新篇章》，人民网，2017年12月3日，http：//world.people.com.cn/n1/2017/1203/c1002 - 29682294.html。

④ 商务部：《中加自贸协定可行性研究基本完成》，新华网，2017年12月7日，http：//www.xinhuanet.com/fortune/2017 - 12/07/c_ 1122075998.htm。

进一步,而小特鲁多更是"空手而归"(empty-handed/return home with empty hands),① 这也是非常罕见的。

小特鲁多政府非常注重并致力于改善加拿大的国际形象,争取2021年重新获得联合国安理会非常任理事国席位是小特鲁多外交的重要目标。因此,在过去的一年里,小特鲁多将多边主义外交发挥得淋漓尽致,不仅在气候变化等低政治领域,而且也包括了地区安全领域。2018年1月,加拿大联合美国在温哥华召开了一个关于朝核问题的16国外长会议。虽然在形式上也邀请了中俄两国,但最终还是在没有中俄参加的情况下,和美国等曾经在朝鲜战争中作为"联合国军"参战的多国外长一起讨论了半岛问题。此举引发中国的批评,认为以所谓"联合国军"参与国名义办会明显是冷战思维,在没有半岛核问题重要参与方与会的情况下召开此类会议,无法推动问题的妥善解决。② 2018年4月24日,加拿大参议院投票通过参议员吴清海(Thanh Hai Ngo)提出的涉南海问题动议,呼吁加拿大政府发挥领导作用。25日,加拿大国内最大的媒体《环球邮报》也发文称,参议院通过动议,谴责中国在南海地区有争议水域的"侵略性"和"扩张性"的行为。③ 实际上,加拿大已经不是第一次对南海问题发表意见。早在2016年7月21日,加拿大时任外长迪安(Stephane Dion)曾经就海牙仲裁庭对菲律宾单方面提交的南海争端所作出的仲裁发表声明,认为无论相关各方同意与否都应该接受仲

---

① Chris Fournier, Josh Wingrove, Trudeau Leaves China Empty-Handed, Bloomberg, December 8, 2017. https://www.bloomberg.com/news/articles/2017-12-07/trudeau-leaves-china-empty-handed-dimming-global-trade-hopes. Charlotte Gao, Did Canada's Trudeau Really Fail in His Trip to China? The Diplomat, December 8, 2017. https://thediplomat.com/2017/12/did-canadas-trudeau-really-fail-in-his-trip-to-china/.

② Laura Koran, Nicole Gaouette, US and Canada will host North Korea nuclear meeting, CNN, January 16, 2018. https://edition.cnn.com/2018/01/15/politics/tillerson-vancouver-north-korea-meeting/index.html;外交部:《质疑"温哥华会议"合法性和代表性》,中国新闻网,2018年1月17日,http://www.chinanews.com/gn/2018/01-17/8426550.shtml。

③ Steven Chase, Senate passes motion condemning China's "hostile behaviour" in South China Sea, The Globe and mail, April 25, 2018. https://www.theglobeandmail.com/politics/article-senate-passes-motion-condemning-chinas-hostile-behaviour-in-south/.

裁庭的裁决。① 诚然，小特鲁多政府有通过参与国际热点问题增加存在感的愿望，这既符合小特鲁多国际性、多边性的政策风格，也符合加拿大作为一个中等强国，通过参与国际组织与国际问题柔性发挥影响力的特点。但在这些问题上"蹭热度"的同时，加拿大政府恐怕对于这些行为的负面影响评估还是不太足够，尤其是对于走势良好的中加关系而言。

永远无法回避的美国因素也是导致中加关系走向低谷的因素之一。例如，对于中加自贸协定而言，除了加拿大自身希望实现的一些要求外，恐怕最主要的就是来自对于加美关系的考量。尤其是在特朗普开始重谈 NAFTA 的情况下，加美关系同样面临诸多不确定因素的负面影响。小特鲁多政府同时陷入与最大的盟友和贸易伙伴以及与第二大贸易伙伴的自贸协定谈判中，一方面在衡量孰轻孰重时，与中国的谈判以及多次访华可以作为对于特朗普政府的暗示，即加拿大能够在其他市场寻求更自由的贸易，这也可以为加拿大在 NAFTA 谈判出现重大分歧的时候增加谈判筹码；② 另一方面，在两个大国之间走钢丝难免会有举棋不定的时候，而且更多的时候鉴于与美国的传统与现实关系，恐怕还是可能会牺牲中加关系。现任自由党政府的北美自由贸易理事会成员詹姆士·摩尔（James Moore）就认为，加拿大如果开始和中国的自由贸易谈判，则会给美国总统特朗普以进一步抨击加拿大对美国搞不公平贸易的口实；加拿大会被指责成为让廉价中国产品进入美国市场的跳板。③ 至于温哥华峰会和南海问题立场，除了自取所需之外，也同样有迎合美国战略需要的考量。

总的来看，小特鲁多政府一年来的对华外交是不太成功的，两国未能达

---

① Canadian statement on South China Sea Arbitration, Global Affairs Canada, July 21, 2016. https：//www.canada.ca/en/global – affairs/news/2016/07/canadian – statement – on – south – china – sea – arbitration. html.

② 乐然：《特鲁多再次访华，自贸协定和人权也会"帅"？》，德国之声，2017 年 4 月 12 日，http：//www.dw.com/zh/特鲁多再访华 – 自贸协定和人权也会帅/a – 41639130? &zhongwen = simp。

③ 方华：《怕特朗普发飙：加中自由贸易谈判遇阻》，加拿大国际广播公司，2017 年 10 月 27 日，http：//www.rcinet.ca/zh/2017/10/27/134128/。

到其上台之初的美好意愿，反而在内外因素的作用下激化了矛盾，凸显了其不连贯、不稳定对华政策的弊端。当前，2019年联邦大选在即，在北美自贸协定还未谈妥的情况下，自由党政府恐怕难以在短期内改变现状。中加自贸协定恐将面临搁浅期，而两国关系也可能会在一些传统问题（如人权等）的影响下继续"低走"。

不过，我们应该看到，在2018年联邦预算中，自由党政府计划在5年内投入7500万元，之后每年再投入1180万元，用以加强加拿大与中国和亚洲的贸易关系。① 长期来看，如果自由党能在2019年大选中继续胜出，加拿大将很有可能继续将目光转向中国和亚洲，寻求贸易多元化，以抵消美国带来的不确定因素的冲击。这也是在加拿大国内有着广泛基础的。根据亚太基金会2017年的调查显示，特朗普效应正在改变加拿大人对中国的态度。加拿大人不仅意识到和中国保持密切的经济联系对于目前以及长期创造商业机会的重要性，而且他们也热衷于期待与世界第二大经济体达成一项自由贸易协定。实际上，在反贸易、反全球化的情绪冲击全球的背景下，大部分加拿大人（62%）不仅相信与中国扩大贸易很重要，并且也认为未来中国可能会主动扮演起全球经济领袖的角色。②

因此，在这样的背景下，如果小特鲁多可以在2019年连任，有望通过联邦政府继续寻求与中国扩大经贸关系的可能，所以未来的中加关系是有可能破冰而进的。两国关系有着良好的基础，互补性强，而且两国领导人保持密切交往，对两国关系发展有着重要的引领作用。③ 未来需要两国发挥更多的主观能动性和智慧，增进政治互信，求同存异，开拓更多务实合作的领域，推动中加关系稳定发展。

---

① Equality, Growth: A Strong Middle Class, the Department of Finance Canada, Feb 27, 2018. p. 67. https://www.budget.gc.ca/2018/docs/plan/budget-2018-en.pdf.
② Stewart Beck, The Trump Effect is Changing Canadian Views on China, Asia Pacific Foundation of Canada, May 17, 2017. https://www.asiapacific.ca/op-eds/trump-effect-changing-canadian-views-china.
③ 中华人民共和国外交部：《习近平会见加拿大总理特鲁多》，2017年12月5日，http://www.fmprc.gov.cn/web/zyxw/t1516721.shtml。

中加关系·中加自贸协定

Canada-China Relations: Free Trade Agreement

B.5 中加自贸协定谈判与其前瞻性谈判

——SWAA 模型政策分析报告

刘天逸[*]

摘　要： 本文通过一系列研究分析加拿大联邦政府与中国进行自由贸易协定（FTA）谈判中的优势、劣势、支持力量和反对力量。从政府公共政策角度出发的 SWAA 战略分析将有助于中加自贸协定及其谈判过程中面对不断增加的挑战，从而促进自贸协定谈判的稳定性，提高谈判效率。同时，SWAA 政府政策战略分析可帮助中国政府更加清晰地了解加拿大政府决策机制、官僚体系、行政效率和民意舆情等各方面内容，进而做出相关应对措施和政策考量。关于中加自贸协定的大多数争议集中反映在政治性和非商业性考量，真正经济方面的

---

[*] 刘天逸，博士，渥太华大学政治学院公共行政系，研究方向为中加关系。

考量和反对意见并不集中。目前加拿大社会舆论对于中加自贸协定的主要争议都集中在加拿大和中国的政治和社会分歧上。中加双方要充分认识到这些优点缺点，支持反对的态势，做出应对措施，从而为两国人民谋福祉和提升未来的中加关系。

关键词： 中加关系　自贸协定　公共政策　战略分析

一　从 SWAA 模型看中加自贸协定

作为世界第二大经济体和最大出口国，中国所涉及的大型国际贸易谈判（Mega Trade）对本国和世界都有举足轻重的影响。在目前全球经济纷扰不断，贸易保护主义和保守势力抬头的大环境下，一个稳定的中加关系，尤其是稳定的经贸关系比以往任何时候都更加重要。而中加自贸协定，会对区域经济发展、亚太—北美经贸联系，以及中国加拿大两国国内经济的发展起到相当的带动作用。自 2016 年以来，潜在的中加自由贸易协定（Canada China Free Trade Negotiation）及其前瞻性的讨论（Expoortory Talks）已经开始引起人们的关注。本文采用 SWAA 分析，即优势（strength）、劣势（weakness）、支持力量（advocacy）和反对力量（adversary），从政府政策决策（public policy）和战略分析（stratigic planning）的层面探讨中加自贸协定及其谈判框架与内容。SWAA 战略分析有助于推动良好的政策研究和战略规划，并会在中长期的中加自贸协定谈判和自贸协定落实中发挥建设性的作用，有助于两国相互了解，提前预判，从而夯实两国经贸合作基础。

（一）优势

优势从管理学角度来看，是指组织能够完成其使命的优秀品质。这是组织可以取得持续性成功的基础，其中包括人力资源、流程能力、财务资源、产品和服务、信誉口碑和忠诚度。优势是组织的内部属性或特征，被认为对组织项目的执行和最终成功至关重要。① 加拿大联邦政府在与中国的自贸谈判中，目前有三大优势：首先，加拿大有许多相关的国际自由贸易（FTA）谈判经验；其次，加拿大联邦目前由自由党执政，对中国的态度相比之前的保守党政府更为柔和松动；最后，加拿大与中国建立了稳定、长期、频繁的多渠道沟通。

首先，加拿大与世界上大多数主要经济体（不包括中国）签署了91份双边或多边贸易协定。② 加拿大一直广泛参与国际贸易谈判，并不断参与到更为广泛、更新一代的国际自由贸易谈判体系。如跨太平洋伙伴关系协定（TPP）和加拿大—欧盟全面经济和贸易协定（CETA）。这些加拿大所参与谈判的优点在于可以使其建立具有前瞻性的谈判框架，并对随着国家间经济交易日益复杂化而出现的一系列贸易壁垒做出反应。③加拿大之前和目前的自由贸易协定谈判经验将构成加方与中方进行自由贸易谈判的基础。借鉴这些以往的国际贸易谈判经验，加拿大可以在金融服务、电信服务、法律服务、教育服务、健康和老年护理服务等领域推动对中国更加积极的服务接入。④这些以往的经验是加拿大与中国进行自贸协定谈判的巨大优势。在谈及这个优势的时候，我们的比较对象不是中国，而是有意和中国达成自贸协定，但在国际化市场体系下不具备广泛经验的其他国家。加拿大作为西方七

---

① C. I Osita, R. I Onyebuchi R, and N. Justina. (2014). Organization's stability and productivity: the role of SWOT analysis an acronym for strength, weakness, opportunities and threat. International Journal of Innovative and Applied Research, 2 (9), 23–32. ISSN 2348-0319.

② Government of Canada, Global Affairs Canada, Deputy Minister of Foreign Affairs, Assistant Deputy Minister Public Affairs, Corporate Communications. (2017, November 17). Trade and investment agreements. Retrieved December 21, 2017, from https://www.international.gc.ca/trade-commerce/trade-agreements-accords-commerciaux/agr-acc/index.aspx?lang=eng.

③ Asia-Pacific Foundation of Canada. Toward a Canada-China FTA: 8 Points to Consider for Pursuing Free Trade with China. Retrieved December 21, 2017, from https://www.asiapacific.ca/research-report/toward-canada-china-fta-8-points-consider-pursuing-free.

④ Asian Pacific Foundation 2017.

大工业国（G7）、世界贸易组织会员国（WTO）、北美自贸协定（NAFTA）会员国，其贸易谈判经验，放眼全世界其他市场经济与非市场经济国家，都是非常丰富的，且具有处理复杂情况的经验。这是加拿大与中国进行下一轮自贸协定谈判及前瞻性谈判时的重大优势。

其次，目前加拿大联邦自由党的稳定执政是现在加方与中方谈判的另一优势。加拿大联邦自由党和加拿大自由党政府目前达成共识，认为与中国达成自由贸易协定十分必要。① 相比之下，之前由哈珀领导的保守党政府并不积极主张对中国经济开放。在哈珀时代，加拿大并无足够的政治气氛与中国建立全面的经贸伙伴关系。在哈珀领导下的保守党执政时期，加拿大政界主流并不十分流行过于接近中国。因此，当时的中加贸易协定谈判并没有得到积极推进，中加关系和经贸状况停滞不前，甚至出现倒退。② 与保守党不同，自由党与中国政府的关系大致稳定友好。加拿大前总理皮埃尔·特鲁多在任内承认中华人民共和国，并与新中国建立了正式的外交关系。另一位重要的自由党政治人物，前总理让·克雷蒂安，也在几十年来赢得并加深了中国领导人的信任。③ 现任总理贾斯汀·特鲁多继承了来自其父的政治遗产，在中国政府和民间受到了广泛的欢迎。贾斯汀·特鲁多的领导方式、年轻而富有激情的政治形象及其政策，一直是加拿大发展对华关系和自贸协定谈判的推进力量。这些均构成促进加拿大与中国友好合作的条件，对于之后的中加自贸协定谈判及前瞻性谈判，也是加方的一大优势所在。此优势是相对于加方而言的，而非与中方进行比较。加方自由党执政的优势源于自身。如加方目前是其他党派执政，并无与中国良好互动与政治互信，加方此优势或许将不复存在。

最后，双方沟通在公共部门环境中至关重要，而且沟通必须针对主要利

---

① Asian Pacific Foundation 2017.
② Wendy Dobson and Paul Evans. (2015). The Future of Canada's Relationship with China. Toronto, Ontario: University of Toronto. ISSN 1925-7767 p: 27.
③ N. Vanderklippe and R Fife. (2017, March 24). Canada-China relations to enter 'golden' era, Chinese Premier says. Retrieved December 21, 2017, from https://www.theglobeandmail.com/news/world/canada-china-relations-to-enter-golden-era-chinesepremier-says/article29688251/.

益相关者。① 这些沟通的努力必须有效、专注而且频繁，以便使利益和相关决策者的头脑保持清晰。目前的自由党政府具有与中国政府良好的沟通能力，而这在西方国家中并不常见。加拿大政府与中国政府建立了稳定、频繁、多元化的交流，这也是加拿大的一个重要优势。与其他和中国没有良好沟通的国家相比，与中国官方频繁的高层次互动本身就是一种巨大优势。在七国集团中，加拿大率先与中国建立了沟通对话机制，例如两国总理年度对话、两国外长年度会议、双边经济和金融战略对话以及双边高层国家安全和法治对话。最近双方进一步达成在各自环境与清洁能源部门之间建立双边部长级对话的意向。② 良好高效的对话沟通渠道能帮助今后的中加贸易谈判走向更加深入、更有效率的方向，同时有利于双方管控分歧，互通有无，以达成对两国经贸都有利的态势。

（二）劣势

在管理学理论中，劣势是妨碍组织完成使命、发挥组织潜力的品性。劣势会影响组织的成功和发展。组织中的弱点可能是决策不完善、数据老旧、团队建设差、设备陈旧、研发不足、推广狭窄、沟通不畅等。加拿大联邦自由党政府在与中国政府进行中加自由贸易协定谈判和前瞻性谈判时的主要劣势有三个：首先，加拿大的议会民主制选举制度及其潜在的政府与政党领导层变化会给中加自贸协定及其前瞻性谈判带来不确定性；其次，加拿大政府对当前中国的经济社会民生以及国际局势的大背景缺乏全面认知；最后，加拿大在目前与中美经贸互动中处于较为不利的位置。

首先，加拿大的议会民主制的周期选举对中加自贸协定谈判及其前瞻性

---

① Kimberley Boal and John M. Bryson. (1987). "Representation, testing and policy implications of planning processes." Strategic Management Journal 8 (3) May/June: 211-31.
② Ministry of Foreign Affairs of People's Republic of China. Li Keqiang and Prime Minister Justin Trudeau of Canada Hold 2nd China-Canada Prime Ministers' Annual Dialogue Chinese Premier and Canadian Prime Minister Jointly Meet the Press. Retrieved December 21, 2017, from http://www.fmprc.gov.cn/mfa_eng/wjdt_665385/wshd_665389/t1517325.shtml.

谈判构成了相当大的威胁。加拿大联邦政府是通过单一选区选民的授权决定来组阁执政的。但事实上,议会民主制政府只有相对短暂的政府前期来推动重大变革。在这个短暂的初始阶段之后,政府和执政党会越来越关注即将举行的下一次选举,尤其注重公众对其政策看法及其政策对选民的影响。①此时,政府极不愿意采取富有争议的或强硬的行动,因为此时所有的政策与行动都要将竞选活动和下一次选举的胜利作为根本考量。②③目前对自由党来说,争取政府连任赢得下次大选似乎并不是一个突出的问题。然而,国际自由贸易协定需要数年甚至数十年的时间来进行谈判。自贸协定的全面实施将在谈判完成后数十年才能进行。届时,联邦的领导层肯定会重新洗牌。目前加拿大联邦内阁的调整已经发生。例如,加拿大前外交部部长迪翁已被前贸易部部长弗里兰取代。领导层可能会再次发生变化,而且非常难以预测以后的政府高层人事变动。对于高层人事变动对中加自贸协定谈判和前瞻性谈判的影响也难以预测。事实上,高层领导的转变不仅发生在加拿大,也发生在一切议会民主制国家,如英国、澳大利亚、新西兰。为了选举考量,政府内阁,甚至总理,可能随时走马换将,推翻前任所有政策。为选举所采取的错误政治判断和行为,很容易导致国际谈判破裂,而在国际政治的现实层面上,这种政治策略和现象并不罕见。如2012年,澳大利亚工党前总理陆克文,被同党同志以选举考量逼宫,陆克文被迫下台,由前首相茱莉亚·吉拉德接替他的位置,意图赢得下次选举。④ 此外,相互冲突的政策目标是公共

---

① W. R Rose and D. Cray, (2010), Public-sector strategy formulation. Canadian Public Administration, 53: 453 – 466. doi: 10. 1111/j. 1754 – 7121. 2010. 00145. x.

② John Montanari and Jeffrey S. Bracker. "The Strategic Management Process at the Public Planning Unit Level." Strategic Management Journal, 7, no. 3, (1986): 251 – 265. JSTOR. www. jstor. org/stable/2486076.

③ Richardson, Peter R. 1995. "Public sector strategic planning: Creating the future in an uncertain, turbulent environment." Unpublished manuscript. Kingston: Queen's University, School of Business.

④ 《陆克文含泪下台,称为自己的成绩自豪》,http://news. 163. com/10/0624/11/69UIU6GJ000146BD. html,网易新闻中心,2010年3月10日。

部门战略制定中的常态，这也会大大增加该过程的复杂程度。[①] 加拿大这种联邦层面的选举周期和政治体制增加了高层政府人事不稳定性和不可预测性。这会直接影响到加拿大联邦政府政策，也会严重影响今后的中加自贸协定谈判和其前瞻性谈判。这是加拿大今后中加自贸协定谈判和前瞻性谈判中的一大弱点。

其次，缺乏对中国市场、人文、国际背景的全面认知是加拿大与中国进行自贸协定谈判和前瞻性谈判的另一大劣势。根据加中贸易理事会（Canada-China Business Council）在2016年的一项调查发现，加拿大企业在中国做生意面临的主要障碍是缺乏对中国市场的了解。在与中国建交47年后依然对中国市场缺乏了解，一定程度上反映了加拿大对中国的认知不够深入。[②] 约翰·伯克（John Burk）认为，中国政府和企业对加拿大有着深入的了解，而加拿大政府和企业在与中国做生意之前，忽略了了解中国并获得中国市场洞察力的重要性。如果不了解中国的基本国情、国家政策和中国的经济发展，加拿大的政府决策高层就无法对中国的贸易政策做出准确的判断。有时，加方高层所了解到的关于中国的信息甚至可能是被误导的。[③] 作为国家商业计划形成的一部分，加拿大政府需要更好地理解中国和加拿大目前的贸易状况、中国的经济发展模式、中加贸易逆差的系统原因。缺乏对中国市场、政策、基本国情和国际局势的全面了解和把控，是加拿大联邦政府在今后中加自贸协定谈判和前瞻性谈判中的一大劣势。

最后，加拿大在中美加三角贸易中不利的贸易形势也构成加拿大政府与中国进行自贸协定谈判和前瞻性谈判的一大劣势。加拿大过度依赖美国市场会加深中加谈判的复杂性。目前，加拿大在美国和墨西哥的北美自由贸易协定谈判中陷入僵局。目前美加两国甚至互相指责，开始贸易战和关税报复。

[①] Richardson 1995.

[②] J. Gruetzner. (2017, October 30), "The wrong way to talk about trade with China", Retrieved December 21, 2017, from https://ipolitics.ca/2017/10/30/the-wrong-way-to-talk-about-tradewith-china/.

[③] John Burk. (2016, August 26), "In search of a winning China strategy", Retrieved January 12, 2017, from, https://www.opencanada.org/features/search-winning-china-strategy/.

中国在加拿大与自贸协定的谈判方面将获得更大的杠杆效用（leverage）。加拿大势必更多地关注其他新兴市场，如中国、印度。急于摆脱对美国市场的依赖，会使加拿大感受到与其他大型新兴市场达成自贸协定的压力。① 这会使加拿大在与中国的自贸协定谈判和前瞻性谈判中较为被动。加拿大与中国的长期贸易逆差也会增加谈判的难度。在加拿大与中国的贸易中，有三分之二是由中国出口到加拿大。正因如此，加拿大政府一直希望通过签署与中国的自由贸易协定，加强加拿大企业进入中国的市场准入，同时确保中国国有企业遵守平等一致的全球贸易规则。② 实际上，这种情况确实是加拿大的一个劣势所在。与中国的经济体量和经济模式相比，加拿大在经贸方面的杠杆比较小。加拿大国内，尤其是原材料界和农业界，十分希望中国和加拿大达成自由贸易协定。某种程度上来说，加拿大比中国更想达成自贸协定。但是，中国并不想过分妥协或减少其手中的利润。这使得加拿大在今后自贸协定谈判和前瞻性谈判中处于不利的位置。

根据李纯丁等学者对于大型经济体将来有可能达成的大型区域贸易协定的数学模型分析，大型区域贸易协定（Mega trade）对中国福利（welfare）、贸易、出口和进口各方面的影响都是积极的。③ 相对而言，在今后中国有可能达成的贸易协定谈判中，RCEP 模型将产生最高的福利结果（welfare outcome），其次是中日韩自由贸易协定，最后是中美自由贸易协定。根据以上模型分析，中国政府应当会优先考虑这些大型国际贸易协定谈判，因为所带来的经济效用（utility）和福利结果（welfare）最高。中国的自由贸易谈判重点将持续关注亚洲区域内国家，如中日韩印东盟国家以及美国。同时，我们可以清楚地看到在国际经贸交流中，中日韩、印度、东盟，在亚太地区

---

① "Three Obstacles of Canada China FTA negotiation. Originally in Chinese", Retrieved December 21, 2017, from http：//china.hket.com/article/1962787.
② 林子恒：《学者：市场经济定位或成中加自贸谈判绊脚石》，http：//www.zaobao.com.sg/znews/greaterchina/。
③ Chunding Li, Jing Wang, and John Whalley, "Impact of Mega Trade Deals on China：A Computational General Equilibrium Analysis", Economic Modelling 57 (2016)：14, doi：10.1016/j.econmod.2016.03.027.

具有广泛的共同利益与共同的贸易优先考量。尤其印度、东盟也均为"一带一路"沿线国家,更加符合中国的国际政治经济大战略。而中加自贸协定,其经贸体量、范围,以及遇到的其他非经贸类问题,都会使得谈判进程变得曲折,甚至受到忽视。加方并没有被囊括在中国的经济大战略之中。与区域内其他东亚国家和"一带一路"沿线国家相比,加拿大不具备先发优势。因此,加方应做好充分的准备,以求在与其他地区贸易伙伴竞争与中国优先发展自贸协定推进谈判进程中取得有利地位。

(三)支持力量

倡导(advocacy)意味着支持的力量,而不着重强调支持的个体或团体。在中加自贸协定谈判和其前瞻性谈判的大背景下,本文将重点放在那些支持中加自贸协定,协定谈判与前瞻性谈判的相关论点、话语和意见上。根据加拿大《全国邮报》(National Post)的数据,加拿大公众目前比以往任何时期都更容易接受与中国进行自由贸易协定谈判,以及追求加中两国之间的自由贸易的议题。[①] 加拿大亚太基金会2017年全国民意调查显示,多年来加拿大人对与中国签署自由贸易协定的支持有所增加。在2017年的调查中,55%的加拿大人支持加中自由贸易协定,36%的人反对。而在2014年,支持率为36%,反对率为50%(见图1)。此外,76%和70%的加拿大人认为,加深与中国的进一步接触将为加拿大企业和青年带来更多机会。[②]

来自经济方面的考量是促使加拿大人对与中国开展自由贸易协定谈判态度转变的最重要因素。扩大与中国贸易,将鼓励加拿大和中国在对方国家的商业投资,并为加拿大带来更大的经济繁荣。与此同时,支持自贸协定谈判

---

① Marie-Danielle Smith, "More than two thirds of Canadians support a free trade deal with China", National Post, October 23, 2017, Accessed December 21, 2017. http://nationalpost.com/news/politics/more-than-two-thirds-of-canadians-support-a-free-trade-deal-with-china.

② Asian Pacific Foundation of Canada 2017.

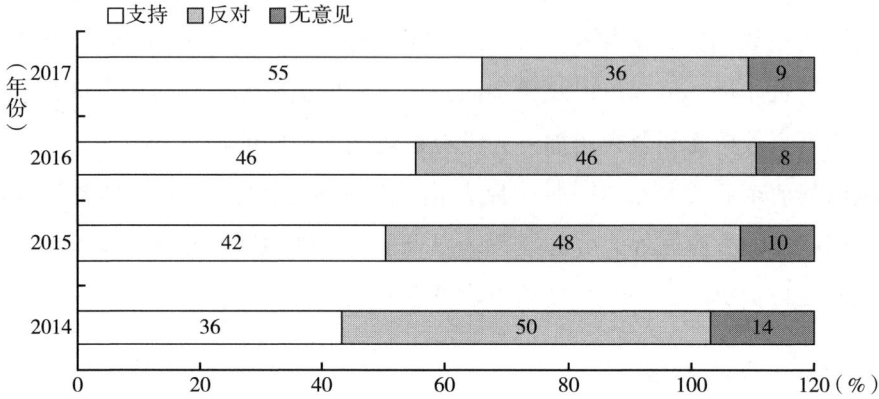

图 1　加拿大公众对 FTA 的支持度与往年对比

资料来源：APFC 2017 National Poll: Canadian Public Support for Canada-China FTA over the years。

和前瞻性谈判的人群认为，与中国达成自由贸易协定，更能使加拿大在全球市场上具有竞争优势。而不了解中国经济前景和市场结构的加拿大人，往往不支持与中国达成自由贸易协定，并对深化与中国的经济合作表示担忧。①②

对于全球政治动态的考量是加拿大人对中加自由贸易协议态度转变的另一个重要因素。加拿大民众认为，在保护主义抬头的情况下扩大与中国的贸易对加拿大的战略安全具有重要意义；同时，加拿大民众也认为，由于扩大与中国的贸易，加拿大与美国的关系可能也会受到影响；更重要的是，加拿大民众认为加拿大可以借贸易的发展扩大对中国非经济领域的影响，比如文化、环保、体育休闲。③ 西方国家的贸易保护主义情绪使得更多的加拿大人支持与中国签订自由贸易协定。相对于担忧加中两国政治和文化差异，民众对于经济发展的担忧更大。④ 同时，中国作为全球安全事务的关键领导者角色也使加拿大人对中加自贸协定的态度产生了一些影响。随着中国逐渐成为

---

① Asian Pacific Foundation of Canada 2017.
② Government of Canada 2017.
③ Asian Pacific Foundation of Canada 2017.
④ Asian Pacific Foundation of Canada 2017.

一个更为强大的全球领导者,更多加拿大人愿意支持与中国签订自由贸易协定,虽然这些观点不算主流。① 由于中国在全球事务及其处理全球社会多层面问题方面表现出更强的领导作用,扩大与中国的贸易应当不会对加拿大人构成威胁,反而意味着更多的机遇和稳定。

总而言之,加拿大关于支持中加自贸协定谈判和前瞻性谈判的意见大致分为两类:经济原因和全球政治原因。与自然资源相关的部门,包括农业食品和清洁技术,预计将成为未来中加自由贸易协定的最大受益者。因为随着中国发展更多的以消费者为基础的经济,这些产品的需求将继续增长。与中国的自由贸易也将广泛惠及加拿大主要制造业:航空航天、汽车、化学品、橡胶和塑料、机械和设备。这些领域加拿大人支持自由贸易的声浪非常强大。同时,中国向消费者和创新驱动型经济转型也将推动加拿大对商品和服务的需求。考虑到中国经济发展的速度和中国经济的庞大规模,加拿大各行各业都有很大机会。② 支持中加自贸协定的力量主要源自经济界,其次来自社会各界中看好中国发展,认可中国不断增强全球领导地位的社会大众。他们构成了中加自贸协定和其前瞻性谈判主要的支持力量。

(四)反对力量

在行政管理的研究背景下的反对力量意味着关于中加自贸协定谈判和前瞻性谈判的反对意见和论点。虽然大多数加拿大人表示支持与中国的自由贸易协定,并且这一比例随着时间的推移而显著增长,但我们仍不应该忽视那些反对或未决定的声音,并应尝试了解他们担忧背后的理由。对这方面的了解,对于中加两国政府来说至关重要,因为这可以帮助两国政府打磨出一个更为连贯的政策,从而进一步论述为什么加拿大应该增加与中国的贸易接触。③

---

① Asian Pacific Foundation of Canada 2017.
② Patrick Leblond. (2017), Toward a Free Trade Agreement, Opportunities, Challenges and Building blocks for Canada, Center for International Governance Innovation (Rep.).
③ Asian Pacific Foundation 2016.

尽管大多数加拿大民众支持，但我们仍然发现加拿大人确实担忧着一些关键问题。根据加拿大亚太基金会2016年的调查，71%的受访者担心因为中国经济的波动，加拿大与中国经济更多地参与会导致加拿大经济更加脆弱。64%的人认为，和中国有更紧密的经济关系会使加拿大政府更容易受到中国政府的压力。加拿大普遍存在中国政府对加拿大经济负面影响的担忧。例如加拿大对华贸易逆差扩大，中国国有企业加强对某些行业的控制力度，以及中国资本入侵，中国劳工进入加拿大劳动力市场对中等技能和受过较少教育的加拿大同等工人的竞争与冲击，这些都是加拿大反对中加自贸协定中比较普遍存在的声音。特别是与中国扩大贸易必然导致廉价中国商品涌入加拿大的观念是阻碍加拿大民众支持中加自由贸易协定的最重要因素。此外，美国和欧洲的反贸易情绪也有蔓延到加拿大的迹象。加拿大民众认为扩大与中国的贸易会给加拿大和美国的关系带来负面影响。因此许多民众更可能选择反对而不是支持与中国进行自由贸易协定谈判与前瞻性谈判（见图2、图3）。①

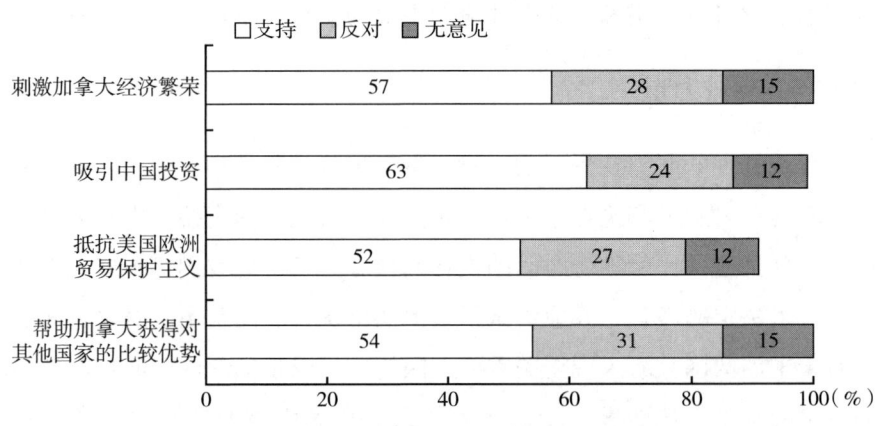

图2　加拿大民众对中加贸易积极作用的看法

资料来源：APFC 2017 National Poll：Canadian agree/disagree with each following arguments of expanding trade with China。

---

① Asian Pacific Foundation 2016.

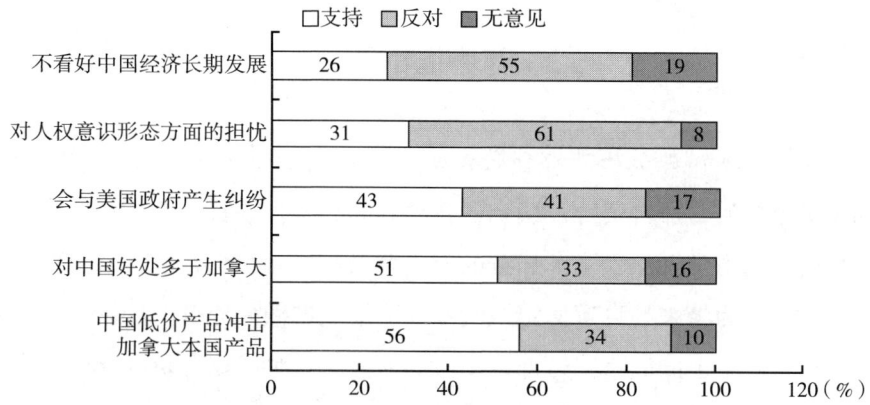

图3 加拿大民众对中加贸易的消极作用的看法

资料来源：APFC 2017 National Poll：Canadian agree/disagree with each following arguments of expanding trade with China。

关于中加自贸协定的大多数争议集中反映政治性和非商业性考量，真正经济方面的考量和反对意见并不集中。目前加拿大社会舆论对于中加自贸协定的主要争议都集中在加拿大与中国的政治和社会分歧上。[①] 许多加拿大人对中国不同的政治文化和中加两国不同的价值观感到不安，特别是在人权、法治和劳工权利等议题上面。然而，根据加拿大亚太基金会的调查，对中加两国政治和社会文化差异的担忧会在一定程度上影响加拿大人和加拿大政府对于与中国签订自由贸易协定的态度。但它们的权重低于经济因素。这些非经济因素的影响并不像预期的那么强劲。对于认为人权问题应该成为加拿大政府头号优先事项的人与那些不认为人权问题应当为优先事项的人来说，这两个群体对与中国签订自由贸易协定的态度没有显著差异。简言之，关于中加自贸协定谈判和前瞻性谈判的反对力量也分为两类，政治文化差异因素和经济类因素。这两个类别的反对力量应当引起中国和加拿大政府的重视，以便在日后两国进行中加自由贸易协定谈判和其前瞻性谈判时做到充分预估及应对。

---

① Gruetzner 2017.

加拿大蓝皮书

二 对中国的启示

上述 SWAA 战略分析能够让公众了解到目前加拿大国内以及联邦政府内部面对今后的中加自贸协定谈判的各种利弊和各种态势。这不仅有助于加拿大政府和国内学者深入了解加方的谈判背景和谈判心态，也有助于中方深入了解加方，为将来的自贸协定谈判和前瞻性谈判做好充分的准备。除了对加拿大进行政策上的战略分析外，中方如何看待这种战略分析，如何用自己的视角进行解读也显得十分重要。

对于加方丰富的国际贸易谈判经验来说，中国也应当从自己过往的国际贸易谈判中汲取经验。尽管中国一直积极活跃参与全球贸易，并且已经与世界各地的合作伙伴签订了诸多贸易和经济协议，但中国仍然是国际贸易谈判新手。与欧洲、北美、澳大利亚和新西兰以及中国的一些亚洲邻国和地区，如韩国、新加坡和中国香港相比，中国的国际贸易谈判经验依然与它们有一定的差距。然而中国的优势是学习的速度。虽然历史上的国际贸易谈判经验不足，但是中国在近十年来奋起直追，突飞猛进。整个亚太地区正在以比世界其他地区更快的速度达成新的自由贸易协定。[①] 中国也不甘落后。从 2007 年起，中国在拓展自由贸易协定方面变得越来越积极。中国在十年间共计与 27 个国家和地区进行谈判，建立了 9 个新的自贸协定，占中国贸易总额的 1/4。中国在此期间迅速累积了国际贸易谈判经验。这些经验都有助于中国在日后与加方开展建设性对话，从而达成互利共赢的中加自贸协定。

对于加拿大的议会政党政治体系，中国应当对于其优势劣势有更为深刻的解读。加拿大联邦执政的自由党政府虽然长期以来保持与中国的友好交流，但是中国方面仍然需要加深与自由党的相互了解与沟通。从目前态势来

---

① 刘昌黎：《世界双边自由贸易发展的原因特点与我国的对策》，《世界经济研究》2005 年第 4 期，第 6 页。

看，自由党政府依然会在某些意识形态议题上向中方施压。非经贸类的议题时常被自由党政府拿来对中国的经贸谈判施加杠杆。这样的政治操作应当引起重视。如何管控分歧，加深了解，避免让意识形态问题影响两国经贸发展和友好交流是今后工作的重中之重。切实提振两国经济，加深经贸合作，提高两国人民福祉，才是中加自贸协定谈判的核心所在。同时，中国也应当积极发展与加拿大其他政党的友好关系，如保守党、新民主党，加深与它们的交流合作，从而避免政党轮替对于中加长期交流合作的影响。着眼于中加关系十年到二十年的稳定发展大局，具有长远的视野，有利于中加两国关系持续健康稳定发展。因此，中国应当长期关注加拿大国内政治动态，广泛而全面地了解加拿大各背景的政党政策、社会团体、民情民意，以及舆论动态，并做出相应的应对措施，切实维护中加两国发展大局。充分了解加拿大联邦议会民主制度和其优势劣势，从而维护两国来之不易的谈判成果和双方共同推进自贸协定谈判的努力。

同样，中国应当充分认知在战略分析中所反映的加拿大社会的复杂心态。一方面，加拿大需要中国市场、中国资金去发展本国经济、壮大中产阶级。另一方面，加拿大又忧心在与中国的国企私企竞争中处于不利位置，同时担忧自己的生活方式、意识形态方面受到中国冲击。中国应当充分了解并尊重加拿大社会的各种声音，制定相应的策略来打消人们的疑虑和担忧。要让加拿大政府、社会和人民更深入广泛地了解中国国情、中国民情。要让加拿大社会感觉到，与中国深化经贸关系不仅不会威胁到他们现有的生活方式和意识形态，而且还能让他们得到切实的经济利益。支持和反对的力量对比是动态的，也是可以扭转的。在长期观察和努力之下，中国自身的形象会在加拿大得到不断的提升，与中国的自贸协定也会不断赢得加拿大社会更多正面的评价。

目前中国与加拿大的自贸协定和前瞻性讨论仿佛遇到了瓶颈，前瞻性讨论因一些原因停滞不前。但是我们要用发展的眼光看中加经贸合作。所有的国际贸易合作都非一年两年的观察，而是十年、二十年，甚至几十年的努力。我们应当深刻地意识到，中国需要更多的自贸协定，中国也需要与加拿大达成自贸协定。困难是暂时的。

除了经济因素外，在制定自贸协定时一些非经济因素也会被考虑在内，如外交和国家安全战略影响。一个充满活力的自由贸易协定战略应该帮助中国增强其在国际政治中的经济影响力，扩大政治和安全空间。国际贸易协定看似只涉及传统的经贸利益，但事实上牵涉中国更广泛的经济、外交和战略利益。① 根据毕玉江的分析，中国在选择FTA合作伙伴时遵循四条准则：首先，FTA应该打开一个新的国际市场，从而创造规模经济。其次，FTA应该便利中国的对外直接投资（FDI），并从中吸引对华投资合作伙伴和其他的间接投资者。再次，自由贸易协定应实现中国特定产品占据市场主导地位，并帮助中国影响世界商品价格和贸易量，制定产品标准。最后，自由贸易协定应具有中枢辐射作用，以增加中国与新的贸易合作伙伴及周边国家的影响。② 在这些方面，潜在的中加自贸协定都能为中国带来广泛的积极影响。中加自贸协定能为中国经济打开北美市场，同时避免被排斥在已建立的国际市场中，并通过自贸协定对国内企业产生的杠杆效用倒逼国内落后的企业和产能进行改革；新的中加自贸协定同时能吸引加拿大资金、技术来华投资，中国企业通过引进新的对手引起竞争。同时新的自贸协定使中国的小商品制造业在加拿大取得比较大的优势；进军北美市场也有助于中国企业和产品对美国及其他北美国家产生辐射带动作用，尤其在中美贸易战以及全球贸易保护主义抬头的大背景之下，显得尤为珍贵。

在国家安全和外交动机方面，中加达成自贸协定也有利于加强中国的国家安全与经济安全，同时巩固中国的区域影响力和与其他国家进行战略竞争的能力。同时自贸协定也可成为中国促进"和平崛起"的有力工具。有证据表明，中国与新西兰、澳大利亚和智利自贸协定发挥了国内和国外的政治与经济杠杆作用。这些贸易伙伴相对经济规模较小，且并无明显威胁，被认为是理想的初始谈判对象。中国和这三个中等经济规模的发达国家的自贸协定谈判帮助中国获得了经验，中国从较为简单的自由贸易协定（中加、中

---

① Antkiewicz and Whalley, "Evaluating regional and multilateral objectives in China's trade policy", China's New Regional Trade Agreements.
② 毕玉江：《WTO框架下世界FTA的发展与中国的贸易战略调整》，《亚太经济》2005年第3期。

澳、中新）开始，获得更多的经验，从而帮助日后更困难的中美、中日、中欧贸易谈判。总的来说，签订新的自由贸易协定有助于区域稳定与安全。更重要的是，中国的自贸协定符合中国的国家利益，因为国际经贸的发展与中国内部稳定和外部安全密切相关。事实上，经济发展是所有国内和国外问题的根本出路。自贸协定让中国不仅能够加快经济发展和推进国内改革进程，而且也是为了对冲未来在世界其他国家和地区的贸易转移。在目前国际政治环境中累积国际贸易谈判经验有助于维护中国对外经济安全和中国的核心利益，同时可以验证中国通过经贸达到和平崛起的理念。中国追求区域经贸协定与合作对中国意义重大。作为中国新时期大国崛起的一环，新的自由贸易协定谈判一定是中国长期国际战略发展的重要元素，能集中体现中国在全球政治经济中负责任的大国地位。从根本上说，中国的最终目标是和世界上所有主要国家经济体建立全面的经贸合作协议。而作为西方七大工业国之一的加拿大一定不会缺席。虽然谈判一波三折，但是总归是时间问题，十年、二十年，哪怕波折再多，中加自贸协定也一定会达成。

三　结论

在 SWAA 战略分析之后，我们发现加拿大联邦自由党政府在与中国的自由贸易协定谈判和前瞻性谈判中有其独特的优势和弱势。此外，研究发现在支持和反对中加自贸协定谈判和前瞻性谈判中存在支持与反对的两股力量。我们应当注意，在当今加拿大政府和社会中，问题的关键已经不是加拿大是否应该与中国签订自由贸易协定，而是加拿大应当和中国签署一个什么样的自由贸易协议从而能确保加拿大公众的最大利益。[①] 因此，加拿大联邦政府应当着重发挥自己的优势，规避自己的劣势，并且适度地与倡导力量和反对力量进行沟通与协商，全面掌握社会舆论动向以做出准确判断。

在公共行政学博弈中，优势劣势、支持反对的态势可以互相转化。优势

---

① Asian Pacific Foundation 2017.

可以转变为劣势，支持力量也可以转化成反对力量。① 劣势也是可控的，也并非持久态。加拿大联邦政府在中加自贸协定谈判和前瞻性谈判方面的弱势可以通过更多地了解中国政府、中国经济与社会来加以改善。善于观察和预测中国领导层的潜在变化及其对长期中加关系的可能影响至关重要。识别两国政坛潜在的新领导班子和政坛新秀，有助于预测国家发展，为制定新战略采纳要素，或至少准备一种应对的机制。② 例如，加拿大联邦政府应积极与中国国家发展和改革委员会密切合作，在两国的经济相互补充方面开展新的合作项目。③ 此外，在与中国进行自由贸易协定谈判和前瞻性谈判时，公众对加拿大政府希望加入自贸协定的愿景，与实际贸易谈判和前瞻性谈判中可以达成的成果之间似乎存在差距。这对加拿大政府如何解决加拿大公众关切的问题提出了独特的挑战，但同时也推动了中加两国建立一个更完善、更高质量、更雄心勃勃的协议。更重要的是，加拿大政府和社会应该清楚地认知和准确掌握加中两国的政治和文化差异，并做好准备与中国达成一个独特的，而非传统的国际自由贸易协定。例如加拿大亚太基金会就建议应考虑采取不同的新的战略来面对与中国的自贸协定。④

加拿大与中国的自由贸易协定谈判还有很长的路要走。正常情况下自由贸易协定需要数年的时间进行谈判，并且在其生效后的数十年内才能全面实施。而目前加拿大与中国尚在前瞻性对话阶段，正式的贸易谈判尚未开始，可谓任重道远。如果加拿大政府开始与中国进行自由贸易协定谈判，那么它不仅需要考虑到这份自贸协定会改变我们今天生活的世界的政治、经济和社会力量，还需要考虑到，这份自贸协定将如何塑造我们明天生活的世界。这些优势、弱势、支持和反对的力量也会发生巨大变化，并且也会出现新的挑战。因此，加拿大政府应该为其未来经济的战略规划做好准备，并且应为构建一个健康而强劲的中加关系而努力。

---

① Montanari and Bracker 1986.
② Montanari and Bracker 1986.
③ Gruetzner 2017.
④ Asian Pacific Foundation 2017.

B.6
中加贸易协定下的政治经济学背景

Geoffrey McComark *

摘　要： 本文旨在研究在全球经济停滞、国际竞争加剧以及加拿大致力优化资本积累条件以应对国内经济，尤其是房地产行业风险日益增大的大背景下，未来加拿大—中国自由贸易协定（FTA）所面临的政治经济状况，包括在加拿大传统贸易伙伴经济停滞、全球能源、市场以及中低收入国家投资机会竞争日益激烈、国内风险日益加剧的背景下，加拿大致力于优化资本积累条件总体战略下的部分举措。

关键词： 中加自贸协定　经济停滞　家庭债务

2007~2008年全球金融危机以及随后的经济大衰退使世界经济陷入停滞阶段。然而，各国的停滞状况分布并不均衡。事实上，高收入国家的经济增长普遍陷入停滞，而中低收入国家，特别是亚太地区的经济继续增长。在此背景下，高收入国家开始加大力度进入中低收入国家持续增长的市场，以期获得更多的出口和投资机会。就加拿大而言，全球经济停滞凸显了加拿大对美国市场的过度依赖，而美国就业形势直到2014年才开始回暖，因此加拿大亟须为本国企业提供多元化的出口和投资机会。除了高收入国家纷纷进入中国市场的整体趋势外，彼此间也展开了日益激烈的竞争。事实上，加拿大的诸多竞争对手已经与中国签署了自贸协定，为它们立足中国市场奠定了

---

* Geoffrey McComark，博士，美国惠洛克学院助理教授，研究方向为政治经济学、加拿大经济。

良好的开端。进入经济增长地区市场的竞争不断加剧，正是在这一背景下，加拿大政府将建立加中自贸协定确定为优先事务。

除了追求与中国进行贸易外，加拿大和中国的利益集中在石油和天然气的开采问题上。加拿大绝大部分资本存量都与石油和天然气工业相关（约占30%）。加拿大石油储量位居全球第三，仅次于沙特阿拉伯和委内瑞拉。为了提高盈利能力和促进该领域的投资，加拿大石油行业需要进入对能源需求持续增长的中国市场。事实上，尽管全球能源需求到2030年将增长50%，但中国对石油的需求到2025年有望超过美国。与此同时，中国政府已明确表示，中加自贸协定能否签订关键取决于该国（加方）是否愿意修建一条通往太平洋海岸的石油管道，并允许中国国有企业在加拿大境内开采石油。加拿大与中国签署自由贸易协定有利于促进加拿大国家资本的积累，也有助于平衡房地产泡沫背景下的经济增长。因此，加拿大进一步发展石油天然气产业面临着国内外的双重压力。铺设第二条平行的金德摩根跨山能源管道可使每日石油运力增加三倍，达到89万桶；加拿大联邦政府正在与阿尔伯塔省进行协商，只要油砂符合阿尔伯塔省百万吨碳排放量的上限标准，便可免除联邦环境审查。

不过这项举措也同时引发了加拿大国内冲突，特别是不列颠哥伦比亚省以及一些土著居民和环境团体担心石油和天然气开发会对环境和社区产生短期和长期的影响。事实上，在有管道利益牵涉或潜在利益影响的133个原住民社区中，只有43个与金利摩根公司签署了利益协议。然而，重要的是，在这些原住民社区中，有33个分布在不列颠哥伦比亚省，其居住范围覆盖石油管道所需施工面积的1/3。尽管存在来自各个社区的批评声音，但总理贾斯汀·特鲁多已经明确表示，石油管道建设仍将继续。"我们将确保这条管道的建造会维护加拿大国民的利益，但无论如何，这条管道都会修建完成。"特鲁多说。在其他方面，建立加中自由贸易协定也存在阻力，例如钢铁工人工会担忧中国的廉价钢材会进入加拿大市场。加拿大政府面临的挑战是如何找到克服这些政治阻碍的方法。加拿大资本主义的稳定性一方面取决于与中国建立的自贸协定，另一方面依赖于石油和天然气的发展。加拿大和中国未来的贸易协议谈判就是基于这样的历史背景展开的。

本文内容结构如下：第一部分考察了建立加中自贸协定面临的国际背景。笔者认为，自全球金融危机以来，世界经济一直处于停滞状态，并且这种停滞状况分布不均衡。停滞最为突出的高收入国家，正寻求利用中低收入国家，特别是经济增长强劲的亚太地区的市场和投资机会。此外，高收入国家的经济停滞和中低收入国家的经济增长加剧了高收入国家之间进入中低收入国家市场的竞争。

第二部分考察了加拿大过去十年的经济状况。笔者在此指出，加拿大一直面临国内经济停滞和经济增长不稳定的问题。加拿大经济面临诸多挑战，例如盈利能力不足、资本积累缓慢、企业资金不断囤积和房地产市场发展不稳定，这些都可以通过对华贸易得到改善缓解。特别是，签署加中自由贸易协定将使中国成为加拿大重要的石油出口国（加拿大 1/3 的资本存量来自石油产业），同时促进国内资本的积累，从而有助于平衡和稳定加拿大的整体经济。

第三部分考察了加拿大政府改善资本积累条件所采取的战略。笔者认为，在过度依赖美国作为出口市场和全球经济停滞的背景下，加拿大正在寻求多元化的出口市场。由于加拿大的地理位置和石油工业的突出地位，加拿大已将贸易伙伴重心转向中国。阿尔伯塔省石油通过管道输送至太平洋海岸进入中国市场，将增加石油行业的盈利能力和促进整个国家的资本积累。

一　国际背景

2007~2008 年全球金融危机之后，世界经济陷入漫长的停滞时期。1993~2007 年，全球 GDP 年均增长 3.3%。然而，在全球金融危机之后，全球 GDP 年均增长率仅为 2.3%（见图 1）。因此，过去十年，世界经济整体增长缓慢。

尽管世界经济整体陷入停滞，但各个国家的增长却不平衡。全球金融危机导致高收入国家经济停滞，但中低收入国家的经济增长却相对强劲。就低收入国家而言，1995~2007 年，GDP 年均增长 4.2%，但是 2008~2016 年，

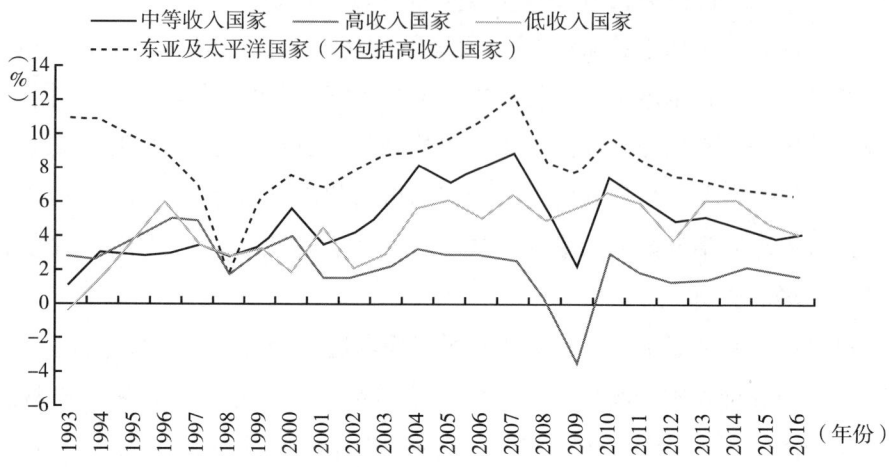

图 1 相对 GDP 增长（1993~2016 年）

资料来源：世界银行，世界发展指标。

这些国家的 GDP 年平均增长率为 5.3%。换句话说，低收入国家的平均增长率为 1.1%。另外，中等收入国家在 1995~2007 年年平均增长率为 5.3%。然而，2008~2016 年，年平均增长率降低到 4.9%，减省了 0.4 个百分点。值得注意的是，中低收入国家的 GDP 增长超过了高收入国家的 GDP 增长。1995~2007 年，高收入国家的产值增长了 2.8%，2008~2016 年仅增长了 1.2%。仅就七国集团经济体进行分析，全球金融危机发生前十年，其劳动生产率年均增长 1.9%。然而，在过去十年中，劳动生产率的年均增长率只有 0.8%。同样，在全球金融危机爆发前十年里，七国集团的 GDP 年均增长 2.3%。然而，在金融危机之后，其 GDP 年均增长率仅为 0.7%。因此，尽管全球整体经济增长在经济危机之后放缓，但低收入国家的产值却有所增加，中等收入国家和高收入国家增速放缓，而 G7 国家陷入停滞。各国增长趋势见表 1。

世界经济 GDP 不均衡增长影响了世界各国在全球系统中的表现。GDP 由资本积累决定，资本积累又取决于企业的盈利能力。前文提到主要发达国家（例如高收入国家）的盈利能力受损，而在中低收入国家的投资却收获

表 1　GDP 年平均增长率

单位：%

国家	1995~2007 年	2008~2016 年
G7 国家	2.3	0.7
高收入国家	2.8	1.2
中等收入国家	5.3	4.9
低收入国家	4.2	5.3

资料来源：经合组织统计资料，作者计算。

颇丰。在全球，特别是发达资本主义国家经济停滞的背景下，高收入国家正在寻求国外的投资机会、市场和资源，以期提高盈利能力和资本积累。

七国集团包括加拿大、法国、德国、意大利、日本、英国和美国。经济危机之后，尽管加拿大经济增长超过了 G7 其他国家，但在过去十年中，该国经济增长持续乏力，尤其其主要出口国美国的经济增长处于停滞阶段。加拿大的四大出口国和地区包括美国、欧盟、中国和日本。必须强调的是，四个出口国和地区有三个是高收入国家和地区，而中国属于中等收入国家。2017 年，加拿大商品出口总额为 5500 亿美元，其中向美国出口 4110 亿美元、向欧盟出口 440 亿美元、向中国出口 250 亿美元，向日本出口 120 亿美元。图 2 显示了加拿大主要出口国和地区的出口额。2000~2008 年，加拿大对美国的出口增长停滞，其后由于经济大衰退以及美国对加拿大出口有效需求降低，出口额下降。加拿大对美国的出口仅在 2014 年恢复到以前的水平（与此同时，美国最终恢复了由于大衰退造成的就业岗位流失）。在同一时期，加拿大对欧盟和日本的出口也因有效需求降低而陷入停滞。

在过去十年中，高收入国家和地区，例如美国、欧盟和日本经济陷入停滞，但中等偏上收入国家，例如中国的经济却持续增长，使得中国成为对加拿大商品和服务极具吸引力的出口市场。中国经济虽然也受到全球经济放缓的负面影响，但不如高收入国家和 G7 国家严重。1993~2008 年，中国 GDP 年均增长 10.5%（2007 年增长 14%），而 2008~2016 年，GDP 年均增长为

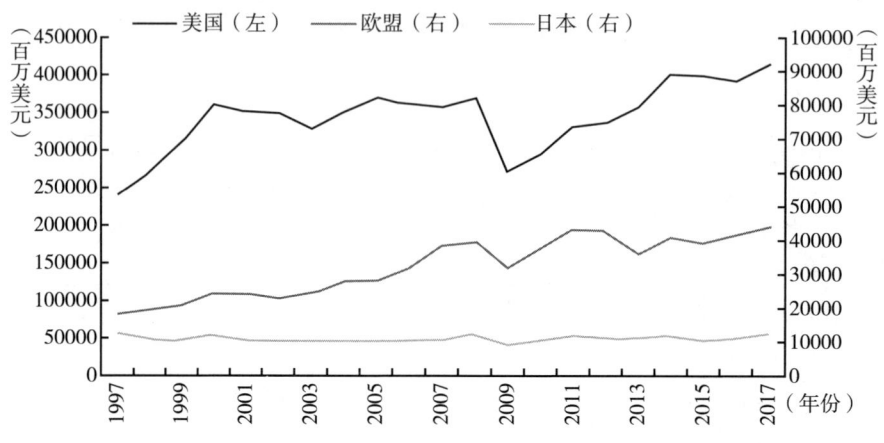

图2 加拿大对美国、日本及欧盟出口额（1997～2017年）

资料来源：加拿大统计局，加拿大社会经济数据库统计表228-0069。

8.4%。因此，像其他高收入国家一样，加拿大开始将出口重心转向中低收入国家以利用这些国家（尤其是中国）不断增长的市场。图3显示，加拿大对中国的出口额不断增长，而与其他主要贸易伙伴的出口则陷入停滞。事实上，加拿大与中国在过去几十年贸易大幅增加。2009～2018年，加拿大对中国的出口增长了121%，对美国增长了11%，对欧盟增长了12%，对日本仅增长了3.5%。1997年，中国仅占加拿大出口总额的0.9%，到2018年，该比例已增长至4.3%。同期，加拿大对美国贸易比例由82.3%下降到74.4%。加拿大出口商面临着传统贸易伙伴停滞的市场和中低收入国家（例如中国）不断增长的市场。在高收入国家经济停滞不前的背景下，加拿大亟须多元化的出口市场，尤其是考虑到国内经济增长不稳定，笔者将在本文的第二部分对此进行论述。

图4显示了加拿大商品和服务的净贸易额。在全球金融危机和大衰退之后，由于对美国出口额显著下降，加拿大经常账户在1991年首次出现赤字。赤字状况一直持续到2017年，该年赤字额为490亿美元。众所周知，经常账户赤字会对经济增长、通货膨胀和利率产生负面影响。因此，它给加拿大资本主义和加拿大国家带来了重大的问题。为了解决这一问题，加拿大正致

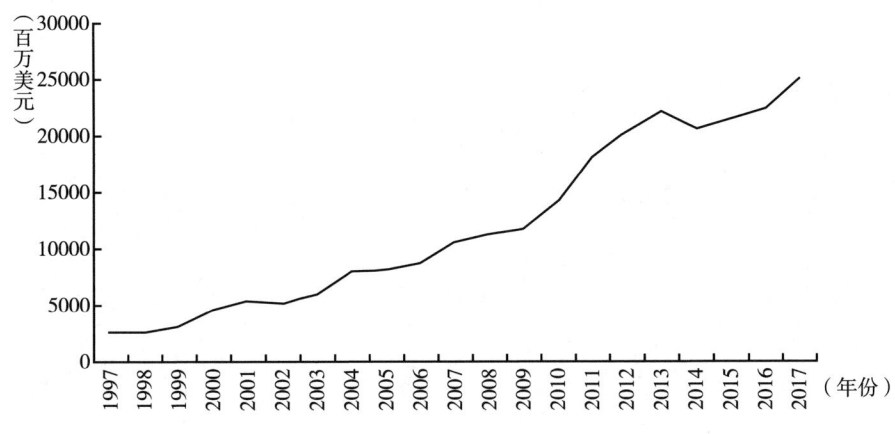

图 3　加拿大对中国出口额（1997~2017 年）

资料来源：加拿大统计局，加拿大社会经济数据库统计表 228-0069。

力于与各国签订多边贸易协定来增加出口额，同时将更多石油销往国外市场，尤其是中国。

加拿大石油储备位居世界第三。由于国内经济停滞和空前的家庭债务水平产生了房地产泡沫威胁，加拿大迫切需要将其石油推向市场。笔者接下来将阐述，若想将石油推向市场，就必须将石油从阿尔伯塔省低成本运输到不列颠哥伦比亚省的海岸。图 5 显示了石油出口占总出口的比重。2014 年，石油出口占总出口量的 18%。由于全球经济放缓和国际石油供应过剩，特别是美国水力压裂开采技术得到应用，2016 年石油出口占总出口的比重下降到 7%。2017 年上升到 13%，2018 年占比为 14%，因此，石油出口占比仍然低于 2014 年 18% 的高点水平。通过金德摩根跨山石油管道扩建项目输送石油至不列颠哥伦比亚省海岸，可使每日运力增加三倍，方便加拿大原油到达亚太地区。该地区未来十年的有效需求有望继续增长。因此，金德摩根跨山石油管道项目和加中贸易协定都是从相同战略出发，都是为了优化加拿大资本积累条件。自由贸易协定与管道扩建项目相关，后者将成为加拿大石油出口的重要利器，将有助于改善加拿大与世界其他国家的贸易平衡，从而有助于促进加拿大整体经济的稳定。

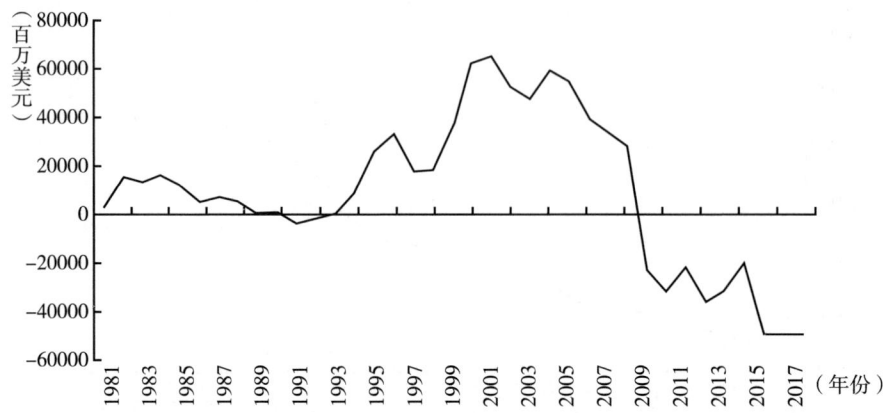

图 4　经常账户情况（1981~2017 年）

资料来源：加拿大统计局，加拿大社会经济数据库统计表 376-0101。

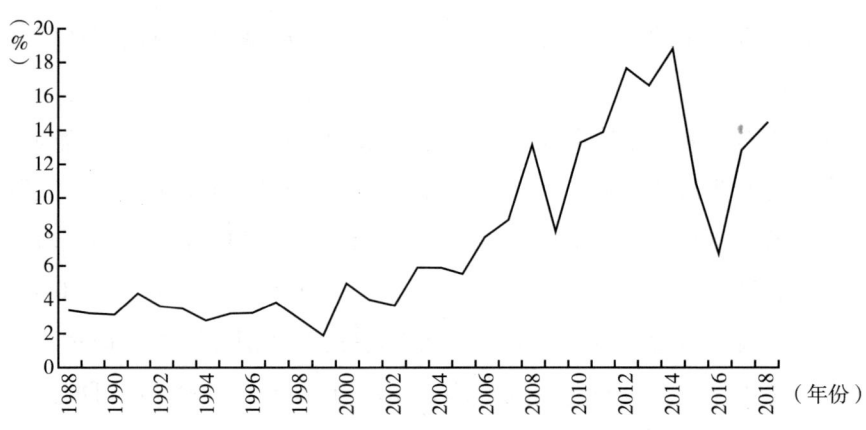

图 5　石油出口占总出口比重（1988~2018 年）

资料来源：加拿大统计局，加拿大社会经济数据库统计表 228-8059。

至此，笔者已经论述过，自全球金融危机爆发以来，世界经济呈现不均衡增长的特点。高收入国家经济陷入停滞，而中低收入国家经济继续增长。这促使高收入国家竞相进入中低收入国家市场。加拿大也经历了制造业停滞和房地产行业发展不稳定阶段。在此背景下，加拿大政府正在寻求开拓中低收入国家多元化出口市场来优化资本积累条件。因此，加拿大政府正努力与不同的潜在贸易伙伴签署自由贸易协定。加拿大地理位置独特，石油工业地位突出，未来几年中国对石油的需求将超越美国，因此加拿大预计会采取将贸易重心转向中国的战略。在下一节，笔者将考察加拿大经济停滞和发展不稳定产生的原因来具体勾勒加拿大资本主义的状况，同时证明为什么加拿大要寻求与中国签订自由贸易协定来增强企业盈利能力和资本积累。

二 国内环境

除了不稳定的国际形势外，从政治和经济角度看，尽管在2008~2009年的经济大衰退之后，加拿大经济增长相对强劲，但其国内经济也像其他高收入国家一样经历过停滞阶段。事实上，2008~2017年，加拿大实际GDP年均增长率仅为1.6%，而1993~2007年的实际增长率为3.2%。也就是说，经济危机发生后的十年，GDP增长降低了一半。因此，除了变幻的国际背景外，加拿大经济呈现发展不稳定的特点。正如笔者下文所阐释的那样，这使得签署加中自贸协定成为加拿大现任政府的优先事务。

在全球经济危机和大衰退之后，房地产行业和石油天然气开发的增长大幅缓解了国家经济的停滞状态，但其代价是家庭债务水平不断累积，财务状况渐趋脆弱。家庭债务的增长与加拿大金融流动的特定结构有关。具体而言，由于缺乏盈利的投资机会，加拿大公司在减债的同时，囤积了8630亿美元的现金和存款。可贷资金相对于需求的增长，以及加拿大银行的宽松货币政策导致利率下降。商业贷款需求的相对减少促使加拿大银行增加了对家庭的贷款额度，这些贷款采取了消费贷款和抵押贷款的形式。因此，房地产行业的增长根本上与整个国家的家庭债务增长和企业盈利能力息息相关。加拿大政府试图通过鼓励石油和天然气行业（占资本存量的30%）的发展来消除这种不稳定。2015年，由于全球石油供应过剩，加拿大受到油价下跌的影响，石油和天然气行业的利润缩减，抑制了投资。然而，尽管其对环境存在负面影响，但石油和天然气的开发仍然是加拿大实现资本积累最有效的手段，特别是考虑到中国对加拿大原油需求高涨的情况。在此背景下，加拿大政府一直在寻求将原油以低成本、高盈利的方式推向市场。

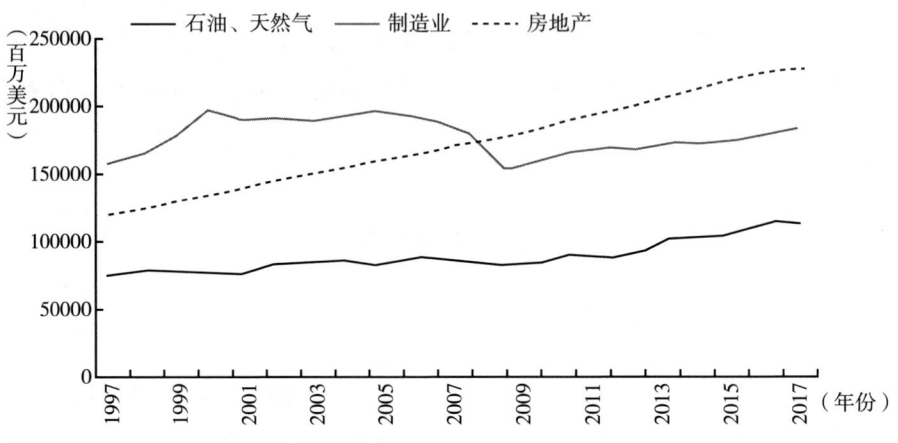

图 6　主要产业 GDP 贡献值（1997～2017 年）

资料来源：加拿大统计局，加拿大社会经济数据库统计表 379-0031。

图 6 显示加拿大经济三大主要产业部门（即石油和天然气、制造业和房地产）的 GDP 贡献值。在大衰退和之后的一段时间，加拿大经济对美国经济的过度依赖在制造业上表现得尤为明显，该行业出口急剧下降。事实上，制造业的产值从 2007 年的 1870 亿美元下降到 2009 年的 1530 亿美元，降幅为 18%。石油和天然气产量在这一时期的确增长了，但最重要的增长源来自房地产行业。2018 年，所有行业的产值为 1.76 万亿美元。在这些行业中，石油和天然气产值为 1130 亿美元，制造业产值为 1840 亿美元，房地产产值为 2280 亿美元（以 2007 年美元水平计算）。在 2018 年初，这些部门的产出占比分别为 8%、10% 和 13%。因此，对 GDP 贡献最多的三个产业中，制造业由于依赖向美国出口而遭受了最大的损失，尽管房地产行业取得增长，但代价是家庭财政状况变得愈加脆弱。因此，在当前经济形势下，石油天然气开发仍然是资本积累和保持加拿大经济稳定的最大行业。

表2　2017年各行业产值（2017年美元水平＊1000000）

产业	产值（美元）	GDP占比（%）
房地产、租赁行业	227610	12.93
制造业	183668	10.43
采矿、采石、石油天然气开采	147344	8.37
建筑业	125973	7.16
金融和保险业	124118	7.05
医疗和社会救助	116449	6.62
公共管理	109214	6.20
批发贸易	105012	5.97
专业科学和技术服务	97638	5.55
零售贸易	97070	5.51
教育服务	91214	5.18
交通运输和仓储	79317	4.51
信息和文化产业	52559	2.99
行政及支援、废物管理和治理服务	42970	2.44
公用事业	40123	2.28
住宿和餐饮服务业	38165	2.17
其他服务行业（不包括公共管理）	33047	1.88
农、林、渔和狩猎行业	27558	1.57
艺术、娱乐与休闲	13492	0.77
公司及企业管理	10815	0.61

资料来源：加拿大统计局，加拿大社会经济数据库统计表379－0031，作者计算。

全球金融危机之后，制造业占GDP比重从15%下降到10%。与此同时，房地产行业GDP占比从11%增加到13%，其GDP占比现在处于首位。2009年，房地产行业产值超过制造业，在2018年初成为GDP最多贡献者。然而，如笔者如下所述，房地产行业成为GDP领头羊是以金融稳定为代价的。房地产行业之所以日益重要，是因为整体经济盈利能力出现问题。由于缺乏有利可图的投资机会，加拿大企业开始囤积现金。2018年，其囤积的现金达到8630亿美元（占GDP的40%）。反过来，这些囤积的现金被企业用来削减债务和存入银行。由于这些变化，部分企业的贷款需求减少，而银行的企业存款占存款总额的比例增加了。事实上，在过去20年中，企业存

款占银行存款总额的比例大幅增长。例如，在1996年，企业存款只占加拿大皇家银行存款总额的14.4%。到2006年，已经上升到55.1%。同一时期，随着企业存款的增加，商业贷款占贷款总额的比例下降。1998年，商业贷款比例为32%。到2017年，已经下降到20%。在低利率的背景下，银行拥有大量可贷资金，开始加大力度向家庭贷款来提高盈利能力。这些贷款中的绝大部分是以抵押贷款的形式向家庭提供的。事实上，80%的家庭债务来自抵押贷款和房屋净值信贷额度，这有助于推动房地产发展。现在人们普遍认识到房地产业出现过热现象，加拿大已经采取相应措施来冷却市场，尤其像多伦多和温哥华这样的中心城市。正如笔者所阐述的那样，房地产行业的增长是企业存款增加和低利率共同作用的结果，两者都与企业盈利能力和资本积累的深层次问题有关。银行将越来越多的企业存款以抵押贷款和消费贷款的形式借贷给家庭。因此，可贷资金从企业流向银行，又从银行流向家庭，这是传统资金循环流动模式的一个重大逆转。传统的资金循环流动模式是，家庭资金通过银行流向企业，以资助其商业活动。然而，在加拿大，资金是通过银行从企业流向家庭的。除了这种逆转趋势之外，可贷资金相对于需求的过度供给也拉低了利率，从而刺激了家庭借贷。这些过程尽管对房地产行业有利，但其发展是建立在家庭债务不断累积的基础上的。因此，从根本上说，全球金融危机后的企业盈利能力不足已经对加拿大经济造成了不稳定的影响。下面笔者将会论述，未来的加中贸易协定将通过获取部分中国能源市场来提高石油和天然气企业的盈利能力，从而消除加拿大经济中一些不稳定的因素。

图7显示，家庭贷款在1996~2017年总体趋势一致。此外，除了2013年和2015年外，企业从2000年到2017年的贷款总体趋势一致。近十年来，即2002~2011年，家庭信贷的增长速度远远超过了企业信贷的增长速度。在这一时期，家庭信贷年均增长9%，而企业信贷年均增长率为4.7%。因此，在2007年，家庭信贷首次超过了企业信贷，此后一直高于后者。2018年，家庭信贷超过企业信贷1100亿美元。

家庭信贷的相对快速增长导致家庭债务GDP占比增加（见图8）。虽然

图 7 借贷款净额（1990~2017年）

资料来源：加拿大统计局，加拿大社会经济数据库统计表 378-0119。

家庭债务占 GDP 的比重在 1993~2000 年平均增长了 0.4%，但随着企业现金和存款的快速增长，家庭债务 GDP 占比在 2001~2009 年平均增长率为 5.1%。然而，在全球金融危机和大衰退之后，家庭债务相对于 GDP 的增长逐渐缩小。在 2010~2017 年，家庭债务相对于 GDP 平均增长率仅为 1%。近年来，尽管其增长率较低，但家庭债务的总体增长给加拿大经济带来了风险，尤其是在经济增长放缓的背景下。1993~2000 年，债务占 GDP 的比重平均为 59%，并且增长缓慢。然而，2001 年，它开始快速增长，一直增长至 61%，此后除了 2010 年、2014 年和 2017 年外，仍保持继续增长。2016~2017 年，达到了 101% 的历史最高水平。

为了提供更多分析视角，图 9 将加拿大与美国的家庭债务 GDP 占比进行了对比。金融危机发生后，美国家庭债务 GDP 占比总体下降，从 2008 年的 98.5% 下降到 2016 年的 80%，但加拿大的家庭债务 GDP 占比总体上升，从 2008 年的 82% 增长到 2017 年的 101%。因此，与美国相比，尽管加拿大经济在大衰退之后增长相对强劲，但加拿大经济面临的压力日益增加，特别是在家庭债务水平方面，这对加拿大金融体系和整体经济构成了重大风险。在盈利能力和资本积累强劲的情况下，不断增长的家庭债务不会引起人们的

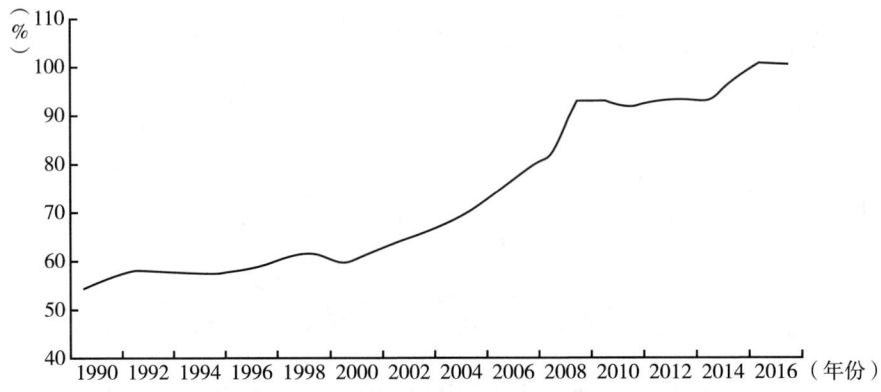

图8　家庭债务GDP占比（1990～2016年）

资料来源：加拿大统计局，加拿大社会经济数据库统计表378-0123。

特别关注和担忧。然而，在总体经济停滞的背景下，加拿大经济变得比以往更加脆弱，以家庭债务为驱动的增长构成了重大风险。

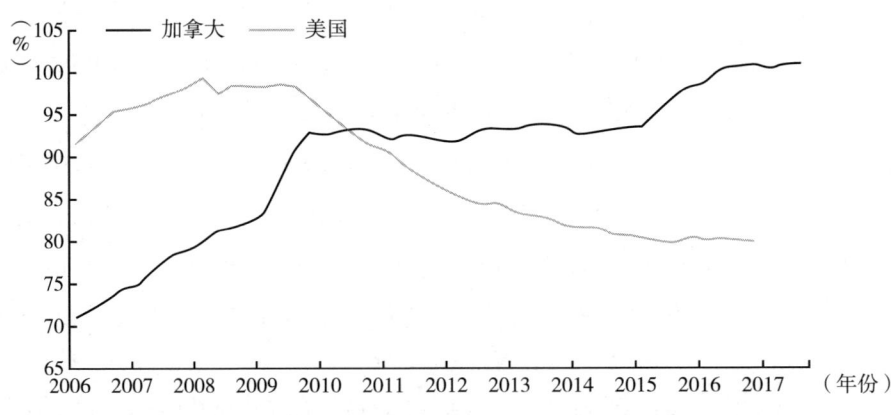

图9　美国、加拿大家庭债务GDP占比（2006～2017年）

资料来源：圣路易斯联邦储备银行，数据统计表HDTGPDCAQ163N&HDTGPDUSQ163N。

债务驱动增长的持久性主要取决于偿债比率，该比率用来衡量家庭可支配收入用于偿还债务资金的比例，包括利息和本金支付。加拿大信用卡监测与咨询公司Equifax在2018年初警告说，加拿大家庭债务风险不断增加，已经达到1.8万亿美元。消费者债务（不包括抵押贷款）在2018年初达到人均2.2837万美元。巴塞尔国际清算银行（BIS）指出，信贷比率缺口和家庭偿债比率已经超过了临界值，未来几年加拿大银行体系的脆弱性将大幅增加。有鉴于此，我们需要对偿债比率进行研究，因为它是宏观经济稳定的一个关键指标，能够反映一个家庭的偿债能力。

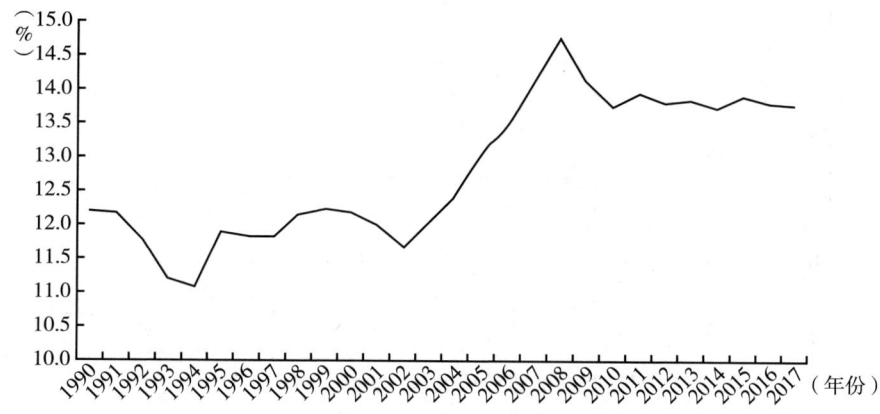

图10 家庭偿债比率（1990～2017年）

资料来源：加拿大统计局，加拿大社会经济数据库统计表380-0073。

图10显示了加拿大家庭的偿债比率。这是一个重要指标，因为它反映了家庭财政的压力程度。图10显示，2003～2008年，加拿大家庭的偿债比率显著增加，表明家庭财政困难日益加剧。1993～2002年，偿债比率平均增长率为-0.04%，平均水平为8.5%。但在2003～2008年，偿债比率快速增长，平均增长率为4%，在2008年达到14.8%的峰值水平。然而，经济大衰退至2017年，家庭偿债比率稳定在13.9%的水平，平均增长率为-0.7%。

偿债比率取决于利率、家庭债务水平和家庭可支配收入的变动。偿债比率能够得到稳定，主要基于两个原因：一是加拿大银行采取了相应措施，在全球金融危机和随后的大衰退时期降低了利率；二是家庭可支配收入不断增长。接下来我们将对这两方面逐一研究。

在全球金融危机时期，加拿大银行降低了向其他银行的借贷利率（即银行间利率），从2007年的4.75%降至2009年的0.5%。2010年，它将该利率提高到1.25%，之后一直保持或低于这个水平，直到2018年1月将其提高到1.5%（见图11）。较低的利率有助于稳定偿债比率。

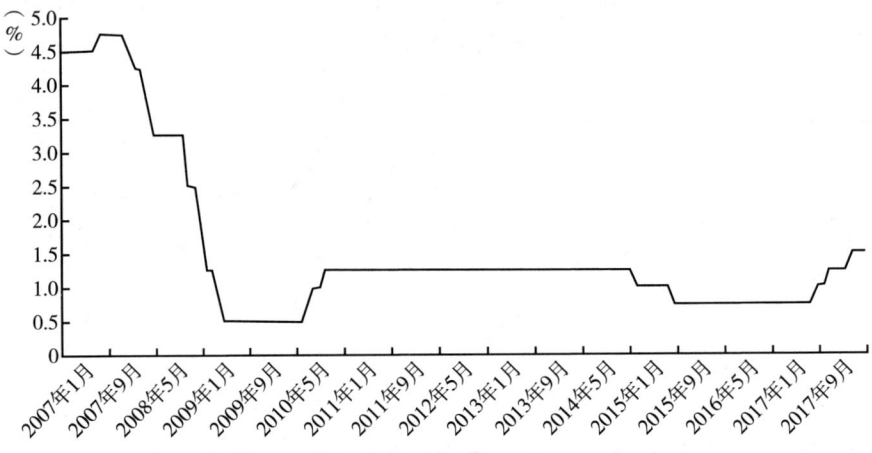

图11　加拿大银行间利率（2007～2017年）

资料来源：加拿大统计局，加拿大社会经济数据库统计表176-0043。

在此期间，家庭可支配收入的不断增长也起到了稳定偿债比率的作用。2007~2016年，偿债比率平均增长了2.5%。因此，当利率下降，家庭可支配收入增长，家庭债务水平持续上升。偿债比率虽然保持稳定，但处于超高水平。然而，近年来，由于经济环境的变化，家庭可支配收入发生了巨大的变化。事实上，家庭可支配收入的增长率变化已经反映出加拿大经济增长停滞对偿债比率的影响（见图12）。自经济大衰退以来，尽管偿债比率总体上保持了正向增长，但一直在稳步降低。例如，2006年家庭可支配收入增长了5.3%，但此后下降，并持续下降至2016年，该年增长率仅为3.4%。笔者接下来会阐述，家庭可支配收入与工资和薪金、资本积累，根本上与企业盈利能力有关。随着盈利能力下降，资本积累放缓，家庭可支配收入也随之减少。

除了家庭可支配收入增长缓慢这个普遍问题外，家庭债务的增长超过了家庭可支配收入的增长，这种趋势延续至2017年。可以确定的是，家庭债务水平比家庭可支配收入增长得更快。图13显示了家庭债务的增长率与家庭可支配收入增长率的差值变化。结果表明，1991~2017年，家庭债务的

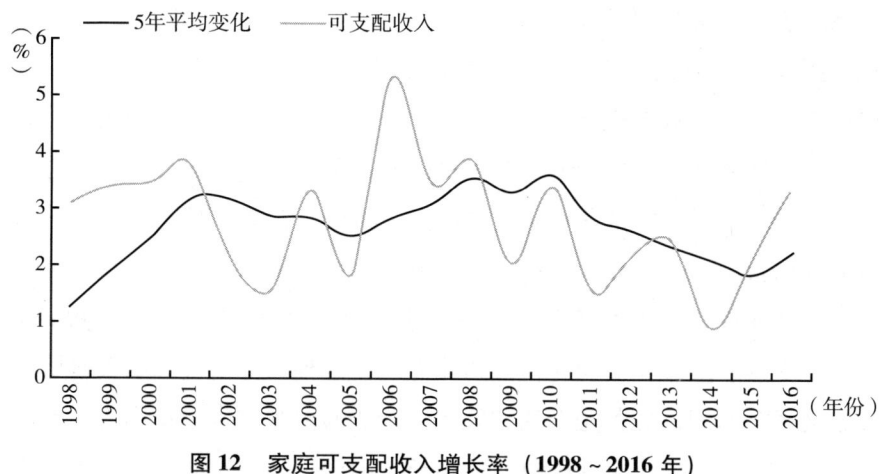

图 12　家庭可支配收入增长率（1998～2016 年）

资料来源：经合组织，加拿大家庭可支配收入。

年增长率超过了家庭可支配收入的年增长率（2000 年和 2013 年除外）。两者最大差值出现在 2002～2009 年，在此期间年均家庭债务增长率比家庭可支配收入增长率高 5 个百分点。然而，2010～2017 年，家庭债务的积累速度显著放缓，同时家庭可支配收入也逐渐减少。尽管如此，家庭债务年均增长率仍然比家庭可支配收入高 1 个百分点。

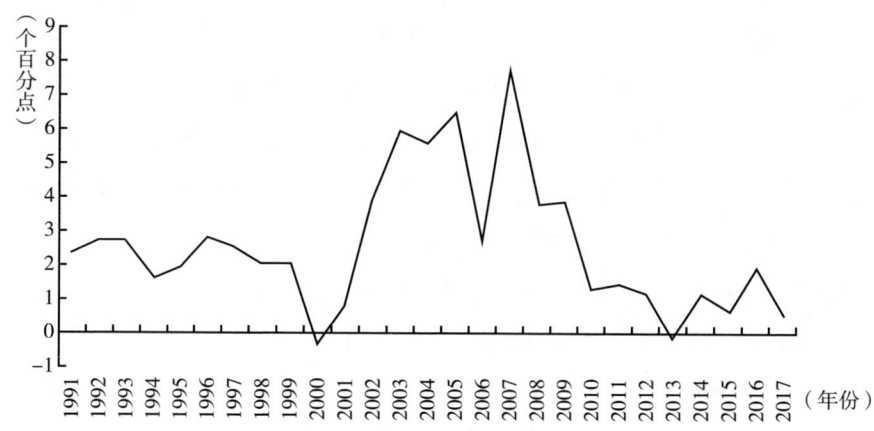

图 13　家庭债务与可支配收入增长率差值（1991～2017 年）

资料来源：加拿大统计局，加拿大社会经济数据库统计表 378-0122 和 380-0073，作者计算。

结果表明，持续的经济停滞会对家庭可支配收入乃至偿债比率产生负面影响。正如笔者如下所述，家庭可支配收入取决于宏观经济增长，而宏观经济增长本身取决于资本积累并最终取决于企业的盈利能力。正如我们所见以及接下来的阐述那样，由于缺乏有利可图的主动性投资机会，企业选择将现金存入银行。反过来，这些可贷资金流向了家庭，推高了房价和促进了房地产行业的增长。因此，偿债比率能够影响金融和工业的稳定，因为住宅市场、房地产业以及其支撑产业（如建筑业，加拿大GDP第四大贡献产业）的稳定性主要取决于家庭偿还债务的能力。在这种情况下，加拿大迫切需要提高其他经济部门，尤其是石油和天然气行业的盈利和资本积累能力，以促进宏观经济稳定和家庭可支配收入的增长。加中贸易协定必须从这个角度进行理解。通过鼓励其他产业部门，特别是石油和天然气部门，以及建筑业的经济增长，加中贸易协定将会抵消房地产行业造成加拿大经济失稳的重大不利因素。

家庭债务水平上升的同时，企业也面临着困难。事实上，全球金融危机发生后十年内，经济和政治上的不确定因素降低了商业信心指数的平均水平（见图14）。1999~2017年，商业信心指数（BCI）平均值为100.3。在全球金融危机之后，其平均值为97.7。商业信心由很多因素决定，包括"对生产、订单和库存的评估，以及对当前现状和对未来的期望"。尽管如此，这些因素根本上都受到宏观经济盈利能力的制约，这是企业投资的首要目标。如果可盈利投资前景黯淡，企业信心会降低，反之亦然。利润是资本积累的最终调节器，因此值得我们仔细研究。它同时也是宏观经济稳定或不稳定的基本决定因素，具体视情况而定。

图15显示了1983~2017年加拿大企业利润率和利润额。利润率指净营业盈余与上一年度线性年终净资本存量的比值，反映了公司总投资的回报率。另外，利润额则单纯指净营业盈余。如果利润额呈正增长，则最近投资的回报率也是正增长。如果利润额呈负增长，最新投资的回报率也是负增长。因此，利润率和利润额都是经济稳定的重要指标和决定因素，因为它们会影响企业的投资。加拿大经历1990~1992年的经济大萧条之后，企

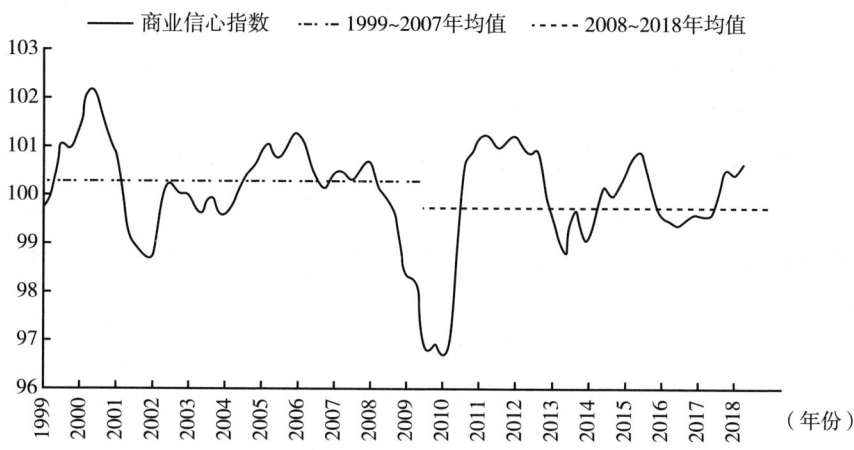

图14　商业信心指数（1999～2018年）

资料来源：经合组织。

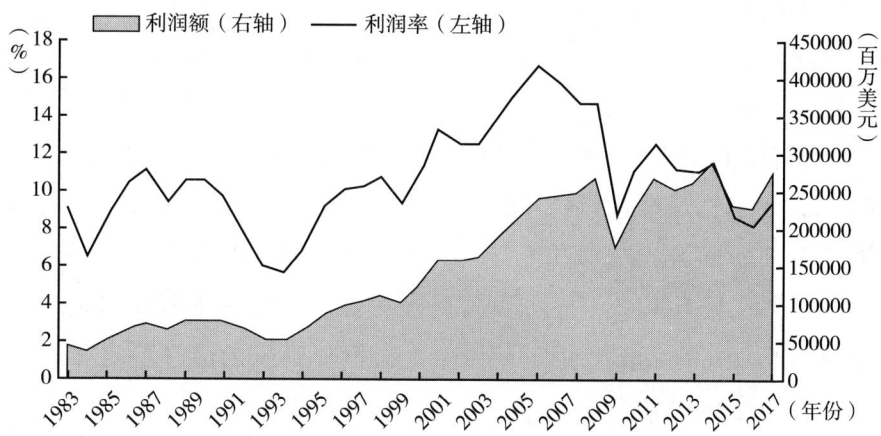

图15　加拿大企业盈利能力（1983～2017年）

资料来源：加拿大统计局，加拿大社会经济数据库统计表380-0063和031-0006，作者计算。

业利润率从1992年的6%上升到2005年的17%，之后开始一路下滑，直至2017年底，其间表现起伏不定。2017年底企业利润率为9.5%，特别是与加拿大1989年大衰退之前9.7%的水平相比，处于较低水平。虽然加拿大利润率2005～2017年总体下降，但2005～2009年，利润额总体上有所增长，之后开始停滞不前。利润率下降和利润额停止增长是加拿大经济增长不稳定的最根本衡量指标。由于缺乏可盈利的投资机会，企业经营环境不利，投资和就业增长受挫。这一点非常重要，因为在其他条件相同的情况下，就业增长是工资增长的基本条件。这点很重要，因为正如笔者所阐述的那样，加拿大的金融稳定从根本上取决于家庭收入的增长，具体体现在偿债比率上。

利润率和利润额的变动决定了资本积累率，即企业以机械、设备、建筑物、结构和知识产权的形式计算的积累资本比率。资本积累与就业之间也存在着重要的联系。尽管资本主义技术变革总体上是为了节省劳动力，但随着机械设备大规模使用，需要更多的工人来对其进行操作。因此，如果资本积累速度减慢，在其他条件不变的情况下，就业水平和收入增长就会受到影响。图16显示了资本积累的速度。1962～1990年的年平均积累率为10%。在加拿大经济大萧条期间，资本积累率在1991年、1992年和1993年分别为0.1%、1.4%和1.9%。在1993年之后以及2009～2014年经济大衰退期间，年平均积累率为5%，2008年达到峰值10%。由于全球金融危机和经济大衰退，2009年下降到2.8%。此后，企业投资开始回升，2014年达到7.03%的高点，之后逐年下降。2017年，积累率仅为1.82%。正如下文所述，低水平的资本积累对就业率和家庭可支配收入的增长产生负面影响，对整个国家的金融稳定带来了日益增加的风险。

除图16所示的总资本存量数据外，加拿大统计局还提供了各个行业的资本存量的数据。表3显示了2016年度每个行业的资本增量，其计算方法是使用2016年底各行业的资本存量减去2015年底各行业的资本存量。显而易见，2016年资本增量最大的部门依次为政府（200亿美元）、交通运输和仓储（160亿美元）、公用事业（120亿美元）及采矿、采石、石油天然气开采（60亿美元）、信息和文化产业（31亿美元）、金融、保险业、房地产、租赁业（25亿美元）、制造业（15亿美元）。

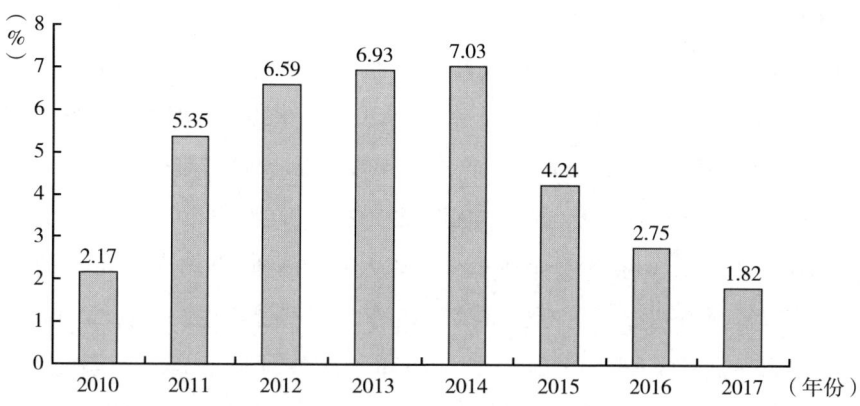

图 16　资本积累率（2010～2017 年）

资料来源：加拿大统计局，加拿大社会经济数据库统计表 031-0009，作者计算。

表 3　各行业资本积累增量（2016 年）

单位：百万美元

产业	资本积累增量
政府部门	20379
交通运输和仓储	16067
公用事业	11893
采矿、采石、石油天然气开采	6099
信息和文化产业	3122
金融、保险业、房地产、租赁业	2452
制造业	1536
艺术、娱乐与休闲	1221
农、林、渔和狩猎行业	1089
专业科学和技术服务	991
医疗和社会救助	822
住宿和餐饮服务业	672
零售贸易	661
批发贸易	556
建筑业	323
非营利家庭服务机构	286
其他服务行业（不包括公共管理）	195
行政及支援、废物管理和治理服务	87
教育服务	-13

资料来源：加拿大社会经济数据库统计表 031-0006，作者计算。

如果我们专门研究石油和天然气行业的资本积累率,就会出现一个重要的图景。采矿、采石、石油天然气开采行业的资本存量在2016年仅增长了0.7%,是仅次于加拿大教育服务、行政及支援、废物管理和治理服务产业增长第三缓慢的领域(见图17)。这点很重要,因为除了制造业和房地产业外,石油和天然气行业是在经济大衰退发生之前和衰退期间最重要的经济增长源。2014年之后国际原油价格下跌,以及原油推向市场出现瓶颈期(例如阿尔伯塔省至不列颠哥伦比亚省第二条跨山管道延期建设、石油和天然气行业增速明显放缓)。图17显示了石油和天然气领域的资本存量增长率。虽然1993~2008年的年平均增长率为10%,但在经济大衰退之后,由于全球对原油需求减少和美国采用压裂开采技术石油过度供应,石油和天然气领域资本增速随之放缓。在此期间,它的年平均增长率为7%。可以确定的是,在2014年之后,所有行业的资本积累都在放缓,但放缓速度最快的是采矿、采石、石油天然气开采行业,资本积累率从10%下降到0.7%,是加拿大经济大萧条以来的最低水平(1991年增长0.5%,1992年增长为-4%)。因此,石油和天然气行业的资本积累出现了明显的放缓趋势。还需反复强调的是,该行业吸纳了加拿大30%的总资本存量。因此,总体来

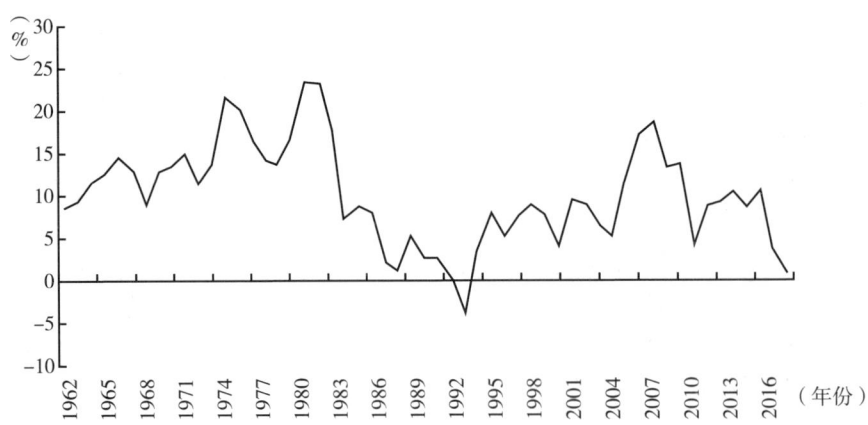

图17 采矿、采石、石油天然气开采行业资本积累率(1962~2016年)

资料来源:加拿大统计局,加拿大社会经济数据库统计表031-0006。

看，各行业资本积累放缓，尤其是石油和天然气行业。这点很重要，因为签署加中自由贸易协定将有助于促进该部门的资本积累。

此外，在没有足够的盈利机会扩大现有业务的情况下，加拿大公司开始囤积现金并利用其回购股票、去杠杆（即削减债务，其手段包括裁员，出售低利润业务，以及采取其他削减成本的措施），并通过兼并和收购整合核心业务。事实上，自全球经济危机以来，公司现金持有量从 2007 年的 4500 亿美元增至 2017 年的 8630 亿美元（见图 18）。因此，短短十年期间，公司现金储备增长了 92%。事实上，仅在 2016~2017 年，公司现金持有量就增长了 11%（从 7770 亿美元增长到 8630 亿美元）。值得重申的是，这些现金存量占到了 2017 年 GDP 的 40%。

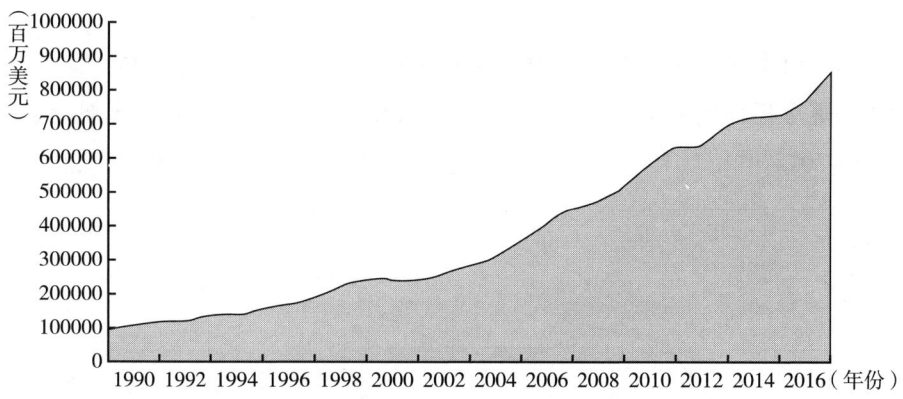

图 18　企业现金持有量

资料来源：加拿大统计局，加拿大社会经济数据库统计表 378-0121。

随着盈利能力和资本积累的下降和企业现金囤积的增加，加拿大就业率停滞不前（见图 19）。就业率是指受雇佣劳动者占适工年龄人口的百分比。在经济大萧条时期，就业率从 63.4% 下降到 61.5%，随后停滞不前。2017 年，就业率仍低于经济危机前 61.6% 的水平。因此，在大衰退后，加拿大呈现就业率停滞的特点，对工资产生了负面影响。

图 20 显示了加拿大在 2007~2017 年每小时实际工资中位数。在这一时

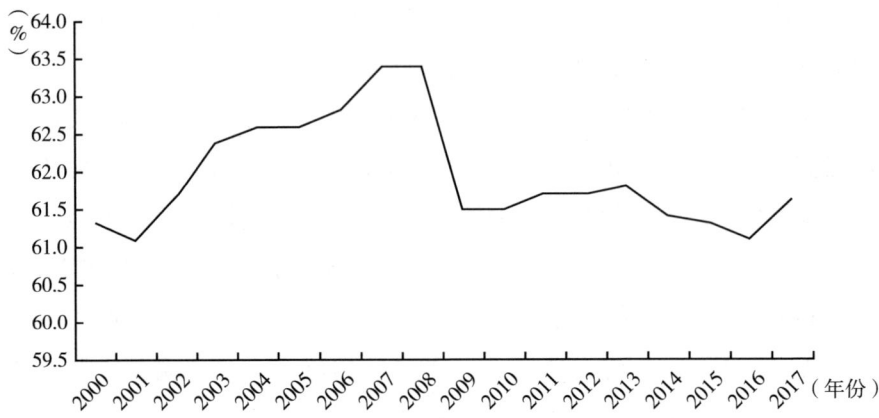

图 19　加拿大就业率（2000～2017 年）

资料来源：加拿大统计局，加拿大社会经济数据库统计表 282-0002。

期，每小时实际工资中位数从 16.20 美元增长到 17.30 美元。然而，由于利润率和资本积累增长受挫，就业率和实际工资中位数也受到了影响。事实上，在 2015 年和 2017 年，每小时实际工资中位数停滞在 17.30 美元。

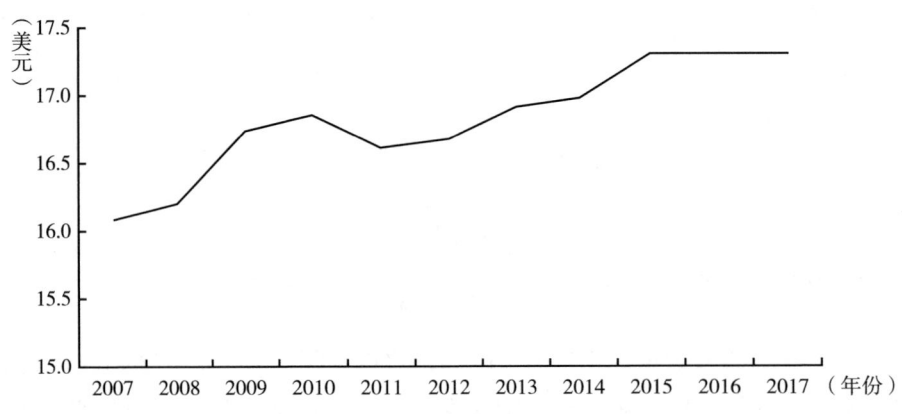

图 20　每小时实际工资中位数（2007～2017 年）

资料来源：加拿大统计局，加拿大社会经济数据库统计表 282-0071 和 326-0020，作者计算。

然而，重要的是，2007～2017 年，实际工资增长最强劲的是林业、渔业、采矿、采石业，可能还有最重要的石油和天然气部门。在这些行业中，实际工资中位数增长了19.71%。在同一时期，农业、建筑业和公共事业部门工资分别增长了19.34%、15.43%和14.89%。重要的是，加拿大长期资本积累中心制造业的工资增长最为乏力。事实上，制造业实际工资中位数缩减了0.63%。因此，实际工资中位数的总体停滞对家庭偿债比率影响非常重要。未来加中自贸协定将对石油行业和农业起到提振作用，它们是加拿大实际工资增长最快的两个行业。因此，自贸协定的宏观经济效应之一是，在家庭债务不断增长的背景下巩固房地产业和建筑业。

表4 各行业实际工资中位数百分比变化（2007~2017年）

单位：%

产业	百分比变化
林、渔、采矿、采石、石油天然气开采	19.71
农业	19.34
建筑业	15.43
公共事业	14.89
批发和零售贸易	13.54
金融、保险业、房地产、租赁业	13.10
商业、房屋建筑和其他支持服务	11.82
公共管理	11.32
住宿和餐饮服务业	11.16
其他服务行业（不包括公共管理）	9.62
专业科学和技术服务	8.29
医疗和社会救助	7.96
教育服务	7.55
交通运输和仓储	6.72
信息和文娱产业	-0.41
制造业	-0.63

资料来源：加拿大统计局，加拿大社会经济数据库统计表282-0072。

就业停滞和伴随而来的工资停滞影响了家庭可支配收入，而家庭可支配收入是家庭偿债比率的核心成分，正如我们所见，2008~2009年经济大衰退以来，工资增长逐渐缓慢。现在我们仔细研究下房地产行业的发展。从根本上说，它与家庭债务增长和企业低盈利能力有关。

企业现金囤积的空前增长越来越受到加拿大国家的关注,政府正在试图优化资本积累的条件。企业囤积的现金是家庭贷款的来源,后者推动了住宅价格上涨和房地产的增长。如下所示,存入银行的企业现金最终以消费者贷款和抵押贷款形式借贷给了家庭,结果推动了加拿大房价上涨和房地产业的发展。因此,以债务为驱动的房地产发展最终导致加拿大整体经济投资渠道不足。

房地产行业的增长与房价上涨息息相关,特别是在资本积累中心省份阿尔伯塔省和安大略省。自2008年以来,阿尔伯塔省卡尔加里和埃德蒙顿的新房价格增速最快。过去十年,卡尔加里房价上涨了93%,埃德蒙顿则上涨了61%。同样,这些城市的租金也水涨船高,尤其是2005年之后。实际上,卡尔加里的两居室的平均租金从2005年的805美元上升到2017年的1235美元(见图21)。阿尔伯塔省的油气开发和大量外来务工人员的流入导致新房价格和租金同时上涨。2003~2017年,外来务工人员数量增长了223%。加上银行将大量闲置资金贷款给家庭,刺激了住房需求,推动了房地产行业的发展。

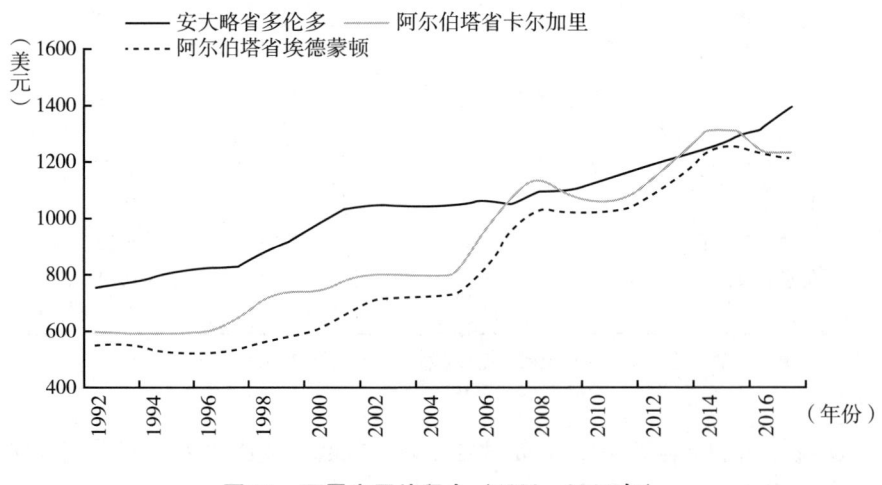

图21 两居室平均租金(1992~2016年)

资料来源:加拿大统计局,加拿大社会经济数据库统计表027-0040。

因此，房地产行业成为目前经济增长的最重要源泉，该行业增长与阿尔伯塔省的油气开发息息相关。在其他城市，房价也大幅上涨。事实上，在经过1992~2000年的停滞期后，整个国家的新房价格都在2001年之后开始上升。这刚好是在石油和天然气行业出现显著增长，同时企业在银行囤积的现金不断增长的背景下发生的（见图22）。

图22　新房价格指数（1981~2017年）

资料来源：加拿大统计局，加拿大社会经济数据库统计表327-0056。

全球金融危机和2008~2009年的经济大衰退削弱了企业盈利能力，使企业经营环境变得非常复杂。因此，总体来看，2007年之后，在企业盈利能力不足和低贷款利率的背景下，企业逐渐开始依赖借贷资金运营，企业存款流向家庭抵押贷款的比例随之降低。总的来说，非金融公司开始逐渐依赖融资活动来满足现金需求。可以肯定的是，非金融公司借贷是因为盈利能力不足和商业贷款利率较低。企业投资收益的日益恶化使得企业更加依赖借贷资金来满足其现金需求。自2010年以来，股权出售是融资活动产生现金流量的最大来源。融资活动产生现金流量的第二大来源是向非联营公司的借款。按产生现金流量的大小排列，其融资形式依次为债券、贷款、抵押贷款和银行承兑汇票。特别是，石油和天然气行业的现金变化与总体趋势相反，2007~2017年十年间，其经营活动产生的现金比例从56%增加到64%。与

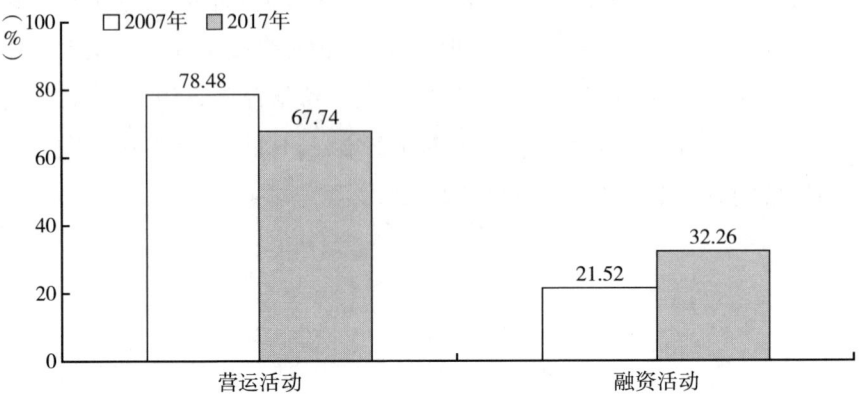

图 23 非金融企业营运与融资活动产生现金流量对比（2007～2017 年）

资料来源：加拿大社会经济数据库统计表 187－0002。

此同时，其融资活动产生的现金比例从 44% 降低到 36%。因此，虽然非金融公司在 2007～2017 年贷入的资金不断增多，但石油和天然气行业更多依靠的是自筹资金。但是，总体而言，融资活动产生的现金占经营活动产生现金百分比的增长已经转变为不断增长的公司债务水平，这点可以从图 24 非金融私人公司债务的 GDP 占比增长中看出。如图 24 所示，该比重在经历 2001～2005 年下降后，在 2006 年开始上升。2005 年，该比重为 42%。到 2017 年，已经达到 69%。随着家庭债务的增长，企业债务的增长对整个加拿大经济构成了严重的威胁。

三 加拿大国家和自贸协定

加拿大采取了改善资本积累条件的战略，其目的是多元化出口市场，增加在经济增长强劲的新兴经济体市场的投资。事实上，加拿大的大多数自贸协定都是在过去十年全球经济停滞的背景下签订的。加拿大 64% 的自贸协定是在 2007 年之后出现的，其中大部分是与中低收入国家订立的。加拿大目前拥有 14 个自由贸易协定，为其打开了 45 个国家的市场。该国目前正在

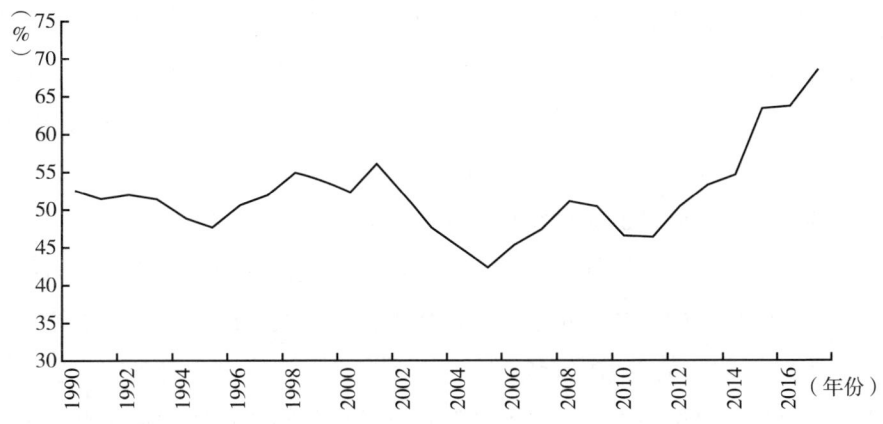

图 24　非金融私人企业债务的 GDP 占比（1990～2016 年）

资料来源：加拿大统计局，加拿大社会经济数据库统计表 380-0063 和 378-0122，作者计算。

与 22 个国家就 7 个自贸协定进行探索性讨论，其中与 33 个国家的 8 个自贸协定正处于谈判阶段。同样，跨太平洋伙伴关系的谈判已经结束，但是立法工作尚未展开。

建立加中自贸协定是加拿大开拓全球市场整体战略布局的一部分。在这方面，亚太地区国家市场显得尤为重要。据估计，到 2021 年，该地区将占全球 GDP 的 45%。它是全球资本积累的重要中心，市场和投资机会巨大且增长迅速。中国在这个地区的经济地位处于核心位置。中国是加拿大现在仅次于美国的第二大双边贸易伙伴。因此，加拿大政府已经加倍努力，争取为加拿大企业打开中国市场。

加拿大企业迫切需要加中自贸协定的签订，原因有四点：第一，全球资本积累中心整体上正逐渐从美国向中国转移，中国现在已经是世界上第二大经济体。基于这种背景，在传统贸易伙伴经济普遍停滞的情况下，加拿大的资本需要获取中国的市场和投资机会。金融危机之后的经济停滞表明，加拿大绝大部分出口市场都面向美国，导致其过度依赖美国市场。在这种背景下，加拿大有必要多元化其出口市场。

第二，中国已经与全球几个国家签订了自贸协定，其中包括加拿大的竞争对手，如澳大利亚和智利。为了让加拿大企业能够持续竞争和发展，它们需要获取中国的市场和投资机会。因此，从国际竞争的角度看，时间是制定贸易协定的关键因素。加拿大企业担忧会在全球市场和投资机会的竞争中处于落后位置。因此，发达资本主义国家的经济停滞和相互竞争是推动加中自贸协定的当代资本主义的关键特点所在。

第三，中国推出石油期货市场意味着油价可能以人民币结算，从而使其向全球货币转化。中国政府正在推动使用人民币购买石油。因此，加拿大迫切需要将贸易重心由其他国家转向中国。事实上，中国已明确表示，加中自贸协定能否签订取决于加拿大是否能够增加石油从阿尔伯塔省输送至不列颠哥伦比亚海岸的运力。这使得备受争议的跨山扩建项目成为加拿大国家迫切关注的问题。在国内，特别是房地产领域风险不断增加的背景下，跨山石油管道将使加拿大从销售给中国的石油中获利，从而促进资本积累和加拿大整体经济的稳定。

第四，由于政治背景的变化，自由贸易协定迫在眉睫。资本主义发达国家的日益不平等状况和经济停滞在民众中掀起民粹主义和保护主义热潮，安大略省进步保守派新当选的领导人德加·福特和赢得大选的美国总统唐纳德·特朗普便是最好的例证，后者正在寻求重谈北美自由贸易协定。过度依赖美国贸易除了会产生经济困难外，特朗普当选美国总统以及其有意重谈北美自由贸易协定也表明，过度依赖一个贸易伙伴还会带来政治困难。特朗普计划重新谈判北美自由贸易协定为企业运营带来了不好的条件，因为围绕协定重谈的不确定性影响了公司的规划和投资。因此，政治周期使加拿大公司和现任政府亟须通过与其他国家谈判自由贸易协定来实现出口和投资机会的多元化。民粹主义和贸易保护主义对从自由贸易中最大获益者构成威胁，其中包括加拿大石油产业。加中自贸协定必须置于这种背景下来理解。

四 结论

如前所述，笔者已经论述过，加拿大正处在一个全球经济发展不平衡的国际环境中，其中七国集团经济停滞，高收入国家经济增长缓慢，中低收入国家经济增长保持强劲。因此，G7集团和高收入国家在寻求中低收入国家投资和市场机会方面压力日增。发达资本主义国家的经济停滞和新兴经济体的GDP强劲增长加剧了发达国家对后者资源、市场和投资机会的竞争。事实上，全球经济停滞和新兴市场经济增长和投资机会催生了签订自贸协定的热潮。因此，高收入国家（特别是美国）的经济停滞以及国际竞争促使加拿大企业在海外寻求市场和投资机会。笔者已经阐明，经济大衰退之后，美国对加拿大出口（特别是制造业出口）的有效需求降低，同时加拿大石油和天然气行业资本积累缓慢，这些因素导致加拿大经济发展缓慢并且十分脆弱。房地产部门是加拿大产值的最大贡献者，但其发展是建立在企业存款资金基础上的。由于缺乏盈利的投资机会，企业资金由银行以抵押贷款的形式借贷给家庭，房地产行业增长建立在不断累积的家庭债务基础上，构成极大危险。2017年，加拿大家庭债务达到历史最高水平，占GDP的101%。笔者同时也阐明，家庭债务增长超过了家庭可支配收入增长，这对家庭偿债比率构成了上行压力，给加拿大的金融体系带来了巨大的风险，因此也造成宏观经济的不稳定。此外，自全球金融危机以来，由于整体经济盈利能力差，企业债务水平大幅上升，对加拿大的未来构成了严重的风险。因此，加拿大致力推动多元化国际市场和未来的加中自贸协定，都应该在这种背景下进行理解。加中自贸协定能够提高石油和天然气行业的盈利能力和资本积累，缓解家庭和商业部门面临的日益增长的金融压力，从而促进宏观经济的稳定。

B.7
中加自由贸易协定谈判涉及重要产业及议题的前景展望

张小波*

摘　要： 加拿大近年来的对外经贸发展战略是实现贸易多元化，避免过度依赖美国经济。在这个背景下，加拿大迫切希望扩大与中国之间的经贸合作。北美自由贸易协定的重新谈判，以及近年来与美国的贸易摩擦升级，促使加拿大更加重视对华贸易。北美自由贸易协定重新谈判的进程将影响中加自由贸易协定谈判中涉及的产业领域。中加经济结构高度互补，为双方探讨建设自由贸易区奠定基础。在中加自由贸易协定将来的谈判中，农产品、林业、纸张和纸浆、渔业和海产品、服务贸易、能源和矿产等领域将是加拿大政府重点争取减税优惠的产业；同时，加拿大各经济大省在中加自由贸易协定谈判中存有重要经济利益，有可能影响谈判进程和涉及产业；加拿大民众关注的重要议题与中方存在分歧，如加拿大的对华贸易逆差、中国国有企业的海外运营、知识产权、劳工标准、环境保护和国家安全等问题，有可能成为双方谈判进展中的阻碍。

关键词： 中加自由贸易协定　中加关系　北美自由贸易协定　农产品　服务贸易

---

* 张小波，博士，西南财经大学马克思主义学院国际问题研究所副教授，研究方向为中加关系。

中加自由贸易协定谈判涉及重要产业及议题的前景展望

自 2015 年 11 月小特鲁多领导下的自由党执政后，加拿大在世界舞台转向更为多边化的外交路线。在对外经贸政策方面，加拿大支持全球化进程，积极探寻贸易多元化发展战略。小特鲁多总理高度重视与中国之间的经贸往来。他多次表示愿同中国一起大力拓展双边经贸合作。2016 年中加两国总理实现互访，并同意开启中加自由贸易区可行性研究，标志着中加关系迈入新的历史阶段。随着中加外交关系不断升温，双边经贸关系得以持续稳定发展，中加自由贸易协定的谈判前景、涉及重要产业及议题是众多中加学者关注的焦点。本文首先论述加拿大自由贸易协定的历史发展及现状，分析加拿大的自由贸易协定战略，以及北美自由贸易协定重新谈判对中加自由贸易协定谈判的潜在影响；然后从加拿大优势产业和出口贸易利益的角度，分析加拿大将来与中国进行自由贸易协定谈判涉及的重要产业领域，以及加拿大一些经济大省在谈判中的产业经济利益；最后阐述在中加自由贸易协定谈判中，加拿大民众关注的重点议题，以及与中方存在的分歧。

一 加拿大 FTA 发展战略及现状

由于加拿大国内市场狭小，经济对外依存度高，对外经贸的持续稳定发展对加拿大整体经济具有举足轻重的作用。加拿大政府长期推行鼓励贸易的政策，把对外经贸工作放在国家重点发展的战略地位，其贸易和投资体制的透明度与市场开放度均较高。20 世纪 80 年代以来，随着世界经济格局发生重大变化，区域经济一体化日益加强，缔结自由贸易协定（Free Trade Agreement，FTA）成为世界经贸发展的潮流，加拿大也加快了 FTA 谈判来应对经济发展所面临的挑战。

作为世贸组织的成员，加拿大积极参与全球及区域多边贸易投资机制的建设。1988 年 6 月 2 日，加拿大与美国签署了《美加自由贸易协定》；随后，加拿大、美国、墨西哥于 1992 年 8 月 12 日，共同签署了《北美自由贸易协定》（North American Free Trade Agreement），取代了《美加自由贸易协定》。《北美自由贸易协定》于 1994 年 1 月 1 日正式生效，涉及商品、服务行业、投资、知识产权、争端解决等一系列规则。2016年2月4日,加拿大等12国在新西兰签署了《跨太平洋伙伴关系协定》(Tans-Pacific Partnership Agreement, TPP)。在美国宣布退出TPP后,加拿大等11国于2018年3月8日在智利签署了《全面与进步跨太平洋伙伴协定》(Comprehensive and Progressive Agreement for Trans-Pacific Partnership, CPTPP)。2016年10月30日,加拿大和欧盟在布鲁塞尔签署了《欧盟—加拿大综合经济与贸易协定》(EU-Canada Comprehensive Economic and Trade Agreement)。该协定包括商品和服务贸易、投资和人员流动,以及产品标准和专业证明等一系列全面规定。

在双边贸易投资机制方面,截至2018年3月底,加拿大共与11个国家或地区签署了FTA,其中包括智利、以色列、哥斯达黎加、秘鲁、欧洲自由贸易联盟、哥伦比亚、约旦、巴拿马、洪都拉斯、韩国、乌克兰。

1996年7月31日,加拿大与以色列签署FTA。1997年1月1日,协定生效。以色列对从加拿大进口的农产品、工业品实行免税,1999年对纺织品、木材减免税。协定后来经历了多次修订。2014年1月,两国正式宣布更新FTA,将更新关于货物市场准入、原产地规则、争端解决机制等领域,并增加贸易便利化、动植物卫生检疫措施、电子商务、知识产权、贸易技术壁垒、劳工和环境等问题的新章节。加拿大更多的农产品、渔业产品、海鲜等商品得以进入以色列市场。①

1996年12月5日,加拿大与智利签署FTA。该协定于1997年7月5日正式生效。2013年10月,双方宣布扩大的双边FTA生效,包括了国家合同、海关程序和贸易争端解决机制等新安排。加拿大金融机构获准以更好条件进入智利市场。2017年6月5日,两国签署了修订协定,在动植物卫生检疫措施、贸易技术性壁垒、贸易和性别等方面增加了新章节,修改了政府采购、投资等章节。

---

① "Trade and Investment Agreements", Government of Canada, https://www.international.gc.ca/trade-commerce/trade-agreements-accords-commerciaux/agr-acc/index.aspx? lang = eng&menu_ id =137.

2002年11月,《加拿大—哥斯达黎加FTA》正式生效。该协定只涉及货物贸易,不包括跨境的服务业、金融服务、投资等领域。2011年8月,两国宣布开始重新签署协定,将取消大量农产品和工业产品关税,并包括服务行业的贸易,以及金融服务行业中的银行业和保险业。两国还签署了自由飞行协议。

2008年1月26日,经过9年的谈判,加拿大与欧洲自由贸易联盟(包括瑞士、列支敦士登、挪威、冰岛)签订了FTA。这是加拿大与欧洲国家签署的首份FTA。协定内容包括取消所有非农业产品关税,消除或降低工业产品及加工农产品的关税,加拿大在建筑材料、林产品加工、汽车部件以及农业等领域,获得了大量贸易机会。该协定于2009年7月2日生效。2012年5月9日,双方开始就服务贸易、知识产权、可持续发展、投资、政府采购等领域进行后续性谈判。

2008年5月29日,加拿大与秘鲁签署了FTA。这是加拿大与美洲国家签署的第五个FTA。同时,两国还签署了平行的环境和劳工合作协定。2009年8月1日,该协定生效。秘鲁将对94%的加拿大进口产品立即取消进口关税,其余的将在5~10年内逐步取消;加拿大农产品(小麦、大麦)、无骨牛肉、纸制品和机械设备将在秘鲁获得更大的市场准入;自由贸易协定还将为加拿大的服务部门,包括采矿、能源和专家服务提供改善的市场。

2008年11月21日,加拿大与哥伦比亚签署FTA。协定为加拿大和哥伦比亚两国农产品、工业制品和服务业进入对方市场提供更多机遇;两国还就劳动力和环境问题达成协定,双方承诺将提高环保水平,尊重国际劳工组织制定的有关废除童工和强迫劳动等核心原则。该协定直至2011年8月15日正式生效。

2009年6月29日,加拿大与约旦签署了FTA。这是加拿大与阿拉伯国家签署的第一个FTA。同时,两国达成劳务合作和环境保护方面的协议。加拿大同约旦还达成了航空协议和对外投资保护协议。2012年10月1日,协定生效后,加拿大出口至约旦的大量产品关税被取消。

2010年5月14日,加拿大与巴拿马签署了FTA。2013年4月1日,协

定生效,不仅免除了很多加拿大商品进入巴拿马市场的关税,也为加拿大的建筑、制造、教育、能源、旅游和农业等多个领域的公司进入巴拿马市场创造了新机会。

2013年11月5日,加拿大与洪都拉斯签署了FTA。2014年10月1日,协定生效后,对加拿大的农业产品、服务业、食品加工和生产、资源密集型产业产生促进作用。同时,根据协定,加拿大的牛肉将获准重新进入洪都拉斯市场。

2014年9月23日,加拿大与韩国签署FTA。这是加拿大与亚洲国家签署的第一个FTA。2015年1月1日,协定生效后,加拿大的能源和农业产品在韩国市场获得重要机遇;同时,加拿大出口至韩国的牛肉、猪肉、肉类加工、林木、海产品等商品,关税逐步被降低。韩国是加拿大在亚洲的重要贸易伙伴之一,贸易量在亚洲仅次于中国和日本。

2015年7月14日,加拿大与乌克兰签署FTA。加拿大与乌克兰削减了各自征收的99.9%和86%的进口关税。乌克兰对加拿大豁免了关税壁垒的大量产品,如工业品、林产品、鱼类、海鲜产品及绝大多数农产品。加拿大农产品如牛肉、豆类、谷物、加工食品、动物饲料及菜籽油等出口乌克兰享受零关税,加拿大猪肉业者更能将冷冻猪肉出口到乌克兰。

总的来说,加拿大在商议和缔结FTA时,主要采取以下策略。

第一,在地域方面,加拿大以北美自由贸易区为依托,在美加墨三国之间在货物贸易、服务贸易、投资等领域实现高度开放的基础上,优先向南与其他美洲周边国家或地区进行FTA谈判,或者修订和升级以前签署的FTA。加拿大重点打造美洲FTA网络,通过消除关税和非关税贸易堡垒,致力实现美洲区域内货物贸易、服务贸易、投资等领域的高程度开放。这项举措有助于加拿大积累FTA谈判经验,便于在谈判中推进对其有利的议题,从而支撑宏观对外经济战略。

第二,在产业方面,加拿大重视开拓对能源、矿石、林业、农产品等产业有合作需求的国家和地区,通过与欧洲国家(欧洲自由贸易协会四国、欧盟、乌克兰)、中东国家(约旦、以色列)、东亚国家(韩国)建立FTA,

中加自由贸易协定谈判涉及重要产业及议题的前景展望

表1 加拿大FTA战略的发展和现状

进展	加拿大FTA	加拿大FTA战略的发展及动态
已生效	《北美自由贸易协定》	1994年生效,2017年开始重新谈判
	《加拿大-以色列自由贸易协定》	1997年生效,多次修订,2014年更新
	《加拿大-智利自由贸易协定》	1997年生效,2013年更新的协定生效
	《加拿大-哥斯达黎加自由贸易协定》	2002年生效,2011年开始进行更新谈判
	《加拿大-欧洲自由贸易协会自由贸易协定》	2009年生效,2012年开始后续谈判
	《加拿大-秘鲁自由贸易协定》	2009年生效
	《加拿大-哥伦比亚自由贸易协定》	2011年生效
	《加拿大-约旦自由贸易协定》	2012年生效
	《加拿大-巴拿马自由贸易协定》	2013年生效
	《加拿大-洪都拉斯自由贸易协定》	2014年生效
	《加拿大-韩国自由贸易协定》	2015年生效
	《加拿大-乌克兰自由贸易协定》	2017年生效
	《加拿大-欧盟综合经济与贸易协定》	2017年大部分生效
已签署	《跨太平洋伙伴关系协定》	2016年签署
	《全面与进步跨太平洋伙伴协定》	2018年签署
谈判中	印度、日本、新加坡、摩洛哥、危地马拉、萨尔瓦多、尼加拉瓜、加勒比联盟	
研究中	菲律宾、泰国、中国、土耳其、东盟、南方共同市场、太平洋联盟	

资料来源:根据Global Affairs Canada的贸易协定信息制作,https://www.international.gc.ca/。

并推动与亚洲国家(印度、日本、新加坡、中国、泰国、菲律宾)进行FTA谈判或可行性研究,以促进加拿大的货物和服务贸易出口。加拿大FTA谈判在初期注重货物贸易,然后关注服务贸易和对外投资的权益保护,如今积极更新升级以前签署的FTA,加入服务贸易、对外投资、知识产权、劳工标准、环境保护等条款,以保障加拿大企业在对外经贸中的竞争力和国内劳工的就业机会。

第三,在贸易伙伴方面,加拿大近年来加快了对外经贸关系的多元化战略,以减轻对美国经济过度依赖而产生的压力。加拿大的经济对美国高度依赖。目前北美自由贸易区重新谈判陷入僵局,这也对加拿大的FTA战略,包括中加FTA的谈判前景和涉及产业造成连锁反应。加拿大积极推动贸易多元化战略,帮助加拿大公司更好地进入其他国际市场。除了上述提及签署的FTA以外,加拿大还与印度、日本、新加坡、摩洛哥、危地马拉、萨尔

瓦多、尼加拉瓜、加勒比联盟等国家或地区进行着 FTA 谈判。另外，加拿大与菲律宾、泰国、中国、土耳其、东盟、南方共同市场、太平洋联盟等国家或地区进行着 FTA 探索性讨论。

北美自由贸易协定的重新谈判，以及近年来美加两国围绕木材、钢铝等问题的贸易摩擦升级，对加拿大加强对华贸易起到潜在的促进作用。但是毫无疑问，美国是加拿大最重要的贸易伙伴；对加拿大来说，美加经贸关系，要远超中加经贸关系的重要性。因此，北美自由贸易协定重新谈判的进程，也会影响中加 FTA 谈判。对加拿大政府来说，关于中加建立 FTA 的构想，首先有助于向国际社会发出推动贸易自由化、投资便利化的明确信号，这符合小特鲁多总理支持自由贸易、积极参与全球化进程的立场。其次，中加 FTA 对加拿大在能源、农产品、木材、纸张、渔业和海产品、服务业等产业的对华出口，明显具有促进作用。最后，中加 FTA 能够在北美自由贸易协定重新谈判中起到一定的杠杆作用。加拿大在与美国的谈判中，某些产业可能面临经济损失，加拿大希望能够在中国市场获得补偿；同时，加拿大可以利用中美两国之间的战略竞争，实现外交平衡以获得经济利益。加拿大虽然积极与中国探讨 FTA，但是目前并不急于宣布开启谈判，这样可以向美国暗示其能够寻求包括中国的其他市场，以增加在谈判中的筹码。

二 中加 FTA 谈判涉及的重要产业领域

从资源禀赋、经济结构和产业分工等方面来看，中加两国具有很强的互补性，这些为双方建成自贸区提供了条件。中国目前正在积极地建设全球 FTA 网络。截至 2018 年 3 月，中国已签署了 16 个 FTA，涉及 24 个国家或地区。与加拿大建成自贸区，有助于中国加快形成面向全球的高标准 FTA 网络。加拿大是西方发达国家，是七国集团成员国。加拿大在能源和矿产、农产品、木材和林业、海产品、服务贸易等领域，具有扩大与中国经贸合作的巨大动力。加拿大商界担忧在争夺中国市场方面，澳大利亚、新西兰等国家通过与中国签署 FTA 在农产品、矿产品、服务贸易等行业获得优惠条件，使加拿大处于不利竞争地位。

2016年9月，李克强总理在访问加拿大期间，与加拿大小特鲁多总理共同宣布启动中加自由贸易协定联合可行性研究。至今，中加两国已先后举行四次联合会议。近年来，双方的经济合作总体发展态势良好。据加拿大统计局统计，2017年中国与加拿大货物贸易额944.9亿加元，同比增长10.7%。其中加拿大向中国出口236亿加元，同比增长12.6%，占加出口总额的4.3%；加拿大从中国进口708.9亿加元，同比增长10.1%，占加进口总额的12.6%。中国继续保持加拿大第二大贸易伙伴、进口来源地和出口市场的地位。① 加拿大出口至中国的前五类商品包括①油料种子及其他、水果、粮食；②木浆纸、纸张或纸板废料；③木材和木制品、木炭；④矿石、矿渣和灰渣；⑤矿物燃料油、油②（见表2）。

表2　加拿大与中国2017年进出口贸易的商品情况

排名	2017年加拿大从中国的前十类进口商品		2017年加拿大对中国的前十类出口商品	
	商品类别	占比(%)	商品类别	占比(%)
1	电机和设备	25.60	油料种子及其他、水果、粮食	16.74
2	锅炉、机械设备等	19.14	木浆纸、纸张或纸板废料	15.99
3	家具和填充家具	6.06	木材和木制品、木炭	7.50
4	玩具、游戏、运动设备	4.97	矿石、矿渣和灰渣	5.96
5	塑料和塑料制品	3.69	矿物燃料油、油	5.53
6	钢铁制品	3.53	机动车辆、拖车、自行车、摩托车	4.64
7	机动车辆、拖车、自行车、摩托车	3.48	鱼类、贝壳动物、软体动物	4.17
8	梭织服装及服装用品	3.43	有机化学品	3.75
9	针织或钩编服装	3.24	脂肪、油、蜡	2.97
10	鞋类	2.23	肉类和食用肉类杂碎	2.81
	前十类商品占比总和	75.35	前十类商品占比总和	70.07

资料来源："Canada's Merchandise Trade with China", Asia Pacific Foundation of Canada, http://www.asiapacific.ca/statistics/trade/bilateral-trade-asia-product/canadas-merchandise-trade-china。

---

① 《中国与加拿大经贸合作简况》，中华人民共和国驻温哥华总领事馆经济商务室，http://vancouver.mofcom.gov.cn/article/zxhz/hzjj/201803/20180302724033.shtml，最后访问时间：2018年5月16日。

② "Canada's Merchandise Trade with China", Asia Pacific Foundation of Canada, http://www.asiapacific.ca/statistics/trade/bilateral-trade-asia-product/canadas-merchandise-trade-china。

以下分析在中加 FTA 谈判中，加拿大可能争取经济利益的一些重要产业。

第一，农产品、食品、畜产品、渔业产品、海鲜等产品在中加未来谈判中，毫无疑问将是加拿大政府的重点争取优惠领域。加拿大地域辽阔，农业发达，是世界上重要的农产品出口国之一。加拿大的油菜和油菜籽、谷物、畜产品、水产品等在国际市场上具有很强的竞争力。加拿大的葡萄酒、冰酒、烈酒、啤酒、新鲜水果等也颇受欢迎。加拿大农业食品联盟的研究显示，加拿大的油菜和油菜籽、大豆、豆类、猪肉和猪肉产品、小麦、麦芽和大麦、牛肉和牛肉产品、糖和糖类产品等，在中国具有巨大的市场潜力。近年来，中国与加拿大之间的农产品贸易发展非常活跃。2016 年，中国是加拿大农产品的第二大出口国；加拿大是中国农业食品和海鲜产品的第四大供应国。2016 年，加拿大出口了超过 60 亿加元的农业产品，最主要的产品包括油菜籽和油菜油、大豆、干豆、冻猪肉等。① 近十年来，加拿大出口至中国农业产品的年增长率平均为 10%。② 2015～2017 年，中国从加拿大进口的农业食品和海鲜产品增长了 28%。2017 年，中国从加拿大进口的农产品和农业食品、海鲜产品达 86 亿加元。③

在中国市场方面，加拿大与澳大利亚、新西兰等国在农产品、海产品、酒类等领域存在着竞争。加拿大商界迫切希望能够在这些产业上获得关税优惠。2015 年 12 月生效的《中国—澳大利亚 FTA》让中澳两国农产品实行了较高水平的自由化：降税过渡期结束后，中国农产品的平均关税将由实施前的 12.94% 下降到 0.51%，占农产品税目 93.7% 的产品关税将为零；至 2019 年，澳大利亚出口至中国的豆类产品、猪肉将实现零关税，而比较起来，加拿大各自平均面临 7.5% 和 20%～25% 的关税。澳大利亚出口至中国的麦芽将降为零关税，而加拿大是 10% 的关税；澳大利亚出口至中国的牛

---

① "Canada Expands Agri-Food Market Access in China", Agriculture and Agri-Food Canada, *News Release*, December 7, 2017.
② "Chasing China: a Policy Paper on Expanding Canada's Agriculture and Agri-Food Exports to China", Canadian Agri-Food Trade Alliance, February 2017.
③ "Government of Canada Strengthens Trade Relationship with China on Ministerial Mission", Agriculture and Agri-Food Canada, *News Release*, May 18, 2018.

肉在逐步减税，直至 2024 年为零关税，而加拿大目前是 12% 和 25% 的关税。① 据估算，中加 FTA 可能增加加拿大约 17 亿加元出口至中国的农业产品；如果能够达成油菜和油菜籽免税的条件，加拿大每年将增加 12 亿加元的油菜和油菜籽出口，带来 3.3 万个工作机会。②

同时，根据加拿大渔业和海洋部的数据，2017 年渔业和海鲜出口增长 5%，总值达 69 亿加元，出口至 137 个国家。加拿大的渔业和海鲜产品种类繁多，大西洋龙虾、雪皇后蟹、大西洋鲑鱼、长鳍金枪鱼等在国际市场都很受欢迎。③ 据加拿大官方数据显示，2017 年加拿大鱼类和海产品出口量持续增加，增速最快的是中国市场，2017 年鱼类及海鲜对中国出口额同比上年增加 25%（见表 3、表 4）。2012~2016 年短短五年间，加拿大出口至中国的龙虾增长了 298%。④

表 3　加拿大作为中国主要的农产品、农业食品、海产品进口来源国排名（2016 年）

产品名称	进口来源国排名	产品名称	进口来源国排名
油菜和油菜籽产品	第一名	冷冻鳕	第一名
干豌豆	第一名	蟹	第一名
硬质小麦	第一名	龙虾	第三名
大麦	第二名	鱼肝油、鱼子	第一名
亚麻籽	第一名	鲑鱼产品	第五名
樱桃	第四名	猪肉	第五名

资料来源："Outline of Opportunities in China", Agriculture and Agri-Food Canada, http://agr.gc.ca/eng/industry-markets-and-trade/international-agri-food-market-intelligence/asia/market-intelligence/outline-of-opportunities-in-china/?id=1513879312343。

---

① Patrick Leblond, "Toward a Free Trade Agreement with China: Opportunities, Challenges and Building Blocks for Canada", Centre for International Governance Innovation, *Special Report* 2017, p. 16.
② "A Free Trade Agreement with China would Increase Canola Exports and Create Jobs", Canola Council of Canada, March 6, 2017, https://www.canolacouncil.org/news/a-free-trade-agreement-with-china-would-increase-canola-exports-and-create-jobs/.
③ "Overview", Fisheries and Oceans Canada, http://www.dfo-mpo.gc.ca/international/issue-enjeu-eng.htm.
④ 《2017 年加拿大海产品对中国出口同比增长 25%，北美龙虾当"头牌"》，中国水产养殖网，http://www.shuichan.cc/news_view-354103.html，最后访问时间：2018 年 5 月 16 日。

表4 中国作为加拿大主要的农产品、农业食品、海产品的出口市场排名(2015年)

产品名称	出口市场排名	产品名称	出口市场排名
油菜和油菜籽产品	第二名	鱼类和海鲜	第二名
大豆	第一名	猪肉	第三名
大麦	第一名	兽皮和皮革	第一名
牛肉	第二名	毛皮	第一名
豆类植物	第三名	小麦	第九名

资料来源:"Chasing China: a Policy Paper on Expanding Canada's Agriculture and Agri-Food Exports to China", Canadian Agri-Food Trade Alliance, February 2017。

第二,林业、木材、木制品、纸张、纸浆等相关产业,将会是加拿大政府在 FTA 谈判中争取出口关税减免的重点领域。加拿大是一个森林大国,它拥有 3.47 亿公顷森林面积,仅次于俄罗斯和巴西,位居世界第三位。① 2016 年的世界林业出口市场上,加拿大在锯木、木屑、纸浆、木制板、纸张和纸板的市场份额分别是 23%、16%、16%、9%、7%。② 加拿大是世界上最大的林业产品出口国,约占世界林业贸易的 16%,主要出口产品有软木材、新闻纸、纸浆、木板等。其中,软木产量居世界第二位,占全球总产量的 18.7%,出口占世界出口总量的 36.6%;新闻纸和纸浆产量和出口量位居全球第一,出口分别占世界出口总量的 45% 和 29%。据加方统计,2015 年,加拿大对华出口化学纸浆 23.07 亿加元、木材和锯木(厚度大于 6 毫米)12.65 亿加元。我国也是加拿大纸浆最大进口国,据我国海关统计,2015 年加对我国出口纸浆累计 27.21 亿美元,占我国纸浆进口总额的 21.33%,是当年加对我国货物出口最大单一品类。③ 在中国出口市场,加拿大在纸浆、纸张方面的主要国别竞争者包括巴西、印尼、俄罗斯和美国

---

① 胡乐:《中国进口这么多木材 投资加拿大林业该找谁打交道》,《中国林业网》,http://www.forestry.gov.cn/portal/xdly/s/5188/content-1078981.html,最后访问时间:2018 年 5 月 16 日。
② "Forest Products Statistics", Food and Agricultural Organization of the United Nations, http://www.fao.org/faostat/en/#data/FO.
③ 《加拿大林业经济发展概况》,中华人民共和国商务部,http://www.mofcom.gov.cn/article/i/dxfw/nbgz/201706/20170602588736.shtml,最后访问时间:2018 年 5 月 16 日。

等。根据加拿大自然资源部的数据，2016年，加拿大林业出口总值为344亿加元，占加拿大出口总值的7%，并且支持了约211075个工作机会（包括约9700个原住民工作机会）。2016年，中国是加拿大林业产品第二大出口市场（仅次于美国），总值为48亿加元。①

第三，中加两国在能源产业，包括石油、天然气、核能、矿产品、可再生能源等领域，有着非常广泛的合作前景。加拿大能源产业发达，是世界上重要的能源生产国和出口国。加拿大石油资源丰富，目前已探明的石油总储量为全球第三，仅次于沙特阿拉伯与委内瑞拉。加拿大也是世界上第三大天然气生产国（仅次于美国和俄罗斯）和第二大天然气出口国（仅次于俄罗斯）。中加两国在能源供需方面形成了互补。中国经济的高速增长和对能源的巨大需求将为加拿大扩大能源出口提供巨大机遇。由此，深化中加两国在石油、天然气、核能等能源产业的合作，以实现两国的能源互补，将是中加FTA谈判的重要议题。同时，加拿大期待与中国在清洁能源领域加大合作。中加两国都签署了巴黎气候协议，致力拓展清洁能源开发。加拿大的可再生能源发电能力名列世界第三。加拿大政府高度重视可再生和清洁能源市场的研发和利用，大力发展了以氢能、太阳能和风能为代表的清洁能源技术；确立到2020年，清洁能源占加拿大总发电能力90%的目标。加拿大清洁能源产业涉足多个创新领域，如发电、能源基础设施、能源效率、工业流程、生物质能和生物能源、回收和再利用，以及交通运输。②

第四，在服务贸易方面，比如金融、医疗保险、护理、教育、旅游等领域，中加两国有着广阔的合作空间。从国际上看，加拿大是世界上服务贸易自由化发展较早的大国，虽然各部门有差别，但是总体而言，加拿大服务贸易比较发达。加拿大服务业吸收了约75%的就业，服务贸易行业分为商业服务、旅游服务、运输和政府服务四大类，其中最主要的是商业服务，包括通

---

① "How Does the Forest Industry Contribute to the Economy", Natural Resources Canada, http://www.nrcan.gc.ca/forests/report/economy/16517.
② 谢玮：《加拿大发展清洁能源：政府搭台中小企业唱主角》，人民网，http://energy.people.com.cn/n/2015/0625/c71661-27205457.html，最后访问时间：2018年5月16日。

信、建筑、保险、金融、计算机与信息服务。目前，中加两国的服务贸易比较平衡，但是贸易量远低于货物贸易量，可以看出双方的服务贸易有很大发展潜力。2015 年，加拿大对美国服务贸易出口额达 564.9 亿加元，占加拿大服务贸易出口总额的 55.1%。其他依次是：对欧洲出口 207 亿加元，其中对英国 65.3 亿加元、法国 26.4 亿加元、德国 22.3 亿加元；对亚洲出口 112.7 亿加元，其中对中国 26.5 亿加元。① 2016 年，加拿大对中国的服务贸易出口额为 31.42 亿加元；2017 年，加拿大对中国的服务贸易出口额增至 35.8 亿加元。②

加拿大政府非常关注中国近年来签署的 FTA 中关于服务贸易的优惠安排。比如说，在中澳 FTA 中，中国特别是对澳大利亚的运输、旅游、金融、商业服务、教育服务、老年人护理等行业，提供了大量合作的机会。中澳 FTA 为澳大利亚对华服务贸易出口起到了积极促进作用。2016 年，澳大利亚全球的服务贸易出口增长了 9.2%，但是对华服务贸易出口增长了 16.08%。③ 在《中国—新西兰 FTA》升级谈判中，电子商务、数字科技、医疗科技、创意产业、电影和动画制作等新兴服务产业被纳入双边合作领域。显而易见，在将来中加 FTA 谈判中，争取获得服务性贸易、电子商务、金融服务、医疗保险等行业更深层次和更广泛的开放，以大力促进两国之间服务贸易的发展预计会成为亮点之一。

三 加拿大一些经济大省在中加 FTA 谈判中的产业利益

加拿大联邦政府与地方省政府在对外经济贸易发展中的职责不同，但是

---

① 《加拿大服务贸易概况》，中华人民共和国商务部，http://www.mofcom.gov.cn/article/i/dxfw/nbgz/201804/20180402730588.shtml，最后访问时间：2018 年 5 月 16 日。
② "Service Trade for Principal Partners (2013 - 2017)", Global Affairs Canada, http://www.international.gc.ca/economist - economiste/statistics - statistiques/principal _ partners - principaux _ partenaires.aspx? lang = eng& _ ga = 2.187761696.904062252.1530673097 - 559182012.1530673097.
③ 《2016 年中澳服务贸易继续保持较快增长》，中华人民共和国驻澳大利亚大使馆经济商务参赞处，http://au.mofcom.gov.cn/article/jmxw/201706/20170602589664.shtml，最后访问时间：2018 年 5 月 16 日。

相互联系。联邦政府负责对外经贸政策的制定,主管多边和双边 FTA 的磋商和签署。联邦政府在协定的执行层面,必须得到省政府的支持,所以在对外 FTA 谈判中,通常需要征求各省政府的意见。同时,省级政府也会主动向联邦政府提供信息和意见,以保障关键性地方经济利益。在 1973~1979 年的"东京回合谈判"中,一些省份担心新的国际贸易规则将剥夺地方权力,推动了由联邦和各省负责对外贸易副部长级别官员组成的委员会,以协调各省在国际贸易谈判议题上的经济利益和立场。在 20 世纪 80 年代与美国进行的贸易谈判中,加拿大联邦政府建立了与地方之间的协调机制。联邦和各省间的贸易委员会帮助地方政府了解对外贸易谈判的进展,并随时提供征求意见的平台。① 可见一些经济大省在贸易谈判中将具有影响力。以下分析加拿大一些重要经济省份的优势产业以及相关经济利益。

不列颠哥伦比亚省是加拿大西部重要的经济省份,也是对华经贸合作非常活跃的省份。根据加拿大统计局的数据。2017 年不列颠哥伦比亚省对中国贸易额为 187.6 亿加元,占全省外贸总额的 19.4%;其中对中国出口 68.9 亿加元,占其出口总额的 15.4%;从中国进口 118.7 亿加元,占其进口总额的 22.8%。2017 年不列颠哥伦比亚省与中国的货物贸易占加拿大对华贸易的 19.9%,其中出口占 29.2%,进口占 16.8%。中国仍保持不列颠哥伦比亚省第二大贸易伙伴、第二大进口来源地和第二大出口市场的地位,均仅次于美国。② 不列颠哥伦比亚省出口至中国的前五类产品包括:①纸浆、回收纸或纸板;②矿产品;③林业产品、木炭、软木;④畜产品;⑤车辆、航空器和相关运输设备。③ 不列颠哥伦比亚省资源丰富,科技发达。在中加 FTA 谈判中,该省最直接的经济利益是纸张、纸浆、林业、农产品和

---

① 《加拿大参与贸易谈判和履行贸易协定承诺的国内协调制度》,中华人民共和国商务部世界贸易组织司,http://sms.mofcom.gov.cn/aarticle/ztxx/200605/20060502320462.html,最后访问时间:2018 年 5 月 16 日。
② 《中国与 BC 省经贸合作简况》,中华人民共和国驻温哥华总领事馆经济商务室,http://vancouver.mofcom.gov.cn/article/zxhz/hzjj/201803/20180302724034.shtml,最后访问时间:2018 年 5 月 16 日。
③ Canada International Merchandise Trade Database,2018 年 5 月 16 日。

海产品的出口关税减免。而且，不列颠哥伦比亚省是全球公认的开采、冶金、环境工程、矿山安全及地质专业技术中心，是聚集全球勘探公司和采矿专业人才最多的地区。同时，该省的天然气资源丰富，产量仅次于阿尔伯塔省。另外，清洁能源在不列颠哥伦比亚省有着重要地位。目前有逾273家清洁公司在该省落户；温哥华拥有加拿大1/4的清洁公司；不列颠哥伦比亚省的清洁技术集群占全加拿大清洁技术企业的25%~30%。①

阿尔伯塔省盛产石油和天然气，是加拿大最富裕的省份之一。2017年，阿尔伯塔省出口至中国的商品为38.82亿加元，占加拿大出口至中国总量的16.5%；从中国进口的商品为30.39亿加元。中国是阿尔伯塔省第二大贸易伙伴，仅次于美国。2017年，阿尔伯塔省出口至中国的前五类产品包括：①植物产品；②化学或联合工业产品；③纸浆、回收纸或纸板；④动植物油脂、精制食用油脂、动植物蜡；⑤生皮和兽皮、皮革、毛皮制品等。② 阿尔伯塔省的经济以小麦、煤炭、石油和天然气之类的资源为基础。近10年来，阿尔伯塔省在化学和石油化工、食品加工、电信、旅游、商业服务等产业均获得高速增长。除此之外，阿尔伯塔省与隔邻的萨斯喀彻温及曼尼托巴被合称为"草原三省"，是加拿大重要的粮仓，此地区畜牧业与农业发达。加拿大约70%的牛肉产自阿尔伯塔省。阿尔伯塔省的石油、天然气、纸浆、林业、牛肉和食品加工，以及清洁能源、旅游、教育服务等行业，在加强与中国的经贸合作方面有着很大的发展潜力。

萨斯喀彻温省是加拿大第一农业大省。2017年，萨斯喀彻温省出口至中国的商品为35亿加元，占加拿大对中国出口总量的14.8%。中国是萨斯喀彻温省的第二大出口市场，仅次于美国。萨斯喀彻温省出口至中国的前五类产品包括：①植物产品；②化学或联合工业产品；③木浆、纤维素材料、回收废纸、纸板；④动植物油脂、精制食用油脂、动植物蜡；⑤配制食品、

---

① "Clean Tech", Trade and Investment British Columbia Canada, https://www.britishcolumbia.ca/invest/industry-sectors/technology/clean-technology/.

② Canada International Merchandise Trade Database, 2018年5月16日。

饮料白酒和醋、烟草和烟草代用品等。① 萨斯喀彻温省的农业高度机械化，盛产小麦、大麦、油菜、燕麦、亚麻等。萨斯喀彻温省的工业以屠宰、肉类加工、炼油、乳制品、面粉和制作麦片等工业为主。同时，萨斯喀彻温省的矿藏丰富，铜、锌、煤、金、石油、天然气等开采业很发达；钾矿资源极为丰富。

安大略省是加拿大的金融中心，也是中国企业赴加拿大直接投资的主要目的地。2017年，安大略省出口至中国的商品达31亿加元，从中国进口的商品超过429亿加元。中国是安大略省的第二大贸易伙伴、第三大出口市场和第二大进口来源国。安大略省出口至中国的前五类产品包括：①机械和机械器具，电子设备、零部件等；②车辆、航空器、船及相关交通设备；③贱金属及贱金属制品；④天然或养殖珍珠、宝石或半珍贵宝石、贵金属、人造首饰等；⑤植物产品。② 安大略省是加拿大的银行、保险和资本市场中心，也是加拿大制造业中心，汽车装配和零部件制造是其重要产业。安大略省的优势产业还包括金融服务、矿业、核电、交通、航空航天、信息通信、食品加工、生命医药等众多领域。在中加FTA谈判中，安大略省有着非常广泛的经济利益，如金融服务、保险、医疗健康、生命科技、采矿业、教育、旅游等产业在中国有广泛的市场机遇。

2017年，魁北克省出口至中国的商品为26.74亿加元，从中国进口的商品为109.5亿加元。魁北克省出口至中国的前五类产品包括：①车辆、航空器、船及相关交通设备；②木浆、纤维素材料、回收废纸、纸板；③贱金属及贱金属制品；④活畜及动物制品；⑤矿产品。③ 魁北克省是高科技和经济发达省份，金融保险、法律、交通运输等产业发达，航空、造纸等制造业传统悠久。近年来，信息多媒体、清洁能源、生物医药等产业发展势

---

① Canada International Merchandise Trade Database，2018年5月16日。
② Canada International Merchandise Trade Database，2018年5月16日。
③ Canada International Merchandise Trade Database，2018年5月16日。

头良好。① 在企业方面，鲍尔、庞巴迪、兰万灵、CAE 等加拿大知名企业均位于魁北克省，已与中方相关企业在金融、航空、核能等产业方面开展了很多经贸合作。

虽然 FTA 主要是对出口贸易起到促进作用，但是也会对投资产生影响。《中国—澳大利亚 FTA》包括投资、服务贸易等章节。2014 年 10 月 1 日生效的《中加投资保护协定》是一个高标准综合性投资保护协定。但是，中加 FTA 谈判有可能会修订或增加部分投资条款。由此，加拿大联邦政府和各省政府也会重视投资领域，考虑 FTA 将来对加拿大以及本省所带来的经济利益，比如说在基础设施、矿产、能源、林业等产业领域吸引中国投资所带来的就业机会。根据阿尔伯塔大学中国学院统计，中国企业对加拿大直接投资 2017 年度为 68 亿加元，比 2016 年下降 9%；安大略省 2017 年在吸引中国直接投资方面，排名第一，占比 53%；不列颠哥伦比亚省排名第二，占比 27%；阿尔伯塔省占比 13%；魁北克占比为 7%。2017 年，中国企业对加拿大直接投资转向多元化：在行业方面，42% 在消费和服务行业，27% 在娱乐和房地产业，12% 在能源业，6% 在电子设备领域。②

四 加拿大民众对中加 FTA 谈判中关注的重要议题

一般来说，FTA 会给缔约国的经济带来积极影响，如出口贸易增长、就业机会增多、消费成本下降等，但是也有可能对缔约国的弱势产业带来冲击，甚至造成相关产业转移或工人工资水平下降。而且，因为与中国在政治和经济体制、文化价值观上有所差异，加拿大民众对中加 FTA 谈判存在一些顾虑。加拿大的对华贸易逆差、中国国有企业的海外运营、劳工标准、环

---

① 《加拿大魁北克基本经济情况》，中华人民共和国驻蒙特利尔总领事馆经济商务室，http://montreal.mofcom.gov.cn/article/ztdy/201504/20150400954206.shtml，最后访问时间：2018 年 5 月 16 日。

② "China-Canada Investment Tracker: Year End Review 2017", China Institute at University of Alberta, https://www.ualberta.ca/china - institute/research/china - canada - investment - tracker.

境保护、知识产权、人权、网络安全、国家安全等问题是加拿大公众特别关注的议题。2017年11月10日，加拿大全球事务部公布了一份关于中加FTA谈判的公众咨询报告。这份报告强调中国市场为加拿大提供了巨大机遇，但是也提到参与咨询的加拿大企业和行业协会、学者、工会、原住民等群体，特别关注监管环境、知识产权保护、争端解决机制、国有企业市场地位、劳工标准及就业市场影响等问题。①

第一，加拿大担忧FTA会强化中国对加的出口贸易，从而进一步加剧对华贸易逆差，甚至对国内制造业产生冲击，造成工作机会流失。从2003年开始，中国跃升成为加拿大第二大进口国；从2012年开始，中国成为加拿大第二大出口市场。但是，加拿大从中国进口的增长速度远远高于对华出口的增长速度。从2005年开始，加拿大对华贸易逆差超过200亿加元，2014年接近400亿加元。2017年，加拿大对华贸易逆差约为473亿加元。加拿大的对华贸易逆差，是由两国产业结构差异造成的。但是加拿大的智库研究和民调显示，加拿大比较担心中加FTA将进一步扩大贸易逆差，如同《加拿大—韩国FTA》生效后出现的情况。②

第二，加拿大对中国国有企业的海外运营和对外投资仍存有疑虑，希望在中加FTA中加入对国有企业的限制性条款。加拿大一些民众、企业人士和政客对中国国有企业抱有成见。近年来，加拿大针对外国国有企业在加的直接投资，修订了一系列法律。2012年，在批准中海油对尼克森的并购申请后，加拿大政府修订了《加拿大投资法》，对外国国有企业在加直接投资的审查总体倾向更加严格。小特鲁多总理在2017年12月4~7日访华期间，中加两国虽然表示为尽早启动FTA谈判而开创条件，但是双方并没有宣布启动谈判，其中一个阻碍即为国有企业议题。加拿大签署的TPP和《跨太

---

① 《加拿大政府公布中加自贸协定公众意见咨询报告》，搜狐网，https：//www.sohu.com/a/203761843_123753，最后访问时间：2018年5月16日。
② 比如说加拿大亚太基金的研究显示：加拿大与韩国FTA在2015年生效后，加对韩贸易逆差加大了；该研究认为加拿大与中国和韩国的贸易结构差异有一定的相似度，所以担心中加FTA将会加剧对华贸易逆差。

平洋伙伴全面进展协议》，包括有针对国有企业的初步框架，以及竞争中立、政府采购、争端解决等机制。

第三，加拿大还希望在知识产权、环境保护、劳工标准、纠纷仲裁、电子商务、服务贸易、网络安全等方面加入符合自身利益的协定条款。中国政府高度重视知识产权保护。自2001年12月正式加入世贸组织后，中国在改善知识产权保护方面卓有成效。但是知识产权环境建设是一个长期而艰巨的工作，中国目前知识产权侵权成本低，执法层面还不够严格，研发和知识产权意识等文化环境还有待完善。另外，加拿大政府把环境保护、男女平等、劳工权益保护等内容纳入FTA战略，以保护国内劳动力的就业和加拿大企业在国际市场上的竞争力。

第四，加拿大与美国的政治关系密切，民众和社会群体对国家安全、电子商务、网络安全等问题表现得比较敏感，国家安全也是加拿大关注的议题。

虽然加拿大国内在与中国谈判FTA的立场上，还存在较多分歧。但是近年来，加拿大民众针对中加两国达成FTA的支持率有明显好转。根据加拿大亚太基金会2017年民意调查显示，在深化对华经贸关系上，76%的加拿大人相信会为加经济带来更多机会；在是否支持中加FTA方面，55%的加拿大人投赞成票，支持率比2016年上升了9%，比2014年上升19%。①加拿大阿尔伯塔大学中国学院的2017年民意调查显示，60%的阿尔伯塔省居民希望加拿大与中国建立更加紧密的联系，56%的受访者认为，与中国签订FTA对于阿尔伯塔省经济来说有正面意义。2016年进行的相同调查显示，只有44%的居民希望与中国就FTA进行谈判。②

---

① 《民调结果显示更多加拿大人支持中加FTA》，中华人民共和国商务部，http：//www.mofcom.gov.cn/article/i/jyjl/l/201705/20170502576368.shtml，最后访问时间：2018年5月16日。
② "Albertans' View on China Annual Survey"，the China Institute at University f Alberta，https：//www.ualberta.ca/china–institute/research/albertans–views–on–china/2017.

五 结语

目前，中加友好合作关系稳中有进，双边经贸关系总体而言发展态势良好，商品贸易结构发展更趋合理，服务贸易增长速度加快。当然也不可否认，中加双边经贸关系发展还存在一些阻碍。中加两国在FTA立场上，还存有较多分歧。中国驻加拿大大使卢沙野在2018年4月接受多家媒体采访时表示，中国坚决反对在自由贸易协定中加上劳工标准的内容，加拿大政府提出的"进步性贸易议题"在自由贸易协定里没有商讨余地。中国是世界上最大的发展中国家。中加两国因为经济发展水平不同，国情存在很大差异，在FTA谈判中必然会带有各自的国家利益。加拿大政府在与中国的FTA谈判中，需要采取更加务实的态度，来应对彼此存在的分歧：不能过于强调加拿大单方面的经济利益，也需要考虑到中方的立场和利益。在与中国进行FTA谈判中，加拿大政府可以考虑先易后难，分阶段和分议题进行探讨，也可以先就双方货物贸易减税入手，譬如通过达成部分产业领域的贸易双边协议，并就双方具有共同利益的领域达成文字共识，为下一步全面谈判打下基础；然后再逐步推进到服务贸易、电子商务等领域，最后深入目前分歧较大的议题，如劳工标准、环境保护、争端解决等复杂领域。FTA谈判有时旷日持久，比如说，中澳FTA谈判长达十年。目前加拿大外部经济环境面临诸多现实挑战，全球化进程的日新月异和特朗普总统的"美国优先"政策，迫使加拿大采取更加务实的对华政策。"时不我待"，加拿大应该抓住机遇，在对华经贸政策方面，减少意识形态方面的束缚，强调求同存异，相互尊重，在追求共同利益的过程中，增进互信，为早日开启和达成中加FTA创造条件。

专题报告·社会＆教育
Special Reports: Society & Education

B.8
2017年加拿大移民政策分析

贾葆蘅

摘　要： 本文通过对2017年移民政策的考察，对照2016年加拿大人口普查报告，列举出2017年移民配额的变化和新移民政策下相继推出的各项具体实施措施。本文还介绍了2017年与加拿大联邦政府合作的各省提名计划的侧重点，分析了促成该年加拿大移民政策调整的影响因素。经调查研究，本文认为，人口老龄化的加速和区域性经济发展不平衡仍是加拿大政府必须面对的首要问题。在今后几年计划移民配额增幅有限的前提下，要切实从加拿大经济现状以及目前经济合作全球化的局面出发，不断完善各类移民的甄选标准，提高对经济发展能立即发挥作用的移民人数比例。与各省及当地行业合作，吸纳实际有用人才，

---

* 贾葆蘅，加拿大华裔作家，广东外语外贸大学加拿大研究中心兼职研究员，研究方向为加拿大华侨华人历史。

合理利用新移民资源。有效地满足迅速发展的高端行业对人才市场的需求，同时推动特定区域传统行业发展的良性循环，提高加拿大整体经济水平和在全球移民市场中的领先地位。

关键词： 加拿大　移民政策　经济类移民

特鲁多总理（Justin Trudeau）领导的加拿大自由党联邦政府执政后，一直奉行开放的移民政策。2017年，联邦政府出于政治、经济和未来选举等考量，对移民政策做出了相应调整和变更。新的移民政策对技术移民尤其是年富力强的专业技术人才和紧缺人才需求量增大，对投资移民的申请条件有所提高，对留学生移民有新的优惠政策，并推出新的家庭团聚条例，增加了难民快速审批通道人数。不仅如此，联邦政府还恢复了前保守党政府取消的若干规定，这些都促使更多新移民进入加拿大。与此同时，各省也与联邦政策相呼应，先后出台新的省提名计划。

特鲁多政府的新移民政策，使得2017年申请移民进入加拿大，成为相对容易的一年。下面本文就2017年移民人数变化和移民政策的变动进行阐述，并对未来移民政策趋势做出一些预测。

一　2017年移民政策

加拿大是个移民国家，在经济和人口增长上，对移民依赖程度很高。2011～2016年，加拿大一直是G7中人口增长速度最快的国家，平均年增长率为1%，增长速度超过了美国和英国，[①] 这与移民人口增加紧密相关。有专家认为，每年加拿大吸收移民人数应多于30万。联邦经济咨询委员会（Government's

---

① Average annual population growth rate among G20 and G7 countries, 2011 to 2016, https://www.statcan.gc.ca/daily-quotidien/170208/cg-a001-eng.htm, 检索时间：2017年12月16日。

economic advisory council）在2016年更建议在未来五年内，每年移民人数增加至45万人。① 但是联邦政府考虑到现有接收移民资源和能力匹配的问题，如财政预算用于移民的安置计划、语言培训、职业培训、学校、社区设施的配套等诸多方面因素，决定2017年接受新移民人数与2016年相同。

（一）各类移民配额人数

2016年10月31日，加拿大联邦政府移民、难民及公民部（Immigration, Refugees and Citizenship Canada，IRCC）宣布，2017年将计划接收30万新移民。其中经济类移民配额最多，占57.5%（见表1）。

表1　2017年移民加拿大配额计划

单位：人，%

移民类别	移民项目	最少配额	最多配额	目标配额
经济类	联邦经济类移民	69600	77300	73700
	联邦护理类移民	17000	20000	18000
	联邦商业类移民	500	1000	500
	省提名项目	49000	54000	51000
	魁北克省技术和商业移民	28000	31200	29300
	经济类移民总数	164100	183500	172500
	经济类移民所占比例	58.61	57.34	57.50
家庭类	配偶、伴侣和子女移民	62000	66000	64000
	父母和祖父母移民	18000	20000	20000
	家庭类移民总数	80000	86000	84000
	家庭类移民所占比例	28.57	26.88	28.00
难民和庇护类	保护人员和难民	33000	46000	40000
	难民和庇护类所占比例	11.79	14.38	13.33
人道主义和同情类	人道主义和其他移民	2900	4500	3500
	人道主义及其他所占比例	1.04	1.41	1.17
	总数	280000	320000	300000

资料来源：Supplementary Information 2017 Immigration Levels Plan，Government of Canada：https：//www.canada.ca/en/immigration - refugees - citizenship/news/notices/notice - supplementary - information - 2017 - immigration - levels - plan.html。

---

① Andy Blatchford：Government's economic advisory council unveils plans to boost household income $15000，by 2030，The Canadian Press，Oct 20，2016.

对于魁北克省，1971 年加拿大联邦政府和该省签署了移民协议后，1978 年联邦政府又同该省签署了"加拿大—魁北克移民协议"（Cullen-Couture Agreement）。至此，魁北克省可以颁布自己的积分制度。① 1991 年，魁北克省又与联邦政府签署了"加拿大—魁北克关于移民和临时入境外国人协议"（the Canada-Quebec Accord Relating to Immigration and Temporary Admission of Aliens），该协议规定了联邦政府与魁北克省关于移民计划的分工与合作，赋予了魁北克省关于制定移民具体人数、移民挑选、接收和安置的权利与义务。②

2017 年与 2016 年加拿大移民配额虽然都是 30 万，但 2017 年各类型移民数目均有变动。2017 年经济类目标移民人数，比 2016 年的 166600 目标人数增长了 3.5%。家庭类目标移民人数，比 2016 年的 80000 目标人数增长了 5%。难民和庇护类目标移民人数，比 2016 年的 55800 目标人数减少了 28%。人道主义和其他目标人数，比 2016 年的 3600 目标人数减少了 2.78%。③

（二）移民政策新措施和内容

2017 年联邦政府出台的移民政策新措施，在经济类、家庭团聚类以及难民和人道主义类方面同往年相比也有所变动。

1. 经济类

2017 年联邦政府与各省政府合作，以促进经济和地区发展为目的，为吸引更多有技术和经验的移民和留学生，让人才更加快捷地进入加拿大，相继推出一系列新措施。

---

① Cullen-Couture Agreement: The Canada-Quebec Accord, 1991.
② Canada-Quebec Accord Relating To Immigration And Temporary Admission Of Aliens, Government du Québec Ministère des Relations avec les citoyens et de l'Immigration, 2000, pp. 1 – 2.
③ Government of Canada: https://www.canada.ca/en/immigration-refugees-citizenship/news/2016/10/key-highlights-2017-immigration-levels-plan.html.

加拿大蓝皮书

(1) 综合评分标准变化

早在 2015 年 1 月 1 日，加拿大联邦政府推出"快速移民通道"（Express Entry，EE）评估系统①，管理通过联邦技术移民计划（the Federal Skilled Worker Program）、联邦技工移民计划（Federal Skilled Trades Program）和加拿大经验类移民（Canadian Experience Class）的移民申请。EE 评估结果也可以是省提名计划（the Provincial Nominee Program）决定是否给予提名的依据。EE 对申请人的个人资料的评估计分是以综合评分标准（Comprehensive Ranking System，CRS）为依据的。CRS 核心分满分 600 分，附加分满分 600 分，累计满分 1200 分。② 若申请人累计分超过 IRCC 邀请分数线，将有可能抽中被邀请提交移民申请。2016 年末，联邦政府改进了工作邀请、留学生移民的评分标准，延长了申请期限，并于同年 11 月 19 日正式生效。③

工作邀请加分的变化：根据新的 CRS，若持有加拿大国家职业分类（National Occupational Classification，NOC）代码为 00 类的高级管理职位聘请，可加 200 分，其他 O、A、B 类工作邀请可以加 50 分。过去要获得附加 600 分，移民申请人须持有劳工市场影响评估（Labour Market Impact Assessment，LMIA）的工作聘用。但是在新规定下，LMIA 作用大大减弱，最多能加 50~200 分。新规定下，持有北美自贸协定（the North American Free Trade Agreement，NAFTA）和服务贸易总协定（General Agreement on Trade in Services，GATS）条件下的工作许可、持有省提名计划、持有属于对加拿大战略目标有利的工作许可，这些人不需要 LMIA 的评估，但需要在

---

① Government of Canada ：https：//www.canada.ca/en/immigration – refugees – citizenship/services/immigrate – canada/express – entry/works.html，检索时间：2018 年 3 月 31 日。
② Government of Canada：http：//www.cic.gc.ca/english/resources/reports/ee – year – end – 2015.asp，检索时间：2017 年 11 月 21 日。
③ Government of Canada：http：//www.cic.gc.ca/english/helpcentre/questions – answers – by – topic.asp？st = 29.2；https：//www.canada.ca/en/immigration – refugees – citizenship/news/2016/11/express – entry – improvements – fall – 2016.html，检索时间：2018 年 3 月 31 日。

加拿大工作满一年，且工作聘请与工作许可是来自同一位雇主。①

留学生移民评分的变化：新的CRS，在加拿大学习的国际留学生若已完成大专1~2年课程，可以加15分。取得3年或以上高等院校学士学位、硕士学位或者A类职业教育学位，以及大学博士学位的申请人，可以加30分。规定强调留学生加分条件：必须在加拿大的院校学习；入读全日制课程满8个月；必须在加拿大居住满8个月。而2017年之前的评分标准，对于在加拿大学习的国际留学生没有任何加分。② 联邦政府此举，旨在吸引经过加拿大高等学府培养出来的国际学生，能够为加拿大做出贡献。故2017年留学生新政策，有利于留学生转为移民。

申请期限的变化：收到移民邀请（Invitation to apply，ITA）后，申请人有90天时间准备资料，原来只有60天。③ 这样做是为了让申请人有充分的时间准备完整的资料，使得合格申请人更容易被批准。

2017年6月6日，在额外加分计划里，若申请人具有法语能力或在加拿大有兄弟姐妹，在CRS下可获得加分。另外，在加拿大人力银行（Canada Job Bank）登记改为自愿性质。④

第一，同时具备较强的英语和法语能力的候选人可以获得更多积分。其中具有强大的法语语言能力，具有或不具有英语语言技能的候选人也可被CRS额外加分。具体而言，法语（听、说、读、写）四种语言技能方面（Niveaux de compétence linguistique canadiens，NCLC）是7级或以上的考试

---

① Government of Canada：https：//www.canada.ca/en/immigration - refugees - citizenship/news/2016/11/express - entry - improvements - fall - 2016.html；https：//www.canada.ca/en/immigration - refugees - citizenship/services/immigrate - canada/express - entry/become - candidate/eligibility/offer - employment/lmia - exempt.html；https：//www.canada.ca/en/immigration - refugees - citizenship/services/immigrate - canada/express - entry/become - candidate/criteria - comprehensive - ranking - system/grid.html，检索时间：2018年3月4日。

② Government of Canada：https：//www.canada.ca/en/immigration - refugees - citizenship/news/2016/11/express - entry - improvements - fall - 2016.html，检索时间：2018年3月31日。

③ Government of Canada：https：//www.canada.ca/en/immigration - refugees - citizenship/news/2016/11/express - entry - improvements - fall - 2016.html，检索时间：2018年3月31日。

④ Government of Canada：https：//www.canada.ca/en/immigration - refugees - citizenship/news/2017/03/express_ entry_ improvementsspring2017.html，检索时间：2017年11月21日。

成绩,英语水平在 CLB(Canadian Language Benchmark)4 级或以下,或根本没有英语考试,可加 15 分;语言四种技能方面英语水平在 5 级或以上,NCLC 在 7 级或以上可加 30 分。之前法语能力是不加分的。2017 年联邦出台这样的政策,是希望讲法语的新移民,能够促进加拿大法语地区和少数民族社区的繁荣发展。

第二,申请人有一位 18 岁以上的兄弟姐妹是加拿大公民或移民,可加 15 分,申请人的配偶或伴侣如果有兄弟姐妹在加拿大,也可加分,这在之前是不予考虑的。这种兄弟姐妹关系,可以是同父异母或同母异父,可以是血缘或收养关系。因为研究表明,有兄弟姐妹的新移民,获得资讯相对较快,较为容易找到工作和更迅速融入加拿大社会。

第三,自快速移民通道系统实施以来,申请人如果在加拿大没有工作,必须在加拿大人力银行注册个人账户并建立个人资料档案,这样才有资格被抽选。从 2017 年 6 月 6 日起,如果没有在人力银行登记,也具有被抽选资格。

在 2017 年新的 CRS 规定下,该年平均邀请分数线有所下降,2017 年为 438 分,2016 年则为 480 分。①

(2)促进企业发展计划

2016 年 11 月 1 日,加拿大政府宣布准备推出"全球技能战略"(Global Skills Strategy)的一项名为"全球技能签证计划"(Global Skills Visa Program)。2017 年 6 月 12 日,加拿大联邦政府移民、难民及公民部部长艾哈迈德·哈森(Ahmed Hussen,当地称胡森)及创新、科学和经济发展部部长(Innovation, Science and Economic Development Minister)纳瓦迪普·贝恩斯(Navdeep Bains)和就业、劳动力发展和劳工部长议会秘书(Parliamentary Secretary to the Minister of Employment)高斯娜(Rodger Cuzner)宣布这项计划并即日生效。一些掌握高技能的专业人才最快可以在

---

① https://www.canada.ca/en/immigration-refugees-citizenship/corporate/mandate/policies-operational-instructions-agreements/ministerial-instructions/previous-express-entry-ministerial-instructions.html,检索时间:2018 年 3 月 4 日。

两个星期内获批工作签证。宣布当天，两项新的工作许可豁免已经生效，即到加拿大有短期任务的高技能工作人员和参加在加拿大短期研究项目的研究人员，不需要工作许可证，必要时申请人还可以获得加拿大临时居民签证。① 这项计划使持有此签证的临时工作者，有机会申请转为移民。

（3）商业类移民

2017年，联邦商业移民计划、魁北克商业移民计划和省提名投资移民计划，不仅在配额数目上有变化，有的省份还推出新的政策。

2017年11月15日，马尼托巴省移民局公布了最新政策，商业移民将由原来的MPNP-B省提名类别更名为BIS（Business Investor Stream）商业投资者类别。新的BIS类别包括两类：企业类别（Entrepreneur Pathway）和农场投资（Farm Investment Pathway）类别。与以前对比，马尼托巴省企业家移民类别的变化较大，语言要求提高，先申请工作签证，登陆后开始投资，符合要求后才能申请移民。② 新政策于2018年5月18日正式实行。③ 新政策目的是吸引真实投资，主要吸引25～49岁年龄段人群来投资。其他年龄段也可以申请，但不具备优势，这表明以后投资移民年龄会更加年轻化。

（4）加拿大大西洋海洋四省移民计划

根据联邦政府网站刊登的2016年劳动力市场公报（This Labour Market Bulletin），与其他省相比，海洋四省是全加拿大失业率最高、就业率最低的省份（见表2）。因此造成劳动力外流，四省经济发展受制于劳动力和人才不足。

---

① Global Skills Strategy Overview，Immigration，Refugees and Citizenship Canada，Overview February 2017，p. 3.；Government of Canada launches the Global Skills Strategy：https：//www.canada.ca/en/immigration－refugees－citizenship/news/2017/06/government_of_canadalaunchestheglobalskillsstrategy.html，检索时间：2017年11月21日。

② http：//www.immigratemanitoba.com/immigrate－to－manitoba/mpnp－for－business/；https：//www.bellissimolawgroup.com/2017/11/new－streams－and－pathways－for－manitoba－provincial－nominee－program.html/，检索时间：2018年6月30日。

③ Business Investor Stream Entrepreneur Pathway Generic Application Form.

表2 加拿大海洋四省失业率和就业率（2016年）

单位：%

省	失业率	就业率
爱德华王子岛	10.7	58.8
纽芬兰和拉布拉多	13.4	52.4
新斯科舍	8.3	56.6
新不伦瑞克	9.5	56.4

资料来源：Labour Market Bulletin（Annual Edition）2016；Prince Edward Island、Nova Scotia、New Brunswick、Newfoundland and Labrador、Quebec、Ontario、Alberta、Manitoba、Saskatchewan、Ontario and British Columbia。

为了帮助填补大西洋省份劳动力短缺，2016年7月联邦政府宣布从2017年开始实施"加拿大大西洋海洋四省移民计划"（Atlantic Immigration Pilot，AIP）试点项目。该计划一个显著特点是，雇主通过与联邦和省级移民安置服务机构合作，在解决和挽留新移民员工及其家属方面发挥更大的作用。四省于2017年1月27日开始指定雇主参与，于当年3月6日正式启动。① 四省包括新不伦瑞克省（New Brunswick）、爱德华王子岛省（Prince Edward Island）、新斯科舍省（Nova Scotia）、纽芬兰和拉布拉多省（Newfoundland and Labrador）。各省分配名额是：646、120、792、442。

该试点项目主要包含3个子项目：大西洋高技术人才项目（Atlantic High-Skilled Program，AHSP）、大西洋中等技术人才项目（Atlantic Intermediate-Skilled Program，AISP）和大西洋国际留学生人才项目（Atlantic International Graduate Program，AIGP）（见表3）。

---

① https://www.canada.ca/en/immigration-refugees-citizenship/news/2017/03/atlantic_immigrationpilot.html，检索时间：2017年11月26日；International Mobility Program：Atlantic Immigration Pilot Program（Work Permit stream--exemption code C18）。

表3 2017年三项试点项目

大西洋三类移民	AHSP	AISP	AIGP
工作经历	在过去的3年内,累计有偿工作最少1560个小时;全职、兼职均可;在加拿大境内或境外工作时间均可计算,如果是自雇,不能计算时间。可受雇于不同的雇主,但需是同一类别的工作;工作类别须是NOC 0,A,B类	工作类别是NOC 0,A,B,或C类,其他同左	不需要工作经验
教育要求	具有加拿大高中、大专或以上学历或学位;持有外国学位、文凭或证书的,需要提供五年之内的Educational Credential Assessment(ECA)认证	同左	必须有移民部认可的大西洋省公立院校至少2年的高等教育文凭。语言课程或远程课程不能超过总课程的一半。毕业不超过一年;持有在加拿大工作、学习和培训的签证或许可证;在毕业前的两年内,在大西洋省份的一个省份居住至少16个月;拥有加拿大境外的教育证书,必须进行评估
雇主邀请	雇主必须是被指定为参加大西洋移民试点项目的雇主,全职而非季节性的工作。工作岗位符合NOC 0,A,B类要求;至少有一年的工作邀请	工作岗位需符合NOC 0,A,B,或C要求,其他同左	同左
语言要求	至少CLB 4分或NCLC具有4级听、说、读和写能力	同左	申请人需具有CLB 4分的语言程度
资金要求	有足够的资金支持自己和家人	同左	有足够的资金支持自己和家人,但已在加拿大工作并持有效工作许可证的,不需要出示证明
政府认可证明	申请人需获得海洋省政府的认可证明	同左	同左

资料来源：Government of Canada：http：//www.cic.gc.ca/english/immigrate/atlantic/eligibility.asp。

AIP 是解决劳动力不足的途径之一,可以说吸引更多移民和留学生定居大西洋四省。

(5) 省提名计划

加拿大省提名计划是允许各省或地区提名那些希望移居加拿大并愿意定居在特定的省份或者地区的个人为移民候选人。省提名计划优惠之处,即积分没有资格通过快速通道申请移民的个人,可以通过省提名加以申请。比如申请人在某行业里有专长,但不够快速通道的评分条件,恰好某省、某地区需要这类人才,供需双方都得益。获得省提名可为快速通道评估加分不少。2017 年,加拿大各省为了发展经济,提升影响力,吸引更多符合当地经济需求的移民,先后利用省和地区提名计划推出不同的移民政策。但是因为各省对移民类别需求不同,提名的评分标准不同,投资额度要求和审批时间也有所不同。

2017 年卑诗省省提名计划名额为 6000 名,是接受移民人数较多的省份之一。这一年年初,为了加强卑诗省移民计划(BC Provincial Nominee Program, BC PNP)的管理,2 月 1 日,卑诗省 Provinical Immigration Programs Act 法规生效。① 同年 11 月 1 日,卑诗推荐移民计划(BCPNP)技术移民类对国际留学毕业生申请办法进行了修改。BCPNP 原来接受从事 NOC 为 C 或 D 类,即从事半技术和低技术工作的留学生,从 11 月 1 日开始,不接受从事这些工作留学生的申请。② 新规定还指出,国际留学毕业生申请人,必须是以渐进式的方式增加工作经验及提高工作职责。聘用他们的雇主,必须证明所出具的工作聘书内容是真实的,否则他们的申请就会被拒绝。③ BCPNP 申请规定的修改还包括:申请人及其配偶,在提供就业的公司

---

① Provincial Immigration Programs Act regulation comes into effect:https://news.gov.bc.ca/releases/2017JTST0015 - 000210,检索时间:2017 年 3 月 5 日。
② Eligibility Requirements:The BC Provincial Nominee Program-Skills Immigration and Express Entry BC,p. 15.
③ Eligibility Requirements:The BC Provincial Nominee Program-Skills Immigration and Express Entry BC,p. 22.

里，合起来不能占有超过1/10的股份。① 这些举措是为了避免一些申请人钻空子。

安大略省也是移民人数较多的省份，2017年度安省的移民总人数为6000人。2017年5月31日，安省移民厅厅长劳拉·阿尔巴内塞（Laura Albanese，当地称为罗缤妮）宣布改革安省移民提名计划（Ontario Immigrant Nominee Program，OINP）。新增快速移民通道隶属于技术移民的技工类别（Express Entry Skilled Trades Stream），同时简化现有的雇主担保类别（Employer Job Offer）的申请手续，还有降低创业者类别（Entrepreneur Stream）的英语能力要求。② 2017年8月16日，安省政府宣布，从即日起，省移民提名计划高需求技术类别（In-demand Skills Stream）正式为农业与建筑工业提供外国劳工机会。安省的新政策旨在吸引技术熟练的工人来满足建筑和农业部门劳动力市场需求。③

2017年3月30日，魁北克省移民局公布了2017～2018年度移民计划和相关项目接收申请的数量。其中魁北克省投资移民项目，在2017年5月29日至2018年2月23日，将接收1900个新申请，中国地区（含港澳）不得超过1330个。如果法语能力达到规定的中、高级水平，不受此名额限制，可以在2018年3月底之前随时提交投资移民申请。省提名计划中的企业家移民和自雇移民本年度不接受新申请。传统打分类（Regular Skilled Worker Program）魁省技术移民计划，自2017年4月1日起至2018年3月31日，将接收5000个新申请。2017年，魁省经验移民计划（Quebec Experience Class Immigration Program，PEQ），要求申请人必须拥有熟练的法语能力。④

---

① Eligibility Requirements: The BC Provincial Nominee Program-Skills Immigration and Express Entry BC, p. 34.
② Ontario Immigrant Nominee Program: http://www.ontarioimmigration.ca/en/pnp/OI_PNPNEW.html，检索时间：2018年3月5日。
③ http://www.ontarioimmigration.ca/en/pnp/OI_PNPNEW.html，检索时间：2017年12月8日。
④ http://www.immigration-quebec.gouv.qc.ca/en/informations/news/news-2017/intake-rules-1718.html，检索时间：2017年11月25日。

研究对比2017年各省对省提名移民的要求，可以看出各省吸引移民侧重面不一，不少新政策具有针对性。如安大略省，制造业发达、高科技行业多，和美国经济往来频繁，更侧重引入高技术人才和熟练技术工人。2017年安省的国际博士生项目（PhD Graduates）、国际硕士生项目（Masters Graduates）、In-demand Skills Stream 及安省快速通道人力资本优先项目（human capital priorities）都是注重人才的项目。魁省要求新移民具有熟练的法语能力，因为法语能力是参与魁北克社会和经济生活的关键条件之一。而中部省份，由于地域影响，不具备特别优势，移民人数相对较少，因此仍然需要各类人才，包括中级技术人才、留学生，还有投资移民。所以马尼托巴省有 Skilled Workers in Manitoba、International Education Stream 等项目，萨省有 International Skilled Workers 等项目。卑诗省自然资源丰富，制造业虽不是很发达，但因和美国比邻，贸易和科技行业先进，需高学历人才。另外该省老人较多，需要更多的医疗专业人员，因此设有医疗专业类别项目（Healthcare Professional Category of the BC Provincial Nominee Program）。

尽管各省要求不一样，但推出的一些新政策和计划有不少共同之处，比如简化申请程序，让雇主更快速招募或聘请拥有高技能的外国劳工或符合资格的国际留学生，等等。又比如各省都在提高投资资金要求、管理经验要求和语言要求，还有的要求成立新公司等。这些表明各省看重移民计划，希望新移民真正能够刺激省份经济发展。

省提名计划初衷是新移民定居在该省。但是根据加拿大权利与自由宪章第六条迁徙权利的表述：任何加拿大人有进入、离开加拿大、移居到和定居在任何省的权利，以致有不少申请人通过省提名计划来到加拿大，最终选择在其他省份居住。比如魁北克省投资移民项目吸纳不少资金，但有相当高比例的魁省投资移民最后到卑诗省或安大略省居住，这些人在享受其他省份社会福利的同时，造成各省移民分布不均。

2.家庭团聚类

加拿大移民法是基于人道和人权制定的，家庭团聚则是体现人道主义精神。2017年，联邦政府在此类配额人数有所增加，并推出一些新政策。

(1) 父母和祖父母移民

2016年12月14日，IRCC宣布了2017年父母及祖父母担保移民的申请改为随机抽签制，即抽取1万份申请进行处理，抽中者将获得移民邀请。2017年1月3日至2月2日，有意申请担保父母和祖父母家庭团聚的加拿大永久居民或公民，在IRCC官方网站上填写简单的申请意向后，会获得一个确认号码（confirmation number），IRCC于2017年2月2日以后，移除重复的申请信息，随机选择10000人并要求他们完成整个申请。① 但由于第一阶段申请人递交的申请表中，存在大量重复和不符合要求的现象，2017年8月4日之前，IRCC没有收到10000份完整的申请表，为了补足移民配额的抽签指标，同年9月6日，IRCC进行了第二轮抽签，并发出相应邀请。②

(2) 配偶、伴侣和子女移民

2017年4月28日，IRCC宣布对夫妻团聚移民政策进行调整，之前"夫妻双方必须在登陆加拿大后同居两年，受担保者才能获得永久居民身份"的规定被废除。新政策下，申请人递交的申请获批后，直接可以获得移民身份。③

早在2012年10月25日，联邦保守党政府为了防止一些人通过假结婚获取移民身份，规定所有担保配偶团聚的加拿大公民或永久居民，必须与被担保配偶从落地日算起一起居住两年，被担保配偶才能转为移民身份。④ 尽管该法规推出时也做了一些规定：被担保一方因为受到虐待等原因，选择在

---

① Changes to application intake process for 2017 Parent and Grandparent Program：https：//www.canada.ca/en/immigration-refugees-citizenship/news/2016/12/changes-application-intake-process-2017-parent-grandparent-program.html，检索时间：2018年3月9日。

② Parents and Grandparents Program：Second round of application intake：https：//www.canada.ca/en/immigration-refugees-citizenship/news/notices/parents-grandparents-program-second-round-application.html，检索时间：2018年3月10日。

③ Government of Canada：https：//www.canada.ca/en/immigration-refugees-citizenship/services/immigrate-canada/family-sponsorship/spouse-partner-children.html，检索时间：2017年12月14日。

④ Government of Canada：https：//www.canada.ca/en/immigration-refugees-citizenship/news/archives/backgrounders-2012/backgrounder-conditional-permanent-resident-status.html，检索时间：2017年12月14日。

登陆后的两年内离开担保人，如果被担保一方能够证明该事实，便不会被取消移民身份。但是自由党政府上台后，考虑到有些被担保人可能不清楚相关法律规定：在规定的两年时间内因受到虐待离开担保人，或者因此原因在两年内离开担保人并向政府陈述，但因为诸多原因没有被 IRCC 认可受虐事实，而导致被担保一方失去移民身份。基于上述等一些原因，2017 年，联邦政府正式宣布取消该条件。不过政府也保证会通过严格的审查，确保申请人符合要求，并打击造假现象。

IRCC 为了放宽未成年子女年龄限制，令更多申请家庭符合移民条件，于 2017 年 5 月宣布随父母申请移民的未成年子女的年龄上限，从过去的年满 19 岁（含 19 岁）放宽至年满 22 岁（含 22 岁）。从父母主申请人递交移民申请日计算未成年子女的年龄，但未成年子女必须是未婚或与父母一起居住，该规定于 10 月 24 日正式生效。此新规其实是恢复 2014 年 8 月以前的规定。①但是 2014 年 8 月 1 日以后和 2017 年 10 月 24 日以前的移民旧案不适用此新规。规定还有一个免除条款，如果年龄在 22 岁或以上的子女，在身体上或心理上完全离不开父母的经济支撑，那么父母申请人在申请移民时可以包括这类子女。②

2017 年推出的新政策，使得更多的家庭团聚在一起，有助于社会的稳定。

3. 难民和人道主义类

有关难民和人道主义类移民政策，是和加拿大宪章相呼应的。在宪章的框架下，加拿大欢迎来自世界各地的难民。根据 2013～2017 年加拿大移民和难民局（Immigration and Refugee Board of Canada）统计调查报告，五年中累计难民申请人数最多的国家是海地，批准人数最多的国家是叙利亚，难民申请批准率最高的国家是叙利亚（见表 4、表 5、表 6）。

---

① Government of Canada：https：//www.canada.ca/en/immigration - refugees - citizenship/news/2017/05/changes_ to_ regulationswillseeageincreasedfordependentchild.html，检索时间：2017 年 11 月 20 日。

② Government of Canada：http：//www.gazette.gc.ca/rp - pr/p2/2017/2017 - 05 - 03/html/sor - dors60 - eng.php，检索时间：2017 年 11 月 20 日。

2017年加拿大移民政策分析

表4 申请难民最多的前十个国家（2013~2017年）

单位：人

国家	申请	国家	申请
海地	9939	哥伦比亚	4033
尼日利亚	9034	土耳其	3988
中国	6437	伊拉克	3328
巴基斯坦	5218	匈牙利	3183
叙利亚	4038	印度	2938

资料来源：加拿大移民和难民局，Refugee Protection Claims Statistics，2013-2017。

表5 批准难民最多的前十个国家（2013~2017年）

单位：人

国家	申请	批准
叙利亚	4038	2915
巴基斯坦	5218	2699
中国	6437	2394
伊拉克	3328	2016
尼日利亚	9034	1939
土耳其	3988	1901
阿富汗	2559	1647
哥伦比亚	4033	1640
厄立特里亚	2632	1597
匈牙利	3183	1395

资料来源：加拿大移民和难民局，Refugee Protection Claims Statistics，2013-2017。

表6 难民申请批准率最高的前十个国家（2013~2017年）

单位：人，%

国家	申请	批准	批准率
叙利亚	4038	2915	72.19
布隆迪	2117	1363	64.38
阿富汗	2559	1647	64.36
利比亚	1524	947	62.14
厄立特里亚	2632	1597	60.68
伊拉克	3328	2016	60.58
巴基斯坦	5218	2699	51.72
土耳其	3988	1901	47.67
乌克兰	1323	625	47.24
也门	1494	697	46.65

资料来源：加拿大移民和难民局，Refugee Protection Claims Statistics，2013-2017。

叙利亚难民批准率高，是因为叙利亚局势动荡后，联邦政府扩大接受叙利亚难民名额。而海地申请难民人数最多，是因为美国限制非法移民后，准备驱逐在美国寻求庇护的海地人，加速了海地人前往加拿大。2017年，加拿大联邦政府稍微降低难民类移民配额，但还是历史上最高水平。这一年，依旧是海地申请难民人数最多，但批准人数最多却是土耳其，因为2016年土耳其发生局势动荡。

随着大量非法越境者通过美国进入加拿大申请难民身份后，联邦保守党认为自由党政府放任这种现象发生，是造成难民申请案例大量积压的主要原因。而联邦新民主党则抨击自由党政府面对增加的难民申请者，没有给难民审批委员会增加人力和物力，导致难民申请者等待时间过长。也有些人认为，目前国际局势动荡，需要接受和安置大量难民。但是2017年8月，埃德蒙顿发生难民袭警事件后，有不少人认为应该修改难民政策，在制定未来难民接收指标时，要认真甄选，并重点考虑如何让新接收的难民迅速融入加拿大社会，成为对社会有贡献的人。可以说，难民政策一直饱受争议。

二 影响移民政策变化的因素

2017年特鲁多政府移民政策的调整，主要是出于经济发展、人道主义和未来选举等多方面考量，其结果表现在：第一，根据前几年所推行移民政策所呈现的社会表现，来推出新的移民条例，或简单调整或维持不变。比如联邦投资移民和企业家移民项目（Federal Immigrant Investor and Entrepreneurs），因该类移民缴纳税额较少，没有真正给加拿大人创造更多就业机会，2014年6月19日被保守党政府终止，自由党上台后，曾有人提出要求，但至今也没有开启。① 第二，根据加拿大国情和社会需要，对移民总数量、各类别数量和各省配额进行调整。例如2017年8月9日，新不伦

---

① Immigrant Investor Program, https://www.canada.ca/en/immigration-refugees-citizenship/services/immigrate-canada/investors.html，检索时间：2017年12月14日。

瑞克省的投资移民项目，在关闭了四年之后，又重新开放。第三，自由党政府出于选票的需要，于 2017 年 10 月 11 日，正式实施与移民政策有关的 Bill C-6 法案（an Act to Amend the Citizenship Act and Make Consequential Amendments to Another Act），使符合要求的移民入籍更加容易。另外没有剥夺恐怖分子国籍。① 政府此举，希望这些人能赶在 2019 年联邦大选年，成为自由党的票源。

然而新移民进入加拿大后，给加拿大做出哪些贡献？带来什么样的影响？一直是人们关注和争论的话题。这些争论涉及诸多方面，并影响 2017 年移民政策的变化，下面就从政治、经济和文化等方面进行分析。

（一）人口老龄化对移民需求增加的影响

新的移民政策帮助减缓人口老龄化进程。目前加拿大人口老龄化相当严重。根据 2016 年加拿大人口普查报告，65 岁以上老人，约占总人口的 16.9%。15~64 岁劳动力人口占 66.5%。而 2011 年加拿大人口普查报告，65 岁以上老人，约占总人口的 14.8%。核心劳动力人口占 68.5%。② 可见，2016 年劳动力人口在下降，人口老龄化在上升。胡森曾表示，"到 2035 年，有 500 万加拿大人将要退休，而就业人数却在不断减少，不足以支持老年人和退休的人"。③ 因此加拿大政府希望通过移民，使医疗保健成本下降，抵消人口老龄化并资助社会保障系统。

2017 年 10 月 25 日，加拿大统计局（Statistics Canada）公布了 2016 年的人口普查报告，加拿大人中有 21.9% 是移民或永久居民，占加拿大总人口的 1/5。加拿大 15 岁以下儿童，其中 37.5% 有移民背景。数据显示，2011~2016 年，加拿大总共接收了大约 120 万新移民，这些新移民在 2016

---

① Canada Immigration Newsletter, October 11, 2017；Bill C-6 Receives Royal Assent：https：//www.canada.ca/en/immigration-refugees-citizenship/news/2017/06/bill_c-6_receivesroyalassent0.html，检索时间：2017 年 12 月 14 日。
② Age and sex, and type of dwelling data：Key results from the 2016 Census.
③ Kathleen Harris, Chris Hall, Peter Zimonjic：Canada to admit nearly 1 million immigrants over next 3 years，CBC Nwes，2017 年 11 月 1 日。

年占加拿大总人口的3.5%,① 其中71%的新移民年龄在35岁以下，他们应到2046年才退休。近年来，新移民政策使在加拿大完成高等教育的国际学生较为容易移民，这使得加拿大人整体受教育水平得到提升以及加拿大人口结构更加年轻化。

（二）经济和人才需要的影响

出于经济发展战略考虑，加拿大政府需要移民来补充和扩充各地的劳动力市场。同时，加拿大移民体系非常重视移民受教育程度。通过挑选专业技能和学历符合要求的移民，以及对移民海外资历的认证，提高劳动力市场的教育水平，尽快解决移民就业率低的问题。

根据2016年人口普查报告，加拿大前5年内接收的120多万新移民中有60.3%是"经济"类移民，有近一半人是通过技术移民计划来到加拿大的。② 其中年龄在25~64岁的10个移民中，有4个具有本科以上学位。相比之下，25~64岁的加拿大出生人口中，只有不到1/4拥有学士学位或更高学位（见表7）。

表7　25~64岁年龄段人口受教育程度及占比（2011~2016年）

受教育程度	获得硕士或博士学位(%)	大学文凭、学士学位及以上(%)
2016年加拿大本地出生人口	5	24
2016年统计全部移民人口	11.30	39.50
2011~2016年移民人口	16.70	52.10

资料来源：Statistics Canada, Education in Canada: Key results from the 2016 Census。

---

① Statistics Canada：http://www.statcan.gc.ca/daily-quotidien/171025/dq171025b-eng.htm；https://www.statcan.gc.ca/daily-quotidien/171129/dq171129a-eng.htm，检索时间：2017年12月9日；Statistics Canada, 2016 Census of Population, Statistics Canada Catalogue no. 98-400-X2016201。

② Statistics Canada：http://www.statcan.gc.ca/daily-quotidien/171025/dq171025b-eng.htm；https://www.statcan.gc.ca/daily-quotidien/171129/dq171129a-eng.htm，检索时间：2017年12月9日；Statistics Canada, 2016 Census of Population, Statistics Canada Catalogue no. 98-400-X2016201。

在就业方面，移民使得加拿大劳动力有所增加。2006~2016年，加拿大约2/3的人口增长是移民人数净增长的结果，而移民占劳动力市场的比例从2006年的21.2%上升到23.8%。

2016年5月，处在核心年龄段（25~54岁）的新移民（指登陆不到五年的移民）当中，有68.5%的人就业，而在同年龄段移民超过五年以上的就业率为79.5%，同年龄段加拿大出生的就业率为82.0%。尽管新移民的就业率低于老移民和加拿大出生的人口，但它还是从2006年的67.1%上升到2016年的68.5%。对于核心年龄段女性新移民，就业率从2006年的56.8%上升到2016年的58.6%，核心年龄段男性新移民的就业率从2006年的78.7%上升到79.6%。相比之下，加拿大出生的核心年龄段男性以及非近期移民男女的就业率在这10年间有所下降。①

加拿大各地人文地理和经济情况不一样，移民就业率也有差别。2016年，多伦多市劳动力市场中有一半劳动力是移民，温哥华市为43.2%，而卡尔加里市则是32.5%。

与历年一样，2017年经济类移民数额占主要地位。因为与其他类别移民相比，这类移民具有较高学历和技术水平，就业率相对较高，也容易找到薪水较高的技术性工作，在短时间内即可为加拿大经济和税收带来益处。根据2017年移民局统计，对25~54岁具有移民身份所受教育程度调查，学历越高，就业率相应提升。但就移民群体的就业率来讲，低于加拿大出生的人口，登陆在5年之内的新移民，就业率更低。与此同时，新移民失业率则是最高（见表8）。

分析新移民为什么就业率低。原因在于：一是新移民没有加拿大工作经验和学历。很多雇主注重加拿大工作经历，认为新移民原来的工作经验不一定适合于加拿大行业。二是新移民的官方语言交流水平不如本地人顺畅，所以不容易找到工作。三是加拿大有些地区的经济规模并不需要很多专业人员。

---

① Labour in Canada: Key results from the 2016 Census; https://www.statcan.gc.ca/daily-quotidien/171129/dq171129b-eng.htm，检索时间：2018年3月2日。

表8　25～54岁不同教育程度的移民及非移民的就业和失业率状况比较（2017年）

单位：%

教育程度	所有教育级别	没有证书	高中	大专	大学本科
就业率					
总人口	82.3	60.6	77.1	85.4	87.2
登陆移民	78.9	59.8	74.1	81.2	82.1
登陆5年或少于5年的移民	69.8	38	66.9	73.6	72.2
登陆5年到10年之内的移民	77.2	57.2	71.2	76.8	81.4
登陆多于10年的移民	82	65.6	76.1	84.1	86.1
出生于加拿大	84	60.9	78.4	86.7	91.4
失业率					
总人口	5.4	10.7	6.5	5.1	4.2
登陆移民	6.4	10.2	6.6	6	6.1
登陆5年或少于5年的移民	9.6	19.4	8.3	8.7	9.7
登陆5年到10年之内的移民	6.2	9.9	7.5	6.2	5.4
登陆多于10年的移民	5.6	8.8	6.1	5.5	5.1
出生于加拿大	5	10.9	6.5	4.8	2.9

资料来源：Statistics Canada，CANSIM table 282 – 0106。

加拿大企业排行榜中除了几家金融公司、银行、能源相关公司外，就是美国公司在加拿大的分公司。加拿大少有自己的核心产业，主要为美国提供原材料、来料加工和组装。因此，大部分情况下中等学历但文化习俗相通且语言占优势的加拿大本地人更容易获得就业机会。新移民的出路则是加强语言训练，选择适当的行业，重新学习并获得本地证书，扩大就业机会。

在2017年的财政预算案当中，政府决定资助刚刚来到加拿大的新移民办理外国学历认证，让他们能有充足经费去完成其海外资历认证过程，尽快获得应聘。预算案指出，政府将在未来5年内总共投入2750万加元，计划从2017～2018年开始实施，每年提供550万加元支持针对新移民的就业策略，这项举措会帮助新移民把已有的经验运用到发展加拿大经济的工作中去。①

---

① Building A Strong Middle Class – #Budget 2017，The Department of Finance Canada，March 22，2017，p. 71.

在收入方面,尽管能讲一种官方语言的移民人数增加了,但平均工资收入仍低于加拿大出生人口。2016年人口普查估计,加拿大出生的人口,2015年平均工资为36000加元,而移民为35000加元。① 移民的工资还与出生地区有关。2015年,出生在欧洲的男性移民税申报人的工资中位数为5万加元,在美国出生的男性为51000加元,而在东亚出生的人的平均工资为30000加元。

究其原因,雇主还是更愿意雇佣本地出生的人。因为他们具有本地或被加拿大认可的学历、经验,也更了解加拿大就业市场和规范。而对于那些来源于文化背景相似的欧美国家移民,由于其文化背景与加拿大主流社会相似,融合度高,很容易得到雇主的认可。而华人新移民由于不容易在当地人企业找到工作,有些选择在华裔开办的公司从事技术工作,但工资相对较低。也有新移民因为就业机会有限或无吸引力而自谋职业,但开始几年,净收入有限。然而随着移民时间加长,移民融入程度提高,收入会与本地人差距减少,并逐步提升交税额度。

(三)民族和文化渊源影响的多元化

加拿大提倡多元文化,这一点在移民政策方面也体现出来。由于新的移民政策既欢迎来自欧美的移民,也欢迎来自亚洲和非洲的移民,移民族裔比例相应发生变化。根据2016年加拿大人口普查报告,61.8%的新移民来自亚洲。13.4%的新移民是非洲人。新移民来源国前3名分别是:菲律宾、印度和中国。② 而在1968~1973年,欧洲移民占全部移民人数的约50%,亚洲来的移民人口只占近17%。③

移民政策的变化,使移民的语言构成发生了变化。根据2016年加拿大

---

① Income and mobility of immigrants, 2015.
② http://www.statcan.gc.ca/daily-quotidien/171025/dq171025b-eng.htm,检索时间:2017年12月9日;Statistics Canada, Census of Population, 2016。
③ Ottawa, Department of Manpower and Immigration, "Highlights from the *Green Paper on Immigration and Population*" (1975), 35-9.

人口普查报告,加拿大一共有269种母语,例如母语是中文(广东话、国语、闽南语等)的占3.6%。英语或法语作为母语的移民比例从1921年的71.2%下降到2016年的27.5%。① 不过英语和法语还是占主导地位。2016年,移民中的绝大多数(93.2%)能够用英语或法语进行对话,只有6.8%的移民无法用英语或法语进行对话。即使不在工作场所,超过一半的移民通常在家里讲英语或法语。② 在语言上,加拿大官方语言是英语和法语,但也鼓励其他语言的存在和应用。例如在埃德蒙顿市,从1983年起,在公立学校正式设有中英双语教学项目。③

根据预测,未来移民中母语既不是英语也不是法语的人口将会增加。有宗教信仰的人的比例将会增加,2036年可能为28.2%~34.6%(2011年为24.0%)。由于东南亚、南亚移民比例的增加,穆斯林、印度教和锡克教信仰人数也会增加。天主教仍然是追随者最多的宗教。④ 这些多语言、多文化的存在,使得族裔社区不断扩大。多元化的移民人口丰富了文化,振兴了族裔社区。

(四)新移民分布对加拿大各省经济发展的影响

根据2016年的人口普查报告,多伦多、温哥华和蒙特利尔三个大都市是35.7%加拿大人口的居住地,也是全国61.4%移民和56.0%新移民的居住地。可见这些地区移民人口密集度很高。2016年,移民占多伦多人口的46.1%,温哥华的40.8%,蒙特利尔的23.4%。但在新移民政策的影响下,

---

① Statistics Canada, 2016 Census of Population, Statistics Canada Catalogue no. 98 - 400 - X2016055; Immigration and ethnocultural diversity: Key results from the 2016 Census.

② Over half of immigrants speak English or French most often at home, http://www12.statcan.gc.ca/census-recensement/2016/as-sa/98-200-x/2016017/98-200-x2016017-eng.cfm, 检索时间:2018年3月6日; Immigration and ethnocultural diversity: Key results from the 2016 Census。

③ 阿尔伯塔省中文教育官方网, http://www.chineseinalberta.ca/chineselanguage/chinese.aspx, 检索时间:2018年6月30日。

④ https://www.statcan.gc.ca/pub/91-551-x/91-551-x2017001-eng.htm, 检索时间:2018年3月16日。

移民在各省份定居分布正在逐步改变。2016年安大略省接受新移民占39.0%，这一比例与2001年的55.9%有所下降。卑诗省新移民比例也从2001年的19.9%下降到2016年的14.5%。同一时期，更多的移民选择在加拿大草原和大西洋省份定居。草原省份的新移民所占的比例增加了一倍多。例如居住在阿尔伯塔省的新移民比例从2001年的6.9%上升到2016年的17.1%。马尼托巴省由1.8%上升到5.2%。萨省也从2001年的不足1.0%增长到2016年的4.0%。2016年，大西洋省份现有移民人数是加拿大近期所有移民的2.3%。2016年，17.8%的新移民居住在魁北克省，高于2006年的17.5%和2001年的13.7%。与此同时，新移民居住在里贾纳、温尼伯、卡尔加里、萨斯卡通和埃德蒙顿都市区的比例，比起加拿大总人口在这些都市区的比例，前者几乎是后者的两倍。例如，4.3%的新移民在温尼伯定居，而加拿大总人口中只有2.2%的人居住在这个都市区。①

移民的增多，促进城市经济发展。在温哥华、多伦多和蒙特利尔等城市，移民增加带来了消费，使得房地产、日常生活用品行业、餐饮业迅速发展。但移民集中也给城市带来一些压力，影响教育领域和社会福利等方面，例如大温哥华地区的素里市，由于移民学生激增，原有学校资源紧缺，教师缺乏。这些使得联邦和省政府要在语言培训、职业培训和安置服务方面加大相应的投入。

具体而言，移民的到来，为加拿大的人口增加、经济发展、社区发展等做出了贡献，但是移民人数、选择移民标准会受到实践的检验，并影响移民政策的变化。

三 移民政策的未来发展趋势和预测

移民政策的未来走向与执政党的执政理念有很大的关系。在联邦自由党

---

① Immigration and ethnocultural diversity：Keyresults from the 2016 Census：Statistics Canada，2016，P.1－8.

继续实行开放移民政策的背景下，2017年11月1日，加拿大联邦政府公布了最新移民配额，未来3年预计接收100万。其中：2018年31万，2019年33万，2020年34万。① 在未来三年中，经济类移民仍然占主导地位，人数上升数目较大（护理人员计划除外）。家庭团聚类别升幅其次，其他类别略有升幅。

联邦政府在和各省合作的投资移民计划里，对申请人的审查强调了创办企业的真实性。从投资企业的规模、资金能否到位、在高新企业方面是否具有竞争力、雇员的数量、企业所在地和投资人及雇员的地理位置等，都要进行更加仔细的了解和更加严格的审查。目的是消除投资移民入境后不作为的现象。例如马尼托巴省新的BIS商业投资者类别，因为之前开放性投资移民政策并没有给该省带来预期的经济和社会效益，因此在2017年将原来的先移民后投资政策变为先投资后移民。

在技术移民方面有兼顾高端和低端两类的趋势。一方面提高了对高水平移民的语言、学历和技术背景、职业类别的要求。要求这类移民能迅速进入加拿大高科技行业，在为提高加拿大经济领域的国际竞争力做出贡献的同时也增加了移民的纳税总和。另一方面，各省政府在劳工短缺的实际情况下，与登记的雇主合作，适当考虑接收企业急需的、有特殊技能的工作许可证持有者申请移民。一些临时外劳可以申请转成移民，这也是从维持各省经济的持续发展方面考虑的。

各省在省提名计划运作中，都根据各自的经济发展战略加以综合考虑。如果某地区的人口老龄化严重，企业缴税负担加重，当地就业市场就会萎缩。当移民不能找到相应的工作时就会成为政府的负担。同样，如果在加拿大毕业的留学生移民后找不到工作，他们更有可能凭借加拿大移民身份流向美国去发展个人事业。因此各省都根据就业市场的规模及对新移民服务的能

---

① Supplementary Information 2018–2020 Immigration Levels Plan：https：//www. canada. ca/en/immigration – refugees – citizenship/news/notices/supplementary – immigration – levels – 2018. html?_ga = 2. 139199731. 1769257665. 1513203807 – 1936101950. 1506019915，检索时间：2018年3月13日。

力决定未来能容纳多少增加的移民人口。但随着各省提名计划的逐步完善，经济和区域利益将得到更好的结合。例如魁省政府希望 2018 年拿到"魁北克甄选证书"（CSQ）的人数，85% 都拥有法语能力，① 此举可以降低政府用于语言培训的开支。

在加拿大毕业的留学生，也被认为是属于高技术类移民的范畴并受到青睐。多数留学生正处于青年时期并有着本地相对较高的学历和工作经历，语言没有障碍，进入加拿大企业后稍加培训即可发展成为稳定的工作骨干。这些人缴税期长，又可为加拿大增添下一代人口，降低加拿大人口结构年龄。即使有申请父母来加拿大家庭团聚的可能，但总体来说效果是积极的。因此，接收留学生成为移民的人数有所增加。但是留学生移民政策均在调整，例如马尼托巴省，2018 年留学生申请移民专业必须对口，以前则不用。从事科学、技术、工程和数学专业的研究生，完成实习项目后可以直接申请移民。② 类似这些条件，是加拿大各省的一个策略，目的是希望留住未来年轻的纳税人，同时留学生移民后能迅速找到专业工作和安顿家业。

预测未来联邦政府会根据不断加剧的国际竞争形势和瞬息万变的环境调整移民政策和经济发展战略，应对人口老龄化依然是重点考虑因素。帮助各省及地区根据现状实现均衡发展的政策将会更加完善。省提名计划将会更切实际。难民和人道主义类政策原则上不会有大幅变动，但由于动荡的国际局势以及加拿大国内对难民接收指标和社会效果还在广泛讨论之中，未来难民政策难免会发生相应改变。不过 2019 年是大选年，为了选举而推出新的移民政策，也具可能性。另外在未来接受新移民过程中，社区合作伙伴，特别是企业家与各级政府会有更广泛的合作。

---

① PLAN d'immigration du quebec pour l'année 2018，pp. 8 - 9.
② http：//www.immigratemanitoba.com/immigrate - to - manitoba/mpnp - renewal/international - education/，检索时间：2018 年 3 月 8 日。

B.9
加拿大难民接收状况和社会影响

柳玉臻*

摘　要： 加拿大接收的难民包括难民安置和难民保护两个类别，分别来自境外申请、边境或境内申请两个项目，有不同的接收政策及审核程序。在2016~2017年度加拿大接收了大量来自非洲和中东地区的难民，以难民安置为主，2016年为最高峰；2017年总量下降，但难民保护数量增长明显。难民集中分布在安大略省和魁北克省，接近半数难民对加拿大的官方语言不熟悉，难民融入加拿大社会比较困难。在财政上，接收难民给联邦政府和省政府产生了很大的负担；在政治上，民众对政府的难民管理存在抱怨和不满；在社会构成上，接收难民改变了加拿大的族裔结构。未来，加拿大在审核难民申请上的困难和促进难民融入的压力会进一步加大。

关键词： 难民安置　难民保护　难民管理　难民融入

难民移民是加拿大移民体系的一个重要类别。在加拿大现行的《移民和难民保护法案》（2001）中，难民被定义为"基于种族、宗教、国籍、政治见解或某社会群体成员身份而担心遭遇迫害或者折磨、残酷对待和惩罚的个人"，而接收难民是"履行加拿大对难民的国际法律义务"和"表达加

---

* 柳玉臻，博士，广东外语外贸大学政治与公共管理学院副教授，研究方向为加拿大社会。

大的人道主义理念"的必要措施。① 在当代，加拿大接收了大量来自世界各地的难民。本文重点考察了2016～2017年加拿大接收难民的状况，介绍了加拿大的难民政策和难民管理，并讨论了难民对加拿大的财政、政治和社会的影响。

一 加拿大难民接收状况

加拿大接收的难民移民包括两个类别：难民安置和难民保护。安置类难民（Resettled Refugee）指在加拿大境外获得难民移民签证并通过了安全和健康检查后移居加拿大的移民；而保护类难民（Protected Refugee）指在加拿大边境或者境内递交避难申请获批准后申请永久居民许可的移民。除这两个类别外，没有合法签证或者未递交避难申请的个人经过加拿大边境（包括陆路、海路和航空）进入加拿大的被视为非法进入，加拿大皇家骑警或者地方执法机构会将非法入境者移交加拿大移民部或者边境局，视情形决定是否进入难民保护申请程序。

根据加拿大移民部公布的统计数据，2007～2017年，加拿大政府接收了共319977名难民移民（包括难民安置和难民保护），占这11年间移民总量（包括经济移民、家庭团聚及其他类型移民）的11.04%。难民移居的最高峰出现在2016年，共有58911名，占当年移民总量的19.88%，比2015年增长了83.53%；2017年难民移民总量下降，共有32415名，占当年移民总量的11.31%，恢复到与2015年相近水平（见图1）。

区分难民安置和难民保护两个类别，2013～2017年，加拿大接收的安置类难民和保护类难民数量变化很大（见表1、图2）。特别是，2016年加拿大批准了大量从境外申请的安置类难民，共48670名，占当年难民移民总量的82.61%；2017年，加拿大批准的安置类难民数量下降，共17998名，

---

① Immigration and Refugee Protection Act (2001), http://laws.justice.gc.ca/eng/acts/I-2.5/index.html.

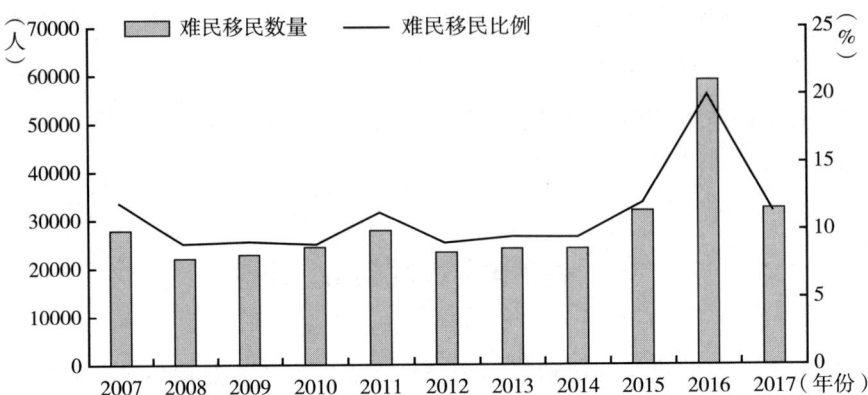

图1 加拿大在2007～2017年接收的难民数量与难民占移民总量的比例

资料来源：Government of Canada https://www.canada.ca/en/immigration-refugees-citizenship/corporate/reports-statistics/statistics-open-data.html。

占当年难民移民总量的55.52%；而在边境和境内申请难民保护的获批数量增长，共14417名，占当年难民移民总量的44.48%。

表1 2013～2017年加拿大批准的难民移民数量

单位：人

年份	难民安置批准	难民保护批准	难民移民总量
2013	16324	7815	24139
2014	14192	9878	24070
2015	22562	9536	32098
2016	48670	10241	58911
2017	17998	14417	32415

从难民移民（包括难民安置和难民保护两类）的来源地来看，在2007～2016年，来自非洲和中东地区的难民数量增长迅速（见图3）。特别是，在2015年1月至2018年3月，加拿大接收了52720名来自叙利亚的安置类难民，占同期加拿大接收难民总量的39.03%[①]。

[①] Statistics and Open Data, Syrian Refugees: https://www.canada.ca/en/immigration-refugees-citizenship/corporate/reports-statistics/statistics-open-data.html.

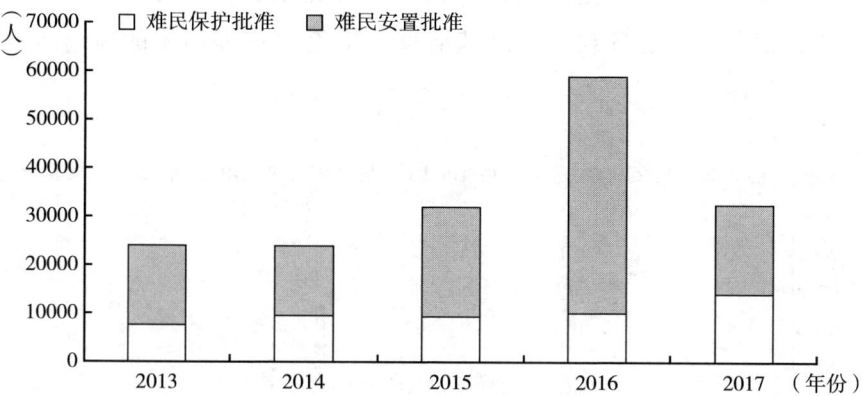

图2 2013~2017年加拿大批准的难民移民类别对比

资料来源:Immigration and Refugee Board of Canada,http://www.irb-cisr.gc.ca/Eng/RefClaDem/stats/Pages/index.aspx。

图3 加拿大在2007~2016年接收难民的来源地分布

资料来源:Government of Canada https://www.canada.ca/en/immigration-refugees-citizenship/corporate/reports-statistics/statistics-open-data.html。

2017年,加拿大接收的保护类难民数量增加明显。从递交申请的情况来看,对比2016年,来自海地、尼日利亚、土耳其、巴基斯坦、印度、墨西哥、叙利亚、哥伦比亚、委内瑞拉等国,在加拿大边境与境内递交难民保护申请的数量较大；从批准的情况来看，来自土耳其、厄立特里亚、叙利亚、尼日利亚、巴基斯坦、哥伦比亚等国家的申请者获批准较多（见图4）。

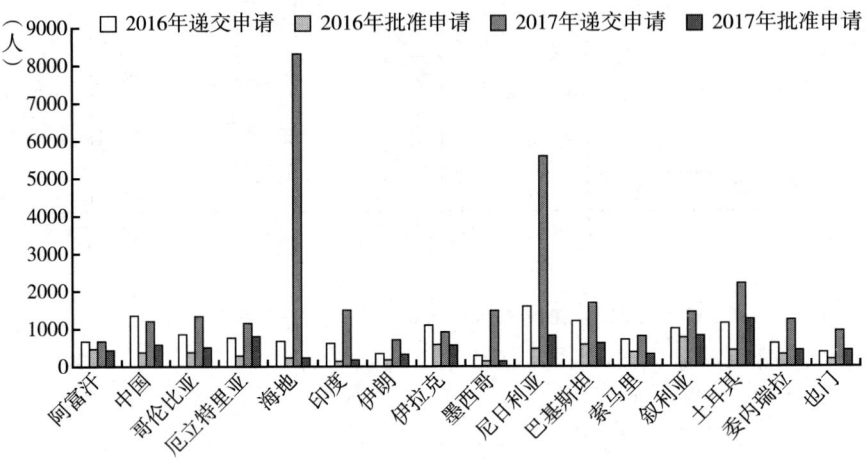

图4　加拿大在2016～2017年难民保护申请递交和批准的情况

资料来源：Immigration and Refugee Board of Canada，http：//www.irb－cisr.gc.ca/Eng/RefClaDem/stats/Pages/index.aspx。

另外，在难民移民（包括难民安置和难民保护两类）的构成上，从性别来看，加拿大接收的难民男女数量基本相当，男性数量略高于女性（见图5）。

从年龄来看，虽然在总体上难民移民（包括难民安置和难民保护两类）中25～44岁的年龄群体占比例较高，但在2016年小于15岁的未成年人比例超过其他年龄群体，占了当年移民总体的37.9%（见图6）。

从难民移民（包括难民安置和难民保护两类）移居加拿大后的分布来看，难民移民在移居加拿大后主要居住在安大略省、魁北克省和阿尔伯塔省，2010～2017年，这三个省接收的难民移民总量为208334名，占难民总量的81.37%。特别是安大略省，2010～2017年共接收了130450名难民，占同期加拿大接收难民总量的50.95%（见图7）。

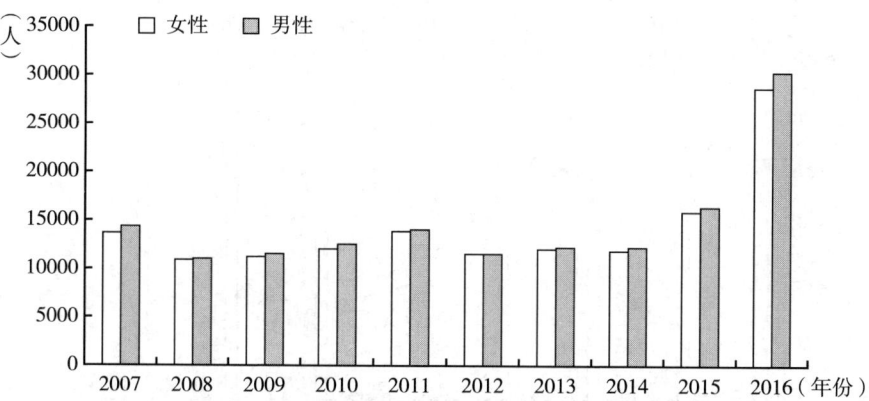

图5　加拿大在2007~2016年接收难民的性别分布

资料来源：Government of Canada https：//www.canada.ca/en/immigration - refugees - citizenship/corporate/reports - statistics/statistics - open - data.html。

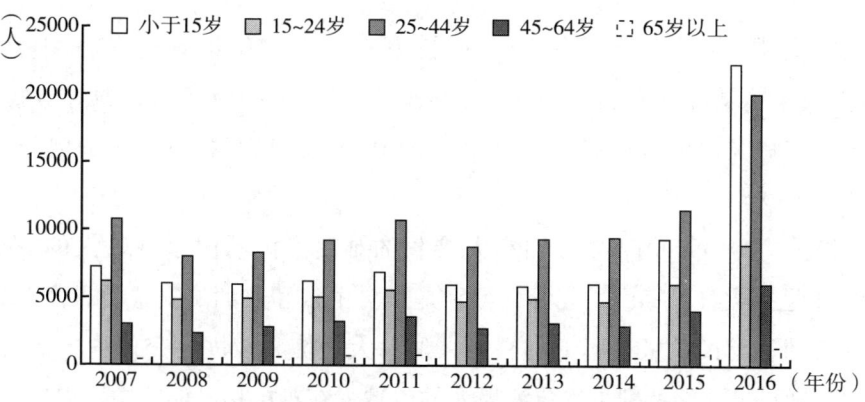

图6　加拿大在2007~2016年接收难民的年龄分布

资料来源：Government of Canada https：//www.canada.ca/en/immigration - refugees - citizenship/corporate/reports - statistics/statistics - open - data.html。

最后，从难民移民（包括难民安置和难民保护两类）进入加拿大时掌握的加拿大官方语言来看，2007~2016年，难民移民中有45.98%的

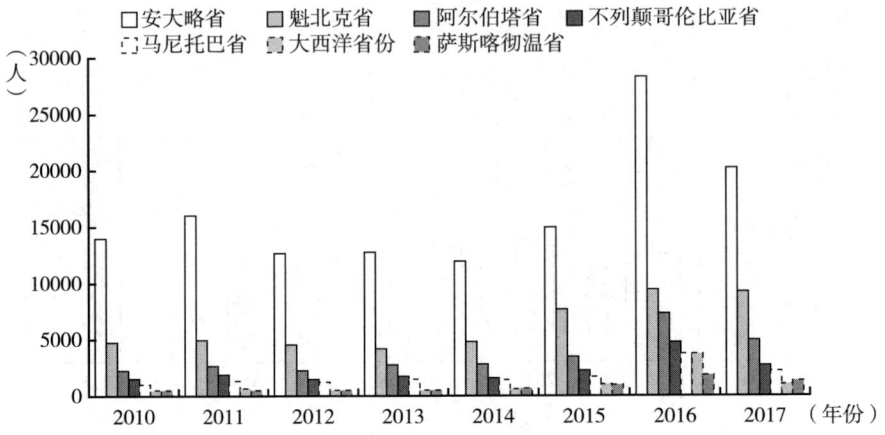

图7　2010～2017年加拿大接收的难民在各省的分布

注：大西洋省份包括纽芬兰省、爱德华王子岛省、新斯科舍省和新布伦维克省。
资料来源：Government of Canada，https://www.canada.ca/en/immigration-refugees-citizenship/corporate/reports-statistics/statistics-open-data.html。

人既不掌握英语也不掌握法语；特别是在2016年难民移民中，有56.01%的人既不掌握英语也不掌握法语。2007～2016年移居加拿大的难民中，掌握英语的难民移民占比为42.16%；而掌握法语的难民移民占比为7.61%。

综上，2016～2017年，加拿大接收的难民移民状况呈现较大的变化，2016年是接收难民移民的高峰，特别是来自中东和非洲的安置类难民较多；2017年难民移民总量有所下降，但在加拿大边境和境内递交保护申请的难民数量增长迅速，特别是来自海地人的申请。在难民移民群体中，男性和女性数量相当，以25～44岁年龄段为主，但在2016年小于15岁的未成年人占难民移民的比例很高。在难民移民的分布上，移居加拿大的难民比较集中居住在三个省份，特别是安大略省。在难民群体中，超过半数难民对加拿大的官方语言（英语或法语）都不熟悉。

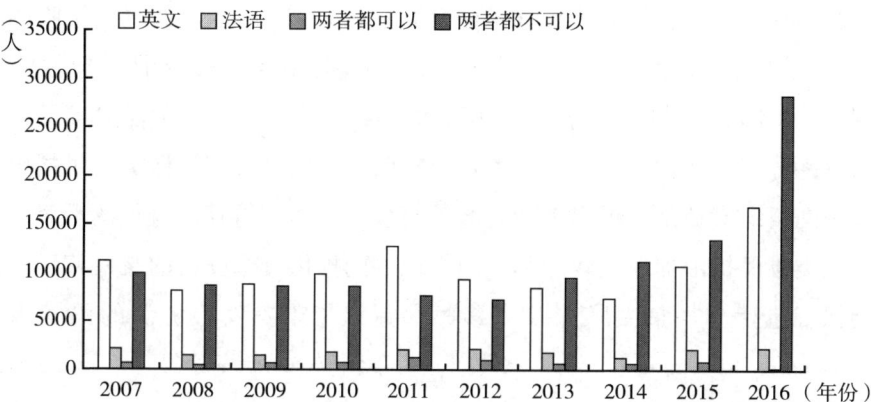

图8 2007~2016年加拿大接收的难民的官方语言掌握情况

资料来源：Government of Canada https：//www.canada.ca/en/immigration - refugees - citizenship/corporate/reports - statistics/statistics - open - data.html。

二 加拿大的难民政策和难民管理

加拿大在1969年缔约加入联合国《关于难民地位的公约》（*Convention Relating to the Status of Refugees*），此公约要求缔约国对难民采取"不推回"原则（Principle of Non-refoulement），即不能"将难民驱逐或送回至其生命或自由受威胁的领土边界"。按照这个原则，对于从边境（包括海路、陆路和航空）进入加拿大申请避难的个人和群体，加拿大负有接收责任。1976年，加拿大国会通过了《移民和难民保护法案》（*Immigration and Refugee Protection Act*），首次把难民作为一个独立的移民类别纳入国家移民体系管理，允许申请者从境外申请难民庇护和移民安置。1989年，加拿大政府设立了独立于移民部的移民与难民委员会（Immigration and Refugee Board，IRB）进行难民甄别和审查工作。2001年，新《移民和难民保护法案》颁布和实施，规范了境内和境外难民移民担保和审核机制，并且加入了"指定来源国"（Designation of countries of origin）即"安全第三国"制度。

按照加拿大《移民和难民保护法案》(2001)的规定,加拿大接收的境外庇护申请难民移民包括公约类难民、民间担保类难民及混合担保类难民。[1] 公约难民指按照联合国《关于难民地位的公约》,由联合国难民署审核通过并分配给加拿大,由加拿大政府资助的难民;民间担保类难民指由加拿大民间组织或赞助人提出申请并给予资金支持而获得移民身份的难民;混合担保类难民指由加拿大政府和民间组织共同提供资金支持的难民移民。民间担保人包括与加拿大联邦政府移民部签订了难民安置协议的民间组织(Sponsorship agreement-holder,多数为信仰团体或族裔组织)、五人小组(Group of 5,指五个加拿大永久居民或者公民的联名)和社区赞助人(Community Sponsor)。受 2012 年加拿大难民保护法修订的影响,加拿大的民间担保类难民也需要联合国难民署审查通过而进入加拿大。因此,在 2012 年之后,加拿大接收的境外安置类难民多是来自联合国设立在土耳其、黎巴嫩和约旦等国的难民营,经过联合国难民署和加拿大移民部审查后发放难民移民签证后移居加拿大的难民。

除在加拿大境外申请难民移民外,在加拿大边境和境内也可以申请避难保护。按照《移民和难民保护法案》(2001)的规定,在加拿大边境或境内申请难民保护,需要符合来自安全第三国以外国家的规定。到目前,加拿大认定的安全第三国仅有美国。在 2002 年 12 月,加拿大和美国签署了安全第三国协议,并从 2004 年 12 月起执行至今。按照协议,首先到达美国的难民申请者需要在美国而不能在加拿大申请难民保护;但协议中设定了四种可以向加拿大申请难民保护的例外情形:①加拿大公民/永久居民/难民移民/难民保护申请人/工作签证/学生签证持有者的家庭成员;②无成人陪伴的未成年者;③合法文件(包括有效的加拿大签证、工作许可、学生许可、永久居民或难民旅行文件)持有者;④符合公共利益,对加拿大安全不构成威胁,但在美国或者其他国家会面临死刑惩罚的个人。[2] 这四个例外允许与加

---

[1] 柳玉臻、张建武:《加拿大难民政策介绍及其对欧洲难民危机的启示》,《贵州师范学院学报》2017 年第 4 期。

[2]

拿大居民有联系的个人或未成年人进入加拿大寻求避难；即使在这四个例外之外，从美加边境偷渡到加拿大的个人大多数情况下也可以在加拿大境内提交难民保护申请。

按照法律规定，申请难民保护的个人需要在加拿大边境向加拿大边境局（Canada Border Services Agency，CBSA）或在境内向加拿大移民部（Immigration，Refugees and Citizenship Canada，IRCC）递交保护申请。CBSA 或 IRCC 的移民官会在收到申请后通过面谈来核实申请者是否符合难民保护申请条件。面谈时间一般安排在递交申请的 6 个月之内。如果移民官认为申请者符合申请难民保护的条件（包括此前未提交过难民保护申请，不会危及加拿大国家安全等），就会将申请案例转到加拿大移民和难民委员会（IRB），由 IRB 的难民保护庭（Refugee Protection Division，RPD）做出是否批准难民申请的决定。如果 RPD 做出批准决定（Approval），申请者就可以获得难民保护签证，合法在加拿大居住并成为移民和公民。如果被拒绝（Rejected），申请人可以继续向 IRB 的难民申诉庭（Refugee Appeal Division，RAD）提出申诉，另外还可以向加拿大联邦法院提出司法审查要求。如果 RAD 或者联邦法院经审理后撤销难民保护庭的决定，案件将发回 RPD 重新进行听证。如果最终难民庇护被 IRB 拒绝，申请者在离境前还可以向移民部长申请遣返前风险评估（Pre-Removal Risk Assessment），如果新提出的证据证明申请人可能在遣返后遭遇迫害或风险，申请人可以获得难民保护；如果评估未通过，申请人将被遣返。

由于移民与难民委员会（IRB）是一个独立于移民部的准司法机构，其运作不受行政程序和难民移民配额的影响，故而对于难民保护申请的审查相对比较公正和客观，但也造成了审查耗时长、效率慢的问题。目前 IRB 有多达千名雇员，但由于在近几年难民保护申请数量的增加和大量的累积，单个难民保护审查平均耗时 32~34 个月，复杂个案可能耗费 5~6 年，或者更长（见表 2）。

表2　加拿大移民与难民委员会2013～2017年难民保护申请审批情况
（新申报系统*）

单位：人，%

年份	接收申请	完成个案				完成总数	批准率**	积压数量
		批准	拒绝	退回	放弃			
2013	10465	3064	2009	221	357	5651	54.22	4987
2014	13800	7156	3961	271	425	11813	60.58	6916
2015	16592	8596	4116	212	532	13459	63.87	9999
2016	23894	9972	4821	286	682	15761	63.27	17537
2017	47425	13559	6231	715	975	21480	63.12	43276

注：* 新申报系统指 IRB 在 2012 年 12 月修改难民资格甄别细则后新提交申请的审查系统。细则调整主要是根据移民部给出的"国家安全"评估后缩短相应审批时长的做法。** 批准率为批准个案/完成总数。"退回"（Abandoned）指 IRB 因为申请者提供的材料不全而退回申请；"放弃"（Withdrawal）指申请者由于个人原因而主动放弃申请。

资料来源：Immigration and Refugee Board of Canada, http://www.irb-cisr.gc.ca/Eng/RefClaDem/stats/Pages/index.aspx。

三　难民接收对加拿大产生的影响

从2016年人口普查数据来看，1980～2016年，加拿大共接收了858845名难民，占加拿大总人口的2.44%。① 在履行国际法律义务的同时，大规模的难民接收也给加拿大的财政、政治和社会带来明显的影响。

首先，接收难民无疑给加拿大联邦政府和地方政府增加了财政负担。对于安置类和保护类难民，加拿大政府都有审查责任，并需要为难民移民提供救助、培训和相应的社会福利。安置类难民从进入加拿大起，作为移民享有来自联邦政府或者民间担保人一年的经济资助，包括饮食、住宿、交通、通信、语言学习和就业服务等；另外，安置类难民享有加拿大移民和公民在社会福利和社会保障，包括医疗、教育、儿童津贴、养老等方面的同等权利。

---

① Statistics Canada, Census Program. http://www.census.gc.ca/census-recensement/index-eng.cfm.

加拿大政府每年支出约12亿加元用于移民（包括难民）安置；在2016年的财政预算中，小特鲁多政府预计在2016~2021年五年内特别支出6.78亿加元来安置25000名叙利亚难民。① 在2015~2018年，加拿大政府接收了52720名来自叙利亚的安置类难民，由政府、民间或者混合进行担保和一年期的资金担保，之后由各省补贴。平均来说，单个难民家庭每年大约需要5万加元的生活补贴，包括成人每人每年7000~11000加元，每个6岁以下儿童每年6400加元儿童津贴，每个6~18岁5400加元儿童补贴。②

在加拿大边境和境内申请保护的难民在获得移民部的庇护申请许可后可以向所在省政府申请难民救助金，省政府会根据申请人的家庭和消费情况发放救助金，并且为有需要的个人和家庭提供住所。另外，申请者在加拿大享有就业权利和免费医疗权利，其子女在加拿大享有免费受教育权利。从各省的财政情况来看，接纳难民较多的省份，特别是安大略省和魁北克省，普遍面临缺少足够资金来提供难民救助和安置服务的情况。以魁北克省为例，在2017年该省收到了9965份难民保护申请（包括边境和境内申请）（见表3），魁北克省政府按照成年人每人每月628加元的标准发放生活津贴；由于难民接收超过预期，魁北克省要求联邦政府在2018~2019财政年度提供4.9亿加元安顿移民和难民，比2017~2018年度增加了1.12亿加元。③

其次，考虑到难民的构成和教育及职业结构，难民移民在加拿大的社会融入有很大的困难，在未来会加大贫困群体在加拿大人口中的比例，进而增加加拿大的社会福利负担。根据加拿大移民部公布的数据，在2015年1月至2018年3月加拿大接收的安置类难民的受教育程度56.46%集中在1~12年，即小学至高中阶段；并且有21.71%的难民未受过教育；受过大学及以

---

① Canada Budget 2016, http://www.budget.gc.ca/2016/home-accueil-en.html.
② Vancouver Sun, Douglas Todd: Many Syrian Refugees struggling after 12 months in Canada. http://vancouversun.com/opinion/columnists/analysis-many-syrian-refugees-still-struggling-after-12-full-months-in-canada.
③ Montreal Gazette: Analysis: What's at stake if Quebec and Canada botch the refugee issue. http://montrealgazette.com/news/local-news/whats-at-stake-as-quebec-reacts-to-new-influx-of-refugee-claimants.

表3　2017年加拿大各省在边境和境内接收庇护申请（AsylumClaims）的情况

单位：人

各省	航空口岸	陆路口岸	海路口岸	境内办公	总数
安大略省	2375	5965		695	9035
魁北克省	1130	3680	20	5135	9965
阿尔伯塔省	105	540		5	650
不列颠哥伦比亚省	185	330		925	1440
马尼托巴省	0	810		105	915
大西洋省份	85	35		10	130
萨斯喀彻温省	0	40		0	40

资料来源：Government of Canada, Asylum Claims, https：//www.canada.ca/en/immigration-refugees-citizenship/services/refugees/asylum-claims/processed-claims.html。

上教育的难民占比仅为13.95%（见表4）。对比而言，通过民间资助移居加拿大的安置类难民受教育程度普遍高于通过政府资助而移居的难民，这也就解释了经过一年期的担保支持后民间资助类难民找到工作的概率高于政府资助类的概率。在2017年对叙利亚难民的评估中，在进入加拿大后的第13个月，50%的民间资助难民找到工作，而仅有10%的政府资助难民找到工作。① 这说明在进入前与加拿大人和社区组织建立联系和进入后自志愿者的帮助能促进难民融入。然而，由于难民普遍面临的语言劣势和职业资格不被认可等困难，难民移民找到的工作多数在建筑行业和餐饮零售服务业，职业收入不高，这也妨碍了难民的融入。尽管难民在长远来看，会对加拿大的财政收支做出正面贡献，但在加拿大经济恢复缓慢和就业增长缓慢的背景下，难民做出正面贡献的时间估计会延迟到十年之后。

---

① Vancouver Sun, Douglas Todd: Many Syrian Refugees struggling after 12 months in Canada. http://vancouversun.com/opinion/columnists/analysis-many-syrian-refugees-still-struggling-after-12-full-months-in-canada.

表4　2015年1月至2018年3月加拿大安置类难民的受教育情况

单位：人，%

受教育年限	混合资助	政府资助	私人资助	总数	占比
0年	1765	12035	7710	21510	21.71
1~12年	3360	25670	26900	55930	56.46
13年以上	260	2275	11285	13820	13.95
未说明	1210	3600	2995	7805	7.88
总数	6595	43580	48890	99065	100.00

资料来源：Government of Canada, Resettled Refugees-Monthly update, https://open.canada.ca/data/en/dataset/4a1b260a-7ac4-4985-80a0-603bfe4aec11。

再次，在政治层面，加拿大政府，包括联邦政府和省政府，到目前都对接收难民持正面和友好态度，但由于难民审查累积的严重和难民接收规模超过预期，加拿大民众对政府管理难民的政策和程序产生抱怨和不满，这会动摇联邦和省政府执政党的稳定性。在2015年10月，特鲁多带领的自由党批评哈珀带领的保守党对难民态度过于保守，未能宣扬加拿大的人道主义价值观，故而在执政后自由党采取了积极和友好的态度接收难民，媒体也普遍支持政府的决策[1]。随着加拿大接收难民数量的增加，民间态度开始出现分歧，在2017年2月，加拿大民间机构安格斯雷德（Angus Reid Institute）的调查显示，47%的民众赞同政府增加接收叙利亚难民的计划，而41%的民众认为政府已经接收了太多的难民，政府应该严格管控难民的进入。[2] 在2017年加拿大收到和批准的保护类难民申请数量激增，这改变了加拿大以往从境外有序选择难民的做法，政府应对出现困难，媒体和民众对政府的支持度进一步下降。[3]

最后，接收难民显著改变了加拿大的人口和族裔结构。从加拿大2011

---

[1] Ryerson Center for Immigration and Settlement, "The Syrian Refugee Crisis in Canadian Media," https://www.ryerson.ca/rcis/publications/rcisworkingpapers/.

[2] Yahoo news, "A Quarter of Canadians Favor Trump-Style Ban: Poll", https://www.yahoo.com/news/quarter-canadians-favor-trump-style-061911174.html.

[3] The globe and mail, "Canada welcomes refugees, but shuts the door on asylum seek", https://www.theglobeandmail.com/canada/toronto/.

年和2016年普查数据来看，英裔和法裔在总人口中的占比都有减少；族裔为亚洲来源、非洲来源、加勒比地区来源、拉丁、中美和南美洲来源的人口则都有显著增长。几个主要的难民来源国，包括伊朗、叙利亚、尼日利亚、海地、哥伦比亚等国的人口数量和占比都有所增长（见表5）。从宗教结构来看，在2011年，持基督教信仰的居民人数有明显减低，而持伊斯兰教信仰的居民人数有明显增长（见表6）。随着来自中东和非洲传统伊斯兰教国家移民（包括难民）数量的增加，穆斯林群体在加拿大的人数在近几年更是增长迅速。在族裔和宗教信仰变化的同时，加拿大民众族裔间和不同信仰团体间的冲突也有增加，特别是针对穆斯林的排斥和攻击事件。[①]在2017年3月，加拿大国会通过了反"伊斯兰仇恨"的M-103动议（Islamophobia motion M-103）。这项旨在遏制种族和宗教歧视的法案在加拿大备受争议，并引发了反对者和支持者的冲突。[②]

表5 加拿大2011～2016年普查人口族裔变化

单位：人，%，个百分点

族裔来源	2011年		2016年		
	人口数	占比	人口数	占比	占比变化
原住民	1369115	4.17	1525570	4.43	0.26
欧洲来源	20157965	61.36	19683320	57.12	-4.24
英裔	6509500	19.81	6320085	18.34	-1.47
法裔	5065690	15.42	4670595	13.55	-1.87
亚洲来源	5011220	15.25	6095235	17.69	2.43
中国	1487580	4.53	1769195	5.13	0.61
印度	1165145	3.55	1374710	3.99	0.44
菲律宾	662600	2.02	837130	2.43	0.41
伊朗	163290	0.5	210405	0.61	0.11
叙利亚	40840	0.12	77045	0.22	0.1

---

① Global News, "Hate crimes against Muslim-Canadians more than doubled in 3 years", https://globalnews.ca/news/2634032/hate-crimes-against-muslim-canadians-more-than-doubled-in-3-years/.

② Wikipedia, "Motion 103", https://en.wikipedia.org/wiki/Motion_103.

续表

族裔来源	2011年		2016年		占比变化
	人口数	占比	人口数	占比	
非洲来源	766735	2.33	1067930	3.1	0.77
索马里	44995	0.14	62550	0.18	0.04
尼日利亚	31730	0.1	51835	0.15	0.05
加勒比地区来源	627590	1.91	749155	2.17	0.26
海地	137995	0.42	165095	0.48	0.06
拉丁、中美和南美洲来源	544380	1.66	674640	1.96	0.3
哥伦比亚	76580	0.23	96325	0.28	0.05
总人口	32852320	100	34460065	100	

资料来源：Statistics Canada：Census Program，http：//www.census.gc.ca/census – recensement/index – eng.cfm。

表6　加拿大2001~2011年普查人口宗教信仰变化*

单位：人，%，个百分点

宗教	2001年		2011年		占比变化
	人口数	占比	人口数	占比	
佛教	300345	1.01	366830	1.12	0.10
基督教	22851825	77.10	22102745	67.28	-9.82
印度教	297200	1.00	497960	1.52	0.51
犹太教	329995	1.11	329500	1.00	-0.11
伊斯兰教	579640	1.96	1053945	3.21	1.25
锡克教	278410	0.94	454965	1.38	0.45
原始崇拜	37550	0.13	64940	0.20	0.07
其他宗教	63975	0.22	130835	0.40	0.18
无宗教	4900090	16.53	7850605	23.90	7.36
总人口	29639035	100.00	32852320	100.00	0.0

资料来源：Statistics Canada：Religion，http：//www.statcan.gc.ca/eng/help/bb/info/religion。
（*加拿大每十年在全国住户调查中统计一次居民的宗教信仰状况。）

四　前景预测

2017年1月27日，美国总统特朗普签署了暂禁全球难民项目（120天）

和暂禁包括叙利亚、伊拉克在内的西亚北非7国公民入境（90天）的行政命令。2017年11月，美国国防部宣布于2019年7月终止大约6万名海地难民在美国的临时居住项目；同月宣布于2019年1月终止约5300名尼加拉瓜难民和8.6万名洪都拉斯难民的临时保护许可；2018年1月美国政府宣布于2019年9月撤销约20万名萨尔瓦多难民在美国的临时保护许可。尽管美国是加拿大认可的安全第三国，但从美国进入加拿大仍然有很高的概率获得难民保护身份。因而，在2017年美加边境出现了大规模的难民偷渡现象。[①] 在2018年，特朗普政府预计会进一步减少接收难民的数量。[②] 因此，预期在未来几年，如果加拿大和美国难民政策没有显著调整的话，通过美国进入加拿大，特别是来自加勒比地区、中美洲和南美洲、中东和非洲在美国暂居的人口，进入加拿大申请难民保护的人数还会继续增加。

由于加拿大相对宽松的难民政策、慷慨的难民救济，以及多元文化主义带来的民间对难民的相对友好和包容态度，加拿大对遭遇战争、战乱、迫害以及自然灾害等不幸的难民有很大的吸引力。从联合国难民署的数字，到2016年底全球有2250万难民，主要来自叙利亚、阿富汗和南苏丹；在2016年，加拿大是接收安置类难民最多的国家。[③] 加拿大政府与联合国难民署有良好的合作，在未来加拿大政府承诺接收的公约难民、民间担保和混合担保类难民应该不会出现明显下降。但考虑到接收难民给加拿大财政和政府管理带来的压力，以及难民融入的困难，加拿大政府接收的境外难民预计会稳定在每年20000～30000名。

从国际移民的发展趋势来看，当代难民类移民和经济类移民常常混杂在一起，寻求避难保护的难民和寻求经济机会的移民很难甄别。到目前，中东、西亚、北非等地区的战乱还没有平息，再加上全球经济发展的不平衡，

---

① The New York Times, "Canada Welcomed Refugees, but Now Struggles With Backlog", https://www.nytimes.com/2017/10/19/world/canada/canada-refugees-immigration.html.
② 《美国务院：2017年难民收容数量降至15年来最低值》, http://world.huanqiu.com/exclusive/2018-01/11498232.html。
③ UNHCR, Statistical Yearbook 2016, http://www.unhcr.org/statistics/country/5a8ee0387/unhcr-statistical-yearbook-2016-16th-edition.html.

特别是非洲地区和中美洲、南美洲的经济发展远远落后于加拿大和美国，从这些地区寻找机会进入加拿大和美国的个人和家庭还会增多。因而，甄别和接收难民在未来很长一段时间内都将是加拿大政府要面临的责任和难题。加拿大多元文化主义政策在促进难民和移民融入方面有优势，但考虑到难民和移民来源及构成的多样性，他们在加拿大的社会融入也会经历较多的挑战。

B.10
2017年加拿大社会福利政策分析

于茗卉[*]

摘　要： 在高税收的支撑下，加拿大政府为居民提供了种类繁多、覆盖面较广的社会福利体系，并鼓励个人、家庭、教会及其他非营利机构的参与。2017年加拿大社会政策围绕缩小工作场所的性别差异、加强中等收入阶层、鼓励创新、科技和可持续发展等领域，有针对性地将与此相关的养老、医疗、就业、儿童等社会保障进行了政策调整和持续资金投入。未来加拿大的社会福利面临老龄化问题、移民保障问题、女性就业增加等不可避免的挑战，加拿大需保持稳定的经济增长以满足社会福利高支出的稳定性和可持续性。

关键词： 加拿大　社会福利政策　老年金　失业保险　儿童福利

加拿大的社会政策长期处于"自由"和"保守"的两种争论之中，尤其是自由党和保守党在事实意义上轮流执政的情况下，体现了不同时期的鲜明特色。2015年联邦大选，加拿大自由党在贾斯丁·杜鲁（Justin Trudeau）的带领之下，结束近十年的在野时期，取代保守党执政。与加拿大保守党持有的小政府—权力减少伴随政府服务和社会保障减少—的观点不同，自由党执政党主张大政府，在社会政策方面主导包括全民医疗保险、养老金、教育、全民幼儿保育等在内的全面的政府社会保障计划，提倡多元文化及平等

---

[*] 于茗卉，博士，澳门大学社会科学学院政府与公共行政系，研究方向为加拿大经济与社会。

机会，并在移民政策上也相对包容与宽松。

这种相对宽容和全面的社会政策在2017年加拿大联邦政府推出及执行的执政计划中均有所体现。加拿大政府对相关政策和财力进行双重调整，极力推动在养老、就业和儿童福利三个领域全面推进社会福利政策，其中尊重性别平等就业、加强中等收入阶层成为政策调整目标的重中之重。这体现了加拿大国内就业市场变化、日益严重老龄化、移民暴涨和中等收入阶层陷落面临的新变化。而高额支出带来的财政压力，也需加联邦政府适时应对。

一 加拿大社会福利政策现状

加拿大是典型的社会福利国家，高税收支撑高福利是其主要特色。根据经合组织（OECD）最新报告[①]，在35个国家中，加拿大工薪阶层的平均净税率为22.8%，略低于25.5%的OECD平均水平，而其在失业救助、社会保障、儿童福利、老年保障等方面的福利体系处于发达国家平均以上水平。具体而言，加拿大社会福利体系体现以下几个方面特征。

1. 福利种类众多，覆盖面广

加拿大的社会福利体系延续的是自由主义模式，绝大部分是由政府提供具有覆盖性质的社会福利，也包含了个人、家庭、教堂及相关慈善机构提供的具有可选性的社会福利。加联邦居民所享有的福利收入范围极为广泛，包含了基本社会救助、辅助社会救助金、联邦儿童福利金、省儿童福利金，以及各种税务返还等，其中基本社会救助构成90%以上的社会福利收入。加拿大福利体系强调的是老年、儿童、残障人士等相对弱势群体，并着重偏向中低收入群体。

2. 加拿大福利收入普遍偏高，但省际差异较大

加拿大社会福利体系由联邦政府与各省级政府共同支撑，在财政上由各

---

① Taxing Wages-Canada, OECD, http://www.oecd.org/tax/tax-policy/taxing-wages-canada.pdf.

级政府联合保障。由于各省份经济、社会、地理位置、人口等因素的不同，各省份居民所享有的福利收入差异较大。

加联邦政府最新社会报告（2016）①显示，努纳特务地区是享有社会福利收入最低的地区，而西北地区则是享有社会福利收入最高的地区。两者差距巨大，尤其是单个劳工家庭，富裕福利地区提供的社会福利接近贫弱福利地区可提供的3.6倍。对于选取的四种加拿大典型家庭案例而言，福利收入与税后均收入②的占比分布在20%~40%。纽芬兰与拉布拉多（NL）被归类为高福利地区，其单个劳工和单亲单孩家庭福利收入比例分别为36.9%和59.8%，而安大略（ON）③的残障人士家庭的福利占比高达41.02%，爱德华王子岛（PE）的夫妻双孩家庭的福利占比为最高33%（见图1）。

二 2017年加拿大福利政策最新调整

据加政府财报显示，2017~2018财年加联邦政府财政支出为3150亿加元，处于连年增长之中，其中950亿加元作为直接给个人的现金支付（即政府福利性支出），比上年增长近50亿加元，增长幅度为4.48%。此类支出分为510亿加元老年保障金（包括老年金OAS和收入补贴等，占比16.19%），230亿加元的儿童福利金（7.30%）和210亿加元的失业保险（6.67%），较上年涨幅分别为5.90%，4.26%和1.40%（见图2）。

---

① Canada Social Repot: Welfare in Canada 2016, November 2017。该报告通过选取四种加拿大典型家庭——单个劳工、残障人士、单亲单孩、夫妻双孩——作为单位，经过详细的数据测算从社会救助、省/加联邦政府儿童福利以及省/加联邦政府税收减免三个方面衡量和展示了单个家庭所享受的实际福利收入状况。
② 税后收入是每个家庭在支付联邦和省级政府相关税务之后的实际可支配收入，这是一个用来衡量福利的很好标准。
③ 对于残障人士，萨斯喀彻温（SK）在2009年引入了萨斯喀彻温残障收入保障金项目（The Sakatchewan Assured income for Disability, SAID），旨在给严重并长期的残障人士提供收入保障，此类保障收入可占税后均收入的39.60%。而阿尔伯塔（AB）则执行类似的Assured Income for the Severely Handicapped (AISH)项目，该项目包含了严重残障人士的住房补贴和额外儿童保障金等，福利收入占比为40.6%。

2017年加拿大社会福利政策分析

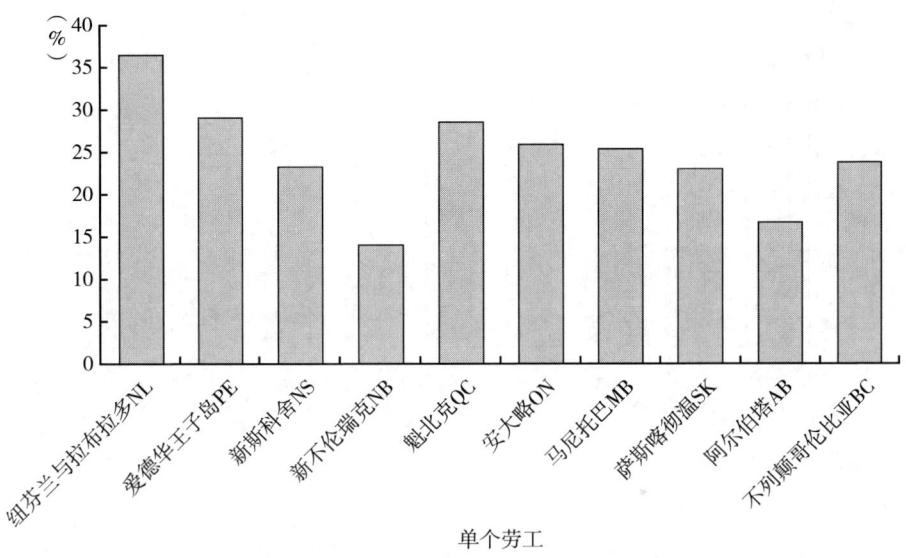

单个劳工

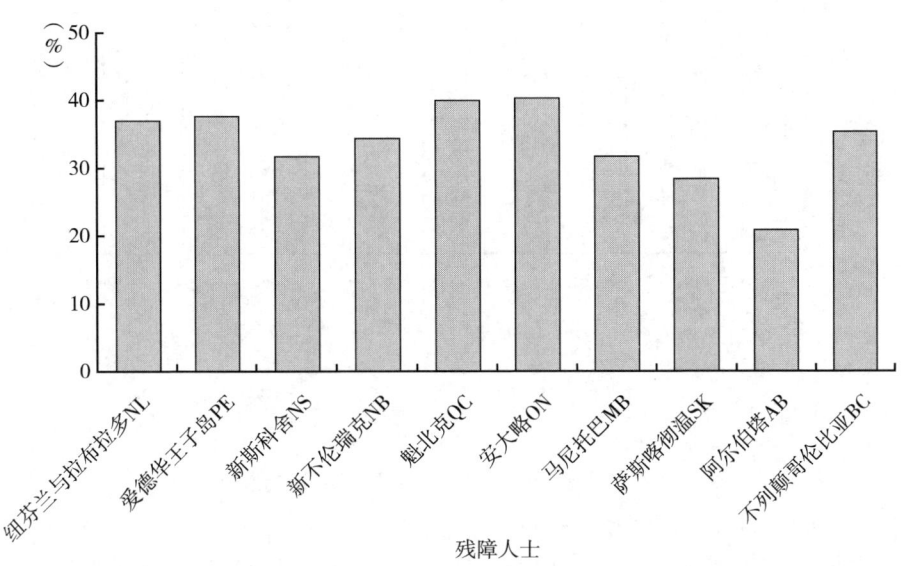

残障人士

加拿大蓝皮书

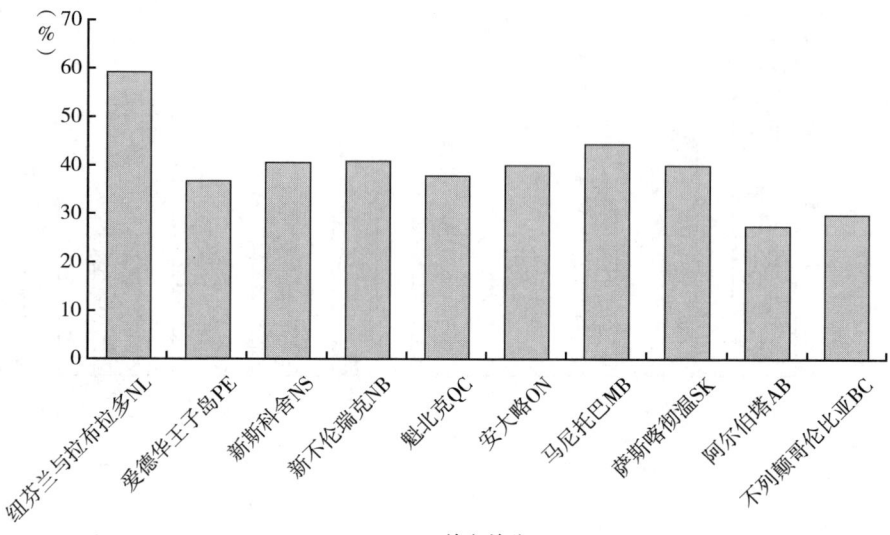

单亲单孩

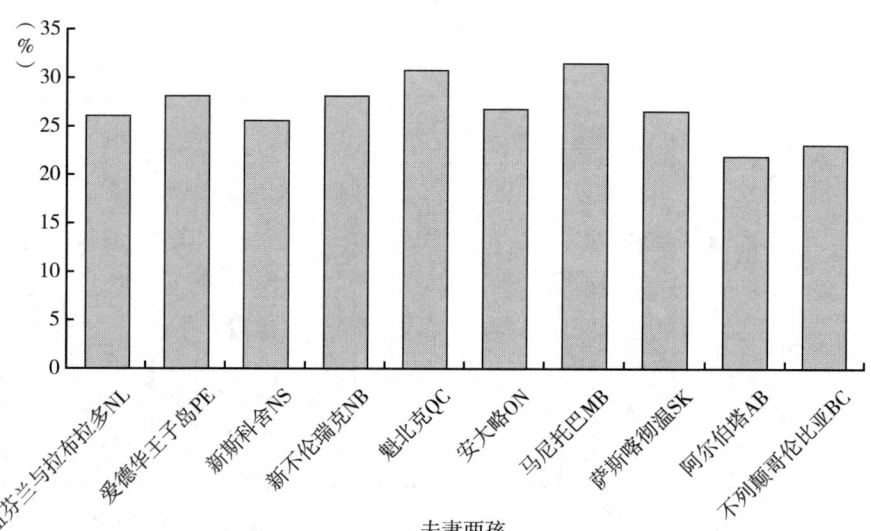

夫妻两孩

图1　2016年加拿大各省福利收入与税后收入占比分布＊

＊从2014年起，加拿大福利报告中关于税后收入的均值和中位数的数据来源为加拿大收入调查（Canada Income Survey, CIS）。这与2014年之前的数据来源和衡量方法完全不一样，所以不可进行跨年度对比。2016年收入数据考量了多个因素，包括工资和薪酬、投资收入和保障项目收入等，并做了年度通货膨胀平减。2016年税后收入为预测均值。

资料来源：Canada Social Repot: Welfare in Canada 2016, November 2017。

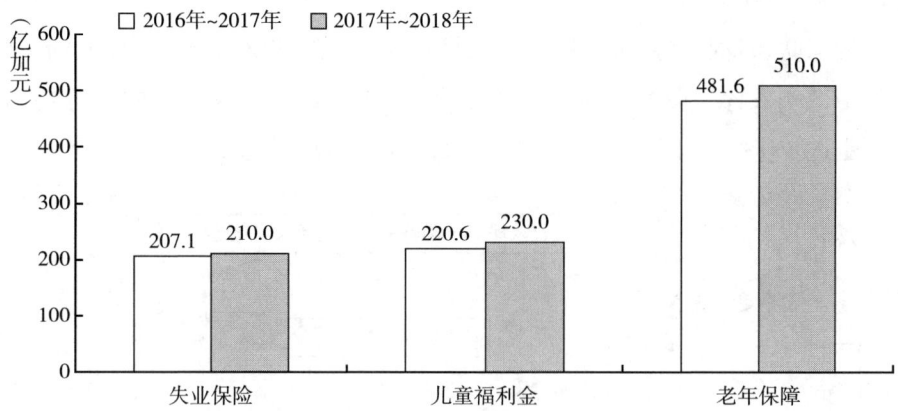

图2　2017～2018年加拿大福利支出增加额

资料来源：加拿大2017～2018年财政预算报告，加拿大财政部。

2017年加拿大各级政府在社会福利政策以及财力保障上陆续推出了新的举措，旨在完善和保护既有的社会福利执行上的缺陷和障碍，简化错综复杂的福利标准，使得福利的申请程序更为简单，同时也针对女性和中低收入阶层有所侧重地调整。

1. 针对养老保障部分

为使加联邦居民享有一个更有保障的退休生活，加联邦政府的公共养老保险计划主要依赖于老年金制度（Old Age Security，OAS）和加拿大养老计划（Canada Pension Plans，CPP）两个重要支柱。

在2016～2017年12月，加拿大政府针对养老保障提出了几个方面的重要调整：①为每位受益人增加了每年947加元的收入保证金（Guranteed Income Supplement，GIS），重点保障年收入较低的老年人，其中约70%为女性；②2016年6月，加拿大联邦政府与地方政府签订了补充协议，预计追加养老金计划参与者受益额度约50%，即从13610加元增长到21000加元左右；③将45岁以下丧偶人员的养老福利调至全额福利，而并非现行的按照丧偶年龄计算的按比例的福利；④针对65岁以下符合相关要求的残障人士，可以将其残障福利金和养老福利金叠加处理；⑤所有符合要求的死亡者体恤金增加至2500加元。

据加联邦政府预算法案说明,该收入保证金的调整部分更为偏向的是原有的中低收入者(即图3的左半部分),旨在保障中低收入者的养老福利,同时也进一步缩小不同阶层间不断扩大的收入和福利差异。

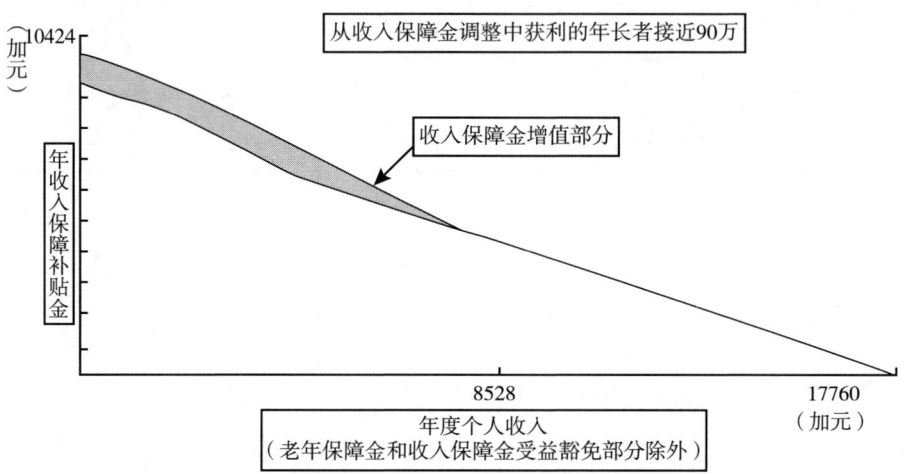

图3　2017年单个年长者收入保障金调整

资料来源:加拿大2018~2019财年预算报告,加拿大财政部。

此外,加拿大政府推出了10年家庭护理和精神健康服务计划(除曼妮哈外),将养老保障与医疗体系改革综合考量,提倡个人与家庭共同参与的养老保障制度,将需要长期护理的老人从医院转移到社区或者家庭中,并为其提供额外的资金保障。2017年12月加联邦和省级财政部门达成进一步协议,规定从2019年开始,针对需要抚养年幼儿童的家庭,以及需要照顾长期慢性疾病或障碍人士的家庭,增加其养老保障福利,具体会参考患病者曾经就职时的薪水待遇或该阶段规定的最低收入来统计增加的养老保障金部分。加联邦政府希望在财政部门之间达成的协议上引入立法和相关技术调整,不增加相关纳税负担。

2. 针对工人福利部分

增加中低收入者福利,是加拿大政府政策调整的另一个重点。政府早在

2005 年引入工薪税收福利（Working Income Tax Benefit，WITB），通过税收减免的方法增加中低收入者福利。2016 年，加联邦政府宣布增加额外 2.5 亿加元的资金支持。2017 年秋季经济报告①，政府进一步承诺会额外每年增加 5 亿加元资金予以低收入劳工。在最新的 2018 年政府财政预算公报中政府将此类举措进一步整合，并重新命名为加拿大劳工福利（Canada Workers Benefit，CWB），旨在完善和普及相关政策优惠。

经过几次改革，工薪税收福利的覆盖却并不尽如人意。加联邦政府实行的是个人税收申报体系，个人有义务填写相关税务减免的信息，而由于政策普及率和税收申报本身过于复杂等原因，并非所有应享有该项福利的员工都做了相关申报，这在极大程度上造成了操作上的困难。对此，加联邦政府提出修订方案②，允许加拿大税收机构（Canada Revenue Agency，CRA）自动甄别和审核应当享有该福利的纳税人，这意味着未来凡是符合要求的纳税人均可自动享有此项福利。预估在 2019 财年，约有 30 万低收入员工将被纳入此福利体系。

2017 年加联邦政府秋季经济报告③表明，加联邦政府预计将在 2019 年增加 170 亿加元的加拿大劳工福利，并针对残障劳工额外增加 160 亿加元。根据政府预估，这些措施和新资金投入，在总体上会使额外 200 万加拿大劳工直接受益，将帮助大约 7 万加拿大人脱离贫困。

与此同时，创新与科技发展是当今各国争夺的重要高地，各国不遗余力积极调整国内和国际相关政策用以重点发展相关产业和人才培养，这也是加联邦政府接下来几年的着力点之一。为了鼓励和支持个人和企业创新，加联邦政府预计在接下来的立法修正案中提议将"劳薪保护项目"（Wage Earner

---

① 《加拿大 2017～2018 财年预算报告》，https：//www.budget.gc.ca/fes－eea/2017/docs/statement－enonce/fes－eea－2017－eng.pdf，检索日期：2018 年 3 月 17 日。
② 《加拿大 2018～2019 财年预算报告》，https：//www.budget.gc.ca/2018/docs/plan/budget－2018－en.pdf，检索日期：2018 年 4 月 20 日。
③ 《加拿大 2017～2018 财年预算报告》，https：//www.budget.gc.ca/fes－eea/2017/docs/statement－enonce/fes－eea－2017－eng.pdf 检索日期：2018 年 4 月 20 日。

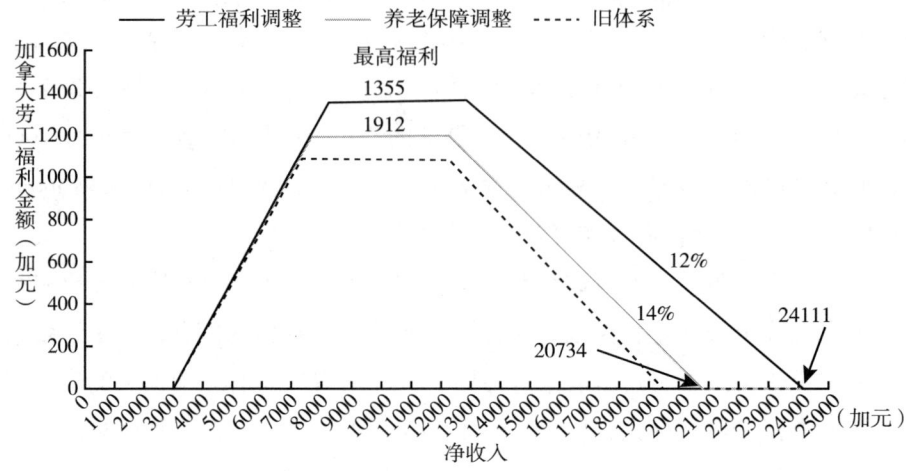

图 4　加拿大劳工福利调整惠及变动推算

资料来源：加拿大 2018~2019 财年预算报告，加拿大财政部。

Protection Program)① 中原有的失业保险保证金从 4 周增至 7 周，以保证创新型公司遭逢困难乃至破产时，其员工依然可以享有应有的工资、假期、离职金等。

3. 针对儿童福利

加拿大儿童福利金（Canada Child Benefit）始于 2016 年，是加联邦政府给予中低收入家庭的父母更多资金支持（该项收入免税），用以分担抚养儿童的高额成本。加拿大儿童福利金的引入，在原有基础之上重点简化了申请程序并调整了适用范围，增加了更多资金投入。

2017 年通过追加 230 亿加元的个人转移支付，儿童福利金将惠及接近 600 万儿童，每家将获得年均 6800 加元的福利。同时，为确保儿童福利金的长远可持续发展，以应对生活成本的不断上涨给家庭带来的冲击，2017 年加联邦政府秋季经济报告中将通货膨胀也纳入指标考量范围，而此新指数

---

① 《加拿大 2018~2019 财年预算报告》，https：//www.budget.gc.ca/2018/docs/plan/budget-2018-en.pdf，检索日期：2018 年 4 月 20 日。

考量会带来未来五年总计 56 万亿加元的资金追加。同年 6 月，加拿大联邦政府与除魁北克省以外①的省级政府签署关于《早期教育和儿童福利的多边框架协议》(*Multilateral Early Learning and Child Care Framework*)②，在 2017 财年给予各省 5 亿加元联邦拨款，并在 2026 年前逐渐增加到每年 8.7 亿加元，该协议在具体支出使用上已与各省达成一致。据相关预测，此计划把接近 8000 名儿童拉出低保障群体，截至 2017 年预估会有 284000 名儿童脱离贫困线（见图 5）。

2017 年加拿大儿童福利政策继续保持向中低收入群体的偏移。年收入较低的家庭将会在原有儿童福利的基础之上，获得更多的福利金，而高收入家庭，将少获得或者不再接受政府的儿童福利金保障。与此同时，原住民，尤其是处于偏远地区和北部地区的家庭，通常面临享受联邦福利上的诸多障碍，为了帮助原住民、偏远地区家庭可以获得更全面的联邦社会福利，加拿大政府从 2018～2019 年财年开始，会持续三年增加总计 1730 万加元资金，用以扩大现有的社区福利，并且在城市地区增加更多社区活动的试点。而《早期教育和儿童福利的多边框架协议》也针对偏远地区原住民，尤其是给予第一民族、因纽特人和混血儿童增加更具有特殊文化的社区活动和教育福利③（见图 6）。

4. 针对医疗体系

加拿大医疗福利体系为集中统筹和支付体系，被称为"单一付费者体系"，统筹范围较大，抵御风险能力较强。根据《加拿大医疗法》，医疗保险经费主要由政府提供，联邦政府将公共医疗费用打包，通过医疗转移支付的方式给省级和特区政府提供医疗资金，形成整笔拨款制度（Canada Health

---

① 魁北克省政府早已有关于早期教育和儿童福利的相关政策，由于其希望坚持保留在其范围内关于此领域唯一的主导权，因此它并未加入此框架。魁北克省政府依然可以从联邦政府获得相应的资金份额，并依照原有计划持续加大在此领域的投入。

② https://www.canada.ca/en/employment-social-development/programs/early-learning-child-care/reports/2017-multilateral-framework.html.

③ Early Childhood Education and Care in Canada, M. Friendly, B. Grady, L. Macdonald, B. Forer.

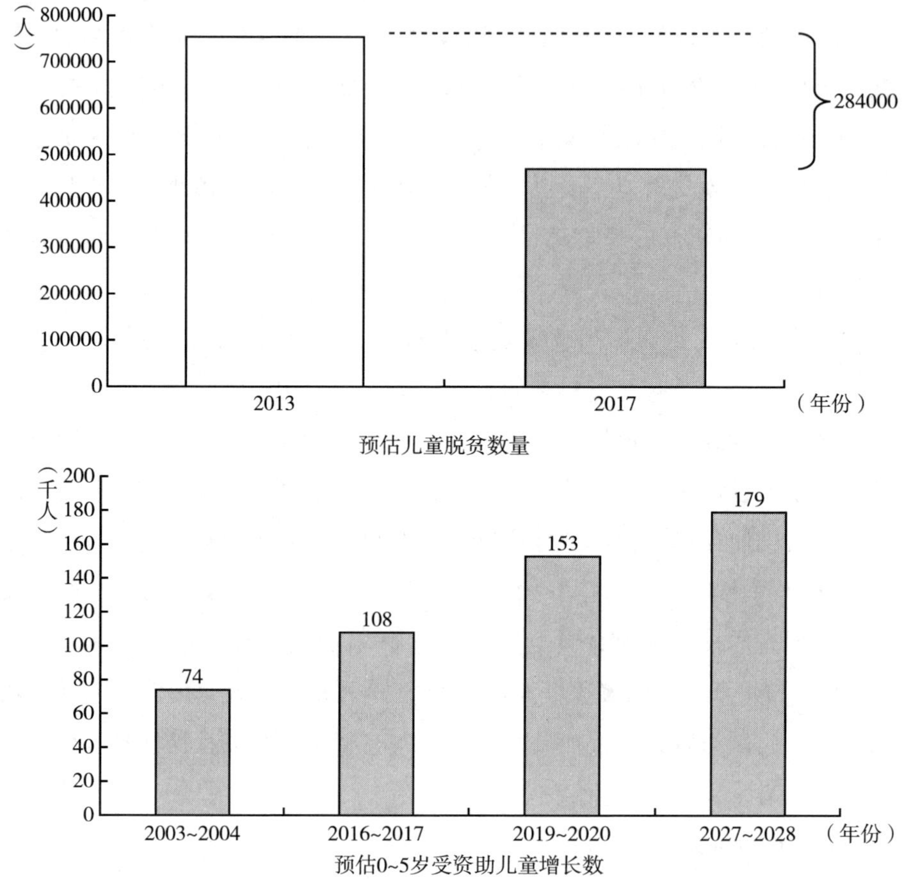

图 5 《早期教育和儿童福利的多边框架协议》测算

注：具体关于 2017 年儿童福利金中涉及低收入和低保障的数据将在 2019 年公布。

资料来源：2013 年数据来自 Statistics Canada's Canadian Income Survey, 2013 edition. 2017 年数据来自 Employment and Social Development Canada projection①；Provincial/territorial data；右图数据来自 Statistics Canada CANSIM data；Early Childhood Education and Care in Canada，M. Friendly，B. Grady，L. Macdonald，B. Forer；internal calculations。

Transfer)。除此之外，省政府的资金来源是企业和个人所得税，但部分经济较差的省份会要求个人缴纳一定的保险费用，以弥补经费不足的问题。

2017 年加联邦政府医疗福利专项转移为 371 亿加元，比上一年增加 11 亿加元。在未来的五年内，加拿大医疗转移支付将额外为加拿大居民提供预

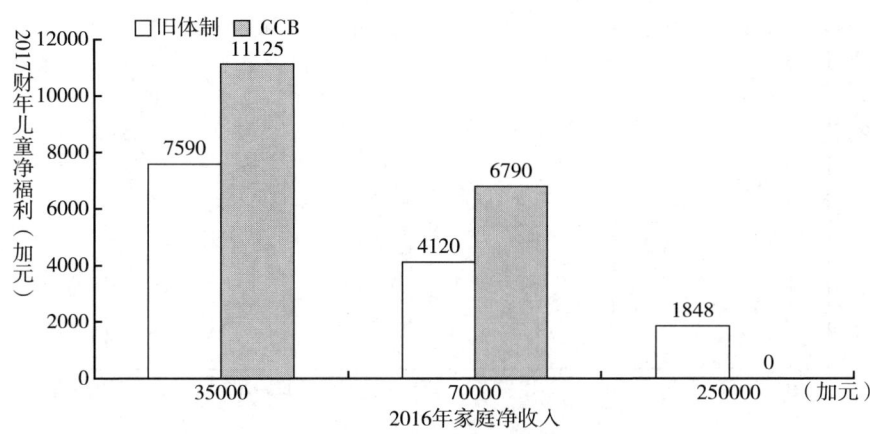

图6 加拿大儿童福利政策调整惠及变化

资料来源：加拿大2018~2019财年预算报告，加拿大财政部。

计2000万加元资金支持，年均增长3%左右。除此之外，加拿大家庭看护医疗服务需求也在日益增长，精神类疾病的医疗需求也日益增加，加政府承诺在未来十年为家庭看护医疗服务和精神类疾病医疗保障分别提供60亿加元和50亿加元的资金支持，正如上文所言，此类计划将综合考量养老保障计划，双管齐下（见图7）。

值得提出的是，2016年加拿大曾面临严重的阿片类药物危机，对此，2016年12月加拿大卫生部宣布加拿大药物和物质战略（The New Canada Drugs and Substances Strategy）替换之前的国家禁毒战略[1]，用以遏制阿片类处方药物依赖，并宣布在五年内拨款6500万加元以应对危机，同时为不列颠哥伦比亚政府和阿尔伯塔政府分别提供1000万加元和600万加元资金以解决类似的公共卫生突发事件。加联邦政府2017年预算法案也对此有所涉及，并重点强调了以下几个方面：①在接下来五年内对加拿大卫生部（Health Canada）、专利药品价格审查委员会（Patented Medicine Prices Review Board）、

---

[1] The New Canada Drugs and Substances Strategy, Government of Canada, https://www.canada.ca/en/health-canada/news/2016/12/new-canadian-drugs-substances-strategy.html，检索日期：2018年4月15日。

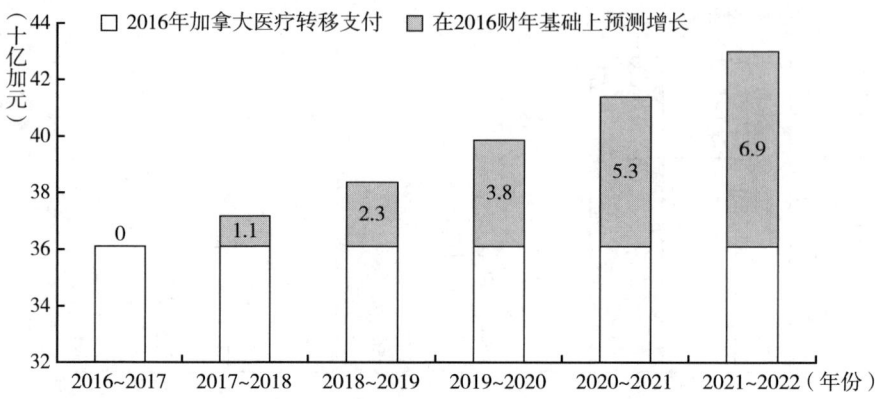

图7　加拿大医疗转移支付增长（2016～2022年）

资料来源：加拿大2017～2018财年预算报告，加拿大财政部。

加拿大药品和技术管理局（Canadian Agency for Drugs and Technologies in Health）等机构增加1.4亿加元的资金支出来调整处方药价格，年均1820万加元；②在接下来五年内对加拿大卫生信息研究所（The Canadian Institute for Health Information）追加5300万加元资金投入来改善医疗数据体系，以加强医疗信息在医疗决策和考核评估体系等方面的作用；③通过接下来五年内3000万加元资金投入用以保障相关机构在电子处方、电子医疗记录等方面的改革；④在接下来三年内对加拿大医疗保健改善基金会（The Canadian Foundation for Healthcare Improvement）追加5100万加元资金用以支持医疗体制创新项目。其中，药物信息系统和电子处方可以帮助减少处方错误和滥用现象，提醒药剂师潜在的有害物相互作用，并且确保处方不被改变或伪造，为医生、决策者和其他人提供有效数据支持。

三　加拿大社会政策调整的内外驱动力

1. 就业市场的新变化

伴随着经济的复苏，加拿大的就业形势日益好转。2017年，加拿大的就业人数年均增长率为0.19%，实现了持续17个月的连续增长，这也是自2000年以来持续时间最长的一次，而失业率年均为6.33%，这也是与当年新增就业机会稳定缓慢增长相符合的。

就业市场的新变化，是伴随着2017年的半井喷式的就业人数的增长，尤其是在2017年的第四季度，加拿大增加的就业机会超过173800个（加拿大国家银行公布），也是自2002年以来最大的季度增幅，这直接导致了11月、12月就业人数增长高达44%和35%。2018年的第一季度，就业人数呈现断崖式下降后缓慢增长的趋势，这主要是新增就业机会的增加有所缓慢，现有就业市场日趋"饱和"。这意味着加拿大下一步社会政策的调整是需要基于创造新的就业机会，否则，伴随着工业4.0和人工智能等带来的新冲击，下一轮的高失业率将会卷土重来（见图8）。

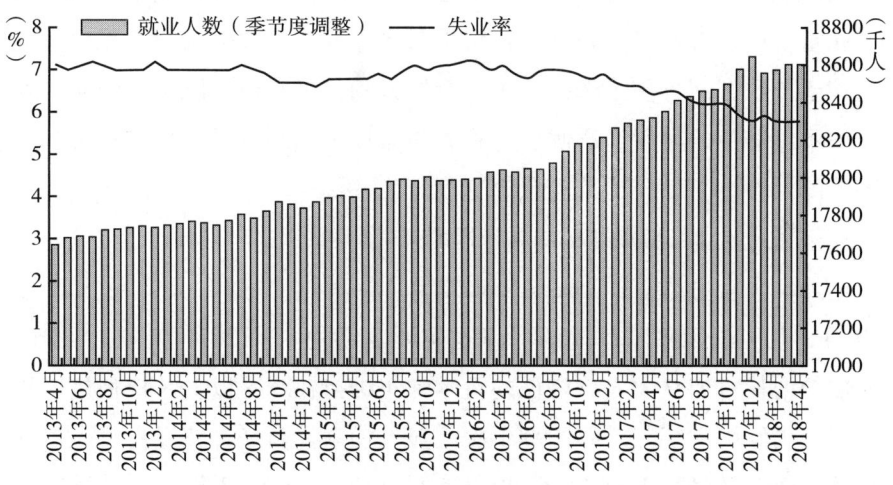

图8　2013~2018年加拿大就业市场变化趋势

资料来源：加拿大统计部，Statistics Canada。

工作性质的变化之二是兼职人员的出现，而加拿大现行的与工作相关的政策都是基于传统的、标准的、全职的工作岗位，二者并不能保持一致。兼职人员人数和需求的增加并没有带来相关保障的增加：这一方面会增加商业性质的医疗保险、养老保障体系的需求，促使私人性质的相关服务市场的蓬勃生长，出现新的潜质产业；另一方面会给政府社会保障制度的修订提出新的问题，是坚守传统就业市场的保障制度，将多样定制化需求外包给私人机构，就此发展小政府，还是依然坚守政府的全面监管，将兼职等就业形势变化纳入社会福利调整之中？

此外，加拿大女性的就业比例持续增长，正成为一支不可忽视的力量。加政府充分认识到这种新变化，据统计在其2017～2018财年报告中，女性（women）被提及276次，成为最高频的词汇，而男性（men）仅被提及38次。加政府认为，女性占到加拿大人口的近一半，消除女性参与经济活动的体制障碍将有利于加拿大经济增长，加强中等收入阶层。麦肯锡公司预测，通过在科技产业雇佣更多女性、减少不同性别工资差异等方法增加性别平等，会使加拿大经济到2026年获利1500亿加元。① 越来越多的女性抽身家庭而投入职场，也带来儿童看护、女性就业保障服务等政策调整问题。加拿大的儿童看护非常短缺，并且通常价格昂贵，这导致部分家庭宁愿少生甚至不生孩子，也有部分孩子选择非正规看护机构，具有极大隐患。同时，女性就业中不可避免的孕假、产假、儿童看护假期等福利也需要相关政策和制度上的保障。

2. 移民人数暴涨带来社会福利负担增加

据加拿大官方数据，到2018年1月1日为止，加拿大的总人口接近3700万，其中国际移民数量的保障是主要驱动力。除2014年②外，国际移民人数的增长对加拿大人口增长的贡献常年维持在0.5以上。特别是近年来伴随着加国经济的复苏，移民潮再次凸显。加拿大新增加移民占总人口增长的比例从2015年的53%陡增至2017年的70%。仅2017年的第四季度，移民的数量就增加了65539人，是继1991年第四季度后增长数量第二高的季

---

① Budget 2018: Liberals stay the course on spending, deficit at $18.1 billion in 2018 – 19, CTV News, https://www.ctvnews.ca/politics/budget – 2018 – liberals – stay – the – course – on – spending – deficit – projected – at – 18 – 1 – billion – in – 2018 – 19 – 1.3820431　检索日期：2018年4月10日。

② 2014年加拿大政府公布财政预算案，称将停止投资移民计划，在此之前提交的投资移民申请全部退回。当年加拿大政府收紧移民政策，促使部分移民者转向美国。

度（见图9）。

为解决经济增长的劳动力和人才问题，加拿大政府执行相对宽容的移民政策，在吸引国际移民，尤其是高端技术人才上，提供极具吸引力的包含失业保险、养老保险在内的一揽子福利政策。从经济发展而言，这部分移民是否能带来相应的经济增长仍有待考察，这涉及新的移民政策是否能真正带来专业技术人才和紧缺人才的引进，以及这部分人才是否能够适应未来加拿大经济增长的需求，给经济发展带来新的动力。从社会福利发展而言，给这部分移民提供已承诺的和相对应的福利是加拿大政府必须解决的实际问题。同时大量移民导致加拿大社会发展的多元化，尤其是在城市地区，这意味着社会福利在照顾多元文化和多元需求上必须有所跟进。

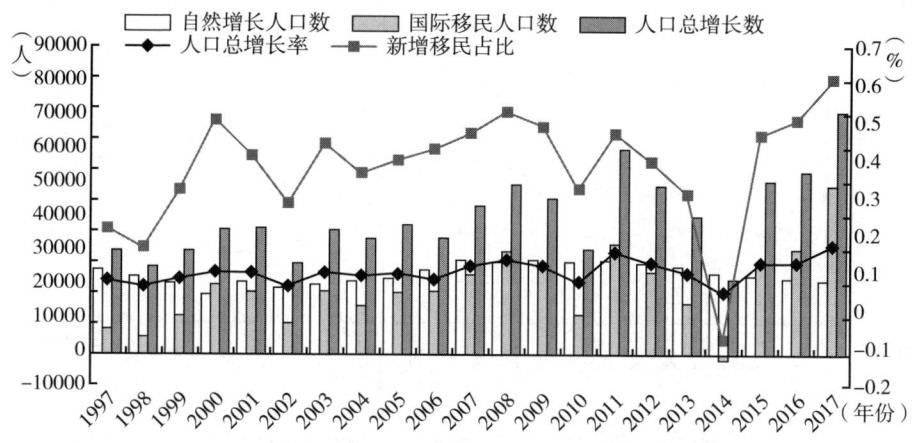

图9　1997~2017年加拿大总人口结构变化趋势

资料来源：加拿大统计部，Statistics Canada。

在国际移民问题中，少数群体和难民问题也是一个亟待解决的社会问题。据加拿大统计部预计，到2031年加拿大三分之一的人口为少数群体，此群体在进入职场时往往面临制度和社会层面的多重障碍，如何合理解决其就业和就业福利保障问题将是一个挑战；同时，难民比例依然在缓慢增长。在一定时间内，难民意味着社会净福利支出。在短期内难民的就业和基本生活保障都有待政府解决。如何考虑让其融入社会、进入职场，对加拿大经济发展做出实质性贡献,这是未来社会福利政策和移民政策必须联合考量的。

3. 人口老龄化严重

加拿大的人口老龄化问题日益严重。自 1960 年以来,加拿大老年人占总人口的比例一直在持续稳定地增长,据加拿大最新数据,2016 年加拿大 65 岁以上人口数量已经超越少年儿童(14 岁及以下)的人数,并预测 2036 年加拿大老年人总人口占比会维持在 23% ~ 25% 以上,到 2061 年将高达 24% ~ 28% 之上[1]。届时加拿大可能会有 1200 万老年人,而儿童只有 800 万,而预测人口中位数到 2036 年会增长为 42 ~ 45 岁(见图 10)。

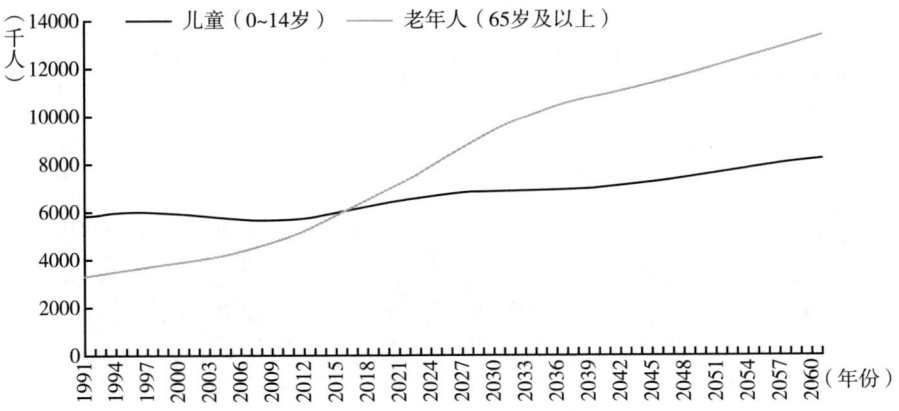

图 10　加拿大人口老龄化趋势(1991 ~ 2060 年)

资料来源:加拿大统计部,Statistics Canada。

人口老龄化对于各个国家而言,都是一个严重的挑战。在经济发展方面,加拿大将缺少足够的劳动力和发展动力,发展可持续性受到严重质疑。越来越多的人从经济贡献者成长为福利享有者,这给加拿大现行的高保障的

---

[1] Canada is not ready for the needs of its aging population, The HAMILTON Spectator, https://www.thespec.com/opinion - story/8397761 - canada - is - not - ready - for - the - needs - of - its - aging - population/ 检索日期:2018 年 5 月 15 日。

养老和医疗体系提出了致命的问题——财政压力。预估到 2045 年，加拿大养老金支付需增加 47%，而医疗资金成本需增加 57%[①]（见图 11）。

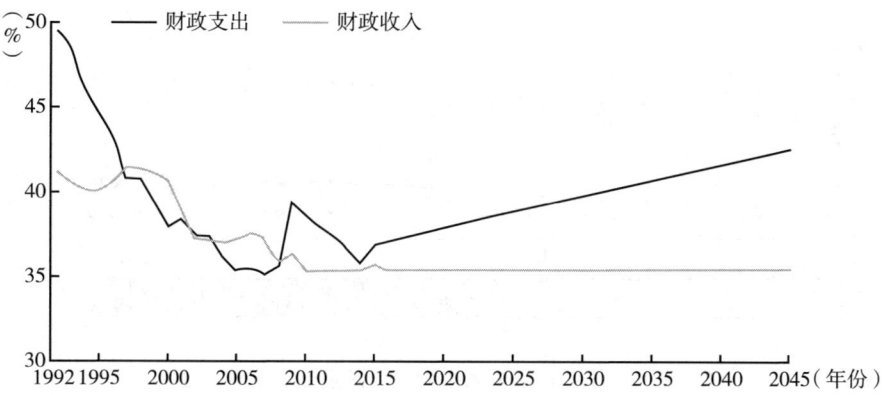

图 11　人口老龄化问题带来的财政资金压力（1992~2045 年）

资料来源：Statistics Canada，CANSIM TABLE 385-0032。

4. 中等收入阶层塌陷

2017 年加拿大 Ekos 研究中心发布最新民调报告[②]，据加拿大居民的自我认知评分，属于"中等收入"阶层的比例明显降低，从 2002 年的 70%左右降为 2017 年的不足一半，而属于"贫困阶层"的比例则明显提升，15 年间几近翻番。在 2017 年，中等收入阶层的比例具有明显的波动性，年中处于明显低值（见图 12）。加拿大社会存在一个危险提问："中等收入梦"和共享繁荣是否几近破灭[③]？

---

① Canada's aging population is going to put a strain on government coffers，MACLEANS https：//www. macleans. ca/opinion/canadas – aging – population – is – going – to – put – a – strain – on – government – coffers/，检索日期：2018 年 4 月 20 日。
② ：Frank Graves，Understanding the Shifting Meaning of the Middle Class，March 2017，http：//www. ekospolitics. com/wp – content/uploads/understanding _ the _ middle _ class _ final _ report. pdf，检索日期：2018 年 3 月 20 日。
③ David A. Green and James Townsend. 2014. Drivers of Increasing Market Income Inequality：Structural change and policy. In (eds.) Keith Banting and John Myles. *Inequality and the fading of redistributive politics*.

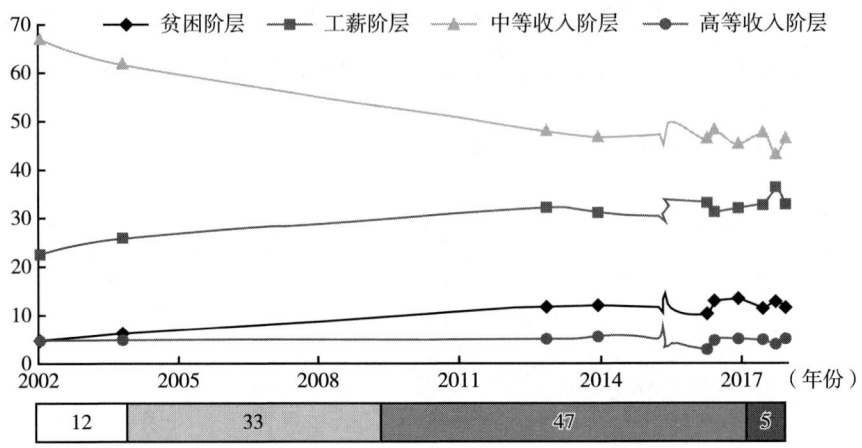

图12 2002~2017年加拿大社会阶层划分民调结果

资料来源：Frank Graves, Understanding the Shifting Meaning of the Middle Class, March 2017, http://www.ekospolitics.com/wp-content/uploads/understanding_the_middle_class_final_report.pdf。

该研究中心在2017年3月发布的另一份报告显示①，快速拉大的收入差距，滞后的收入增长，下滑的代际流动越来越造成贫困收入人群的不满，并且也造成了他们对于未来的担忧。年轻一代对于未来的担心在日益增加，并有可能造成未来经济和社会发展的不明朗态势。中等收入阶层的塌陷和对未来持有的悲观情绪，意味着加拿大居民对于社会福利的需求更为敏感，要求更有保障的社会政策。已有的社会福利高支出已经是骑虎难下，处于只能增加不可减少的境遇，任何的资金削减都会带来社会不稳定和动荡问题，这也是加拿大联邦政府制定社会福利政策的重要考量因素。

四 加拿大社会福利的未来

2017年的加拿大政策目标重点为缩小工作场所的性别差异、加强中等

---

① Number of Canadians who say they are middle-class takes steep drop: Ekos poll, CBC, http://www.cbc.ca/news/canada/hamilton/middle-class-poll-1.4542903，检索日期：2018年5月20日。

收入阶层、鼓励创新和可持续发展,并在其养老、医疗、就业、儿童等社会保障方面进行了相关政策调整和持续资金投入。然而,未来加拿大的社会福利依然不可避免地面临来自国内外各方面的挑战。

尤其需要指出的是,2018年的加拿大社会福利政策会格外关注以下几个方面的问题:①是否从全民医保扩大到全民药保? 2018年4月,由加拿大各党议员组成的众议院健康委员会提交报告,建议在加拿大实行覆盖全体国民、单一支付的公共处方药保险计划。根据加拿大议会预算办公室计算,统一药品保险计划可减少相关处方药开支约42万亿加元。① 此报告受到部分保守党派的质疑,保守党派希望未来的医疗保险调整更应关注加拿大居高不下的人均药费,相关讨论依然在进行之中;②最近几年,加拿大陆续出现了一些养老保险公司破产的情况,导致已经支付很多养老保险的劳工和年长者造成了难以预料的损失。为了避免这种情况的出现,加拿大政府有可能会出台一个完全由政府主导的针对全体加拿大居民的养老计划;③一揽子生活保障金是否适用? 在2017年加拿大安大略省三个城市陆续进入"基本收入保障计划"3年的试点,作为未来福利制度全面改革的依据。原有的社会福利旨在给予中低收入者以保障,却造成了"越穷越收益,则越穷"的恶性循环②,而该计划给予居民基本生活所需的资金,试图用以讨论收入保障与工作动力、经济增长等问题之间的关系,解决日益恶化的贫富差距和贫穷问题。该试行结果则预示着接下来加国政府福利制度全面改革的方向,需予以重视。

预测未来加拿大社会政策走向,各级政府共同支撑的高覆盖率和高支出额度的社会保障体系处于只增不减的状态,而新增加的资金投入依然会着重

---

① 把全民医保扩大到全民药保:加拿大众议院健康委员会提交报告,The Radio Canada International http://www.rcinet.ca/zh/2018/04/19/144312/,检索时间:2018年4月20日。
② Canada's "Welfare Wall" Traps People with Disabilities, the Huffington Post: https://www.huffingtonpost.ca/sherri-torjman/canadas-welfare-wall-traps-people-with-disabilities_a_23049558/,检索时间:2018年5月17日。

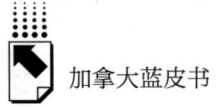

偏向中低收入群体、女性就业群体、老年群体,以帮助减少收入差异不均、就业保障不均等和老龄化严重等现象。从长远来看,如何维持稳定的经济增长,缓解高额福利支出带来的财政压力也是加拿大社会福利的重点考虑因素,为此,进一步推动公共服务市场化,推动社区合作、家庭参与和私营性质机构加盟,也具有极大可能性。

B.11
中加国际教育交流与合作现状、趋势及策略建议

郑春生[*]

摘　要： 加拿大是世界上教育体系最完整、教育水准最高的国家之一，其国际教育战略旨在通过加拿大教育品牌的国际推广，吸引更多海外留学生。近年来，加拿大留学生教育广受世界关注，前往加拿大的留学生规模不断攀升，对加拿大经济的贡献加大，促进了加拿大经济的发展。加拿大的教育竞争力是与加拿大作为世界顶尖的教育大国，注重国际教育交流与合作，以及其优美的环境分不开的。未来一段时期，两国教育交流与合作将继续深入推进，双方教育交流与合作趋势向好。

关键词： 加拿大　国际教育　交流与合作

　　加拿大是世界上教育体系最完整、教育水准最高的国家之一，其国际教育战略旨在通过加拿大教育品牌的国际推广，吸引更多海外留学生。近年来，加拿大留学生教育广受世界关注，前往加拿大的留学生规模不断攀升，对加拿大经济的贡献加大，促进了加拿大经济的发展。加拿大的教育竞争力是与加拿大作为世界顶尖的教育大国，注重国际教育交流与合作，以及其优美的环境分不开的。未来一段时期，两国教育交流与合作将继续深入推进，

---

[*] 郑春生，女，博士，广东外语外贸大学加拿大研究中心副研究员，研究方向为中加教育和人文交流。

双方教育交流与合作趋势向好。

近年来，中国同加拿大保持了教育领域密切联系，共同推动了中加教育交流与合作的发展，取得了一系列积极务实的成果。

一 加拿大国际教育现状

加拿大教育体制对世界各地的学生具有很强的吸引力，前往加拿大的留学生规模不断攀升。据统计，2015 年，在加拿大就读的留学生总人数（包括各层次教育）比前一年上升了 8%，达到 353000 人。其中，有 51% 计划毕业后在加拿大永久居留，同时有 95% 表示将推荐其他学生来加拿大学习。在大学生前往加拿大学习的途径方面，根据 CBIE 在 2015 年对本科阶段留学生所进行的调研，大多数留学生（70%）均为直接申请入学；有 21% 通过参加大学举办的学术英语准备课程入学；3% 参与了非大学的学术英语准备课程；还有 6% 接受了 UT 奖学金。①

（一）加拿大的教育得到了全球发达国家和地区的关注

加拿大低龄留学生数量继续上涨。除了高等教育之外，中小学生的申请数量增长明显，最新录取数据显示，2017 年申请加拿大中学留学的学生数量再次增高，低龄留学生的增幅尤为明显。与之前相比，加拿大申请留学的学生较上年人数增加 27%。其中中学申请者的比例占年度申请总人数的40%，较 2016 年提高了 5 个百分点，其中，小学生留学群体也出现了明显的增长。② 加拿大的中学教育也越来越受到各国家长的青睐。

在高等教育方面，以多伦多大学留学生申请数量为例，相较于 2016 年，该大学学生申请数量上涨了 24%。其中，美国留学生的申请人数高达 1525人，上涨了 70.6%。除了美国外，来自中国香港的留学生也有 313 人，总

---

① CBIE, A World of Learning: Canada's Performance and Potential in International Education, 2015.
② 《2017 年加拿大留学数据报告公布》，https://www.sohu.com/a/166713769_351529。

体上呈现上涨的趋势。① 留学申请数排前六位的国家分别是：中国（12725人，上涨14.2%）、印度（1979人，上涨48.6%）、美国（1525人，上涨70.6%）、韩国（766人，上涨23%）、巴基斯坦（452人，上涨7.6%）、土耳其（452人，上涨68%）。

（二）亚太国家或地区去往加拿大留学人数不断提升

加拿大的教育不仅得到了全球发达国家和地区的关注，而且也得到亚太等发展中国家学生及家长的青睐。近年来，亚太国家和地区去往加拿大留学人数不断提升（见表1）。

表1 亚太国家和地区去往加拿大留学人数排名（2012~2016年）

单位：人，个百分点

国家和地区	年份	2012	2013	2014	2015	2016	2015~2016百分比变化
澳大利亚	Australia	610	575	535	465	470	1.1
孟加拉国	Bangladesh	1315	1415	1250	1370	1800	31.4
中国	China	44820	53140	59385	66200	77685	17.3
香港特别行政区	Hong Kong,SAR	1220	1785	1910	2100	2365	12.6
印度	India	19950	21285	24485	31995	53010	65.7
印度尼西亚	Indonesia	655	685	700	740	830	12.2
日本	Japan	5500	5690	5680	6025	6705	11.3
马来西亚	Malaysia	570	555	555	605	650	7.4
巴基斯坦	Pakistan	2340	2220	2125	2320	2600	12.1
菲律宾	Philippines	1585	1615	1670	1880	2910	54.8
新加坡	Singapore	240	290	255	305	275	-9.8
韩国	South Korea	14910	13745	14325	14740	16030	8.8
斯里兰卡	Sri Lanka	335	280	280	290	410	41.4
中国台湾	Taiwan	2250	2495	2240	2245	2655	18.3
泰国	Thailand	1020	1025	960	785	815	3.8
越南	Vietnam	2235	2375	2750	2840	5370	89.1
其他亚太国家和地区	Other Asia Pacific*	22.2	23.3	25.8	27.3	38.3	40.3
总计	Total	1524.9	1643.2	1897.4	2008.3	2325.5	15.8

资料来源：Asia Pacific Foundation of Canada http://www.asiapacific.ca/statistics/immigration/tourism/asia-pacific-visitors-canada。

---

① 《加拿大教育水平震惊全球，美国留学生申请人数上涨了70%》，https://www.sohu.com/a/142448434_752218。

（三）中加两国留学生规模不断扩大

近年来，中加两国留学生的数量不断增加。① 目前，中国学生前往加拿大留学主要是进入加拿大的高等院校，包括本科学习和研究生阶段的学习；此外，也有一些有条件的家庭在中小学阶段送孩子出国留学。中国学生选择加拿大留学的原因除宽松的签证政策、相对低的教育成本外，另一主要因素是加拿大对留学生移民申请的政策优惠。

中国学生前往加拿大留学。中国是加拿大最大的国外留学生来源国之一。目前，中国学生前往加拿大留学主要是进入加拿大的高等院校，包括本科学习和研究生阶段的学习；此外，也有一些有条件的家庭在中小学阶段送孩子出国留学。据统计，2016年度赴加留学人数为53529人，其中国家公派留学人员2057人。截至2016年底，有174225人正在加拿大进行学习科研。② 2016年，加拿大留学生在华学习人数共3846名。其中奖学金生381名，自费生3465名。中国自1959年接受1名加拿大奖学金生以来，截至2016年共接受了1410名加拿大奖学金生（2016年新入学120名）。2016年度中国赴加留学人数为53529人，其中国家公派留学人员2057人。截至2016年底，有174225人正在加拿大进行学习科研。同年，李克强总理访加，两国政府联合声明明确写入"扩大加拿大留学中国项目规模"。③

加拿大学生来华留学。2016年，中国推出加拿大留学中国项目（Canada Learning Initiative in China-CLIC），经驻加拿大使馆教育处与加拿大艾伯塔大学磋商及中国教育部批准，该项目每年选拔加拿大优秀学生到中国留学，修读学分课程。2016年，已通过各自的校际交流渠道选送了168名学分生留学中国。根据中方大学提出的项目计划，经加方大学对承

---

① 2012年8月，加拿大教育国际发展战略咨询小组发布"面向2022年的加拿大教育国际发展战略报告"，建议把中国列为主要合作伙伴之一。
② 参见中华人民共和国教育部资料及相关网站。
③ 参见中华人民共和国教育部资料及相关网站资料。

认学分的确认，2017年度拟利用30个项目、选派500名加拿大学分生留学中国。①

二 中加两国教育交流与合作情况

（一）两国部际互访及加拿大大学校长来访频繁

在中加教育交流与合作领域，两国部际互访频繁。我国教育部郝平副部长、李卫红副部长和王立英副部长曾先后率团访问加拿大；同时，加拿大外交贸易及发展部国际贸易部部长法斯特（Ed Fast）、参议长金塞拉（Kinsella）和外交部部长贝尔德（John Baird）也曾先后来访。两国部际互访，取得了丰硕的成果。②

加拿大多所知名大学校长也曾来访，如不列颠哥伦比亚大学前后数任大学校长顾爱文、斯蒂芬·图普、约翰·赫伯恩、戴维·内勒一行等均来访中国；此外，来访的大学校长还有多伦多大学校长梅瑞克·戈特勒，艾伯塔大学校长英迪拉，麦吉尔大学校长海瑟尔·门罗·布鲁姆，卡尔加里大学校长伊丽莎白·坎农，蒙特埃里森大学校长罗伯特·坎贝尔，滑铁卢大学校长法力丹·汗多拉珀一行等。加拿大知名大学校长的先后来访和务实合作，促进了两国高等教育的国际交流与合作。③

（二）中加教育合作高层磋商机制建立，成效显著

中加教育合作高层磋商机制建立以来，中加双方共召开了三届会议。2010年9月，首届中加教育合作高层磋商会议在加拿大曼尼托巴省温尼伯市举行，中国教育部和加拿大教育部长理事会共同举办。教育部副部长李卫红率团出席，中方参会人员包括教育部有关司局以及北京、上海、江苏、黑

---

① 参见中华人民共和国教育部资料及相关网站资料。
② 参见中华人民共和国教育部资料及相关网站资料。
③ 参见中华人民共和国教育部资料及相关网站资料。

龙江、新疆等地方教育行政部门的领导以及我国驻加拿大使领馆教育处（组）的负责同志。加拿大10省3区共派出12位教育部长及17位副部长出席磋商。会议签署了《中加首届教育合作高层磋商会议会谈纪要》。

第二届中加教育合作高层磋商会议于2011年6月20日在北京举行。教育部副部长郝平出席开幕式并致辞，中国教育部及8个省、自治区、直辖市教育部门代表参加；加拿大教育部长理事会、加拿大7个省的教育部，以及加驻华使馆的代表参加了会议。其中中方代表共39人，加方代表28人。会议签署了《中华人民共和国教育部与加拿大教育部长理事会关于教育合作的联合声明》。

2014年2月，第三届中加教育合作高层磋商会议在加拿大艾伯塔省埃德蒙顿市召开。中国教育部副部长李卫红与有关司局、直属单位以及6个省、自治区、直辖市教育厅、教委的代表，以及我国驻加拿大使领馆教育处（组）的负责同志参加；加拿大教育部长理事会主席杰夫·约翰逊及理事会相关成员、加拿大13个省的教育部人员，以及加拿大驻华使馆的代表参会。其中中方代表30人，加方代表39人共计近70人参加了会议。会议签署了《第三届中华人民共和国教育部与加拿大各省及领地教育合作高层磋商会议纪要》。

根据"中加总理互访成果联合工作组"第四次会议的相关精神，中国及加拿大将联合主办相关会议，分享当前中加合作实践并探索进一步合作的机遇。2018年，加拿大作为中国国际教育年会主宾国，将组织有史以来规模最庞大的来华教育代表团参与年会的各项活动。会议将为推动扩大双边教育交流与合作，加强中加省级教育交流与合作注入新的动力。①

（三）与加拿大联邦政府及各省签订交流与合作协议

1. 与联邦政府的交流与合作

《中加学者交换项目》最近一次续签是2016年4月，林蕙青副部长在访问加拿大期间与加拿大外交部续签谅解备忘录。该项目协议经过多次续

---

① 参见中华人民共和国教育部资料及相关网站资料。

签,从 1973 年项目启动至今,加拿大共有超过 1000 名学者参与了 CCSEP。参加 CCSEP 的加拿大学者不仅为中加两国学术与技术交流做出了贡献,也促进了加方对中国教育体制乃至社会各层面的了解。

除此之外,中国教育部与加拿大农业和农业食品部、卫生研究院,以及国家研究理事会分别签署了《关于在农业和农业食品领域开展科研合作与人才培养的谅解备忘录》《中华人民共和国与加拿大卫生研究院关于人才培养的合作协议》和《中华人民共和国与加拿大国家研究理事会关于人才培养的谅解备忘录》等。

2. 与加拿大各省的交流与合作

2015 年,中国教育部与魁北克省政府签订了《中华人民共和国教育部与加拿大魁北克省政府教育与高等教育合作协议》,取代 2009 年在北京签订的高等教育合作协议。此前,中国教育部与魁北克省国际部签署了《中华人民共和国教育部与加拿大魁北克省政府关于高等教育合作的谅解备忘录》并六次续签。

2015 年 6 月,中国教育部与加拿大 BC 省共同签署了《中华人民共和国教育部与加拿大不列颠哥伦比亚省关于加强教育联系和促进教育合作的谅解备忘录》。此前,中国教育部与加拿大 BC 省联合签署了《中华人民共和国教育部与加拿大不列颠哥伦比亚省关于教育交流与合作的谅解备忘录》。

2014 年 2 月,教育部与加艾省教育部长 Jeff Johnson 在埃德蒙顿共同签署《中华人民共和国与加拿大艾伯塔省教育部关于教育合作的谅解备忘录》;同年 10 月,教育部国际司与加拿大曼尼托巴省共同签署《关于教育合作的谅解备忘录》(司局级)。此前,中国教育部等与艾伯塔省分别签署了《中华人民共和国与加拿大艾伯塔省教育部关于教育国际合作的谅解备忘录》《中华人民共和国与加拿大艾伯塔省关于相互承认高等和高中后教育的谅解备忘录》《中华人民共和国教育部和加拿大艾伯塔省关于高等及高中后教育与研究领域合作的谅解备忘录》等。[①]

---

① 参见中华人民共和国教育部资料及相关网站资料。

除了以上中国与加拿大联邦政府及各省签订交流协议外,加拿大与中国各省也互相结为友好省州。以广东省为例,2018年3月19日,在广州市举行"'一带一路'教育行动中国广东省广州市·加拿大BC省及艾伯塔省教育交流合作备忘录签订仪式"。广东省与加拿大BC省结为友好省州已有二十多年的历史,在多个领域交流合作密切,其中教育领域合作一直非常活跃。此前,广东省与加拿大BC省曾签订过双向教育交流促进合作谅解备忘录。就艾伯塔省而言,此次签订仪式为艾伯塔省与广东省教育合作领域树立了新的里程碑。

BC省方面,BC省与广东签署的谅解备忘录协议的签订及具体合作,进一步加强了两省州的联系。在广东省教育厅与加拿大BC省教育厅支持下,加拿大第六教育局(落基山教育局)和第十九教育局(雷夫斯托克)来到广州市教育局开展学生交流活动,并启动辖区内学校与广州市学校缔结姊妹学校的程序,邀请越秀区学生赴BC省落基山教育局开展互惠交流活动。

在广东省、广州市教育局与加拿大BC省及艾伯塔省公立教育局、加拿大BC省巴克利谷公立教育局的支持下,狼溪公立教育局与荔湾区教育局成为两省州第一个缔结正式合作的K-12(从幼儿园到12年级的教育)层面姊妹教育局。这一伙伴关系将在双方教育局之间创造强有力的互惠互利的机会,促进学生和教师之间的积极联系。

艾伯塔省方面,艾伯塔省也与广东省教育部门启动首次官方合作。其中,广州市铁一中学与加拿大雷夫斯托克中学、广州市育才中学与加拿大戴维汤普森中学、广州市华侨外国语学校与加拿大戈尔登中学签订了双向教育交流促进合作备忘录。合作双方将在教育教学管理、师生交换、课程研发、语言相互学习等领域加强合作,进一步深化和细化两省州备忘录细则,在互利共赢的合作平台上,让两省州更多师生受益。BC省与广州将会有更多姊妹学校缔结友谊,进一步拓展两者的交流合作。①

---

① 《中国广东省广州市、加拿大BC省及艾伯塔省签订教育交流合作备忘录》,http://baijiahao.baidu.com/s?id=1595343520749523907&wfr=spider&for=pc。

三 加拿大国际教育交流与合作的经济效果及原因分析

(一)加拿大国际教育交流与合作的经济效果

加拿大是国际公认的 PPP 运用最好的国家之一,该项目提供了广泛的就业机会,对经济发展起到了积极影响。其中,教育和文化的贡献并排第四位[①](见表2)。

表2 2003~2012 年加拿大 PPP 项目

单位:个

行业	教育	环境	司法	交通	医疗保健	住房	国防	政府服务	文化	合计
项目数	7	5	14	24	59	2	1	2	7	121

其中,教育项目对总体经济影响达 2210 百万美元(见表3),对加拿大国家、地区和城镇的经济发展与进步起到了积极的催化作用。[②]

表3 加拿大各行业 PPP 项目的总体经济影响(教育)

行业	影响类型	等效全职就业岗位(个)	国民收入(百万美元)	国内生产总值(百万美元)	经济产出(百万美元)
教育	直接影响	5590	410	580	1280
	间接影响	2550	210	310	580
	诱发性影响	1600	90	220	350
	小计	9740	710	1120	2210

---

① 2013 年 12 月发布了《加拿大 PPP 十年经济影响评估报告(2003~2012)》,10-Year Economic Impact Assessment of Public-Private Partnerships in Canada (2003~2012),中国环保网。PPP 模式即 Public-Private-Partnership 的英文缩写,是指公共部门通过与私人部门建立伙伴关系提供公共产品或服务的一种方式,http://www.chinaenvironment.com/view/viewnews.aspx?k=20140603101642890。

② 《加拿大 PPP 十年经济影响评估》,中国环保网,http://www.chinaenvironment.com/view/viewnews.aspx?k=20140603101642890。

加拿大《国际教育战略》旨在通过加拿大教育品牌的国际推广,吸引更多国际学生,产生更多由留学带来的消费,从而促进加拿大整体经济内循环的良性发展,其重点战略是巴西、中国、印度、墨西哥、中东和中非等。国际教育的发展给加拿大带来了巨大的经济效益,促进了加拿大经济的发展,被视作促进经济增长和满足劳动力市场需求的一种重要方式。①

加拿大实施吸引更多海外留学生的计划,留学生对加拿大经济的贡献加大。《国际教育战略》计划到 2022 年实现海外留学生数量翻一番,达到 45 万人。该目标的实现将会给加拿大带来巨大的经济效益:至少净增 8.65 万个工作岗位,并使与国际教育产业相关的工作岗位增加到 17.3 万个;国际学生在加拿大的消费支出将增至 160.1 亿美元;每年为加拿大提供近 100 亿美元的经济增长;产生约 9.1 亿美元的新税收。②

据统计,留学生,尤其是高等教育留学生对加拿大经济的贡献突出,其中,2016 年为 155 亿元,比 2010 年高出了 80 亿元。如果留学生的支出被计算在出口中,那就占整体服务出口的 14% 以上,是加拿大增长最快的出口类别。③

(二)加拿大国际教育交流与合作的原因分析

加拿大教育较好地满足了社会对高等人才的需求。此外,加拿大在安全性、价值观教育、文化等方面具有良好的口碑,对世界各地的学生具有很强的吸引力,为加拿大教育的国际交流与合作提供了机遇。

1. 加拿大是世界顶尖的教育大国,质量排名世界第一

加拿大每年教育经费投入占 GDP 的 7.1%,之所以能取得教育质量第一

---

① 伍燕林、李盛兵:《加拿大高等教育国际化新战略探析》,《世界教育信息》,2015 年 9 月。
② 作为《全球市场行动计划(一)》的关键部分,加拿大的《加拿大国际教育战略:利用知识优势,推动创新与繁荣》(Canada's International Education Strategy: Harnessing Our Knowledge Advantage to Drive Innovation and Prosperity)(以下简称《国际教育战略》),旨在通过加拿大教育品牌的国际推广,吸引更多国际学生,产生更多由留学带来的消费。参见伍燕林、李盛兵:《加拿大高等教育国际化新战略探析》,《世界教育信息》,2015 年 9 月。
③ 《国际生一年为加拿大贡献 155 亿元,高校学费持续上涨》,https://www.sohu.com/a/236705634_168136。

的成就,与政府对教育的重视是分不开的。据 2017 年 5 月美国新闻与世界报道(U. S. News & World Report)公布了"全球最好教育质量国家"(Best Countries for Education)排名结果,在参与排名的 80 个国家中,加拿大再次排名第一,位列前三(分别是加拿大、英国和德国)。①

根据 2016 年经济合作与发展组织(Organization for Economic Co-operation and Development,OECD)的数据报告显示:在 25~64 岁的加拿大人中有高达 56.3% 的人拥有大学本科学历,远超 OECD 的平均水准 20 个百分点。该数据不仅在发达国家中稳居第一的位置,领先第二名的日本(50.5%)、第三名的以色列(49.9%),而且领先于传统印象中的教育强国英国(46.0%)和美国(45.7%),该两国在这份榜单上分列第五和第六位。②

加拿大高等教育的普及率相当高,根据 OECD 的统计数据显示,在 35~44 岁的加拿大人群体中,拥有大学本科学历人口数占总人口比例为 62.8%。③

在教育经费方面,统计数据显示,2011 年加拿大政府在教育方面的拨款占国内生产总值(GDP)的 3.57%,相当于在每个孩子身上投资 10.4K 美元用来教育,处于发达国家的上游水平。公民或者拥有永居权的人口的子女都可以享受小学到中学免学费的权利。④

2. 加拿大注重国际教育交流与合作,将国际化列入战略规划

加拿大没有设立全国统一的教育部,但绝大多数大学却不约而同地将教育交流与合作列为自身的重要目标——根据 UNIVCAN 在 2014 年所公布的

---

① 《全球最好教育质量国家排名榜单出炉》,https://www.sohu.com/a/136082106_527303。
② 《加拿大世界顶尖教育大国地位如何体现》,http://baijiahao.baidu.com/s?id=1604412276874376796&wfr=spider&for=pc。
③ 《加拿大世界顶尖教育大国地位如何体现》,http://baijiahao.baidu.com/s?id=1604412276874376796&wfr=spider&for=pc。
④ 《加拿大世界顶尖教育大国地位如何体现》,http://baijiahao.baidu.com/s?id=1604412276874376796&wfr=spider&for=pc。

调查结果,96%的加拿大大学将教育交流与合作列入了战略规划之中。①

加拿大注重国际教育合作和交流。合作和交流对象以与他国大学之间的研究、招生合作关系为主,但也不乏与国外各级政府,乃至国内外企业建立合作关系。合作关系以合作协议为形式,内容有学生交流、科研、发展与教育援助,乃至资源共享等。与一般意义上的大学合作和交流相比,加拿大大学与学院在建立跨国合作关系方面的选择目标更为广泛,而这也为其国际教育交流和合作带来了更多的招生途径与更多的支持,也令国际合作研究的成果得以更快地实现转化。

加拿大注重留学生教育合作和交流。在留学生教育合作和交流方面,不仅注重学生的双边流动规模和数量,而且注重留学生教育的内涵。如为学生建立有利于国际教育交流与合作的环境,而不只是学习书本上的外语和知识。从大量的留学生与外国教师,到将国际化内容融入课程,在加拿大高校就读,本身就是一个国际化的过程——在课堂上,学生可以听到来自国外合作伙伴大学或研究机构的教授们的讲座;此外,学生可以与来自世界各地的留学生同学充分交流,体验不同的文化,开拓眼界。这种教育不仅让学生得以学习与别国文化、社会、科技相关的知识,更让他们能够在校园中真正地体验异国文化。

注重合作对象。加拿大高校注重联系市场、联系社会,根据社会需求提供职业教育与社会服务。在合作科研中也有所体现,即虽然签订合作伙伴关系协议的主体以大学为主,但合作科研项目本身却注重社会各方面的参与,拒绝"闭门造车"。比较典型的例子,多伦多大学、不列颠哥伦比亚大学及艾伯塔大学,该三所学校联合共同与印度建立了合作机构印度—加拿大跨学科创新合作中心(IC IMPACT, India Canada Centre for Innovative Multidisciplinary Partnerships to Accelerate Community Transformation and Sustainability),旨在促进社区转型与可持续性发展。该中心是加拿大卓越研

---

① UNIVCAN, International Education at Canadian Universities, 2014:http://www.univcan.ca/wp-content/uploads/2015/07/quick-facts-internationalization-survey-2014.pdf.

究中心网络（Canadian Networks of Centres of Excellence）的一部分。它的合作对象不仅限于大学，还致力于"让研究者、产业创新者、社区领导、政府机关一起参与进来"。①

注重研究成果转化。加拿大研究型大学注重将跨国科研带来的成果转化为现实生产力，并采取多种措施鼓励科技成果在多国之间转化，如专利技术的国际转让，科研产品市场化等；而这一过程往往通过大学与企业之间的合作得以实现。以中加两国的合作为例，相当一部分加拿大研究型大学均参与了"中加国际科研项目"的申报，该项目由中国科技部与"加拿大科技国际伙伴计划"（International Science and Technology Partnerships Canada）负责，在《中加科技协议》框架下开展合作。"中加国际科研项目"强调必须有加拿大和中国公司的参与，而这些公司则负责科研成果的产业化。这种合作关系使大学的研究与服务职能得到了有机结合，让研究项目得以更快、更有效地产生效益，从而带来了多方面的支持。②

3. 加拿大的教育竞争力是与加拿大优美的环境分不开的

加拿大多元的文化、多彩的生活吸引了各国的游客，增进了人们对加拿大的了解。以亚太国家或地区为例，去往加拿大旅游人数也不断攀升，主要旅游城市如温哥华、渥太华、多伦多、蒙特利尔、魁北克市等是各国人民青睐的旅游目的地之一，去往加拿大旅游的国家中，除了印度尼西亚外，人数均逐年递增。其中，中国人数一直稳居第二位，仅次于澳大利亚（见表4）。

表4 亚太国家和地区去往加拿大旅游人数排名（2012~2016年）

单位：万人，个百分点

国家和地区 \ 年份	2012	2013	2014	2015	2016	2015~2016 百分比变化
澳大利亚	272.2	279.9	300.8	307.1	352.3	14.7
中国	298.1	365.3	471.8	511.2	624.9	22.2
香港特别行政区	123.9	133.5	141.9	152.6	158.5	3.8

---

① https：//research.ubc.ca/international-engagement/international-partnerships.
② https：//research.ubc.ca/research-excellence/research-funding-statistics/201516.

续表

国家和地区＼年份	2012	2013	2014	2015	2016	2015~2016百分比变化
印度	153.4	154.4	185.9	200.1	225.1	12.5
印度尼西亚	17.8	19.7	21.9	26.1	22.8	-12.6
日本	240.0	238.5	277.3	294.9	322.2	9.3
马来西亚	12.7	12.7	13.5	13.5	14.2	5.8
新西兰	47.5	50.8	53.2	56.6	62.1	9.7
巴基斯坦	17.0	20.6	18.8	19.6	20.7	5.8
菲律宾	64.7	67.4	75.7	65.4	70.6	8.0
新加坡	32.8	35.7	36.5	35.4	37.7	6.6
韩国	150.6	158.5	183.8	204.7	254.8	24.4
中国台湾	54.0	64.0	72.4	76.1	102.6	34.8
泰国	17.9	18.8	18.1	17.7	18.6	5.3
其他亚太国家和地区	22.2	23.3	25.8	27.3	38.3	40.3
总计	1524.9	1643.2	1897.4	2008.3	2325.5	15.8

资料来源：Asia Pacific Foundation of Canada http：//www.asiapacific.ca/statistics/immigration/tourism/asia-pacific-visitors-canada。

四 加拿大国际教育交流与合作的趋势及策略建议

（一）加拿大国际教育交流与合作的趋势

多元文化主义理念在两国具有共同基础，两国教育交流与合作将继续深入推进。中加两国都是多民族共存的主权国家，多元文化主义理念在两国具有共同基础，这也是两国教育交流与合作能够继续深入推进的重要基础。未来，中加两国健康发展的核心是两国均要坚持包容、多元、自信的文化态度，真诚推进两国文化共同发展。

双方教育交流与合作趋势向好。2015年10月加拿大自由党领袖贾斯廷·特鲁多（Justin Trudeau）当选新任加拿大总理，开启两国总理和高层互访，进一步推动中加关系健康发展，对促进双边教育交流与合作产生积极影响。2016年9月，李克强总理访问加拿大，在两国总理的见证下，由陈舜部长助理和加拿大外交部部长迪翁代表两国政府正式签署历史上第一个《中华人民共和国教育部与加拿大外交、贸易和发展部关于教育合作的谅解备忘录》，这一成果被列入李克强总理访加两国政府的联合声明里并被外交部列为国际交往经典案例。2017年12月7日，加拿大总理特鲁多结束了对中国的访问①。中加高层互访频繁，双方教育交流与合作趋势向好。

（二）推进中加教育交流与合作的建议

事实表明，只要两国在牢牢把握两国关系正确方向的前提下，积极推动中加教育交流与合作，就会给两国人民带来更深层次、更高水平、更大的利益。未来，中加两国健康发展的核心是两国均要坚持包容、多元、自信的文化态度，真诚推进两国文化共同发展。中加两国都是多民族共存的主权国家，多元文化主义理念在两国具有共同基础，这也是两国教育交流与合作能够继续深入推进的重要基础。基于以上发展现状及趋势，建议双方在以下几方面进行努力。

第一，推进中加教育交流与合作。新时期中加应继续落实教育合作高层磋商机制，推动教育合作论坛常态化，进一步加强部际、大学互访，协同签订不同层次的教育交流与合作协议，扩大加拿大留学中国项目和中国学生赴加拿大留学生的规模。

第二，促进留学生双向流动。双方在教育领域的交流与合作机遇日益增多，发展空间广阔，问题也需要引起重视。目前中国在加拿大就读的中国留学生数量位居世界第一，但中加教育交流与合作存在发展不平衡的问题，中方欢迎更多加拿大人尤其是年轻人来华学习，愿意扩大加方青年赴华参加夏令营规模等，实现双向流动。

第三，加深两国之间的认识。目前加拿大部分高校里讲授中国课程的专家主要来自欧洲和中国台湾，其视角与中国大陆客观实际有一定的差距，影

---

① http://shizheng.xilu.com/20171210/1000150004757973.html。

响加拿大师生对中国的认知。相对于中国对加拿大的了解程度，加拿大需要提升对中国的了解程度。内容包括但不限于在中加留学、学者互访、合作办学、教育研究、智库合作研究等问题上的磋商和合作，加深两国之间的认识，互惠共赢。

第四，夯实人文外交的基础。加拿大可继续秉持多元文化主义理念，主动摒弃两国意识形态分歧，尊重两国文化形态差异；中国则可借助在加移民、定居、留学、经商等的民间力量，积极开展官方、社会组织、商业团体、民间等多种形式交流活动，增强两国人民对彼此文化的情感认同和价值理解。

第五，加大中加关系研究的力度。中加两国对对方国的整体研究力量不足，水平有待提高，加拿大学界包括智库对中国的了解很不够。有必要加大中加研究。如在教育领域，应探索帮助学生和家长更加方便地理解和进入对方教育系统的方法等，推进教育交流与合作。

教育交流与合作是人文交流的重点领域，也是中加关系的重要组成部分，已经并将继续为两国教育的发展发挥重要的作用，未来合作空间广阔。两国应统筹资源，开展更大范围、更深层次的教育交流与合作，推动两国关系的发展。

专题报告·政治&安全

Special Reports: Politics & Security

B.12 2017年加拿大BC省议会选举与华人参政

万晓宏*

摘 要: 2017年加拿大BC省举行省选,共有24名华人精英参选省议员,其中有7人获得连任或新当选,双双突破历史纪录;全国范围内还举行了两次国会议员补选,各有一名华裔当选;还有多名华裔被委任为各级政府公职。华人普通民众积极参加选举投票和助选活动,华人的选票受到各政党的高度重视,在华人聚居的选区发挥决定性作用。华人社团和华文媒体长期从事选民教育和宣传,动员华人选民积极参加选举登记和投票,取得显著进展。但BC省华人参政仍然存在一些问题和不足,如华人精英参政人才仍然有较大缺口,在华裔人口

---

* 万晓宏,博士,华南师范大学政治与行政学院教授,研究方向为加拿大政治。

加拿大蓝皮书

比例低的选区难当选；大多数普通华人民众仍然对政治不关心，投票率和参与率仍不高；华人社区在助选过程中对公平、透明等选举细节注意不够；当地社会对华人的歧视和偏见依然存在。这些都对华人精英的参选和投票结果造成消极影响。

关键词： 华人　政治参与　省选　BC省

一　BC省华人社区人口新变化

2016年加拿大人口普查数据显示，加拿大总人口已经超过3500万人，比2011年人口普查的数据增加170万，在G7国家中增长速度最快。从全加拿大13个省区来看，加拿大西部人口增长迅速，加拿大东部大西洋省份人口增长缓慢，有的甚至出现负增长。其中，阿尔伯塔省、萨斯卡彻温省和曼尼托巴省人口增长最快。安大略省仍然是全国人口最多的省，魁北克省第二，BC省虽然排名第三，但人口已达到464.8万人。此次人口普查数据也显示，在过去5年中，大温哥华地区的人口数量增加了6.5%，BC省人口增长了5.6%，而全国的增长率只有5.0%。大温哥华地区的人口数量已经超过246万人，比2011年增加15万人。其中温哥华市的人口为63万人，比2011年增加3万人。①

通过对2016年加拿大人口普查数据的重新统计，可以发现，在BC省总共有华裔人口56.2万人，包括来自中国台湾的华人移民2万多人。其中，列治文市的华裔人口已经超过11万人，包括3320名台湾地区移民，占该市总人口的56%，首次超过50%。华人不仅连续25年是该市最大的少数族裔，而且现在已经成为该市人口中的大多数。但在1996年，华裔人口只占

---

① "Census Population of BC and Canada 1871 to 2016", http://www.bcstats.gov.bc.ca/StatisticsBySubject/Census/2016Census/PopulationHousing/BCCanada.aspx.

该市总人口的34%，2001年占40%，2006年占45%，2011年占49%，当时尚未过半。除了列治文市华裔人口占该市总人口的比率最高并过半之外，在BC省，华裔人口居住非常集中的城市还有温哥华，华裔人口为18.1万人，本拿比市有近8.4万人、素里市有近4.8万人，高贵林市有3.2万多人。①

"一人一票"是加拿大选举制度的基本原则。BC省华裔人口的数量和分布的新变化对当地的政治生态产生了直接影响，尤其是对2017年的BC省大选产生很大影响。

二 2017年BC省议会选举的过程与特点

与联邦政府的建制一样，加拿大省级政府采取的也是议会内阁制，通常在议会选举中获得最多席位的政党负责组建政府执政，获胜的政党党魁担任新一届政府的省长。如果某党派获得的议席超过总数的一半，即可单独组阁，建立多数党政府，反之则是少数党政府。BC省法律规定，除非特殊情况，省议会每四年的5月第二个星期二举行换届选举。2017年是BC省议会选举年，原来的85个席位需要全部改选，另外由于人口增长还新增了2个席位，分别位于素里市和列治文市。此外，还有48个选区进行了重新调整。自由党和新民主党是BC省的两大传统主流政党，此次自由党竭力争取连任，而反对党新民主党在野12年后，争取夺回执政地位。其他党派包括BC省绿党和保守党等，也都在积极竞选，争取在议会中获取更多席位。

根据BC省选举委员会公布的选举日程，2017年5月9日是BC省第41届省选日，省选选的是省议员。4月11日是官方宣布本届BC省选正式开始的日期。从4月11日至5月9日，总共有29天的时间，让各候选人展开竞

---

① "Census Profile, 2016 Census-Select Region 1", http：//www12.statcan.gc.ca/census-recensement/2016/dp-pd/prof/search-recherche/change-geo.cfm? Lang = E&Geo1 = CSD&Code1 = 5915034&Geo2 = PR&Code2 = 59&Data = Count&SearchText = Coquitlam&SearchType = Begins&SearchPR = 01&B1 = Ethnic%20origin&TABID = 1&G = 1。文中提到的BC省华人人口包括中国台湾人和中国西藏人，但在加拿大联邦政府的人口统计中却把中国台湾人和中国西藏人单独列出。

选宣传。其中，4月18日是宣布参加选举的候选人报名的截止日期。4月29~30日和5月3~6日是提前投票时段。5月9日是省选的正式投票日，时间从上午8时至下午8时。5月22~24日是最终点票，将完成缺席选票统计，并公布最终结果。5月31日，省选期正式结束。①

5月9日，BC省选结果出炉，省自由党在省议会87个议席的选举中仍然获得43席，新民主党获得41席，绿党获得3席，保守党没有获得席位。由于选前议席总数的变化，获得组阁权需要44席，省自由党和省新民主党都没有过半，因此绿党与其中一方联合，该方就获得组阁权，即获得建立少数党政府执政的权利，绿党成了名符其实的"造王者"。5月29日，绿党党魁韦弗（Andrew Weaver）和省新民主党党魁贺瑾（John Horgan）在省府维多利亚的省议会大厦发表联合声明，表示绿党将支持新民主党建立少数党政府。新民主党党魁贺瑾成为BC省第36任省长。

此次BC省省选具有以下四个典型特点：第一，提前投票人数打破历史纪录，选举日自由党和新民主党的得票率和所获席位都非常接近，是BC省历史上最激烈和最胶着的大选。此次省选登记选民有315.7万人，其中61.4万人提前投票，提前投票率为19.4%，而2013年省选登记选民只有311.6万人，其中38万人提前投票，提前投票率仅为12.2%。这次省选提前投票人数比上届激增61.4%，不但打破该省历史纪录，也说明选情十分胶着激烈。② 在选举日的点票过程中，多个选区的自由党和新民主党候选人得票接近，有的只相差数十张或一两百张选票，选情胶着程度可见一斑。选举日的计票结果显示，自由党得票率为40.9%，赢得43个省议员席位，新民主党得票率为39.9%，赢得41个席位，得票率和所获席位都非常接近。③ 第二，绿党在这次选举中异军突起，成为最大的黑马。上届省选BC省绿党

---

① 《卑诗省选知多少》，加拿大《环球华报》，2017年4月12日，http：//gcpnews.com/2017/04/12/卑诗省选知多少/。

② 《2017，BC省大选结束，三党都称自己是胜利者？扯，谁来当这个省长还没定!》，加拿大家园微信号，参见http：//www.sohu.com/a/139755601_162477。

③ "BC election results 2017：See the results in every riding"，https：//globalnews.ca/news/3432025/live-bc-election-2017-real-time-results/。

只赢得一个席位。此次省选，绿党在新党魁韦弗（Andrew Weaver）领导下，从 BC 省新民主党和自由党的激烈竞争中获得 16.7% 的选票，赢得 3 个省议员席位，成为议会中的第三大党。第三，由于没有一个政党在此次选举中获得多数席位，导致 BC 省出现自 1952 年以来的第一个少数派政府，而绿党最终成为左右局势的"关键少数派"。第四，这次省选中，有许多非华人候选人用中文竞选，对华人选民具有很大吸引力。如绿党在素里－绿林（Surrey-Green Timbers）选区提名的印度裔候选人欧吉拉（Saira Aujla）。[1]

除了 BC 省选之外，2017 年加拿大还举行了两场全国性的补选。所谓"补选"就是为了填补前议员离职或去世而留下的空缺席位。在 4 月 3 日举行的五个联邦国会议员补选中，在安大略省的万锦－康山选区，代表执政的自由党参选的华裔候选人伍凤仪（Mary Ng）成功击败对手，成为新的国会议员。这使加拿大联邦众议院 338 个议席中的华裔议员人数增加到 7 人，与上届持平。除了伍凤仪之外，目前加拿大联邦国会中的华裔议员还有黄陈小萍、关慧贞、庄文浩、陈家诺、陈圣源和谭耕 6 人。12 月 11 日，加拿大联邦国会四个空缺议席举行补选，包括最近因癌症去世的华裔国会议员陈家诺空出的士嘉堡－爱静阁选区的议席，陈家诺的妻子叶嘉丽（Jean Yip）在家人的支持下，不仅顺利赢得了自由党内部提名参加补选，还成功地赢得该议席选举的胜利，得票率达到 49.4%。[2] 叶嘉丽的胜选不仅为执政的自由党保住了一个重要的国会席位，也使华裔在加拿大联邦国会中的议席保持在 7 席。

三 2017 年 BC 省华人参政的表现与特点

（一）华人精英

2017 年 5 月 9 日，加拿大 BC 省举行省选，共有 24 名华人精英参选省

---

[1] 《中文，是非华裔候选人的武器》，加拿大《环球华报》，2017 年 5 月 4 日，http://gcpnews.com/2017/05/04/中文，是非华裔候选人的武器/。
[2] 《加拿大联邦议会补选 病故华裔议员遗孀胜出》，中国新闻网，2017 年 12 月 12 日，http://www.chinaqw.com/hqhr/2017/12-12/171778.shtml。

议员，其中有 7 人获得连任或新当选，双双突破 BC 省大选的历史纪录。当选的 7 位议员中，有 2 人连任成功，他们是自由党的叶志明和屈洁冰；5 位新当选的是新民主党的康安礼、陈苇蓁、周炯华、马博文，以及自由党的李耀华。新民主党的华人省议员比自由党多一人。在当选的三位自由党华裔省议员中，叶志明从政资历最深，此次成功实现第三度连任，开启第四个省议员任期。

表 1　2017 年加拿大 BC 省省选华裔候选人的背景与选举结果统计

姓名	党派	选区	移民来源地	结果
王白进（James Wang）	新民主党	温哥华－兰加拉（Vancouver-Langara）选区	中国大陆新移民	失败
康安礼（Anne Kang）（女）	新民主党	本拿比－鹿湖（Burnaby-Deer Lake）选区	台湾地区移民	成功
陈苇蓁（Katrina Chen）（女）	新民主党	本拿比－洛歇（Burnaby-Lougheed）选区	台湾地区移民	成功
区泽光（Chak Kwong Au）	新民主党	列治文南中心（Richmond South Center）选区	香港地区移民	失败
周炯华（George Chow）	新民主党	温哥华菲莎围（Vancouver-Fraserview）选区	香港地区移民	成功
马博文（Bowinn Ma）（女）	新民主党	北温哥华兰斯代尔（North Vancouver-Londale）选区	台湾地区移民	成功
邱丽莲（Lyren Chiu）（女）	新民主党	列治文北中（Richmond North Center）选区	台湾地区移民	失败
屈洁冰（Teresa Wat）（女）	自由党	列治文北中（Richmond North Center）选区	香港地区移民	成功
李灿明（Richard Lee）	自由党	本拿比北（Burnaby North）选区	香港地区移民	失败
叶志明（John Yam）	自由党	列治文－史蒂夫斯顿（Richmond-Steveston）选区	新加坡移民	成功
李德明（Doug Bing）	自由党	枫树岭－匹特草原（Maple Ridge-Pitt Meadows）选区	本土第 3 代华裔	失败
李耀华（Michael Lee）	自由党	温哥华兰加拉（Vancouver-Langara）选区	本土第 2 代	成功
陈锦珠（Kim Chan Logan）（女）	自由党	温哥华－坚盛顿（Vancouver-Kensington）选区	本土第 2 代	失败

续表

姓名	党派	选区	移民来源地	结果
王小宝(Karen Wang)(女)	自由党	本拿比－鹿湖(Burnaby-Deer Lake)选区	中国大陆新移民	失败
林欣呈(Conny Lin)(女)	自由党	温哥华－快乐山(Vancouver-Mount Pleasant)选区	台湾地区移民	失败
阮桥庄(Trang Nguyen)(女)	自由党	温哥华京士威(Vancouver-Kingsway)选区	移民1.5代	失败
黄海天(David Wong)	绿党	温哥华喜士定(Vancouver-Hastings)选区	本土第5代华裔	失败
吴曙方(Valentine Wu)	绿党	本拿比埃德蒙兹(Burnaby-Edmonds)选区	中国大陆新移民	失败
谭百昭(Peter Tam)	绿党	枫树岭－米逊(Maple Ridge-Mission)选区	香港地区移民	失败
陈卫平(Lawrence Chen)	BC省新共和党	列治文昆斯伯勒(Richmond-Queensborough)选区	中国大陆新移民	失败
杨锦冬(Jin Dong Yang-Riley)(女)	温哥华岛党	橡树湾－戈登角选区(Oak Bay-Gordon Head)选区	中国大陆新移民	失败
潘栋(Dong Pan)	独立候选人	列治文北中(Richmond North Center)选区	中国大陆新移民	失败
王尼古拉斯(Nicholas Wong)	独立候选人	三角洲南(Delta South)选区	本土华裔	失败
许嘉利(Gary Hee)	独立候选人	素里南(Surrey South)选区	本土	失败

资料来源：笔者根据《环球华报》（加）、《中国新闻网》、《中国侨网》和BC省政府网站上的资料进行综合统计得出。

从表1的统计数据和与以往历次省选相比可以发现，此次华人精英参选具有以下几个主要特点：第一，参选的华人精英人数达24人，突破历史纪录。而在2013年的省选中，只有23位华裔候选人。在2009年的省选中，只有9位华裔参选。第二，华人精英参选的地区也分布得更广，显示华人参政正朝着深度和广度发展。上届23位华裔在13个选区参选，其中11人集中在华人聚居地列治文市的三个选区。而2017年的24人则分布在全省的20个选区，范围之广，前所未有。第三，华人精英绝大多数通过加入主流政党参选。此次24位参选的华人精英中，有19位是通过加入自由党、新民主党和绿党这三大政党参与选举的，其他5位以其他小党或独立候选人身份参选。第四，来自中国大陆的华人新移民积极参选，但来自台湾地区的华人移民竞选成功率最高。来自中国大陆的华人新移民有6人参选，他们分别是王白进、王小宝、潘栋、杨锦冬、吴曙方和陈卫平，史无前例，虽败犹荣。来自台湾地区的华人移民有5人参选，其中3人成功当选，不仅成功率最高，而且都是女性。

7月18日，BC省新民主党少数政府正式成立，党魁贺瑾正式就任省长。在他任命的22名内阁成员中有两位华裔，他们是来自温哥华菲莎围选区的省议员周炯华和本拿比洛歇选区的省议员陈苇蓁，分别担任省贸易事务厅长和儿童福利厅长。此外，来自本拿比鹿湖选区的省议员康安礼被委任为省务秘书，来自北温哥华朗斯代尔选区的省议员马博文被委任为运输联网省务秘书。① 9月20日，现年51岁的加拿大华裔警司周伟仪（Howard Chow），被委任为温哥华警察局副局长，是继前警察局长朱小苏之后的第二位华裔副警察局长。10月15日，BC省自由党举行党魁选举的第一次公开辩论，此次党魁选举总共有6位候选人，华裔省议员李耀华是其中之一。②

（二）华人民众

在2017年的BC省地方选举中，华人选票受到各候选人的高度重视，华人民众积极参加选举登记、投票和助选活动，在省选中发挥重要作用。早在2016年12月，BC省省长简惠芝（Christy Clark）在该省华人人口最密集的列治文市宣布她在召开新闻发布会时将同步使用微信公众平台，让华人民

---

① 《贺瑾携四华裔就任BC省长山火、油管和教育拨款个个是烫手山芋》，加拿大《环球华报》，2016年7月19日，http://gcpnews/2017/07/19/贺瑾携四华裔就任BC省长山火、油管和教育拨款个个是烫手山芋/。
② 《省自由党党领之争：漫长拉力赛的开始》，加拿大《环球华报》，2016年10月20日，http://gpnews.com/2017/10/12/省自由党党领之争：漫长拉力赛的开始/。

众能更加及时地了解他们想要了解的信息。她表示更希望通过微信平台听到华人民众对 BC 省政务的意见和建议。同时，她还表示微信平台将由会说普通话和粤语的华裔志愿者来运营与管理，这样不会产生任何费用，不会花纳税人的钱。① 2016 年底，BC 省长简蕙芝还报名参加加拿大环球文化基金和加拿大环球传媒集团举办的"我要读中文"活动的诵读尝试。这些都说明她领导的自由党政府对华人选票的高度重视。

此次省选前的民调显示，执政党 BC 省自由党的支持率与官方反对党新民主党的支持率相当，都为 37%，因此华裔的选票受到两党的格外重视，争夺特别激烈。② 2017 年 4 月，BC 省长简蕙芝宣布，将支持列治文医院的扩建计划，并考虑加设中医部门。③ 很明显在省选前公布这一消息，确实显示现政府对华人选票的高度重视。在此次省选中，还涌现出多位能讲流利中文的非华裔候选人。例如，素里的印度裔候选人欧吉拉（Saira Aujla）、温哥华福溪选区的自由党候选人苏利文（Sam Sullivan）、列治文昆斯伯勒选区的新民主党候选人辛欧曼（Aman Singh）和保守党候选人海尔（Kay Hale）都能讲流利的粤语。这既能帮助他们吸引华裔选民的选票，同时也显示华人选票受到空前重视。

为了争取华人对联邦自由党的长期支持和为 2017 年 4 月举行的联邦国会议员补选做准备，早在 1 月，加拿大总理小特鲁多就亲自带领 3 位内阁部长参加温哥华华埠新春大游行。3 月 31 日，小特鲁多总理在自由党国会议员候选人伍凤仪和安大略省国际贸易厅厅长陈国治的陪同下，来到万锦市（Markham）的一间华人酒楼，进行亲民活动，同时为代表联邦自由党在万

---

① 《卑诗省长开通微信公众号，致力于建立与华人更好的沟通平台》，加拿大《环球华报》，2016 年 12 月 7 日，http://gcpnews/2016/12/07/卑诗省长开通微信公众号，致力于建立与华人更好的沟通平台/。
② 《省选临近，卑诗华裔候选人人数创历史新高》，加拿大《环球华报》，2017 年 3 月 1 日，http：//gcpnews/2016/03/01/省选临近，卑诗华裔候选人人数创历史新高/。
③ 《省长表示列治文医院将增设中医部门》，加拿大《环球华报》，2017 年 4 月 7 日，http://gcpnews/2016/04/07/省长表示列治文医院将增设中医部门/。

锦选区补选的国会议员候选人伍凤仪助选拉票。① 这是近年来在任总理首次到访华人酒楼，体现了对华人选票的高度重视。

（三）华人社团

2017年BC省省选一开始，加拿大华人联席会就开始举办参选人见面会、筹款晚宴、呼吁华人投票大会、联合各媒体发声等各种促进华人积极投票的活动。4月27日，联席会在温哥华唐人街举行由100多个华人社团共同参与的呼吁华人踊跃投票的大型动员集会，近千人出席了此次大会，参与者当场积极响应。4月29日开始提前投票，各投票站都不断有华人进出投票。联席会执行主席王典奇奔走在各个投票站，还访问多位省议员候选人，给他们加油打气，帮助他们解决遇到的实际问题和困难。他还呼吁联席会所属的各个社团以实际行动支持候选人。在他的号召和带动下，加拿大台州同乡总会、湛江同乡联谊会、四川同乡联谊会、泉州同乡会、温哥华福清同乡会、齐鲁华人总商会、加拿大多元文化促进会、温哥华中国大专院校校友会、加拿大华人妇女联合会、北美贵州商会等纷纷行动起来，连续几天派人派车协助需要帮助的投票人去投票站投票。加拿大华人社团联席会还联合各大媒体，强烈呼吁全体华人在省选日，以更加饱满的热情参加投票，共同创造BC省更加美好的明天。② 5月9日省选日，王典奇带领各华人社团奋力为多名华裔候选人进行最后的助选，把需要帮助去投票站的华人用车接到投票站参加投票，为缺少监票员的选区派遣华人义工，对华裔民众踊跃参加投票发挥了重要的助推作用。

7月1日下午，在华人社团的主导下，加拿大从东到西八座城市（哈利法克斯、蒙特利尔、渥太华、多伦多、温尼伯、里贾纳、卡尔加里和温哥

---

① 《加总理访中餐馆为华裔助选拉票逗娃品叉烧包》，中国侨网，2017年4月2日，http://www.chinaqw.com/hqhr/2017/04－02/134756.shtml。

② 《加拿大华人社团联席会省大选前再发力　联合各大媒体共呼吁提高投票率》，加拿大《环球华报》2017年5月8日，http://gcpnews.com/2017/05/08加拿大华人社团联席会省大选前再发力　联合各大媒体共呼吁提高投/票率。

华）近 2000 人同时击鼓，庆祝加拿大建国 150 周年。① 10 月 14 日，首届加拿大三级政府华人教育论坛顺利举行并取得历史性成功。论坛现场座无虚席，有近 400 人参与了这次活动并获得强烈反响。论坛程序紧凑，先是政府职能介绍，之后是互动问答。提问环节问题十分丰富，从学校教育到大麻管制，从三级政府公职的参选步骤到对留学生的关怀等。通过此次活动，有助于帮助更多华人提高政治觉悟，了解加拿大三级政府的运作机制，更好地通过参政议政行使自己的权利，真正融入加拿大社会。此次论坛由南素里-白石选举委员会主办，加拿大华人参政议政促进投票联盟、白石华人联谊会和素里成人高中同学会等华人社团协办，加拿大华人社团联席会、加拿大华人联合总会、白石村俱乐部、南素里白石华人协会、加拿大河北同乡会、加拿大齐鲁华人总商会、加拿大京城文化会、菲莎华人协会、菲莎谷居民协会、华夏多元文化协会等华人社团都积极参加和支持。②

（四）华文媒体

在此次省选中，华文媒体，包括传统媒体和社交媒体都发挥了重要作用。在距离 5 月 9 日省选日还有不到两周的时间，BC 省著名的华文报纸《环球华报》对 BC 省的三个参选政党政党自由党、新民主党和绿党的竞选政纲进行了详细报道和分析，增进华人民众对两大政党政纲的了解，以便做出自己的选择。此次省选是 BC 省自由党和省新民主党之间的对决。《环球华报》不仅对此次省选进行了及时的跟踪报道，还主动向两大政党关于大选的主要议题提出质疑，要求两党回答。例如，在选前不到一周的时间，省自由党和省新民主党的支持率仍然分不出高下，《环球华报》就五大重点议题：大麻合法化、住房可负担性、经济发展、医疗和少数族裔问题，

---

① 《加拿大八城共同击鼓庆联邦成立 150 周年　华人积极参与》，中国新闻网，2017 年 7 月 2 日，http://www.chinaqw.com/hqhr/2017/07/02/150638.shtml。
② 《首届加拿大三级政府华人教育论坛开创历史　取得圆满成功》，加拿大《环球华报》，2017 年 10 月 16 日，http://gcpnews.com/2017/10/016/首届加拿大三级政府华人教育论坛开创历史　取得圆满成功/。

分别向省自由党和新民主党提出疑问。① 两党都进行了认真严肃的答复。《环球华报》的这些宣传和报道，进一步增进了华人选民对两党政治主张的理解。

除了传统的纸媒之外，中文网站、微信、QQ、脸书和推特等网络社交媒体在竞选中也发挥重要作用，尤其是微信的广泛使用，使华裔候选人的宣传和动员更加广泛和高效。许多华人社团都运用微信圈号召华人在5月9日参加省选投票。

四 BC省华人参政存在的问题与不足

第一，此次省选华人精英参选的人数不可谓不多，但成功率不高，不到参选人数的1/3，而且大多数是在华人聚居的选区参选，在非华人为主的选区不仅参选的华人精英人数少，而且成功率极低。另外，此次当选的华人省议员人数与华人在该省所占的人口比例仍然不协调，尚有较大的差距。据2016年加拿大人口统计数据显示，BC省华裔人口约为56.2万人，占该省总人口的12%。按人口比例，在省议会中，华裔省议员至少应该有10~11人。但现实人数与理论上的数据还相差3~4席，需要该省华人精英的继续努力，积极参选，提高成功率。此外，也有华人学者尖锐地指出，在这次省选中，有相当一部分华裔候选人并不是华人参政的最佳人选。如果更多资质不高的华人参选，会使其他族裔对华人的参政方式和参政水平产生不同看法。在加拿大，最杰出的华人精英主要分布在科技界和教育界，尤其是来自中国大陆的新移民，但他们工作稳定，收入高，一般不愿意出来参选。这是华人精英参政人才长期缺乏的一个重要瓶颈。虽然此次省选确实比以往的选举竞争更加激烈，但大多数普通华人选民仍然对政治冷漠，投票率和参与率都相当低，如何提升一直是个难题。华人社团和华文媒体在选举过程中可谓

---

① 《五大热点议题－省自由党 vs 新民主党》，加拿大环球华报网，2017年5月5日，http://gcpnews.com/2017/05/05 五大热点议题－省自由党 vs 新民主党/。

绞尽脑汁，竭力为参选的华人精英提供展示自己政策理念和政治主张的宣传平台，呼吁华人选民通过捐款和投票等各种途径表达对参选华人的支持和鼓励，为他们筹款拉票，发挥重要的教育和助推作用，但影响力仍然有限。

第二，从整体来看，在此次省选中，华人社区积极主动支持华人精英参选的目的是好的，但组织者和策划者应注意方式和细节，尤其是捐款和筹款活动既要符合加拿大的法律法规，又要尽量保持公平公正，减少不必要的争议，以免对参选华人精英造成困扰和疑虑。在这次省选中，虽然华人社区没有明显地违反关于捐款和筹款的法律法规，但公平公正做得明显不足。例如，在此次选举期间，有部分本地华裔画家和书法家举行义卖活动，目的是"支援华人参政"，但这次省选应届候选人却只有一人到场，而且是新秀，活动后不久更传出其参加活动的行为受到他人质疑，甚至扬言要告上法庭的消息。为何弄得如此尴尬，是因为此次义卖活动涉及金钱，而且活动以支持华人参政为主要议题，因此涉及义卖款项如何分配的敏感问题，导致有人怀疑该活动是以华人参政为名，实际上是支持某党派参选。虽然此次义卖活动没有被发现有什么大的原则性问题，但细节上确实有些考虑不周，如既然活动的口号是"支持华人参政"，就应当尽力营造一种"对各党派一视同仁"的中间立场，而不应给外界一种厚此薄彼的印象和感受；又如"义卖所得如何分配"应在活动筹备和宣传阶段就交代得清清楚楚，让参加此次省选的应届候选人消除疑虑，放心参加。如今加拿大华人参选已经走过"重在参与"的初级阶段，正在进入"争取斩获"的新格局，各种助选和筹款活动的组织和策划要与时俱进，更加注意细节，尽量做到公平公正。①

第三，虽然加拿大是个崇尚多元文化，提倡种族平等和包容，社会相对和谐的发达资本主义国家，但社会上对华人的歧视和偏见依然大量存在，这些阻碍了华人对加拿大选举政治的进一步参与。此次省选期间，在列治文市出现了大量的反华传单，并蔓延到温哥华等地。该传单的署名组织为"加

---

① 《直面加国－支持华人参政：好经莫不小心念坏了》，加拿大《环球华报》，2017年1月16日，http：//gcpnews/2017/01/16/直面加国－支持华人参政：好经莫不小心念坏了/。

拿大移民观察"（IWC-Immigration Watch Canada），是一个温哥华本地的反移民组织。该传单的标题是"移民已变成对加拿大的掠夺"，配图是一家三口面对一间黄氏大宅（The Huangs），其中一人手指着房子说："而且我听说他们不纳税。"传单的正文内容是：数万名富有的新来华人移民居住在大宅中，使用着我们的学校、医疗护理、基础设施及我们的社会安全网络，将他们的孩子送进我们的大学，且成为使房价飞涨的主因之一。他们的孩子在中国应该很难入读大学，却在我们的大学毕业，在求职时因少数族裔而获优待。尽管事实上，他们的父母在维持大学的入息税中付出很少。① 这是一个明显的带有仇恨色彩的种族歧视事件，与加拿大的多元价值观背道而驰。虽然在华人社区的强烈抗议之下，列治文皇家骑警和温哥华警察局对该事件进行了严肃查处，但该歧视事件对当地华人的整体形象已经造成伤害，对参选华人精英的支持率和最终得票率造成了一定程度的消极影响。

---

① 《列治文还没完，温哥华又现反华传单，这是要闹哪样?》，加拿大《环球华报》，2016年12月2日，http://gcpnews/2016/12/02/列治文还没完，温哥华又现反华传单，这是要闹哪样。

B.13
加拿大"中国事务专家"与中加关系

钱 皓*

摘 要: 冷战后,加拿大国内一些熟谙亚太和中国事务的专家积极活跃在加拿大政府、智库、大学以及部分国/私有企业机构。虽然这些专家在很大程度上难以用"中国通"来冠之,但他们在中加关系的各个阶段和各个领域都发挥了不可或缺的作用,值得中国学界关注。本文采用"调研、访谈"等方式,在一手资料的基础上,梳理这些专家的学术脉络并考释他们在中加关系建构过程中的专业知识和创新性观念的输出路径。

关键词: 加拿大 中国事务专家 中加关系

在中国学界和政界,关于加拿大"中国事务专家"议题,传统认知通常定位在明义士(James Mellon Menzies)、朗宁(Chester Ronning)、文幼章(James Gareth Endicott)、柯林斯(Ralph Collins)、布莱恩·埃文斯(Brian Evans)以及加拿大20世纪40年代末驻中华民国大使戴维斯(Clayton Davis)等知名人士。鉴于他们的中国学识、对中国的热爱以及他们对中国各领域的深层次理解远胜于当下加拿大的"中国事务专家",我们通常用"中国通"来冠称他们。相比之下,笔者在访谈和调研中发现:①加拿大当下几乎没有"中国通",但"中国事务专家"人数出现增长势头;②新生代"中国事务专家"在中加关系上的影响力呈上升趋势;③加拿大东部和西

---

* 钱皓,博士,上海外国语大学国际关系与公共事务学院教授,研究方向为加拿大历史与外交。

部、英语区和法语区的"中国事务专家"在对华政策立场上存有细微差别,④加拿大"中国事务专家"并不一定是汉学家。① 如此,本文将聚焦当下加拿大退休外交官、学术界精英、智库和政府部门中主要"中国事务专家",重点关注那些进入"2 轨/1.5 轨外交"圈的权威和专家,并对上述四点发现简要回应。

一 退休外交官中从事中国/中加关系研究的专家

在加拿大高校、智库以及其他机构中活跃着一批加拿大外交部退休官员,他们都曾在驻华使领馆工作并担任过一定的要职,懂汉语,并在转入高校和其他机构后继续就加拿大政府对华政策及中加关系著书立论,接受政府咨询和媒体采访,在议会作证或受邀进行公共演讲,并大都是"1.5 轨外交"人士,其主要权威和专家梳理如下。

(一)进入高校的退休外交官

马大维大使(David Mulroney)

马大维曾在 2009~2012 年出任加拿大驻中国大使,也曾任哈珀政府时期的高级外交和国防政策顾问,熟悉中国事务。马大维外交生涯长达 30 年以上,具有职业外交官风范,他在赴华任职之前担任阿富汗特别行动副指挥,因此其在对华政策建言中行动派特质明显。② 卸任后的马大维受聘于多伦多大学蒙克全球事务学院,担任高级研究员并被公认为杰出的中加关系资深学者,中国事务权威。目前马大维任其母校多伦多大学圣米高学院(St.

---

① 在调研中笔者发现,进入"1.5 轨/2 轨外交"圈的加拿大中国事务专家并不一定是汉学家。他们中虽然有些人的中文并不熟练,甚至很少用中文沟通,但这并未妨碍他们对中国的关注和发表有关中国的言论,如保守型智库 MLI "内部政策"(Inside Policy)杂志曾在 2017 年 10 月的中国特刊 "The Dragon at the Door: The Future of Canada-China Relations"(龙在家门口:加中关系的未来)中刊登了部分不通汉语,但"立场强硬、保守"的中国问题研究者的论文。

② 钱皓:《加拿大智库与中加关系》,《国际观察》2016 年第 6 期,第 96 页。

Michael's College 神学院）院长。

马大维曾于 1995~1998 年担任《加中贸易理事会》执行总裁，并曾在渥太华的军队语言学校全日制学习中文，能说相当流利的中文。2015 年马大维出版了加拿大学术界有关 20 世纪中加关系的第三本书《中等国家，中央王国：加拿大人应在 21 世纪了解中国什么？》①，就中加关系、加拿大外交政策以及现代外交官素质进行讨论。马大维还根据自己的在华经验批评了加拿大近年来没有能够面对中国影响力在世界的提升做出应有的回应。他认为加拿大在面临诸如环保、食品安全、网络安全和人权问题等，北京的重要性已经不亚于华盛顿。

在特鲁多总理 2017 年 12 月第二次访问中国期间乃至访问结束后，马大维频繁在加拿大最有影响力的主流报刊《环球邮报》和《多伦多星报》等发表了大量评论文章，既公开批评特鲁多本人的政治幼稚和缺乏外交经验，也批评中国的集权等问题。由于马大维身兼数职，目前仍担任加国总理的七国集团私人代表和总理国防政策顾问，他的活动力和影响力相当大。由于其"严肃、雷厉风行且直言不讳"的强硬个性，他对中加两国政府批评甚多，加拿大各大媒体非常乐于刊登他的访谈文章。马大维在哈珀政府期间甚受重视，但在特鲁多政府期间，由于媒体青睐其"直击问题本质"的言论风格，他在主流媒体上的评论文章既受到执政党中"亲美疏华"派的赞同，也受到反对党的支持。

赵朴大使（Guy Saint-Jacques）

赵朴曾于 2012~2016 年任加拿大驻华大使，现为阿尔伯塔大学中国学院资深研究员。赵朴于 1977 年加入外交部，先后在纽约、墨西哥城、金沙萨、香港、华盛顿特区等地工作，为职业外交家。在担任驻华大使前，赵朴也曾三次被派往北京工作，对中国事务相当了解，能说流利的汉语。赵朴来自魁北克，为人谦和友善，善于斡旋和谈判，曾担任加拿大政府气候变化大

---

① David Mulroney, *Middle Power, Middle Kingdom: What Canadians Need to Know about China in the 21st Century*, Penguin Random House, 2015.

使和首席谈判官。在加拿大担任2013~2015年的《北极理事会》主席国期间，赵朴积极配合国内的加拿大北极战略走势，接受中国报刊采访，在使馆内外组织或支持北极对话以及其他涉北极研究和开发保护活动。在中加政治关系上，与大多魁北克人的相对保守态度不同，赵朴持沟通、合作和开放态度。

碧福大使（Fred M. Bild）

碧福大使为职业外交家，长期供职加拿大外交部，曾在日本、韩国、法国担任外交官，历任亚洲地区国家如缅甸、老挝、越南、泰国、蒙古的驻外大使以及加拿大外交部助理副部长，1990~1994年碧福任加拿大驻华大使。

退休后，碧福大使担任蒙特利尔大学东亚研究中心客座教授，引领加拿大法语区的"中国研究"。由于法语区民众和智库通常对华立场比较强硬和保守，碧福作为中国事务专家，他的立场和态度常常能够影响法语区的公众舆论和精英阶层。他本人会说流利的汉语，对华立场温和，与马大维形成较大的对比，为"温和派"中国事务专家。碧福曾在中国学术杂志《国际关系学院学报》以"弗莱德·比勒德"英文译名发表中文论文"变革时期的中加关系"（2005年第3期），强调"尽管中国和加拿大在一些领域存在差异，但两国在经贸等领域有着共同的利益。在国际事务中，两国都面临着重大的挑战。中加两国可以共同努力，建设一个更加美好的世界。"①

约瑟夫·卡隆大使（Joseph Caron）

卡隆1972年加入加拿大商贸部并一直在西贡和安卡拉工作，1975年开始其日本语言研究，并随后三次在加拿大驻东京大使馆工作。20世纪80年代，他曾受聘私人企业，在中国大陆、中国香港、韩国和日本工作。在渥太华工作期间，他曾在八国峰会中担任亚洲和国际经济事务方面的职务。1998年卡隆担任亚太和非洲事务部副部长助理，亚太经济合作高级官员。2001~2005年，卡隆担任加拿大驻华大使，同时兼任朝鲜和蒙古国大使。2005~

---

① 弗莱德·比勒德：《变革时期的中加关系》，《国际关系学院学报》2005年第3期，第21页。

2008年，他担任加拿大驻日本大使。2008年8月至2010年，卡隆为加拿大驻印度高级专员，同时兼任加拿大驻尼泊尔和不丹王国的大使。卡隆2010年6月退休，目前为UBC亚洲研究院荣休教授，致力于加拿大与亚洲关系。卡隆经常公开演讲并接受政府和企业咨询，其对华立场为中立偏保守，在亚太安全问题上更强调日本的作用。

傅尧乐（Michael B. Frolic）

傅尧乐在中加建交初期的20世纪70年代曾两度出任加拿大驻中国大使馆一等秘书和文化参赞，是加拿大学术界中加关系研究的奠基人之一。傅尧乐从外交部退役后担任约克大学亚洲商务管理项目主任，同时兼职多伦多大学蒙克全球事务研究院研究员，其主要著作为：《不情愿的对手：加拿大与中华人民共和国1949～1970》（与包爱文合著）、《中国第二波发展：长江三角洲》（1994）、《中国市民社会》（1997，主编之一）。傅尧乐访问中国近百次，曾深入中国内地学校、工厂和贫困地区调研，对中国国情相当了解，经常撰写短文和简报刊登在蒙克院刊等其他刊物。在其担任约克大学亚洲商务管理项目主任时，曾积极筹资设立各种培训项目，资助中国内地律师、银行职员和学者来约克大学进修。傅尧乐本人也非常热衷中国研究、演讲和田野调研，能说地道的汉语，是一位中加学界共同认可的"知华派"。

侯秉东（Gordon Houlden）

侯秉东现任阿尔伯塔大学"中国学院"院长。侯秉东1976年加入加拿大外交部，曾任职于哈瓦那、香港、华沙、北京、台北等地。1981～1983年在香港中文大学学习，1992～1993年在加拿大金斯顿市国防学院学习。在外交部工作期间，侯秉东有整整22年时间是和中国事务打交道，后升任外交部东亚司司长。2008年侯秉东进入阿尔伯塔大学，在其担任"中国学院"院长期间，曾于2012～2014年担任阿尔伯塔省亚太咨询委员会成员，经常陪同阿省省长访问中国，洽谈合作项目。侯秉东领导的"中国学院"主要研究目标是当代中国，重点是加拿大与中国的贸易、投资以及能源合作。侯秉东经常在加拿大国内、美国国务院、中国高校（包括中国国防大学）举行讲座或进行对话，并经常接受本国、中国以及其他国际主流媒体

的采访，发表其对亚洲经贸和投资方面的自由、开放的观点，赞同中加自由贸易谈判。

陈天翼（Gregory T. Chin）

陈天翼，2000~2003年供职加拿大外交与国际贸易部和加拿大国际发展署（CIDA），2003~2006年任加拿大驻华大使馆一等秘书，2006年进入加拿大约克大学政治学系和亚洲研究中心工作。2010年12月至2013年3月，陈天翼担任加拿大顶级智库之一"国际治理与创新中心"（CIGI）的中国问题首席研究员，并在2011~2012年担任CIGI全球发展项目首任主任。在中加关系上，陈天翼持自由开放观点和亲中立场，是一位活跃在中加政经关系领域的"1.5轨"学者。

陈天翼对中国和亚洲的研究始于20世纪90年代初，曾在北京大学学习中文和访学。他性格开朗，善于开展学术关系，与中国国内复旦大学、北京大学、浙江大学都有着非常好的学术合作关系。陈天翼经常往来中国调研，撰写并出版了大量关于中国经济和政治的学术、媒体文章以及政府工作报告，其中包括有关中国人民币国际化的专著。陈天翼现为《国际政治经济评论》杂志编委会成员和《全球治理：多边主义和国际组织评论》杂志编委会成员。①

查尔斯·波顿（Charles Burton）

查尔斯于20世纪90年代初任加拿大驻北京大使馆政策分析员，曾在复旦大学学习三年，现为布鲁克大学（Brock University）政治学系副教授，为中国当代政治和热点问题研究学者，其研究领域主要包括：比较政治、中国政府与政治、中加关系、人权。

查尔斯目前担任加拿大政府中国事务部门的资深顾问，是中国事务专家

---

① 陈天翼的主要著述和编著：《中国的国际政治经济》（*International Political Economy in China*）（2005）；《中国的汽车现代化：党国与跨国公司》（*China's Automotive Modernization: The Party-State and Multinational Corporations*）（2010）；《国际政治经济与中国的特质》（*IPE with China's Characteristics*）（2012）；《崛起的国家，崛起的捐助国：金砖五国及未来》（*Rising States, Rising Donors-BRICS and Beyond*）（2012）。另外，陈天翼的其他英文论文有40多篇，报刊文章也是不计其数，特别是对当下的中加关系的评论。

中偏右型学者。他经常接受各类电视台访谈并撰写社论类和观点类文章，其报刊论文数目庞大，个人观点经常被引用，深受加拿大国内"恐华"人士和保守派支持和欢迎。为宣传其个人观点，他还开设了个人博客、推特和网页，① 对公众舆论进行引导，并有相当的拥趸。

（二）进入智库或其他机构的退休外交官

斯图尔特·贝克（Stewart Beck）

贝克现任加拿大亚太基金会总裁兼首席执行官。1982年贝克加入加拿大外交部，曾担任加拿大驻印度、不丹王国和尼泊尔三国高级专员，加拿大驻旧金山总领事和加拿大驻上海总领事，也曾在中国台湾从事外事服务工作。贝克后来在加拿大政府部门担任一系列高层职务，包括北亚局局长，国际商务发展部副部长等。在对华问题上，贝克持保守立场，主张亚太基金会研究重点从中国转向印度，从亚太转向印太。目前亚太基金会在其领导下，印度研究已成为重点扶持项目。

马克·柯鲁克（Mark Kruger）

马克于2006~2013年担任加拿大驻华大使馆公使衔参赞，现为加拿大银行资深政策负责人，崇尚实用主义哲学。

1982年马克进入阿尔伯塔卡尔加里原油市场委员会工作，1989年加入加拿大银行，担任货币与金融分析部经济学家，1992年转入国际经济分析部，担任国际金融政策和突发事件副主管。从外交部退役后，他重返加拿大银行，担任国际经济分析部主任。

马克非常关注中国经济增长，能说比较流畅的汉语，经常撰写有关中国经济的报刊短文和智库工作报告，如《中国出口增长和下滑》《中国放开资本账户会怎样》《2030年的中国前景》《中国房产市场的演变及其对贱金属价格的影响》等。马克性格活跃，经常在公共场合发表演讲。作为经济学

---

① Blog：http://charlesburton.blogspot.com/；Twitter：http://twitter.com/cburton001；Personal site：http://charlesburton.webplus.net/。

家,在中加经济合作项目上,他经常接受联邦或省/市级相关部门咨询。

休·史蒂芬斯(Hugh Stephens)

史蒂芬斯现任加拿大国际理事会维多利亚分会主席以及公立皇家大学商学院教员,也是亚太基金会杰出研究员。史蒂芬斯在加拿大外交部供职长达28年,其最高职务为外交部助理副部长,但其在亚太区域工作时间则有35年之久,曾于2001年担任"时代华纳"驻中国香港总部资深副总裁和高级顾问,拥有丰富的外交经验和商务谈判经验。斯蒂芬斯最大特点是"多产",其短文、论文遍及亚太基金会网站和媒体,以及其他智库网站如保守型智库麦克唐纳-劳里埃研究所,其强硬和保守观点也深受当下反对党的欢迎。

总体而言,大部分加拿大驻华外交官员在退役后参与中国事务和中加关系决策讨论中,他们的立场和态度通常比高校中的中国事务专家更为保守。

二 政府部门中国事务专家和推手

除外交部外,在加拿大议会和政府部门中还活跃着为数不多但分量较重的中国事务专家和推手,他们或是运用自己的政治资源和专业知识,或是凭借自己的个人威望、人脉和工作经验直接参与中加关系的建设。由于位高权重,尤其是加拿大参议员可以任职至75岁退休,他们在中加关系中的角色是直接的参与者、推手和平衡者。

胡元豹(Yuen Pau Woo),联邦参议员,原亚太基金会总裁和首席执行官(2005~2014),自由派,赞同中加自由贸易。

现年58岁的胡元豹在少年时代从新加坡移民加拿大。小特鲁多担任总理后,为加强中加关系以及西部石油管道和大温哥华地区的能源贸易问题,这位非党派独立人士在2016年11月被特鲁多任命为参议员,成为当下加拿大议会参议院中9位独立党派参议员之一。

胡元豹在商务、政府和非营利机构方面的战略和政策研究方面有着30年的丰富经验,被认为是国际经济和加拿大与亚洲关系的顶级智囊人物。同时他还担任西蒙费雷泽大学毕迪商学院(Beedie School of Business)资深常驻研究员、UBC亚洲研究院资深公共政策研究员、中国国际集团（China Global）温哥华中国艺术文化促进会创始人和中方总裁、温哥华音乐学院董事会主席、亚洲协会全球理事会成员、多元文化研究所以及加拿大迪奇利基金会咨询委员会成员等职。

胡元豹长期担任亚洲发展银行、世界银行、亚太经济合作组织、经济合作与发展组织参事和咨询师。2012年因其对加拿大与亚洲关系的杰出贡献获"女王钻石禧奖"。由于其参议员身份以及其对亚太、中国市场经济的了解，他在加拿大各类报刊上的言论非常有引导性。胡元豹长期担任BC省和加拿大政府在亚太问题上的官方发言人，经常接受加拿大东西海岸省的媒体和电台/电视的访问，是加拿大联邦议会、政府以及省/地方政府亚太政策/中国政策的代言人。

胡子修（Victor Oh），联邦参议员，"加中议会协会"加方主席。

胡子修为出生在新加坡的华人后裔，中文流利，2013年1月获得哈珀总理提名参议员。胡子修不仅是一位卓越的企业家，也是一位社区活动家。担任参议员后，他积极在加拿大国内奔走，从东部到西部，积极搭建中加友好之桥，活跃在推动中加关系的最前沿。此外，他还经常在渥太华接待来自中国的代表团，包括省委书记、省长、市长等各级中国政府人员。中国银行加拿大密西沙加市分行、中国海南航空公司多伦多航线的开通等，都曾得到他的大力支持。目前胡子修还担任参议院"外交和国际贸易委员会"、"农林业委员会"及"原住民委员会"委员，同时担任"加中议会协会"的加方主席，致力推动中加两国在政治、经贸和文化等领域的交流，被加拿大华文媒体誉为"中加民间大使"。①

虽然胡子修不是研究中国问题的权威，但其个人声望以及活动能力对中加高层关系的构建具有积极的推动作用。

---

① Li Li-qing：《加拿大联邦华裔参议员胡子修：奔走东西两岸，搭建加中金桥》，《环球华报》2017年3月2日。

加拿大蓝皮书

温迪·多布森①（Wendy Dobson）原加拿大财政部副部长、七国集团副财长、IMF轮值主席。

温迪毕业于普林斯顿大学，现加入多伦多大学罗特曼商学院任教授（曾任院长），该院"国际商务中心"副主任，蒙克"亚洲研究所"研究员。此前，温迪曾任加拿大经济类领军智库C.D豪（C.D. Howe Institute）总裁，目前还担任加拿大迪奇利基金会负责人，梅西学院资深研究员，并负责太平洋贸易和发展网络。研究领域：当代东亚/东南亚、新兴市场经济、国际金融体系、区域与全球治理，其关于中国的最新专著是：《伙伴还是对手：不稳定的中美未来关系》②（2013）和《亚洲新势力2030：世界经济重心转移》。③ 在第二本书中，温迪认为中国和印度将在2030年成为亚洲经济版图的主要力量，重塑亚洲经济新势力并将引导全球经济制度变革。温迪曾多次来中国进行实地考察，其研究非常接地气，所引用的大数据具有很强的说服力，是加拿大学界公认的中国经济事务权威。2015年温迪与包爱文共同撰写了《加拿大与中国的未来关系》④ 一文，讨论了加拿大与日益崛起的中国如何实现经济和安全的合作，并为刚上台的小特鲁多新政府如何构建中加新型关系提出了框架建议。

三 加拿大高校的中国事务权威和专家

加拿大高校集聚了一批在国际学术界有名的中国研究专家，且大都分布在东西部高校中，尤以西部的卑诗大学（UBC）和阿尔伯塔大学以及东部

---

① 由于多布森曾长期在政府重要部门和智库工作，并曾担任国际政府间机构要职，虽目前已进入多伦多大学工作，但作者仍依据其特殊的工作背景，将其列入此政府类。
② Wendy Dobson, *Partners and Rivals: The Uneasy Future of China's Relationship with the United States*, Toronto: University of Toronto Press, 2013.
③ 温迪·多布森：《亚洲新势力2030：世界经济重心转移》（*Gravity Shift: How Asia's New Economic Powerhouses Will Shape the 21st Century*），赵长一译，中国金融出版社2010年（此书中文版获和讯2010年度金融畅销书，英文版获加拿大第25届国家商业图书奖）。
④ Wendy Dobson & Paul Evans, "The Future of Canada's Relationship with China", in *IRPP Policy Horizons Essay*, Nov., 2015.

的多伦多大学为集中地。鉴于篇幅有限，下文将选取四位进入"1.5 轨外交"圈的学者，由西向东逐一介绍。

包爱文（Paul Evans），UBC 政治学系教授、公共政策与全球事务学院教授

包爱文于 1999 年加入 UBC 政治学系任教授，同时兼任 UBC "全球事务研究院"（Liu Institute for Global Issues）研究员，亚洲研究院临时院长（研究类）等职。包爱文早年曾在澳大利亚国立大学（1988）、中国台湾"政治大学"（1989）、曼谷朱拉隆功大学（1989）、"西东中心"（1995）、日本东京国立高级研究院（1999）、香港大学（访问教授，2011 年和 2013 年）和新加坡管理大学（2015）学习或访问。包爱文曾在约克大学、多伦多大学—约克大学共建的"亚太研究中心"工作数年，1997～1999 年在哈佛大学"亚洲中心"担任访问教授。包爱文熟谙亚太事务，是一位亚太区域研究学者而非国别研究者。

2005～2008 年，包爱文暂时离开高校，担任加拿大亚太事务最重要智库"亚太基金会"联席董事长（Co-CEO）和执行委员会主席。在此期间，包爱文个人的"2 轨外交"潜能得到极大的发展，并成为加拿大学界少数进入"1.5 轨外交"圈的学者之一。在亚太基金会工作期间，包爱文在每年承接政府亚太工作报告过程中与政府相关决策部门建立了紧密的互动关系，这对他能够直接觐见决策者提供了不仅是机制上的接触机会，也赋予他能够有"资本"在中加高层担纲"谈话人和斡旋者"角色。近年来包爱文经常接受政府决策和信息部门的闭门咨询，是加拿大对华政策中最重要的学者型"智囊"人物之一。

在与中国学术界合作中，包爱文与上海国际问题研究院建立了稳定的学术合作关系，经常共同举办系列双边会议以及联合研究项目等，并通过这样的合作平台向加拿大政府输送创新性观点和政策建言。此外，包爱文也曾访问中国教育部国际司"国别基地"广东外语外贸大学"加拿大研究中心"以及北京外国语大学"加拿大研究中心"，与"中心"师生对话和商讨学术合作，推动中加二轨外交。

包爱文曾与傅尧乐共同撰写了 20 世纪中加关系的第一本专著《不情愿

的对手：加拿大与中华人民共和国1949~1970》（1991），个人独著了中加关系领域的第二本书——《接触中国：从特鲁多到哈珀的加拿大政策中的神话、志向和策略》（2014）。这两本书与马大维的专著《中等国家，中央王国：加拿大人应在21世纪了解中国什么？》被中加两国学界公认为中加关系研究的经典读本，现已成为中加高校政治学专业加拿大外交方向研究生的必读文献。① 正如其《接触中国》书名所述，包爱文在接受笔者访谈时再三强调中加两国应全面接触，构建伙伴关系而非止于友谊。②

彭德（Pitman B. Potter）UBC阿拉德法学院教授

彭德为加拿大皇家学会成员，现任UBC阿拉德法学院（Allard School of Law）教授，UBC亚洲研究院香港汇丰银行资助设立"亚洲研究项目"负责人。彭德研究/教学方向是：中国（包括中国台湾）在对外贸易和投资方面的法律和政策、争端解决、物权法、合同和商业规程。

彭德于1978年毕业于美国乔治华盛顿大学，获汉学学士学位。1980年、1985年和1986年在华盛顿大学分别获工商管理硕士、法学博士和政治学博士学位。彭德是国际上著名的汉学家，精通汉语，长期研究中国的法律和政策，独著/主编了数本关于中国的专著如：《条约在中国执行的评估：贸易与人权》③《中华人民共和国法律体系》④《"选择性适用"的假设与中国的法治实践》⑤（2009）《关于中国周边的法律政策和实践》⑥《加中关系

---

① 钱皓：《加拿大智库与加对华政策研究》，《国际观察》2016年第6期，第89页。
② 包爱文在接受笔者访谈时幽默地将伙伴关系比作西方婚姻中的一种"伴侣关系"，虽没有一纸婚约，但可以生养众多，并受法律保护。而友谊只是友谊，不会由此产生实质性的相互依赖关系（访谈时间：2017年11月8日，下午5：15~7：00，访谈地点：UBC亚洲研究院会议室）。
③ Pitman B. Potter, *Assessing Treaty Performance in China: Trade and Human Rights*, Vancouver and Toronto: UBC Press, 2014.
④ Pitman B. Potter, *The Legal System of the People's Republic of China*, Cambridge: Polity Press, 2013.
⑤ 彭德、顾肖荣：《"选择性适用"的假设与中国的法治实践》（该书有中、英文版），上海社会科学院出版社，2009。
⑥ Pitman B. Potter, *Law Policy and Practice on China's Periphery: Selective Adaptation and Institutional Capacity*, London: Routledge, 2011.

中的问题》①（合编）《西部开发及其社会经济变迁：中加比较研究》②（与杜发春合编）以及100多篇关于中国法治、人权等学术论文和报刊文章。

此外，彭德还参与涉及中国的国际贸易仲裁以及地区仲裁机构的工作，同时兼任加拿大亚太基金会资深研究员，2013年曾主持亚太基金会的特别工作组项目——"推进加拿大参与亚洲人权：企业与人权的整合"。彭德是中加关系中的法律特别顾问，他对中国的法律解读是加拿大决策者最为依赖的专业知识渠道，也是加拿大对华政策中涉及法律事务的专业权威人士。

布莱尔·杰伯（Brian Job）UBC政治学系教授，亚洲研究院副院长。

杰伯主要研究国际安全问题，侧重亚太安全秩序演进以及国内冲突、人类安全和加拿大外交与安全政策。杰伯特别重视安全理论和概念研究，近年来出版的著述主要涉及联合国与区域冲突、亚太安全发展以及加拿大对亚太政策。杰伯热衷学术共同体建设，曾共同发起加拿大亚太安全共同体和加拿大人类安全共同体，为亚太地区"2轨外交"的积极倡导者。杰伯曾担任亚太安全合作委员会共同主席（Co-Chair），是中加关系和维和合作项目的积极推动者。2018年1月25日在北京举行的"中加关系中的新问题"研讨会上，杰伯积极为中加维和合作献计献策。返回温哥华后，杰伯在接受记者访谈时说：中加在维和领域大有合作前景，加拿大作为经验丰富的传统维和国家，可以为正在崛起的维和大国中国提供培训业务，特别是对中国女性维和人员的培训。加拿大也可向中国提供先进维和技术和装备以及专业维和人员。③

包天民（Jeremy Paltiel），卡尔顿大学公共事务与管理学院政治学系教授。

包天民1974年毕业于多伦多大学东亚系并获学士学位，1974~1975年

---

① Pitman B. Potter& Thomas Adams ed., *Issues in Canada China Relations* Toronto：Canadian International Council，2011.
② 彭德、杜发春主编《西部开发及其社会经济变迁：中加比较研究》（该书有中、英文版），知识产权出版社，2010。
③ "Workshop on Canada-China Relations and Peacekeeping Cooperation：An Interview with Professor Brian Job"，See：https://iar.ubc.ca/workshop-on-canada-china-relations-and-peacekeeping-cooperation-an-interview-with-professor-brian-job/.

在北京语言学院进修，1975~1976年在北京大学哲学系进修，1979年和1984年分别获得美国加州伯克利大学政治学硕士和政治学博士。2009~2010年任清华大学访问教授。包天民对亚洲和中国的研究已达48年之久，主要研究领域为中加关系和中国传统思想与国际关系。包天民中文娴熟，曾用中文撰写了"孟子与世界秩序理论"一文，发表在中国《国际政治科学》2010年第3期。他的另一篇中文论文"特朗普时代的加中关系"发表在《加拿大发展报告2017》（加拿大蓝皮书）。

包天民经常往来中国和加拿大，曾多次应邀在中国社科院、广外、上外等大学进行学术讲座，是新华社采访次数最多的加拿大中国问题学者之一，受到中国学界和官方的认同，并作为知名人物被百度百科收录。作为犹太人后裔，包天民对中国上海有特殊的感情。2016~2018年，包天民数次往来中国，进行学术调研并撰写了非常有影响力的学术论文"Facing China：Canada Between Fear and Hope"，对加拿大民众以及政府、学界等行业的市民心理进行了细致入微的分析，该文不久将在国际刊物 International Journal 上发表。

2018年4月19日，包天民在加拿大议会"对外事务和国际发展常设委员会"作证，发表了长达15分钟的证言，并回答了有关南中国海问题、中加自由贸易协定谈判等问询。在证言结尾中，包天明认为"如果我们与中国开展自由贸易谈判，我们可以借此桥梁通向一个更为全面的区域自由贸易框架，并将为全球自由贸易之帆送去东风"。①

四 新生代"中国事务专家"

相对那些出生20世纪40年代末和50年代初的加拿大中国事务专家或权威，出生于60年代后期和70年代的新生代中国事务专家以他们创新性观点、专业化知识以及特立独行的作风已经赢得加拿大政界和学界对他们的高

---

① http：//www.ourcommons.ca/DocumentViewer/en/42-1/FAAE/meeting-93/evidence.

度关注和认可，并已在特定领域担纲政府决策者的咨询顾问或政策建言人。这些新生代与少数老派中国事务权威有些不同，他们通晓中文，对当下中国相当了解，不保守且有开拓精神，虽尚未占有加拿大"中国事务专家"的半壁江山，但作为青年才俊，他们的作用如日中天。

丹尼尔·科尔迪克（Daniel Koldyk）加拿大财政部特别顾问

丹尼尔2013年获牛津大学政治学博士学位，现任加拿大财政部"中国亚洲问题"特别顾问。此前，丹尼尔曾担任加拿大外交部中国问题专家，主攻中国经济改革和国际投资。他曾在北京、山东、辽宁居住6年，研究中国政策制定。丹尼尔虽然年轻，但曾获得无数次重量级学术奖项，包括"惠生高级研究奖学金"（The Wai Seng Senior Research Scholarship）和加拿大社会人文研究项目（Social Sciences and Humanities Research Council fellowship），其主要论文有：《社区实验：市民社会的前兆》《当代世界社会主义问题》《中国社区发展：过去，现在和未来的任务》《中国和加拿大的社区发展》等。丹尼尔是加拿大新生代中国事务专家中的佼佼者。

黄一庄（Joseph Wong）多伦多大学蒙克全球事务学院亚洲研究所主任

黄一庄现为多伦多大学政治学系教授、蒙克全球事务学院政策创新"哈尔伯特"（Halbert）教授。黄一庄来自中国台湾，长期研究亚洲公共政策。黄一庄2008年1月曾到访复旦大学，此后与复旦大学建立了紧密的学术联系，几乎每年都会来沪参加复旦和上海学术界各类有关社会公正、健康和民主发展的学术讨论。黄一庄曾多次深入中国内地调研城镇一体化进程中产生的公共服务、社会保障、资源要素一体化等方面的问题。

黄一庄是蒙克全球事务学院公认的青年才俊。作为亚洲研究所主任，他经常举办各种中加双边学术研讨会，邀请加拿大国内顶尖智库学者、外交部专员以及高校中国事务权威与会。2015年，为纪念中加建交45周年，推进中加关系向纵深发展，黄一庄积极协调多大蒙克全球事务学院、亚研所、中国观察所、政治学系、圣米高学院、公共政策与治理学院、研究生院、文学院、欧特曼国际商务中心和约克大学亚洲中心，共同资助并联合举办了一场题为"前行"（Moving Forward）的"纪念中加建交45周年"学术研讨会。

该会议于2016年2月4日召开，会议论文集结后被送交政府决策部门，这对刚上任的特鲁多总理在对华政策以及双边关系上的战略和政策选择是一个很好的参考文本，推动了特鲁多第一次访华和中加高层年度会晤制的建立。①

肖逸夫（Yves Tiberghien），UBC中国委员会执行主席，亚洲研究院荣誉院长。

肖逸夫2002年毕业于斯坦福大学，获博士学位。由于其生长于法国，他对中国的认知与加拿大英裔/法裔学者有些不同。② 肖逸夫是UBC政治学系副教授，也是亚太基金会资深研究员，主要研究领域为比较政治经济，重点为中国、日本和韩国；20国集团框架下中国、日本和韩国在全球治理中的作用；全球经济发展和环境保护。作为多伦多大学蒙克全球事务学院"G20峰会项目"资深研究员，他经常出席G20峰会，为G20峰会议程提供智力支持。作为四川人的女婿，肖逸夫经常来往中加两国，致力于为中加政治和经济关系牵线搭桥。2016年3月31日至4月1日，由浙江大学、UBC亚研院和多伦多大学蒙克全球事务学院联合主办的"20国新愿景：全球治理前沿问题国际论坛"作为杭州G20峰会预备会议在浙江大学召开，共有50多位世界知名学者和高级政府官员参会。作为会议主要发起人和组织者，肖逸夫在开幕致辞中说：全球政治和经济治理，中国作用不可替代。③ 当2017年12月特鲁多总理第二次访华时，他在访谈中说：中加自由贸易协定将经历一个漫长的谈判过程，并认为中国可以在环境和维和领域承担领导者角色。④

---

① 钱皓：《加拿大智库与中加关系》，《国际观察》2016年第6期，第96~97页。
② 肖逸夫博士在与笔者交流中坦诚"法国人与加拿大人对中国的感情是不一样的。法国人认为拿破仑时代的法国和同时期的中国才是真正的帝国。法国人尊重中国人"。访谈时间：2017年11月28日下午7：15~8：30，地点：UBC圣约翰学院。
③ 关于肖逸夫的更多信息，可观看CCTV4中文国际《外国人在中国》2016年8月6日"肖教授的中国情愫"。
④ 访谈时间：2017年11月28日下午7：15~8：30，访谈地点：UBC圣约翰学院。

五　其他

在加拿大独立智库和高校智库中还活跃着少量在中国完成高校教育,后进入加拿大工作的华裔学者,他们或是以技术移民进入加拿大,或是以工作签证在加拿大工作。鉴于他们对中国国情的熟悉,以及他们与中国的良好学术关系,他们常常能够在中加双边项目设定、谈判技巧、沟通合作方面提供有益、有效的建议,但他们通常处于"2轨外交"层面,很少能进入"1.5轨外交"圈。下文仅选取涉及对华政策的重要智库"亚太基金会"、高校智库"加中商业与发展中心"和"中国学院"中的三位智库学者进行解读。

金彩红（Iris Jin），加拿大亚太基金会高级项目经理

金彩红于2015年9月加入亚太基金会,负责基金会中加贸易、投资和创新项目。由于此前她曾担任上海社会科学院经济研究所副研究员和该院国际合作处副处长,积累了丰富的国际合作经验和学术人脉,因此她的协调能力和学术敏锐力很强,善于捕捉并开拓前沿研究,是基金会开展中国研究项目的主要推手之一,其主持并参与建设的"中国研究伙伴关系"网（China Research Partnership）集聚了加拿大东西部六家重量级"中国研究"智库中的中国事务专家。[①] 目前金彩红主要关注并推进中加在清洁能源和清洁技术领域的合作,并致力推动中加"冰上丝路"合作项目,协调基金会青年研究者赴中国考察和调研。在中加经济合作上,经济学出身的金彩红既是基金会各类研究项目的主要协调者和议程设计者,也是基金会诸多研讨会、对话等组织者。

林晓华（Howard Xiaohua Lin）,瑞尔森大学"加中商业与发展中心"中方主任

林晓华曾在中国社科院获得经济学硕士、美国俄克拉荷马州立大学工商

[①] 这六家智库分别是:亚太基金会、阿尔伯塔大学"中国学院"、UBC"亚洲研究院"、"加中贸易理事会"、多伦多大学"蒙克全球事务学院"、瑞尔森大学特德罗杰斯管理学院"加中商业与发展中心"。另外,金彩红在访谈中特别强调研究者应该多关注此网站中的推特信息。

管理博士学位。林晓华是加拿大企业家和创新论坛创始人,曾为中国银行北京总部的经济学家,目前还担任加拿大中小企业委员会副主席。

林晓华目前供职于"加中商业与发展中心"(Canada-China Institute for Business & Development),任中方主任。① 该中心成立于2013年,设立在多伦多市瑞尔森(Ryerson)大学特德罗杰斯管理学院(Ted Rogers School of Management)之下,由瑞尔森大学教职人员组成,为安省唯一一家完全致力于中国研究的高校智库,其宗旨是:通过研究、创新性教育和培训项目以及有影响力的公共事件来建构和推进对中国的理解。中心将作为重要平台,为加拿大商业、学术、政策制定者、政府以及其他利益攸关者寻求与中国贸易和中国各组织结成战略伙伴关系,提供有关中国的过去和现在的各种杰出的教育课程和知识。

基于林晓华的个人工作履历以及加方主任的议员背景和丰富的政治资源,该中心既承担联邦、省、市各级政府委托项目,也有企业委托项目和自己开发的各类项目。

姜闻然博士(Wenran Jiang)阿尔伯塔大学麦克塔斯特讲座教授

姜闻然本科毕业于北京大学,博士毕业于加拿大卡尔顿大学。2005~2008年担任阿尔伯塔大学中国学院执行院长。姜闻然主要研究中国内政外交、中加关系、东亚政治与经济和能源安全等问题,并特别关注中国的崛起及其对国内外的影响、中国能源政策与世界资源开采等问题。姜闻然也是亚太基金会资深研究员、能源理事会中国问题特别顾问、中国石油大学资深研究员、《能源地缘政治》编委会成员、《亚洲政治与政策》编委会成员、《商务周刊》网上专栏作家。姜闻然是中加能源安全合作方面的专家,他善于

---

① 中心设立双主任制,加方主任是大卫 C. 丁沃尔(Honourable David C. Dingwall)。丁沃尔曾四次当选议会下议员,在国际、国内、私有和公有机构均有着丰富的经验和能力,曾在美国、澳大利亚、中国、日本、瑞典、以色列、阿联酋等国工作或有商务来往,其担任的职业有律师、公众领袖、公司行政执行长官、律师行负责人、杰出的公众演讲者。大卫的主要工作范围是:公司治理、公共政策、商务、争端解决决议(包括谈判、斡旋、国内外仲裁),目前还担任上海国际经济和贸易仲裁委员会仲裁官(Shanghai International Arbitration Centre,SHIAC),多伦多仲裁协会创建会员。同时,大卫还担任加中贸易理事会董事会成员。

通过媒体专栏以及智库专题报告对加拿大政府对华能源政策提供舆论支持和输出创新性合作观念。

六 结语

本文仅选取加拿大"1.5 轨/2 轨外交"圈中的中国政治、经济、军事、法律事务领域的权威和专家进行相关介绍和综述，未涉及目前身处外交一线或行政部门对外决策圈在职官员中的中国事务专家，也未涉及那些致力中国历史、社会、文化等领域研究的国际著名学者和专家。[①] 其他一些有关中国对外关系或政策、中国 G20 研究[②]、中国北极战略研究[③]，以及 UBC 亚洲研究院和全球事务研究院"中国研究"团队成员、阿尔伯塔大学"中国学院"团队成员、"加中商业与发展中心"研究团队成员、多伦多大学东亚系"中国研究"团队成员、约克大学"亚洲中心"中国研究团队成员等，拟另文叙及。此外，加拿大东西两地涉及中国研究的知名智库如克拉伦斯·迪·豪研究所、麦克唐纳－劳里埃研究所、国际治理创新中心、亚太基金会、加中贸易理事会等涉华智库也将另文讨论。

概言之，作者在访谈和调研中发现：加拿大中国事务专家中既没有美国那样的"屠龙派"，也没有美国的"拥抱熊猫派"，他们更愿意自称或被称为大写或小写的 L（Liberal 自由派）或 Conservative（保守派）或 Academy（学院派），这一发现或许是对加拿大中国事务专家的最好注脚。

[①] 如中国思想史/知识分子研究权威、延安整风运动以及毛泽东研究专家齐慕实（Timothy Cheek），中国明史研究权威、中日敌伪合作研究大家卜正民（Timothy Brook）。

[②] 加拿大中国 G20 研究专家约翰·柯顿（John Kirton）现为多伦多大学蒙克全球事务学院"G20/G8"项目主任，也是全球 G20 研究权威，目前还是中国人大智库"重阳金融研究院"特聘研究员。柯顿对中国的 G20 角色、作用等颇有研究，曾对中国的杭州峰会议程设置建言建策。

[③] 加拿大中国北极战略研究专家拉塞尔（Frédéric Lasserre）现为拉瓦尔大学地理系教授，兼任魁北克水资源与环境研究所研究员，魁北克大学"战略与外交"首席教授。拉塞尔教授领导的北极研究团队中有专人研究中国北极战略，对中国北极行动进行跟踪研究，并负责向加拿大极地委员会提供各种研究报告。

B.14
小特鲁多政府网络安全战略评析

刘江韵*

摘　要： 与2010年哈珀政府发布加拿大首份《网络安全战略》时相比，加拿大所面对的网络安全环境发生了重大变化，哈珀政府时期制定的网络安全战略已经无法应对新的网络安全形势，其安全政策的保守化倾向更是遭到民众强烈反对。小特鲁多上台后，通过全国性咨询、广泛听取政企专家意见和政府内部讨论后，推出了一系列涵盖国内网络安全、军事网络战略和网络安全外交的新法案和新政策，很大程度上改变了哈珀政府时期网络安全观念落后和缺乏经费与政策支持的情况。然而，受制于财政赤字压力和对网络安全外交的狭隘理解，小特鲁多政府的网络安全战略面临着经费不足和国际环境恶化的双重挑战。

关键词： 小特鲁多　加拿大　网络安全战略

加拿大首份《网络安全战略》（Canada's Cyber Security Strategy）（以下简称"战略"）发布于2010年，该文件首次以国家战略的形式奠定了加拿大网络安全政策的基础，提出以保障联邦政府网络系统安全、与伙伴合作保

---

* 刘江韵，博士，上海外国语大学国际关系与公共事务学院加拿大研究中心，研究方向为加拿大外交。

障联邦政府以外的网络系统安全以及协助民众维护互联网安全为三大战略支柱。① 战略在当时回应了来自政府部门、商界和民众的部分诉求，增加了对网络安全的经费、人力和科研投入，提高了加拿大各界对网络安全问题的关注和认识，发挥了积极的作用。然而，自战略发布以来，加拿大所面临的国内和国际网络安全环境、公众对网络隐私权的认知以及网络安全与地缘政治、军事、经济的关系都发生了重大变化，加拿大的网络安全政策在应对日趋复杂的网络问题时显得捉襟见肘，有时甚至自相矛盾。而且，随着加拿大国内恐怖主义威胁的增加，哈珀政府的网络安全政策越发倾向保守，导致国家安全利益与公民自由权利的失衡，激发了国内强烈的反对。因此，小特鲁多上台后的新政之一，就是对加拿大网络安全战略进行全面改革。本文在简述加拿大网络安全环境的演变和哈珀政府网安政策存在问题的基础上，重点介绍小特鲁多政府的网络安全新政，分析新政的特点以及存在的困难和风险。

一 加拿大网络环境的变化与哈珀政府网安政策的不足

（一）加拿大网络环境的变化

1. 加拿大日渐复杂的网络安全环境

首先，加拿大的网民数量持续增长，年龄结构发生变化。根据 2017 年加拿大发布的官方数据显示，加拿大网民占人口比例（15 岁以上）高达 91%，与 2013 年相比上升 7%。在网民的年龄结构上，65~74 岁加拿大人使用互联网的比例从 2013 年的 65% 上升至 81%。②

其次，公众与政府应对网络犯罪的能力低下。埃森哲（Accenture）咨询公司在 2017 年发布的《加拿大网络犯罪报告》中指出，超过 36% 的受访

---

① "Canada's Cyber Security Strategy", Government of Canada, 2010.
② "2016 General Social Survey", Statistics China, 2016.

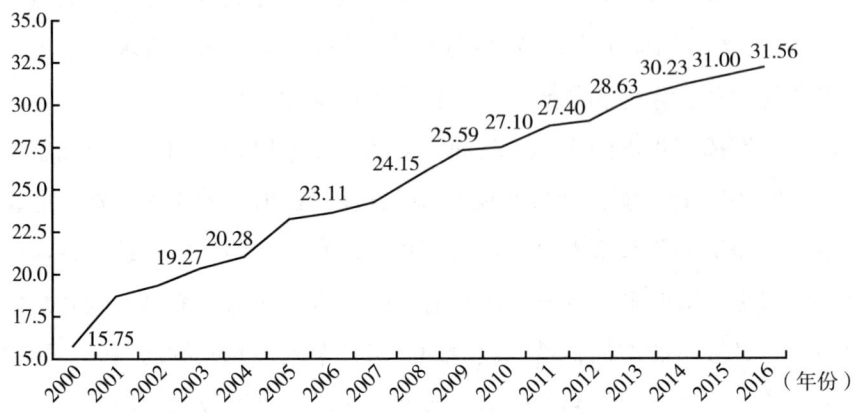

图1 加拿大2000～2016年互联网用户增长趋势

以每百万人为统计。

资料来源：Internet Live Stats（www.InternetLiveStats.com）。

者表示其在过去三年里曾成为网络犯罪的受害者，56%的受访者不清楚如何在网络中保护自己，只有38%的人知道应该通过何种途径向当局报告网络犯罪案件，超过64%的人不认为警方能够有效回应关于网络犯罪的报案。[①]

最后，网络经济犯罪对加企业的威胁日趋严重。根据2017年的调查数据，每家加拿大企业年均遭受455次网络攻击（2014年为34次）[②]，其中有87%企业的网络系统被成功侵入过，47%的企业表示在攻击中被窃取了敏感数据，平均每家企业因网络攻击造成的直接和间接损失高达307万美元。[③]

2. 全球网络空间的军事化发展加速

近年来，世界主要大国都将网络安全纳入各自的军事战略中。主要表现在：首先，把网络空间定义为海洋、天空、太空之外的第四公域，因此主权国家同样拥有在网络空间中动用军事手段的权力；其次，突出网络权力

[①] "2017 Canada Cybercrime Survey", Accenture, 2017.

[②] "The Cyber Security Readiness of Canadian Organizations", International Data Cooperation (IDC) Canada, 2016.

[③] "The Cyber Security Readiness of Canadian Organizations", International Data Cooperation (IDC) Canada, 2018.

（Cyber Power）中的军事要素，强调在战时运用武力塑造有利于己方的网络战略环境，同时阻止敌方获得网络优势；① 最后，把网络军事权力落实到政策和立法文件中，授予军方发起、抵御和反击网络战的权力。标志性事件是2015年4月美国在发布的网络安全战略中首次授予国防部对敌方主动发起网络战的权力。② 随着武器和指挥系统对网络的依赖度增加，网络空间在军事行动中的重要性还将不断增加。

3. 新型网络信息战对西方政治制度构成冲击

2016年美国总统选举把新型网络信息战推到了国际政治竞争的最前沿。美国国家安全局在2016年5月发布的内部报告中指有证据显示俄罗斯的情报部门曾对美国总统大选投票系统的软件和硬件承包商发起过网络攻击，试图影响美国总统大选投票结果。③ 2017年1月，美国国家情报总监办公室在发布的报告中声称俄罗斯总统直接下令发起对美国2016年总统大选的干扰行动，其路径是通过社交媒体大范围传播虚假信息，意图削弱人们对美国民主制度的信心并阻碍希拉里当选。④ 虽然美国对俄罗斯干扰总统选举的调查仍在继续，但这种新型网络信息战已经引起了西方国家的高度关注。

加拿大对此也未能幸免。据加拿大联邦政府官员透露，俄罗斯在2017～2018年4月曾发起对位于蒙特利尔的世界反运动禁药组织（World Anti-Doping Agency）的网络信息战，主要方式是运用"网络机器人"在社交媒体大量传播关于美国和加拿大的政治谣言，攻击西方民主和政党制度。加拿大以此为由驱逐了俄罗斯驻蒙特利尔领事馆的四名外交官，加外交部长方慧兰（Chrystia Freeland）在接受采访时称，"这么做是为了保卫加拿大的民主

---

① Joseph S. Nye, "Cyber Power", Cambridge, Harvard Kennedy School, Belfer Centre for Science and International Affairs, May 2010, p. 3.
② "The DoD Cyber Strategy", The Department of Defense, 2015.
③ Smith Swain: "Russian agents hacked US voting system manufacturer before US election-report", June 5, 2017, *The Guardian*, https://www.theguardian.com/technology/2017/jun/05/russia-us-election-hack-voting-system-nsa-report.
④ "Background to Assessing Russian Activities and Intentions in Recent US Elections: The Analytic Process and Cyber Incident Attribution", Office of the Director of National Intelligence, US, 2017.

制度。我们所驱逐的情报人员参与了俄罗斯在全球干扰他国民主制度的行动"。①

（二）哈珀政府网安政策的不足

哈珀政府时期发布了一系列与网络安全相关的政策和法律，具体包括发布于2011年的《联邦紧急反应计划》（Federal Emergency Response Plan），2013年的《加拿大网络安全战略行动计划2010～2015》（Action Plan 2010 - 2015 for Canada's Cyber Security Strategy）、《加拿大网络事故管理框架》（Cyber Incident Management Framework for Canada）和发布于2015年的《反恐法》（Anti-terrorism Act）（又称《C-51法案》）等。这一系列政策和法律针对网络安全的不同方面提出了各自的解决方案，但由于缺乏总体性的战略规划、协调、监督和评估机制，未能有效应对不断涌现的网络安全挑战。具体问题包括以下几方面。

1. 经费预算严重不足

哈珀政府对网络安全的资金投入与加拿大的经济规模严重不符，与其他发达国家相比更是相形见绌。2010年，加政府预算案中提出未来五年的网络安全年均预算只有1800万美元。② 而英国2011年提出的网络安全年均预算高达2.5亿美元，③ 按照2011年英国国民生产总值（GDP）为2.609万亿美元，加拿大为1.789万亿美元计算，两国年均网络安全预算占GDP的比例分别为0.009%和0.001%，英国为加拿大的9倍之多。④

---

① Robert Fife: "Russan spies aimed to discredit WADA, spread disinformation about Canada with cyber campaigns", The Globe and Mail, Mar. 29, 2018, https://www.theglobeandmail.com/politics/article-russian-spies-aimed-to-discredit-wada-spread-disinformation-about/.
② "Government of Canada Launches Canada's Cyber Security Strategy", Government of Canada, 2010, https://www.canada.ca/en/news/archive/2010/10/government-canada-launches-canada-cyber-security-strategy.html.
③ "The UK Cyber Security Strategy", Minster for the Cabinet Office and Paymaster General, 2011.
④ World Bank National Accounts Data, World Bank, 2012, https://data.worldbank.org/indicator/NY.GDP.MKTP.CD.

2. 网络军事政策落后于全球网络军事化发展

在哈珀政府 2008 年发布的《加拿大国防战略》和 2010 年发布的《国家网络安全战略》中，加拿大军队均没有被授予发动主动网络攻击的权力，也未有政策规定军队在网络战中的角色和作战规则。① 加拿大前助理国防部长约翰·亚当斯（John Adams）认为，哈珀政府的考虑可能有三点：一是担心如果由军队直接应对网络攻击，可能会导致普通民众和企业更不愿意承担保护自身网络安全的责任；二是军事化应对网络安全问题可能导致其他的谈判努力被轻易放弃，反而引发冲突升级；三是由于网络战的隐蔽性，即便宣战后也难以感受到战争的存在感和紧迫感，反而可能造成军事人员和民众对形势的错误认知。②

3. 缺乏成型的网络安全外交政策

2010 年的《网络安全战略》关于网络安全外交政策仅提及一句，"外交和国际贸易部将为国际层面的网络安全问题提供建议，致力于发展网络安全外交政策"。在 2013 年发布的《网络安全战略行动计划 2010～2015》中同样只有寥寥数语，"外交和国际贸易部负责发展使网络空间活动与外交、贸易和安全政策目标一致的框架"。两份关键的政策文件均未提出明确的经费投入、协作机制和时间表，因而哈珀时期加拿大无成型的网络安全外交政策。

4. 国家安全利益与公民自由权利失衡

2014 年 10 月渥太华发生议会大厦恐怖袭击事件后，加拿大国家安全政策迅速转向保守，其中以哈珀总理推动通过《C-51 法案》为标志性事件。该法案史无前例地强化了加拿大国家安全和情报部门的执法权，当中的核心条款均与网络安全相关，包括授予政府部门共享公民网络敏感信息的权力、赋予法庭管控网络言论的权力、授权国家安全情报局要求互联网服务提供商提供更多客户信息等。

---

① "Canada First Defence Strategy", Department of National Defence, 2008.
② John Adams, "Canada and Cyber", Canadian Global Affairs Institute, 2016, p. 3.

该法案引发了加拿大全社会对国家安全利益与公民自由权利的大讨论。公众认识到作为西方"情报五眼联盟"(Five Eyes)的主要成员,加拿大是该联盟中唯一一个没有在议会设立情报监督机构的国家。多伦多、温哥华、渥太华等地数万民众上街游行抗议,反对《C-51法案》。①加拿大民权协会(CCLA)向法院提起诉讼指《C-51法案》违宪。②此次大讨论被普遍认为是哈珀政府在2015年竞选中失利的重要原因之一。虽然法案最终由于获得了反对党的支持而顺利通过,但时任反对党党魁的小特鲁多承诺若胜选将对其进行修订,使之符合加拿大的价值观。

二 小特鲁多政府上台以来所作调整和展望

小特鲁多在2015年11月上台后,立即根据其竞选承诺在全国开展国家安全和网络安全政策咨询。咨询结果显示,加拿大政府部门、私营机构和公众对网络安全问题均高度关注,认为当前的网络安全战略亟待改进和提升。各方的关注聚焦于三点:一是对加拿大公民隐私权的保护;二是社会各方(政府、私营机构、学界和非政治组织等)相互协作的紧迫性;三是对缺乏网络安全专门人才的担忧。③通过全国性咨询、广泛听取政企专家意见以及政府内部讨论后,小特鲁多政府出台了一系列更为全面的网络安全新政策,很大程度上改变了哈珀政府时期网络安全观念落后和缺乏经费与政策支持的情况。小特鲁多网络新政的核心内容包括大幅增加财政投入、整合跨部门网络安全资源、强化对公民权利的保护、革新网络军事政策和发展网络安全外交政策等,具体如下。

---

① Jessica Leepore:"Thousands Gather Across Canada to Protest Bill C-51", *The Globe and Mail*, Mar. 14, 2015, https://www.theglobeandmail.com/news/toronto/hundreds-protest-in-toronto-against-proposed-anti-terrorism-law/article23463005/.

② "We Still Need A Full Review of Bill C-51 To Remove Charter Violations", July 22, 2016, https://www.huffingtonpost.ca/canadian-journalists-for-free-expression/one-year-after-initiating_b_11118818.html.

③ "Cyber Review Consultations Report", Nielsen, 2017, p. 1.

（一）出台新预算大幅增加投入，创建两大中心统筹网安工作

2018年2月，加拿大政府提出新的财政预算案，该预算案大幅增加对网络安全的投入力度。预算案以投入新的国家网络安全战略为核心，重点支持创建两个新的网络安全统筹机构。加政府计划在未来五年对国家网络安全战略投入5.7亿加元，其后每年投入1.8亿加元，小特鲁多政府对网络安全的年均投入将较哈珀政府时期增加超过6倍。

重点支持两大新设网络安全机构：一是通信安全局（Communication Security Establishment，CSE）下辖的加拿大网络安全中心（Canadian Centre for Cyber Security），二是加拿大皇家骑警（Royal Canadian Mounted，RCMP）下辖的国家网络犯罪协作办公室（The National Cybercrime Coordination Unit）。加拿大网络安全中心将作为加拿大政府向公民和企业提供专业网络安全咨询的唯一机构，国家网络犯罪协作办公室则作为统一的网络犯罪调查协作平台和网络安全事件报告机构，改变原来权责不清、分工混乱和人才不足的情况（见表1）。

表1 加拿大两大网络安全统筹机构的经费与功能

	加拿大网络安全中心 The Canadian Centre for Cyber Security	国家网络犯罪协作办公室 The National Cybercrime Coordination Unit
经费投入	前5年投入1.55亿加元，其后每年投入4450万加元	前5年投入1.16亿加元，其后每年投入2320万加元
主要功能	1. 整合联邦政府各部门的网络安全专家 2. 为加拿大公民和企业提供清晰和可信赖的网络安全咨询平台 3. 推进与其他执法部门、商界、学界和国际伙伴的合作与对话	1. 作为加拿大网络犯罪调查的跨部门协作平台，与国际伙伴开展相关合作 2. 为加拿大执法部门提供网络安全相关的咨询和指引 3. 建立国家公众报告机制，为加公民和企业向执法部门报告网络犯罪事件提供统一且便利的渠道

资料来源：根据《加拿大2018年财政预算案》数据整理和制表。

（二）革新国防政策，授予军方网络主动作战权

针对网络军事化的发展趋势，加拿大国防部在2017年6月发布的《国

防政策》中革新了网络作战原则,提出四项网络战能力建设倡议。文件指出,过去只注重强化军事网络防御能力和在军事行动中融入网络作战的做法已经不足以应对网络军事化的演进速度。因此,国防政策把建设和布署主动网络作战能力作为新的作战原则之一。此原则的重要意义在于首次授予加拿大军队主动发起网络战的权力,使之与世界主要大国的国防政策接轨。当然,文件还强调了此类作战行动需经过政府基于个案的层层批准,严格遵守国内法和国际法,并且需充分考虑交战规则、目标选择和破坏力评估等因素。

关于网络作战能力建设的四项倡议包括如下。

第一,建立网络任务保障项目(Cyber Mission Assurance Program),提供充足资金,保证与网络安全相关的采购需求得到满足;

第二,发展主动网络作战能力,布署至政府授权的军事行动中;

第三,新设加拿大武装部队网络专员(Canadian Armed Forces Cyber Operator)一职,吸引加拿大最优秀的网络安全人才,扩大网络部队的规模;

第四,充分动员具备网络技能的预备役人员参与军队网络安全工作。①

(三)推动新法案平衡网络空间中的国家安全与公民权利

小特鲁多总理上台后兑现竞选承诺,通过推动新法案实现国家安全利益与公民自由权利的再平衡。其中两大关键举措包括如下。

第一,在国会层面增设对情报和安全机构网络监控行动的监督机制。

针对公众对加拿大情报机构缺乏监督的关切,小特鲁多政府推动在国会建立跨党派情报和安全监督机构,于 2016 年 6 月提出《议会国家安全和情报委员会法案》 (*An Act to establish the National Security and Intelligence Committee of Parliamentarians*)(又称《C-22 法案》)。根据该法案,议会国家安全和情报委员会有权阅览加拿大情报与安全部门产生的大部分绝密情报信息,其职能包括全面评估国家安全和情报机关的相关工作,监督相关机构

---

① "Strong, Secure, Engaged, Canada's Defence Policy", Department of National Defence, 2017.

遵守加拿大法律并尊重加拿大的基本价值观。因此，该委员会能够有效监督和制约加拿大国家安全情报局（CSIS）和通信安全局（CSE）的网络监控行动。该法案已经在下议院获通过并在上议院通过了三读，即将生效。①

第二，在政府层面收紧对情报和安全机构的网络监控及干预权力的限制。

小特鲁多政府在 2017 年 6 月向下议院提出《关于国家安全问题的法案》(An Act Respecting National Security Matters)（又称《C-59 法案》），该法案的核心原则是在保证国家安全的前提下更充分地保护加拿大人的权力和自由，使与国家安全和情报活动相关的法律真正符合《权利与自由宪章》的精神。法案共分八大部分，其中与网络安全相关的核心内容有三点：一是强化政府内部对情报和安全机构的监督机制，具体做法是设立国家安全与情报评估办公室和国家情报委员，前者负责处理公众对国家安全情报局、通信安全局和皇家骑警队的投诉和评估上述机构活动的合法性，后者具有准司法机构性质，负责审核政府各部门负责人关于情报和网络安全行动的命令和授权的合法性；二是制定《加拿大通信安全局法》，将原本由《国防法》管辖的通信安全局归为由单行法规管，对通信安全局针对加拿大公民以及加境内人员的信号情报搜集行动设置更为严格的审批程序；三是修订《信息共享安全法》(Security of Information Sharing Act) 为《信息披露安全法》(Security of Canada Information Disclosure Act)，将该法的重心从"分享"变为"安全"，明确规定在网络上的"支持、抗议、反对或艺术表达"等行为本身不能被定义为"有损加拿大安全的活动"，只有当这些活动与其他对加拿大安全构成实质性危害的活动有直接联系时才可适用本法，否定了之前"以网络言论治罪"的做法。

（四）结合内政和外交手段应对新型网络信息战

"俄干预美总统大选"事件让加拿大对网络安全与外交政策的关系以及

---

① "An Act to establish the National Security and Intelligence Committee of Parliamentarians", Parliament of Canada, 2016, https://openparliament.ca/bills/42-1/C-22/.

国内对外部政治干预准备不足的问题都有了更深刻的认识。小特鲁多政府正着手从内政和外交两个方面应对新型网络信息战。

在内政上，通过机制建设来提高民众的防范意识和政府机构的防御能力。小特鲁多总理在给民主制度部部长的授权信中提出了具体要求：一是要求民主制度部与国防部、公共安全部等部门紧密协作，保卫加拿大的选举进程不受网络攻击干扰；二是要求通信安全局公开发布黑客对加拿大政治和选举进行攻击的分析报告；三是要求通信安全局为加拿大的政党和选举委员会提供网络安全咨询和建议。①

在外交上，利用重要的国际场合表明加拿大对网络安全问题的外交立场，积极推动和参与七国集团、北约、情报五眼联盟等国际组织对网络信息战的集体行动。

2017年11月，北约秘书长斯托尔滕贝格（Jens Stoltenberg）与加拿大国防部长石俊（Harjit Sajjan）在加拿大哈利法克斯国际安全论坛上，指控俄罗斯对加拿大驻拉脱维亚的部队发起网络信息战，指俄通过社交媒体方式传播诋毁加士兵的谣言，试图破坏加军与当地居民的关系。斯托尔滕贝格指，这种针对加拿大的网络行动不但会在境外，还很可能在加拿大境内出现。②

小特鲁多总理在2018年4月18日出席英联邦会议期间，联合英国、澳大利亚和新西兰三个"情报五眼"盟友，发表对俄罗斯的谴责声明，指俄罗斯通过"网络战攻击和动摇国际政治体系"。小特鲁多在四国元首的会面中指出，"世界上有的国家与我们的价值观相左"，"因此像我们这些民主国家应该团结在一起，向那些不遵守国际规则的国家发出清晰的警告"。③

---

① "Minister of Democratic Institutions Mandate Letter", Justin Trudeau, Feb. 1, 2017, https：// pm. gc. ca/eng/minister – democratic – institutions – mandate – letter.
② Adina Bresge："Canada faces Russia-linked threats to cybersecurity at home and abroad, NATO chief says", *The Global and Mail*, Nov. 19, 2017, https：//www. theglobeandmail. com/news/national/canada – faces – russia – linked – threats – to – cybersecurity – at – home – and – abroad – nato – chief – says/article37023935/.
③ Paul Waldie："Turdeau and key allies condemn Russia's role in cyberattacks, poisoning", *The Global and Mail*, Apr. 18, 2018. https：//www. theglobeandmail. com/world/article – trudeau – and – key – allies – condemn – russias – role – in – cyberattacks/.

加外交部长方慧兰则在4月22日举行的七国集团峰会上,将俄罗斯对西方民主制度的干预问题设为会议核心议程,邀请乌克兰外长向七国外长和国际媒体披露俄罗斯使用网络信息战手段干预乌克兰内政的情况。乌外长称,"乌克兰是俄罗斯测试非传统战争手段的地方","乌克兰是俄罗斯对大西洋民主共同体发起的战争一部分"。因此,"与乌克兰并肩作战就是对俄罗斯试图动摇西方民主制度的做法宣战"。[①]

(五)准备出台新的《国家网络安全战略》与《行动计划》

除了上述举措以外,加拿大政府将在2018年出台新的《国家网络安全战略》以及《行动计划》文件,进一步明确加拿大的网络安全立场及政策细节。根据小特鲁多总理、财政部长以及公共安全部国家网络安全主管等官员在多个公开场合的发言,新的《国家网络安全战略》具有以下几大特点:一是整体性,新的战略将涵盖国内网络安全、军事政策和外交政策三大领域,是加拿大首份全面性的网络安全规划文件;二是平衡性,将维护国家安全利益与保护公民人权和自由放在同等重要的地位,充分体现宪法精神和加拿大价值观;三是经济增长性,即该网络安全战略的目标不单是实现安全,也包括推动加拿大的经济发展。

三 小特鲁多网络新政面临的困难与风险

小特鲁多的网络新政给加拿大带来积极影响。然而,受财政收入状况、国际局势动荡、美国与盟友施压等因素的影响,小特鲁多政府推行的网络安全战略面临着不少困难,同时可能给加拿大外交带来更大的风险。

第一,网络安全战略可能因经费问题而大打折扣。与哈珀政府相比,小特鲁多政府的年均网络安全经费预算大幅增加6倍以上,头五年投入高达

[①] Mike Blanchfifld: "Ukraine's foreign minister warns G7 of Russian threats to western democracy", *The Global and Mail*, Apr. 22, 2018. https://www.theglobeandmail.com/canada/article-canada-japan-sign-military-co-operation-agreement-ahead-of-g7-foreign/.

5.7亿加元,随后每年的预算都超过1亿加元。然而,这一宏大计划所依赖的是庞大的财政赤字和对经济增长的乐观预期,两者都使该战略面临着巨大风险。首先是庞大的财政赤字可能导致民意的反弹,直接威胁小特鲁多的连任。其次是对经济增长的乐观估计很可能因国际能源价格波动和国际市场需求疲弱而落空。根据2018年2月的数据,2016~2017财年,加拿大联邦财政赤字达到184亿加元。初步估计2017~2018年的财政赤字为155亿加元,远高于之前估计的24亿加元。① 同时,受国际能源价格下行和国内房地产市场低迷等因素的影响,加拿大2018年第一季度的GDP增长率只有1.3%,创下小特鲁多上任以来的最低纪录,远低于原本1.8%的预期。② 财政赤字与经济放缓的矛盾恐将进一步加剧,加对网络安全战略的经费支持将面临极大压力。

第二,网络安全外交政策可能导致加拿大国际环境的恶化。从加拿大政府在2017年以来在多个国际场合发表的言论以及其情报和安全部门发布的报告来看,加拿大是从意识形态对抗而非维护共同安全的角度来理解和设计其网络安全外交政策的。具体来说,加拿大把中俄两国作为其网络安全外交的主要对手。如上所述,加政府在不同的政策文件中多次把俄罗斯列为主要的网络威胁来源国,指控俄罗斯对加拿大的网络系统和其他基础设施发起网络攻击。加拿大还联合西方盟友,在重要的国际场合控诉俄罗斯通过网络手段贬损西方政治制度和试图影响民主选举。再加上两国在克里米亚、叙利亚等国际问题上的对立,加拿大与俄罗斯的关系已经跌至冷战后的最低点。

与加俄关系不同,中加关系在小特鲁多上台后一度在政治、贸易、人文方面都取得了较大进展,双边关系曾被认为已经步入"黄金时代"。然而,以2017年12月小特鲁多第二次访华期间未能启动中加自贸协定谈判为转折

---

① 《加拿大公布新财年财政赤字达184亿为预期的近5倍》,中新网,http://finance.china.com.cn/roll/20160223/3596342.shtml。
② Craig Wong: "Pace of Canadian economic growth slows to 1.3 - per - cent in first quarter", *The Global and Mail*, May. 31, 2018, https://www.theglobeandmail.com/business/article - canadian - economy - grew - at - 13 - per - cent - pace - in - first - quarter/.

点，两国关系开始面临下行风险，其中网络安全问题是一个重要动因。首先，在2017年披露的一份加拿大政府内部评估报告中，除了俄罗斯，加拿大还把中国列为持续对加拿大基础设施发起网络攻击的国家，这份报告为加议会和媒体中的保守分子提供了攻击中国的弹药，引发了"中国网络威胁论"的舆论风波；① 紧接着，加拿大政府在2018年5月以中国国企可能会危及加拿大电信网络等基础设施的安全为由否决了中国交通建设公司对加拿大爱康（Aecon）建筑集团估价15亿加元的收购案，此项交易是有史以来中国对加拿大总额第二大的收购邀约，此事件将对中加经济关系产生严重的负面影响；②③ 最后，加拿大国家安全情报局在2018年5月28日发布题为《中国与战略对手时代》（China and the Age of Strategic Rivalry）的政策报告，在这份长达163页的报告中将中国描绘成正通过科技、军事、金融和情报手段与西方全面抗衡的扩张性大国，文中罗列"证据"控诉中国通过网络途径对加拿大、新西兰等西方国家的民主制度进行渗透和影响。④

对上述的指控，中国政府采取了相当克制的态度，中国驻加大使卢沙野对加方将国家安全概念扩大化、政治化进行了有理有节的驳斥，呼吁加拿大"接纳中国这个与你们不一样的国家，不要因为中国与你们不同就视其为威胁"。⑤ 然而，中国政府在外交上有明确的底线，若加拿大继续以冷战思维指导其网络安全外交政策实践，则中加关系很可能进一步恶化，"黄金时代"只能成为昙花一现的短暂历史。

---

① Colin Freeeze：" Ottawa's 2016 memo on cyberthreats points finger at Russia, China", *The Global and Mail*, May. 4, 2018, https：//www.theglobeandmail.com/canada/article – ottawas – 2016 – memo – on – cyberthreats – points – finger – at – russia – china/.

② Brian Lee Crowley："Not to Aecon, nor to Huawei：The security of Canada can never be for sale", *The Global and Mail*, May. 31, 2018, https：//www.theglobeandmail.com/opinion/article – not – to – aecon – nor – to – huawei – the – security – of – canada – can – never – be – for/.

③ 哈珀政府在2012年12月7日批准中石油对尼克森石油（Nexen）的收购案后，向加民众承诺将从此收紧对外资收购加企业的审批标准，此后多宗外国收购案均被否决。

④ "China and the Age of Strategic Rivalry", Canadian Security and Intelligence Service , May. 2018.

⑤ "驻加拿大大使卢沙野发表署名文章：《中国不是加拿大的威胁》"，中华人民共和国驻加拿大大使馆，2018年5月30日，http：//ca.china – embassy.org/chn/xw/t1564091.htm。

综上所述，小特鲁多政府的网络安全战略面临着经费不足和国际环境恶化的双重挑战，中加关系的大局也可能受到其保守化网络政策的负面影响。在网络安全问题上，中加两国应维护好现有沟通渠道，促进两国互联网企业和网络安全专业组织的交流，建设制度化的双边网络安全对话机制，加深相互理解。特别是加拿大方面，应放下意识形态的偏见，更多从合作而非对抗、双赢而非零和的角度理解网络安全问题，避免其成为中加关系进一步发展的桎梏。

Abstract

The Annual Report on the Development of Canada (2018) is a comprehensive blue book on the national conditions of Canada during the period from 2017 – 2018. The Report, which included works by experts from the Guangdong University of Foreign Studies, the University of Ottawa in Canada, the Wheelock College in Boston, U. S. , the University of Macau, the Shanghai University of Finance and Economics, the South China University of Technology, and the Shanghai International Studies University, was designed and compiled by professor Tang xiaosong, the director of the Center for Canadian Studies at the Guangdong University of Foreign Studies.

The year from 2017 – 2018 was Justin Trudeau's second year in office. With the 2019 election closing in, the domestic and foreign conditions of this period are bond to play an important part in deciding the outcomes of the battle between the two parties. Thus, the Chinese government, think tanks, enterprises and academic circle should focus on analyzing Canada's national situation to better predict its future trends in economic, social, and foreign policies.

With the end of its "honeymoon" period, the Trudeau government was facing increased criticism and doubts on the economic, social and diplomatic fronts, which impairs its relative advantages over the Conservative Party in the coming election. After the defeat in several major provinces, the Liberal Party is expected to face severe challenges in 2019. When it comes to foreign policy, the Trudeau government is struggling to manage its trade relationship with China and the U. S. , while seeking to become a permanent member of the UN Security Council by actively participating in important international issues and enhancing its ties with newly developed countries. The China-Canada relationship gets off to a good start in 2018, yet few agreements were reached on important issues, and more pragmatic cooperation is still needed for the further development of the ties

between the two countries.

The Annual Report on the Development of Canada (2018) included 5 chapters, each dedicated to analyzing different aspects of Canada's policies—such as party politics, foreign policy, economy, social administration, culture and education, while placing the emphasis on such important issues as the future developments of Canadian politics, foreign policies and China-Canada relations. The innovations of the Report are not only embodied in the fields of theoretical and policy research, but also in its research methodologies, which may serve to enrich the field of Canadian Studies by offering theoretical, strategic and policy inspirations to Chinese researchers.

This report is designed to offer reference to think tanks, enterprises, all levels of the Chinese government and other sectors of the society.

Contents

I General Report

B. 1 Review and Outlook of Canada's Development Trend in 2017
Huang Zhong / 001

Abstract: Entering the year of 2017, Canada's macroeconomic situation has improved and its economic growth has been strong and fast. Although uncertainties exist in its future economic development, the prospects are still relatively optimistic. National inflation is controlled within an ideal range, the employment is gratifying, and the terms of trade continue to be improved. Canadian government has proposed an innovation and skill plan aiming at boosting economic growth, and the national fiscal deficit is also expected to shrink. In terms of political and social governance, the honeymoon between Canadian public and Trudeau government ended. The government received many criticisms, but its ruling status remains solid. Canada's domestic security situation is stable, and the national security policy system continues to be optimized. As of diplomatic and national image, Canada put forward a new national defense policy, and economic diplomacy went forward in twists and turns; foreign aid policies were more inclusive, and climate diplomacy emphasized multilateral engagement; overall national image and national reputation continued to remain at a high level.

Keywords: Canada; Economy; Politics; Diplomacy; Society

加拿大蓝皮书

Ⅱ　Study Reports

B.2　Canadian Party and Political Situation in 2017

Tang Xiaosong / 025

Abstract: The Liberal government led by Justin Trudeau, took office in 2015 with the intention to bring "Real Change" to Canada. In 2018, after a long "honeymoon" period with the Canadians, emerging problems are drawing heavy criticism from the Opposition, and impairing the Liberal government's support rate. Domestic issues include long-standing government deficit, an imperfect tax policy and questionable ethics of the Prime Minister and his cabinet. When it comes to the foreign front, dilemmas in developing its foreign relations, the NAFTA renegotiation, the inability to reach a FTA with China, and the failure to handle the relationship with China and the United States are impairing Canada's foreign trade. However, despite existing problems, the Liberal party still has a good chance of winning the 2019 election. On one hand, though Justin Trudeau's reforms were less than spectacular, his time in office had been fruitful, with national economic recovery, improved employment rate and a foreign policy that caters to the preferences of the Canadian public. On the other hand, the Conservative party was unable to find a strong candidate familiar to the Canadian public. As a result, instead of opting for the Conservatives whom they neither trust nor know very well, Canadians may choose to give the Liberal government another opportunity to make good on their promises and realize their vision in 2019. Though the Liberal party still stands a chance in winning the federal election, their odds of victory in the provincial elections are looking dim. After the losing British Columbia in an earlier election, they lost Ontario in June 2018. Meanwhile, faced with assaults from both the Conservatives and the Bloc Québécois, support for the Liberal party is dropping in Québec. As a result, the Liberals may face challenges in managing the relationships between federal and provincial governments even if they succeed in the federal election, which is heavily influenced by the results of provincial elections.

Keywords: Justin Trudeau; the Liberal Party; the Conservative Party; Economy and Trade; Federal Election

B. 3　Canadian Economic Situation in 2017　　　　　Lin Jue / 043

Abstract: In 2017, Canada's economy grew by 3%. Compared with the previous two years, multiple factors contributed to this new momentum. Consumption and investment played an important role in stimulating economic growth. Canada's imports and exports, though troubled by low growth and an excess of foreign imports, did saw some increase. Despite high unemployment rate in some provinces, the scale of foreign direct investment increased, while the national average unemployment rate declined. Canada's economic growth can be attributed to the following factors: (1) the global economic situation and the economic growth of the U.S., (2) the fluctuation of international oil price, (3) the implementation of the government's trade diversification policy, (4) the result of NAFTA negotiation, (5) immigration policy and population increase. The US President Trump proposed that the policy of "American First" would promote the continuation of the policy of investment and trade diversification in Canada, thus creating an opportunity for the economic and trade cooperation between China and Canada.

Keywords: Canada; Economic Development; Trade; America; China

B. 4　Canadian Diplomatic Situation in 2017　　　　　Liu Dan / 071

Abstract: During Justin Trudeau's second year in office, Canada made full play of its strengths as a traditional middle power in foreign policies to manage its relationship with the United States, engage in international diplomacy and build

bilateral ties with countries and regions around the world. However, like many other middle powers, it also suffered from certain embarrassing dilemmas in its foreign relations. Internationalization and multilateralism remains the main theme of Justin Trudeau's foreign policy, and Canadian participation in issues of international concern was increased. On one hand, such participation helped to enhance Canada's international image and discourse power, and thus improving its chance of reclaiming its status as a member of the Security Council. On the other hand, Canada's policies were still heavily influenced by the United States, especially when it comes to issues regarding China. Canada experienced difficulties in its free trade negotiations with its two most important trading partners. As the Prime Minister's diplomatic visits failed to produce results, the Canadian public began to feel less satisfied with their country's international image. Meanwhile, due to various factors, China-Canada relations came off early highs. The lack of a consistent policy towards China proved to be one of the disadvantages of Canada's current foreign policy, and the future development of China-Canada relationship calls for more concrete cooperation between the two countries.

Keywords: Canada; Middle Power; Foreign Relations; United States; China

Ⅲ Canada-China Relations: Free Trade Agreement

B. 5 Canada's Potential Free Trade Agreement Negotiation and its Exploratory Talks with China

——*A strategic planning of SWAA analysis*　　　　　*Liu Tianyi* / 085

Abstract: This report analyzes the strengths, weaknesses, advocacies, and adversaries (SWAA analysis) of the Canadian Federal Government's Free Trade Agreement (FTA) negotiations with China through a series of studies. The SWAA strategic analysis from the perspective of government public policy will help the China-Canada FTA and its negotiation process to face increasing challenges, thus promoting the stability of the FTA negotiations and improving the efficiency of negotiations. At the same time, the SWAA government policy strategy analysis can help the Chinese government to understand more clearly the Canadian government's decision-making mechanism, bureaucratic system, administrative efficiency and public opinion, and then make relevant countermeasures and policy considerations. This article covers the economic, political, and social dynamics of Canada and China and provides a strategic analysis. At present, the main controversy of Canadian public opinion on the China-Canada Free Trade Agreement is concentrated on the political and social differences between Canada and China. It is concluded that there would be eventually a China-Canada FTA, and both governments should take considerations and actions of their strengths and weakness, advocacies and adversaries to make the FTA happen for the well being of the people and a better Sino-Canadian relation.

Keywords: China-Canada Relations; FTA; Public Policy; Strategic Analysis

B.6　The Political Economy Background of Canada-China Free Trade Agreement　　　*Geoffrey MacComark* / 103

Abstract: This report surveys the political economy of the prospective China-Canada Free Trade Agreement (FTA) in the context of economic stagnation in Canada's traditional trading partners, intensifying international competition over resources, markets, and investment opportunities in low-and middle-income countries, and the Canadian state's efforts to optimize the conditions for capital accumulation amidst growing risks in the domestic economy, especially in the real estate sector. Coupled with an oil pipeline extension running from Alberta's Tar Sands to the coast of British Columbia, the China-Canada FTA would promote economic stability in Canada by offsetting growing financial risks in the household and business sectors.

Keywords: China-Canada Free Trade Agreement; Household Debt; Financial Instability

加拿大蓝皮书

B.7 The Prospects on the Important Industrial Sectors and Contending Issues in the China-Canada FTA Negotiations

Zhang Xiaobo / 134

Abstract: Canada's foreign trade strategy in recent years is to diversify trading partners and avoid its over-reliance on the economy of the United States. In this context, Canada is eager to expand economic and trade ties with China. The renegotiation of the North American Free Trade Agreement (NAFTA) and recent rising trade frictions with the United States have led Canada to further strengthen its economic cooperation with China. The process of the NAFTA renegotiation will affect the industrial sectors involved in the China-Canada FTA negotiations. The establishment of China-Canada FTA has the feasibility in that China and Canada are highly complementary in their economic structure. In the future negotiations, agricultural products, timber, paper and wood pulp, fishery and seafood, service trade, energy and mineral industries will be the primary sectors for the Canadian government to seek preferential tax reduction in the Chinese market. Meanwhile, Canada's major economic provinces will have important influence on the federal government's FTA negotiations. Finally, some contending issues, such as Canada's trade deficit with China, the operation of China's state-owned enterprises, intellectual property rights, labor standards and environmental protection, may become obstacles in the future negotiations between the two sides.

Keywords: China-Canada FTA; China-Canada Relations; NAFTA; Agricultural Products; Service Trade

IV Special Reports: Society & Education

B. 8   An Analysis on Canadian Immigration Policy 2017

Jia Baoheng / 154

Abstract: In this essay, by examining the Canada 2017 immigration policy and comparing it with Census Canada 2016 Report, the author presents the change of Canada immigration target plan in 2017 and lists out the new regulations become effective in this year. In addition to highlighting the emphasis of the provincial nomination program in 2017, the author also analyzes the influence factor that affects Canada immigration policy adjustment. After research, the author concludes that the acceleration of population aging and the imbalance of regional economic development are still the primary issues that the Canadian government must carefully address. With the limited increasing of total immigration target plan in next a few years, while focusing on current situation of the Canadian economy and the globalized economic cooperation, it is necessary to effectively improve the Express Entry System, increase the proportion of skilled immigrants who can immediately serves the economic development. It is also important to cooperate with provinces and local industries to attract talent immigrant and reasonably make use of the immigration resources. In this way to effectively meet the requirement of talent resources market driven by high end industries, maintain an integrated healthy economic ecology within Canada and made her a best immigration country in the world.

Keywords: Canada; Immigration Policy; Economic Immigration

加拿大蓝皮书

B.9　Reception of Refugees and its Social Impact in Canada

Liu Yuzhen / 180

Abstract: Refugee immigrants are important constitution of Canada's immigrants. Canada's refugee system includes two programs: the refugee resettlement is for applicants outside of Canada; the refugee protection is for applicants at the border of Canada and inside Canada. In 2016 and 2017, Canada received a great number of refugees, particularly from Africa and Middle East. Among them, the majority were resettled refugees; but the claims of refugee protection increased significantly in 2017. Refugees were concentrated in the provinces of Ontario and Quebec. About half of them were not familiar with either English or French, which made it difficult for them to integrate into the Canadian society. Financially, the reception of refugees added burden on federal and provincial governments. Politically, Canadians showed complains and dissatisfaction over governments' management of refugees. On the social level, the reception of refugees is changing the ethnical structure of Canada. In the future, Canada will encounter greater difficulty in examining refugee's application and challenges in promoting refugee's integration.

Keywords: Refugee Resettlement; Refugee Protection; Refugee Management; Refugee Integration

B.10　An Analysis on Canadian Social Warefare Policy 2017

Yu Minhui / 198

Abstract: Supported by high taxes, the Canadian government has provided a wide range of social welfare services for its residents, and encouraged non-profit organizations to participate. In 2017, Canada's social policy made great effort at narrowing down the gender differences in the workplace, strengthening the middle-income class, and encouraging innovation, technology and sustainable development. Accordingly, Canada adjusted its social welfare policies and continued investing in groups like children, senior, and low-income workers. However, the social welfare of Canada will inevitably face challenges from the aging problem, the immigration security problem, the increasing trend of women's participation in the workplace, and the decline of the middle-income class. Meanwhile, Canada need to pay special attention to keep the stability and sustainable of high social spending by enhancing stable economic growth.

Keywords: Canada; Social Welfare Policy; Old Age Security; Employment Insurance; Canada Child Benefit

B.11 A Report on the Development of Canadian International Education Exchange and Cooperation between Canada and China   *Zheng Chunsheng* / 219

Abstract: Canada enjoys the highest education development level, and owns the world's most complete education system in the world. Its system of higher education is world renown, especially for its international education exchange and cooperation. Its international education strategy aims to attract more overseas students. This report began by introducing the international education exchange and cooperation in Canada, between Canada and China such as student exchange, international cooperation in research and so on. In the coming period, educational exchanges and cooperation between the two countries will continue to expand as a trend. As the conclusion, this report proposed some ways to handle China's international educational exchange and cooperation with Canada in the hope of providing reference for decision makers.

Keywords: Canada; International Education; Communication and Cooperation

加拿大蓝皮书

Ⅴ　Special Reports：Politics & Security

B.12　The 2017 Provincial Elections in BC and Chinese Canadians' Particiation in Politics　　*Wan Xiaohong* / 235

Abstract：24 Chinese Canadians participated in the 2017 British Columbia provincial election, and 7 of them were successfully elected or re-elected. This marked a historical high in the number of Chinese Canadians getting elected and re-elected in the British Columbia provincial parliament. On the other hand, one Chinese Canadians was elected in two federal by-elections, and a number of them were assigned to government posts at various levels. Chinese Canadian citizens play an active role in voting and canvassing in elections, and their votes are highly valued by political parties for their profound influence in regions with a large Chinese population. Chinese communities and media devoted themselves to the education of voters, and conducted promotional campaigns designed to motivate Chinese participation in votes. However, Chinese participation in British Columbia still has a long way to go. For example, it suffers from a lack of Chinese Canadian political elites eligible to take part in elections, making it difficult for Chinese Canadians to win in regions with a relatively smaller Chinese population; most Chinese Canadian citizens are oblivious to politics, and their rate of participation in votes remained low; Chinese communities need to pay more attention to the fairness and transparency of canvassing campaigns; and discrimination against Chinese in local communities still exists. All these factors had a negative impact on the participation of Chinese Canadian elites in political elections and voting results.

Keywords：Chinese Canadians；Political Participation；Provincial Election；British Columbia

Contents

B. 13　Some Survey on China Experts and Specialists in Canada
　　　　and Their Roles in Canada-China Relations　　　*Qian Hao* / 249

Abstract: After the Cold War, experts in Chinese and Asia-Pacific affairs has been playing an active role in the Canadian government, think tanks, universities, as well as some state-owned and private organizations. Though not all of these experts are well-versed in Chinese affairs, their extensive influence on China-Canada relationship is worth researching. This research is based on surveys, interviews and other first-hand materials which serve to demonstrate the academic origins of Canadian experts on China, and examine their ways of exporting professional knowledge and innovative ideas on building China-Canada relationship.

Keywords: Canada; Experts on Chinese Affairs; China-Canada Relations

B. 14　A Report on the Cyber Security Strategy of
　　　　Trudeau's Administration　　　*Liu Jiangyun* / 268

Abstract: The cyber security environment facing Canada has changed significantly after the Harper government launched its first cyber-security strategy in 2010. The cyber security strategy developed by Harper's government has not been able to deal with the rapidly changing cyber security situation, and the conservative nature of its security policy has been strongly opposed by the public. After the inauguration of Prime Minister Justin Trudeau, a series of new laws and policies covering domestic cyber security, military cyber strategy and cyber security diplomacy were introduced, which largely changed the out-dated cyber security policy of the Harper's administration. However, under the pressure of the fiscal deficit and the narrow understanding of the cyber security diplomacy, the Justin Trudeau's cyber security strategy is facing challenges from the lack of funds and the deterioration of the international environment.

Keywords: Justin Trudeau; Canadian; Cyber Security Strategy

权威报告·一手数据·特色资源

皮书数据库
ANNUAL REPORT(YEARBOOK) DATABASE

当代中国经济与社会发展高端智库平台

所获荣誉

- 2016年，入选"'十三五'国家重点电子出版物出版规划骨干工程"
- 2015年，荣获"搜索中国正能量 点赞2015""创新中国科技创新奖"
- 2013年，荣获"中国出版政府奖·网络出版物奖"提名奖
- 连续多年荣获中国数字出版博览会"数字出版·优秀品牌"奖

成为会员

通过网址www.pishu.com.cn访问皮书数据库网站或下载皮书数据库APP，进行手机号码验证或邮箱验证即可成为皮书数据库会员。

会员福利

- 使用手机号码首次注册的会员，账号自动充值100元体验金，可直接购买和查看数据库内容（仅限PC端）。
- 已注册用户购书后可免费获赠100元皮书数据库充值卡。刮开充值卡涂层获取充值密码，登录并进入"会员中心"—"在线充值"—"充值卡充值"，充值成功后即可购买和查看数据库内容（仅限PC端）。
- 会员福利最终解释权归社会科学文献出版社所有。

数据库服务热线：400-008-6695
数据库服务QQ：2475522410
数据库服务邮箱：database@ssap.cn
图书销售热线：010-59367070/7028
图书服务QQ：1265056568
图书服务邮箱：duzhe@ssap.cn

社会科学文献出版社 皮书系列
卡号：899858987163
密码：

S 基本子库
SUB DATABASE

中国社会发展数据库（下设 12 个子库）

全面整合国内外中国社会发展研究成果，汇聚独家统计数据、深度分析报告，涉及社会、人口、政治、教育、法律等 12 个领域，为了解中国社会发展动态、跟踪社会核心热点、分析社会发展趋势提供一站式资源搜索和数据分析与挖掘服务。

中国经济发展数据库（下设 12 个子库）

基于"皮书系列"中涉及中国经济发展的研究资料构建，内容涵盖宏观经济、农业经济、工业经济、产业经济等 12 个重点经济领域，为实时掌控经济运行态势、把握经济发展规律、洞察经济形势、进行经济决策提供参考和依据。

中国行业发展数据库（下设 17 个子库）

以中国国民经济行业分类为依据，覆盖金融业、旅游、医疗卫生、交通运输、能源矿产等 100 多个行业，跟踪分析国民经济相关行业市场运行状况和政策导向，汇集行业发展前沿资讯，为投资、从业及各种经济决策提供理论基础和实践指导。

中国区域发展数据库（下设 6 个子库）

对中国特定区域内的经济、社会、文化等领域现状与发展情况进行深度分析和预测，研究层级至县及县以下行政区，涉及地区、区域经济体、城市、农村等不同维度。为地方经济社会宏观态势研究、发展经验研究、案例分析提供数据服务。

中国文化传媒数据库（下设 18 个子库）

汇聚文化传媒领域专家观点、热点资讯，梳理国内外中国文化发展相关学术研究成果、一手统计数据，涵盖文化产业、新闻传播、电影娱乐、文学艺术、群众文化等 18 个重点研究领域。为文化传媒研究提供相关数据、研究报告和综合分析服务。

世界经济与国际关系数据库（下设 6 个子库）

立足"皮书系列"世界经济、国际关系相关学术资源，整合世界经济、国际政治、世界文化与科技、全球性问题、国际组织与国际法、区域研究 6 大领域研究成果，为世界经济与国际关系研究提供全方位数据分析，为决策和形势研判提供参考。

法律声明

"皮书系列"(含蓝皮书、绿皮书、黄皮书)之品牌由社会科学文献出版社最早使用并持续至今,现已被中国图书市场所熟知。"皮书系列"的相关商标已在中华人民共和国国家工商行政管理总局商标局注册,如LOGO( )、皮书、Pishu、经济蓝皮书、社会蓝皮书等。"皮书系列"图书的注册商标专用权及封面设计、版式设计的著作权均为社会科学文献出版社所有。未经社会科学文献出版社书面授权许可,任何使用与"皮书系列"图书注册商标、封面设计、版式设计相同或者近似的文字、图形或其组合的行为均系侵权行为。

经作者授权,本书的专有出版权及信息网络传播权等为社会科学文献出版社享有。未经社会科学文献出版社书面授权许可,任何就本书内容的复制、发行或以数字形式进行网络传播的行为均系侵权行为。

社会科学文献出版社将通过法律途径追究上述侵权行为的法律责任,维护自身合法权益。

欢迎社会各界人士对侵犯社会科学文献出版社上述权利的侵权行为进行举报。电话:010-59367121,电子邮箱:fawubu@ssap.cn。

社会科学文献出版社